浙江省普通本科高校"十四五"重点立项建设教材

新时代大学计算机通识教育教材

C语言

程序设计教程（微课版）

廖雪峰　张　著　曾　辉　李余琪　主　编
符红霞　徐　黎　范蔡业　郭舒扬　庄楷文　翁昉昉　副主编
刘明哲　连新泽　曹洪武　赵文锋　周　航　林　翀　参　编

清华大学出版社
北　京

内 容 简 介

本书是浙江省普通本科高校"十四五"重点立项建设教材,浙江省一流本科课程、浙江省课程思政教学示范课程以及 AI 智慧课程"程序设计基础(C 语言)"的配套教材。本书同步搭建了在线 AI 数字教材平台,并融入知识图谱技术,资源丰富,真正实现了"教师乐教,学生易学"。书中详细阐述了 C 程序在不同编译环境下的运行过程,助力读者轻松选择适宜的编程环境。

本书以培养计算思维和解决实际问题的能力为核心,采用了知识呈现+案例讲解+启发思考+实战体验的形式,由浅入深地讲解 C 语言基础知识、语法规范、编程基本方法与开发技巧。全书共 10 章,涵盖了 C 语言基础,顺序、分支和循环结构程序设计,函数,数组,指针,结构体及其他构造类型,文件,位运算等内容。每章均设有学习导读、内容导学、教学目标、育人目标和扩展阅读,各章的主要内容、上机实训、习题等均提供讲解答疑,读者可随时扫描二维码获取详细讲解。每章的章末均有知识梳理和常见上机问题及解决方法。

本书配备了教学课件、微课视频、上机实训及解析、练习测试及解析、扩展阅读和教学大纲等教学资源,并通过丰富的实际案例和项目驱动,有机融入思政元素,强化育人导向,让传统的以"教师、课堂、教材"为中心的教学供给方式转换为以"学生、场景、资源"为中心的未来教育模式。本书具有广泛的适用性,既适合作为高校 C 语言程序设计类课程的教材,也可作为 C 语言自学者的参考资料。

图书在版编目(CIP)数据

C 语言程序设计教程: 微课版 / 廖雪峰等主编. -- 北京: 清华大学出版社, 2025. 8.
(新时代大学计算机通识教育教材). -- ISBN 978-7-302-69926-2

Ⅰ. TP312.8

中国国家版本馆 CIP 数据核字第 20251WW936 号

责任编辑: 袁勤勇 杨 枫
封面设计: 常雪影
责任校对: 郝美丽
责任印制: 沈 露

出版发行: 清华大学出版社
　　　　网　　　　址: https://www.tup.com.cn, https://www.wqxuetang.com
　　　　地　　　　址: 北京清华大学学研大厦 A 座　　　　　邮　　编: 100084
　　　　社　总　　机: 010-83470000　　　　　　　　　　　　邮　　购: 010-62786544
　　　　投稿与读者服务: 010-62776969, c-service@tup.tsinghua.edu.cn
　　　　质　量　反　馈: 010-62772015, zhiliang@tup.tsinghua.edu.cn
　　　　课　件　下　载: https://www.tup.com.cn,010-83470236
印 装 者: 大厂回族自治县彩虹印刷有限公司
经　　销: 全国新华书店
开　　本: 185mm×260mm　　印　　张: 23.5　　　　字　　数: 572 千字
版　　次: 2025 年 8 月第 1 版　　　　　　　　　印　　次: 2025 年 8 月第 1 次印刷
定　　价: 69.80 元

产品编号: 112265-01

前　　言

C 语言是一门面向过程的、抽象化的通用高级程序设计语言，是计算机专业人员和计算机爱好者进行程序设计语言学习的首选。C 语言程序设计课程是高等院校理工类专业学生的一门重要基础核心课程。为适应新形势下"新工科"建设需要，培养高素质的实用型、复合型人才，帮助学生尽快地掌握"C 语言程序设计"课程的核心内容，我们组织温州理工学院、塔里木大学、新疆理工学院、新疆工程学院、阿坝师范学院、喀什大学、新疆医科大学、广东行政职业学院等多所院校长期从事 C 语言程序设计教学的一线教师共同编写了本书。

作为浙江省普通本科高校"十四五"重点立项建设教材，浙江省一流本科课程、浙江省课程思政教学示范课程以及 AI 智慧课程"程序设计基础（C 语言）"的配套教材，本书同步搭建了在线 AI 数字教材平台，并融入知识图谱技术，资源丰富，真正实现"教师乐教，学生易学"。本书详细阐述了 C 程序在不同编译环境下的运行过程，助力读者轻松选择适宜的编程环境。

本书以"新工科"理念为指导，以企业和社会典型案例为抓手，理论联系实际，以培养计算思维和解决实际问题的能力为核心，由浅入深地讲解 C 语言基础知识、语法规范、编程基本方法与技巧。本书注重理论与实践相结合，通过丰富的实际案例和项目驱动，有机融入思政元素，强化育人导向，激发读者的学习兴趣，塑造读者的价值观。在内容组织上采用了知识呈现+案例讲解+启发思考+实战体验的形式。全书共 10 章，涵盖了 C 语言基础，顺序、分支和循环结构程序设计，函数，数组，指针，结构体及其他构造类型，文件，位运算等。每章均设有学习导读、内容导学、教学目标、育人目标和扩展阅读，各章主要内容、上机实训、习题等均提供讲解答疑，读者可随时扫描二维码获取详细讲解。每章的章末均有知识梳理和常见上机问题及解决方法。知识梳理总结本章的重点知识内容总结，常见上机问题及解决方法提醒读者在编写程序时容易出错的知识点，使读者养成良好的编程习惯。本书还配备了教学课件、微课视频、上机实训及解析、练习测试及解析、扩展阅读和教学大纲等教学资源，让传统的以"教师、课堂、教材"为中心的教学供给方式转换为以"学生、场景、资源"为中心的未来教育模式。

本书的特色体现在以下几方面。

（1）理论结合实践，注重能力培养。

每章内容都融入大量的典型案例并深入分析，案例以问题驱动、算法分析、建立模型、编写源程序、源代码展示、运行结果的形式呈现，并在每章增加了上机训练和拓展思考，进一步加大创新性和挑战度。

（2）融入思政元素，坚持育人导向。

每章设定育人目标，结合课程知识特点，深入挖掘与知识内容相关的思政案例，坚持育人导向，注重培养学生树立坚定的理想信念、正确的价值观念和高尚的道德情操，使学生在掌握专业知识的同时，潜移默化地接受思想熏陶，实现知识与人格的双重提升。

（3）教学资源丰富，支持混合学习。

相关课程已在"智慧树"网和国家高等教育智慧教育平台上线，并打造了配套的多类型教辅资源，读者可扫描二维码获取，结合视频进行学习。既结合了新时代、新工具的特点，提高了互联网时代读者阅读本书的兴趣，又有助于教师潜移默化地贯彻创新性的教学改革思维。在为读者提供"纸质版教材＋数字化资源"的沉浸式体验的同时，又全面体现了新时代信息化教学改革的特色。

（4）构建智慧场景，人机互动学习。

本书特别强调构建立体式智慧课程实施场景的理念，借助人工智能技术，为学生创设集成化、智能化、开放性的学习场域和情景，让学生在学习过程中能够对学习细节拥有真正的认知体验，进而产生群体互动的耦合，形成生生、生师、生机的有效互动。

本书由廖雪峰教授担任第一主编，负责总体策划、制订编写大纲和教材内容安排以及最后统稿。本书编写中得到了温州理工学院周文龙校长、胡新根副校长、孙芙蓉副校长等的大力支持，在此深表感谢。此外，本书还得到全国高等院校计算机基础教育研究会计算机基础教育教学研究课题支持（项目编号：2024-AFCEC-112）。

本书由东西部多所高校教师联合编写，编写团队成员具有丰富的教学实践经验和跨行业从业经验，故本书适用性非常广泛，既适合作为高校 C 语言程序设计类课程的教材，也可作为 C 语言自学者的参考资料。

由于编者知识有限，书中难免有疏漏和不当之处，恳请广大读者批评指正，并多多提出宝贵意见。

作者
2025 年 7 月

目　　录

第1章 C语言基础知识

学习导读

要高效利用计算机，一门计算机语言是不可或缺的工具。C语言作为一门经典编程语言，具有功能丰富、表达力强、灵活高效、应用广泛等特点，是初学者的不二选择。

本章简要介绍计算机语言的概念、C语言的历史、特点、变量和数据类型等基本概念，讲解C语言程序的结构和编写、运行的过程，以及常用的集成开发环境。

内容导学

（1）C语言程序的基本概念、运行过程和集成开发环境。

（2）数据类型、常量和变量。

（3）运算符和表达式。

（4）输出函数的使用和编写方法。

教学目标

知识目标：

（1）了解C语言的基本概念和发展历程。

（2）掌握不同数据类型的选择和变量的使用。

（3）掌握运算符和表达式的使用方法。

能力目标：

（1）能根据实际需要选择合适的数据类型。

（2）使用集成开发环境编写并运行简单的C语言程序。

育人目标

计算机语言是人类和计算机交互的工具，是使用算力改造世界的基础。要实事求是、严谨认真地学习和实践。要养成良好的编程习惯，学习华罗庚、姚期智等科学家刻苦钻研、勇攀高峰的精神，将自身发展、科研创新融入国家的发展浪潮中。

1.1　C语言概述

本节主要讨论以下问题：

（1）什么是计算机语言，计算机语言的定义是什么，计算机语言经历了怎样的发展历程。

（2）计算机程序的定义。

（3）认识什么是C语言，掌握C语言的特点和C语言程序的设计流程。

（4）C语言程序的基本结构和执行流程。

1.1.1　计算机语言

人类使用文字进行沟通，这些文字是一些特定的符号并且按照一定的规则排列，实现信息传递的目的。计算机语言同正常语言一样是为了沟通和交流，只是它被设计用来告诉计算机相关信息，人类能通过计算机语言表达自己的需求，对计算机发出命令，让计算机执行特定的行为，实现各种各样的功能来解决现实问题，以达到人类操控计算机解决问题的目的。

1. 计算机语言定义

计算机语言（computer language）指用于人与计算机之间通信的语言。人类为了操控计算机需要一定规范化的指令，这些指令通常由字符（如字母和符号等）和数字组成，这些字符和数字按照一定的语法规则排列就构成能被计算机理解的指令，这便是计算机语言。

2. 计算机语言分类

计算机语言的种类繁多，应用场景也各有不同，但可以大体分为三类：机器语言、汇编语言和高级语言。

机器语言是非常早期的计算机语言，它是由0和1构成的指令集合，这些指令能够直接被计算机的中央处理器（CPU）译码和执行。通常情况下，每一条指令都直接操作了相应的计算机硬件（如指定的内存元件），直接指挥这些硬件完成常规意义上的数学运算、逻辑运算，此外还有数据的移动和存取等功能。这种早期语言有时会以打孔的方式存放在纸带上让计算机直接读取，但这种语言过于抽象，除领域专家外很难有人看得懂，而且难以学习，因此这种语言难以校验和移植，这严重限制了计算机应用的传播。

汇编语言是一种面向机器的低级程序设计语言。汇编语言切实解决了机器语言的痛点，它将机器语言的0和1构成的指令进行了一定程度的符号化（如ADD表示加法、MOV表示数据移动），使得使用者不用直面二进制代码。但汇编语言延续了机器语言的指令系统和寻址方式。这种语言无法被计算机的中央处理器直接执行，需要先使用汇编器将汇编语言源程序翻译成机器语言才能够执行。汇编语言易于记忆和编写的特点促进了计算机应用的传播，但也存在难以移植的问题。

高级语言的形式看起来更像是人类的语言和数学上使用的表达式。因为高级语言屏蔽了一定的计算机底层细节，无须如汇编语言和机器语言要指定操作的计算机硬件。高级语言会自动完成，不用编程者指定，让编写者将编写程序的重心放在功能和逻辑的实现上。在高级语言程序编写过后，需要经过编译器或解释器翻译成机器语言才能被计算机执行。目前使用的语言绝大多数都是高级语言，高级语言易于学习、编写和移植的特点极大促进了计算机的发展。

3. 计算机语言的发展历程

计算机语言发展至今经历了多个阶段，每个阶段都有较大的进步。

第一代计算机语言（20 世纪 40 年代至 50 年代初）以机器语言为主。此时计算机刚被研发出来，操作方式非常简陋，人们需要使用打孔的纸带作为命令操作计算机。这种打孔纸带表示 0 和 1 组成的指令集合，这就是专门从业人员才能看懂的语言——机器语言，也就是第一代计算机语言。

第二代计算机语言（20 世纪 50 年代中期至 20 世纪 50 年代末）以汇编语言为主。汇编语言解决了机器语言高度抽象化的问题，借助助记符替换二进制指令。20 世纪 50 年代中期，第一个汇编程序诞生，也就是符号优化汇编程序（SOAP）系统，用容易记忆的英文缩写（助记符）表示机器指令，使得代码容易记忆、理解和编写。

第三代计算机语言（诞生于 1960 年）又称高级语言。IBM 研发的 Fortran（公式翻译）语言被公认为世界上第一个高级编程语言，同时期还有 C 语言、Basic 和 Pascal 等语言，它们都称为高级语言。这些语言简化了对计算机硬件部分的操作，并简化了语法结构以适合非专业人士学习，基本满足了各行各业对计算机的需求。

第四代计算机语言诞生于第三代计算机语言的基础上，以 SQL、CSS 和 coldfusion 等语言为主。第四代计算机语言进一步简化了编程的过程，往往几行程序就能完成大量操作，让开发者专注于功能实现而不是整体程序的结构和逻辑，极大地提升了程序开发效率。与之前的计算机语言对比，第四代计算机语言更加接近人类使用的语言，并且每种第四代语言往往与特定领域有关，如 SQL 就与数据库相关，一句程序就可以完成查找、删除等功能。代码简短，开发效率极高，这是第四代计算机语言共有的特点。

如今，第五代计算机语言也初见雏形。第五代计算机语言又被称为知识库语言或人工智能语言，设计目标是接近日常生活所用语言的程序语言。虽然目前的第五代计算机语言还没能达到要求，但以人工智能为主的第五代计算机语言也成为引领计算机发展的趋势。

1.1.2　计算机程序

利用计算机语言可以处理各种信息的代码化指令集或语句集，将这种序列集合称为计算机程序。计算机程序的诞生旨在达成特定的目标或攻克特定的难题。举例来说，小到计算器的简单程序，输入数字与运算符，然后快速给出结果；大到像操作系统这般逻辑复杂、规模庞大的程序，它能管理计算机的硬件设备，合理调度硬件和软件资源，确保计算机流畅高效地运行。

1.1.3　C 语言

1. C 语言定义

C 语言是一门面向过程的、抽象化的通用程序设计语言，广泛应用于底层开发。C 语言于 1972—1973 年由美国贝尔实验室的丹尼斯·里奇（Dennis Ritchie）在肯·汤普逊（Ken Thompson）设计的 B 语言的基础上开发，能以简易方式编译和处理低级存储器。C 语言同时兼顾了高级语言和汇编语言的优点，是仅产生少量的机器语言、不需要任何运行环境支持便能运行的高效率程序设计语言。因此，目前使用的 Windows、Linux、UNIX 等操作系统的核心代码大部分是使用 C 语言编写的。

2. C 语言的特点

C 语言具有简洁紧凑、运算符和数据类型丰富、兼顾汇编语言特性、模块化程度高和灵活性好等几大特点。

C 语言的简洁紧凑体现在代码简短、能够屏蔽硬件操作等方面，使得编写者只需要记住简单的语法结构并且不用考虑硬件逻辑，以专注实现程序功能与逻辑。C 语言拥有常用的运算符，包括了数学运算符（加、减、乘、除等）和逻辑运算符（与、或、非等），这些运算符很好地适配了科学研究与工业生产环境。不同的数据类型更加合理地存储了数据，而非简单的 0 和 1 表示。C 语言并没有完全舍弃汇编语言的特性，编写者需要实现一些复杂功能时可以选择操作内存，访问物理地址。C 语言的模块化体现在它可以自定义一些功能和逻辑，当编写者需要使用时能直接调用，方便编写者分工合作，每人完成不同的模块。在修改时也可以直接定位功能模块，复用代码也不用重新编写。C 语言非常灵活，绝大部分系统都支持 C 语言，这使得 C 语言程序可移植性好、通用性高。

3. C 程序的基本结构

C 程序使用 C 语言编写，像正常的语言一样拥有一定的结构。一个常见的 C 程序通常包含头文件、处理指令、main 函数、自定义函数和注释。

大多数 C 程序的源码文件从引入头文件开始。头文件是 C 程序的起始部分，主要用于引入其他文件中的代码和定义，使用#include 预处理指令实现这一功能，如 "#include <stdio.h>"。不同的头文件会提供不同的功能，<stdio.h>头文件包含了与输入输出相关的函数，如用 printf 函数实现标准输出功能。除此之外，在 C 语言标准库中还提供了一系列用于数学计算的函数，使得程序编写者不用从零开始编写数学逻辑，这些函数都在 <math.h> 头文件中声明，如 sqrt()（计算平方根函数）、pow()（计算幂次方函数）等。

#define 是 C 语言的预处理命令，一般会出现在 C 程序的最开头几行，用于定义宏。宏是 C 语言的文本替换机制，在预处理阶段，编译器会将代码中所有出现宏名的地方替换为对应的宏定义内容。如 "#define MAX 100"，后续出现的 MAX 都将被视作 100，这样的操作可以使得程序中多次出现的 MAX 可被同时修改，而且这种定义出现在源代码的开头，若有修改需求可以简单快速地修改，可参阅例 1.1。

C 语言程序必须有一个 main()函数，C 程序将 main()函数作为入口并从这里开始执行。每个 C 程序都必须有一个 main()函数，本书中的例子统一以 "int main(){}" 的形式定义

main 函数。main()是函数的名称，这是固定的，程序启动时会自动调用这个函数，此后按顺序执行紧挨着 main()函数后的大括号内的内容，大括号内的部分称为 main()函数的函数体。main 函数的结尾通常都是"return 0;"语句，这行代表 main 函数顺利执行。

除了 main()函数外，C 语言还可以定义自己的函数来完成特定的任务，自定义函数可以有效提高代码的复用性和可维护性。自定义函数声明在 main()函数开始前，告诉编译器要定义一个自定义函数，可以将具体实现放在 main()函数之后，并将内部实现逻辑放在一个大括号（也称花括号）内，大括号内称为函数体。C 程序会按顺序执行 main()函数内的内容，执行到自定义函数时先跳跃到自定义函数的部分执行，结束后再返回到 main()函数继续往下执行。

在 C 程序中，注释是非常实用的工具，它不会影响程序的编译和运行，但对程序的编写、理解与维护起着关键作用。注释有两种格式。第一种是行注释，这种注释可以单独占一行，也可以出现在一行中其他内容的右侧，以两个斜杠"//"开头，从"//"开始到本行结束的所有内容都会被视为注释。如果注释内容一行写不下，可以用多个单行注释。第二种是段落注释，这种注释能包含多行内容，也可以单独占一行，以"/*"开头，以"*/"结尾。"/*"和"*/"之间的所有内容都被视为注释，无论跨多少行，因此这种注释格式通常用于大段落的注释内容。

4. C 程序的运行过程

C 语言属于高级语言，它采用了人类容易理解的形式，但也导致了相关的问题，计算机无法直接运行 C 语言编写的文件。C 程序从编写到最终运行需要经历编辑、编译、连接和运行四个主要阶段，每个阶段都会执行不同的操作，最终将源码变为计算机可执行的文件，其中编译又可以细分为预处理、编译、汇编三个更加细小的阶段。C 程序运行的四个阶段如图 1.1 所示。

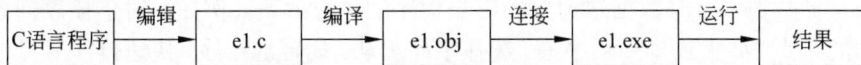

图 1.1　C 程序运行的四个阶段

C 程序的正式编写从编辑阶段开始。编辑阶段要使用文本编辑器，但现在都是用集成开发环境（IDE）进行编写。常见的文本编辑器有 Windows 下的记事本、Notepad++，Linux 下的 Vim、Emacs 等；常用的 IDE 包括 Visual Studio、Code::Blocks、Dev-C++等。编写好的 C 代码会保存为以.c 为扩展名的文件，例如 test.c。

编译阶段的主要工作是编译 C 语言的源代码文件以生成后缀为.obj 的目标文件。编译还能进行更加详细的划分，分别是预处理、编译、汇编三个阶段。预处理阶段顾名思义，是在编译前将所需文件进行粗处理，预处理器将 C 语言源代码中的预处理指令（以#开头，类似#include、#define 等）初步处理，把相应部分的代码嵌入编写的 C 程序中或者完成宏替换。例如，#include<stdio.h>会将标准输入输出库的头文件内容插入代码中，这样程序就能使用 printf、scanf 等函数。#define 指令被用来定义宏，预处理器会将 C 源代码中对应的内容进行替换。完成上述步骤后，预处理器生成后缀为.i 的中间文件。编译阶段进一步处理中间文件，完成词法分析、语法分析、语义分析等操作之后，编译器生成后缀名为.s 的汇编文件。最后，汇编器根据汇编文件生成机器语言代码，即二进制指令代码。由于此步没有完成符号引用，因此还不能执行。汇编过程会生成一个后缀为.o（在 UNIX/Linux 系统中）或者.obj（在 Windows 系统中）的目标文件。

C 程序可以由多个源文件组成，每个源文件经过编译和汇编后会生成对应的目标文件。C 程序会使用库中的函数简化编写过程，连接器会建立这种使用的关系，把目标文件和库文件连接在一起并生成可执行文件（通常 Windows 中可执行文件后缀为.exe，而 Linux 中没有特定后缀）。

运行阶段是指操作系统运行.exe 文件。操作系统会把可执行文件加载到内存中，为其分配必要的系统资源，然后 CPU 开始执行程序中的指令，程序开始运行并产生相应的输出结果。如果程序在运行时出错，操作系统会处理错误并弹出大致的报错信息，也许会终止程序的运行。

5. C 语言程序设计的步骤

一般来说，C 语言程序的设计步骤包括问题定义、算法设计、程序编写、测试调试、整理文档和系统维护 7 步，其中前 4 步最为重要。

在开始编写程序之前，需要清晰地理解要解决的问题的定义是什么。这包括了解问题的输入、输出以及程序需要实现的具体功能。例如，编写一个计算两个整数之和的程序，输入就是两个整数，输出就是它们的和，功能就是完成加法运算。分析问题时要考虑现实的需要和计算机的限制。程序是需要计算机资源来执行的，因此规模庞大的程序，需要的计算机资源就很多。在处理大量数据时，需要考虑程序的运行时间和计算机性能的使用情况，以确保程序能够在可接受的时间内完成任务且不会超出系统的性能限制。

算法设计是指根据问题分析的结果，设计合适的算法在限定情况下解决问题。算法是解决问题的一系列方法，计算机无法完全模拟人类的思考模式，只能机械地一步一步执行程序内容，对于一个问题需要将解决问题的每一步都告诉计算机；而数据结构则规定了如何组织和存储数据，有时数据结构直接影响程序的执行效率。例如，对于排序问题，可以根据数据的特点（如大致排列顺序等）选择不同算法，如冒泡排序、快速排序等排序算法。

程序编写指选择合适的集成开发环境（IDE）或文本编辑器编写 C 语言代码。这个阶段主要实现 C 程序的具体逻辑，将流程图、设计的数据结构和问题解决步骤人工翻译成 C 语言代码，选取合适的工具可以极大限度地简化工作。常见的 IDE 有 Visual Studio Code、Dev-C++、Code::Blocks 等，它们通常提供了代码编辑、编译、调试等一站式的开发功能，在代码编辑阶段就能发现一些简单的错误，如拼写错误和语法错误等，甚至有时能直接给出修改方式，但高级的错误，如逻辑错误就必须先运行才能发现问题了。

测试调试步骤通常在生成可执行文件之后，用于检查运行错误和逻辑错误，比较简单的错误可以通过编写者有个大致判断，但细致检查则需要借助调试工具寻找问题。大多数编译器自带调试工具，调试工具可以允许编写者逐行执行代码，观察每一步数据的变化和程序执行逻辑，从而精准定位问题的位置。

在程序整体或部分完成后，要留下开发文档，记录下程序的设计思路、数据结构和使用的技术等内容，方便其他开发者对接工作、学习或者维护。

生产环境下，一个程序通常要长时间使用，伴随着使用会有新的问题或者新的需求，此时系统维护者便要处理存在的问题，更改代码满足新需求，而不是整体重新开发。

1.1.4　一个简单的 C 语言程序

【例 1.1】　最基础的 C 语言程序。

```
1    #include<stdio.h>                              /*程序所需的头文件*/
2    int  main()                                    /*定义必需的 main 函数*/
3    {   printf("This is a C program.\n");          /*输出语句*/
4        //printf("My first test")                  /*"//"之后的该行内容不会参与编译*/
5        return 0;                                   /*main 函数返回*/
6    }                                               /*main 函数结束*/
```

运行结果为：

```
This is a C program.
```

程序分析：上述 C 语言程序实现了简单的输出，接下来逐行说明语句功能。第 1 行引入了程序所必需的头文件，"/*"与"*/"之间是注释的内容，不影响编译；第 2 行定义了 C 语言程序必须要有的 main()函数，直到第 6 行结束；第 3 行使用 printf()输出引号内的内容，现在可以先记住 printf()使用的格式和作用，后续会详细讲解；第 4 行是行注释格式，"//"之后的该行内容不影响编译；第 5 行 return 语句代表 main()函数的结束，返回 0 通常代表主程序顺利执行。C 语言程序支持多种功能，下面举例实现了从键盘录入数字并做加法输出结果，使用了 scanf()语句。要注意 C 语言对大小写敏感，不能随意更改大小写，轻则导致程序运行逻辑和结果不对，重则导致程序报错无法运行。

【例 1.2】　带有输入输出的 C 语言程序。

```
1    #include<stdio.h>                /*必要的头文件*/
2    int  main()                      /*主函数开始*/
3    {   int a,b;                     /*定义两个变量接收输入的值*/
4        printf("Input a and b:\n");  /*提示输入两个数字*/
5        scanf("%d",&a);              /*录入 a*/
6        scanf("%d",&b);              /*录入 b*/
7        printf("a+b=%d\n",a+b);      /*输出结果*/
8        return 0;                    /*返回*/
9    }
```

运行结果为：

```
Input a and b:
3
4
a+b=7
```

程序分析：上述程序实现从键盘录入两个数字并执行加法，最后打印结果。与例 1.1 不同的是，在第 5 行与第 6 行处加入了 scanf 语句，"%d"代表传入参数为整数，"&a"和"&b"代表将数值传递给谁，程序执行到此处待键盘录入数字并回车后才进行下一步，现在可以先记住 scanf()使用的格式和作用，后续会详细讲解；第 7 行的 printf()语句中"%d"代表此处是整数变量，后续应当传入"a+b"的结果。

有时程序的部分代码需要复用，如逻辑相同而部分数据不同的情况，此时可以通过定义其他函数来实现目的。

【例 1.3】 带有函数调用的 C 语言程序示例。

```
1    #include<stdio.h>
2    int add(int a,int b);                          /*声明 add 函数*/
3    int  main()
4    {   int a,b,c,result1,result2,result3;
5        printf("Input a:");
6        scanf("%d",&a);
7        printf("Input b:");
8        scanf("%d",&b);
9        printf("Input c:");
10       scanf("%d",&c);
11       result1=add(a,b);                          /*调用 add 函数*/
12       result2=add(a,c);                          /*调用 add 函数*/
13       result3=add(b,c);                          /*调用 add 函数*/
14       printf("a+b=%d,a+c=%d,b+c=%d\n",result1,result2,result3);
15       return 0;
16   }
17   int add(int a,int b)                           /*开始实现 add 函数功能*/
18   {   int result=a+b;                            /*接收参数执行加法*/
19       return result;                             /*将加法返回*/
20   }
```

运行结果为：

```
Input a:1
Input b:3
Input c:7
a+b=4,a+c=8,b+c=10
```

程序分析：上述程序的输入为 a=1，b=3，c=7，三次重复使用了 add()函数，每当程序遇到 add()时，程序会跳转到 17 行开始，并将 17 行的 a 和 b 替换为相应数值并执行到 20 行后返回到 main()函数中继续执行，同时将 add()替换为返回值，如第 11 行跳转执行完 add() 函数后，将 result（数值为 4）返回，并给 result1 赋值，接着再执行 12 行。

1.2 流程建立

本节主要讨论 C 程序在不同环境下的运行过程，探讨 C 语言在不同操作系统（Windows、macOS、Linux 等）和开发环境（如 C-Free、Dev-C++、VS2019）下的编写、编译、连接和运行过程。

C 语言作为一种跨平台的编程语言，其编写的程序能够在不同的操作系统（如 Windows、macOS、Linux 等）和硬件平台上运行。这个特点是 C 语言的重要优势之一，使得它成为开发系统软件、嵌入式系统以及应用程序的理想选择。

接下来，我们将展示如何在不同的编译器中运行以下代码。

【例 1.4】 "Hello World" C 语言程序示例。

```
1    #include<stdio.h>
```

```
2    int main()
3    {   printf("Hello World");              /*输出的内容*/
4        return 0;
5    }
```

1.2.1 在 Windows 环境下运行

在 Windows 环境下,我们以 C-Free、Dev-C++、VS2019 为例进行演示。

1. 使用 C-Free 运行过程

C-Free 是一款轻量级的 C/C++编译器,专为初学者设计。C-Free 的运行过程如下。

(1)启动 C-Free:启动 C-Free 后会自动弹出起始页,单击起始页中的"新建空白文件",就建立了一个空白源程序,如图 1.2、图 1.3 所示。

图 1.2 新建空白文件详情

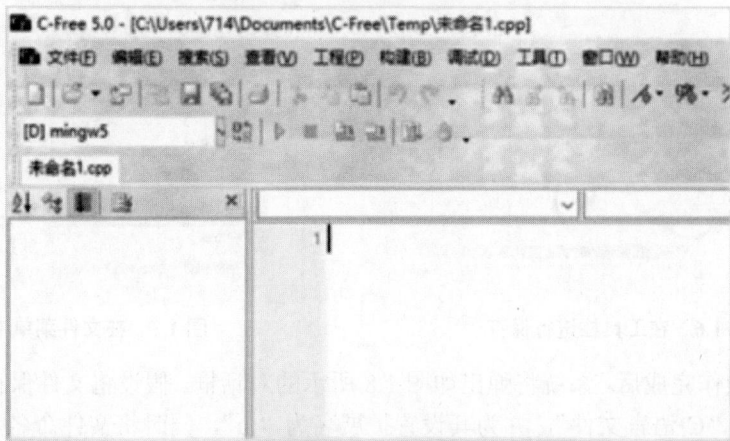

图 1.3 空白源程序

注:如果已打开 C-Free,想再次新建文件,则可单击"文件"菜单下的"新建"命令,同样会创建一个空白源程序,如图 1.4 所示。

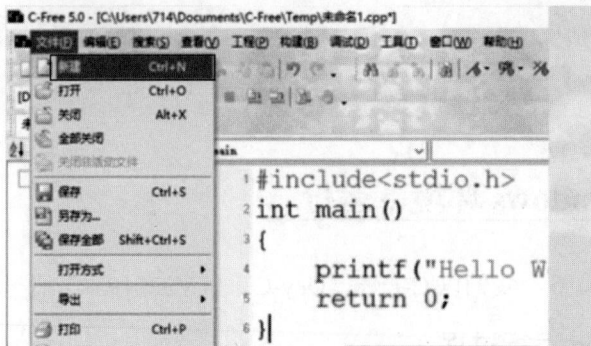

图 1.4　新建空白源程序

（2）编辑代码：在刚才新建的源程序的编辑区输入我们所需要的程序代码，如图 1.5 所示。

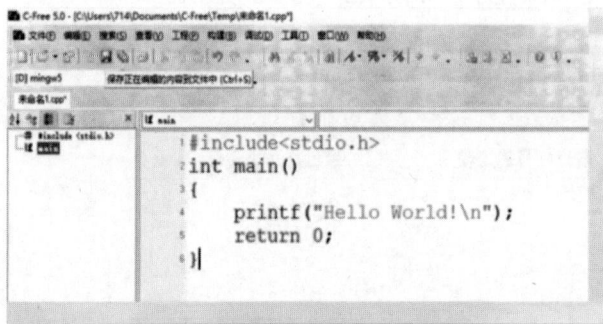

图 1.5　C-Free 程序代码示意图

（3）保存：编辑完成后，可以通过单击工具栏上的"保存"按钮，或选择"文件"菜单中的"保存"命令，或直接使用快捷键 Ctrl+S 保存源程序，具体操作如图 1.6、图 1.7 所示。

图 1.6　在工具栏进行保存

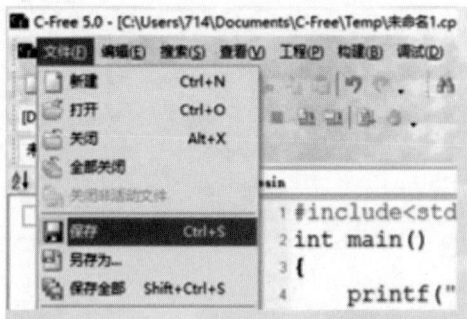

图 1.7　在文件菜单中保存

"保存"操作完成后，系统将弹出如图 1.8 所示的对话框。假设将文件保存至"桌面"，文件类型选择"C 语言文件"，并为其设置扩展名为".c"，同时将文件命名为"hello.c"。具体操作界面如图 1.8 所示。

（4）运行：单击"构建并运行"或按快捷键 F5，即可在运行界面看到"Hello World！"，如图 1.9 所示。

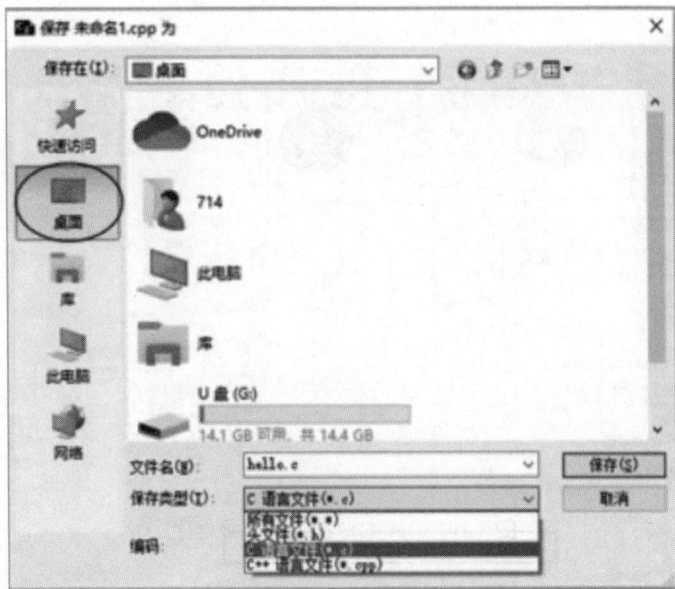

图 1.8　保存文件并命名

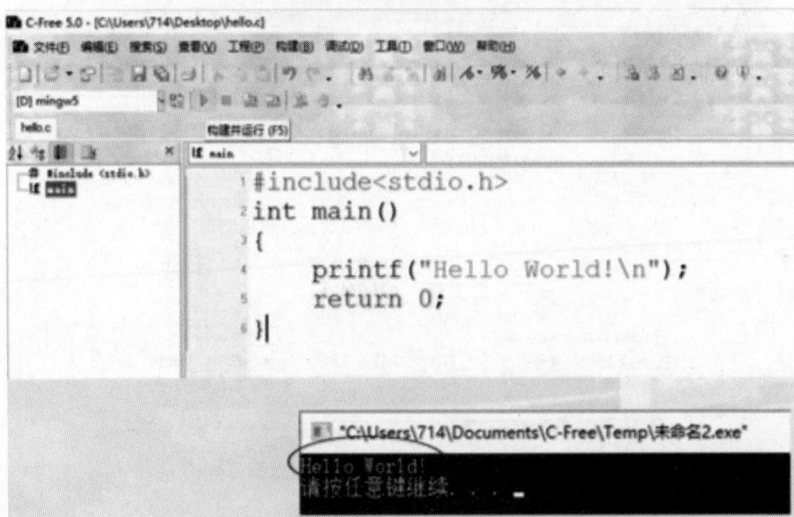

图 1.9　运行结果

2. 使用 Dev-C++运行过程

Dev-C++ 是一款轻量级的集成开发环境（IDE），专为 C 和 C++编程语言设计，适合初学者和中级开发者使用。Dev-C++的运行过程如下。

（1）启动 Dev-C++：依次单击 Dev-C++的"文件"菜单、"新建"、"源代码"，新建一个空白源程序，如图 1.10 所示。

（2）编辑代码：在刚才新建的源程序的编辑区输入我们需要的程序代码，如图 1.11 所示。

（3）保存：编辑完成后，可以通过单击"文件"菜单中的"保存"命令，或直接单击工具栏上的"保存"按钮，将源程序保存至指定位置。具体操作界面如图 1.12 所示。

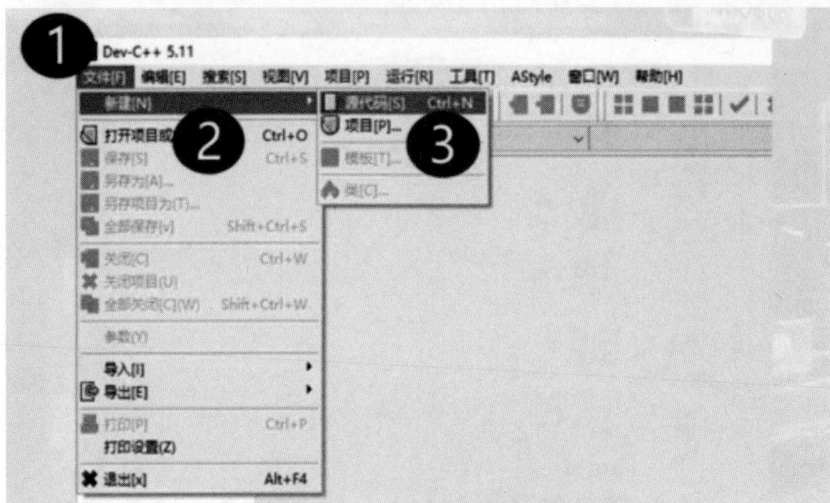

图 1.10　Dev-C++创建空白源程序

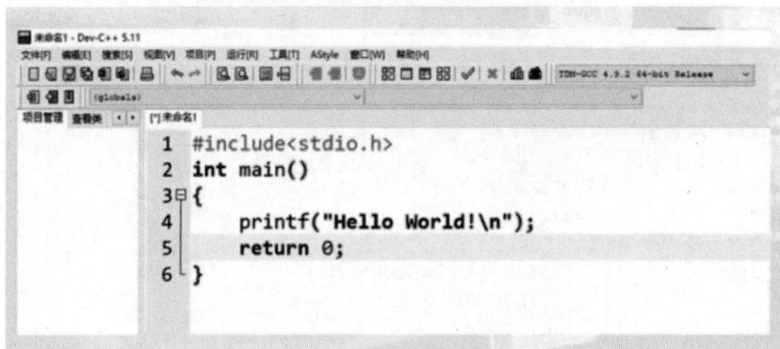

图 1.11　编辑代码

图 1.12　"保存"界面

随后，系统将弹出如图 1.13 所示的对话框。假设将文件保存至桌面，文件类型选择
"C source files"，并为其设置扩展名为".c"，同时将文件命名为"hello.c"，如图 1.13 所示。

（4）运行：单击"运行"菜单下的"编译运行"命令，即可在"运行"界面看到"Hello
World!"，如图 1.14 所示。

图 1.13　"保存"桌面

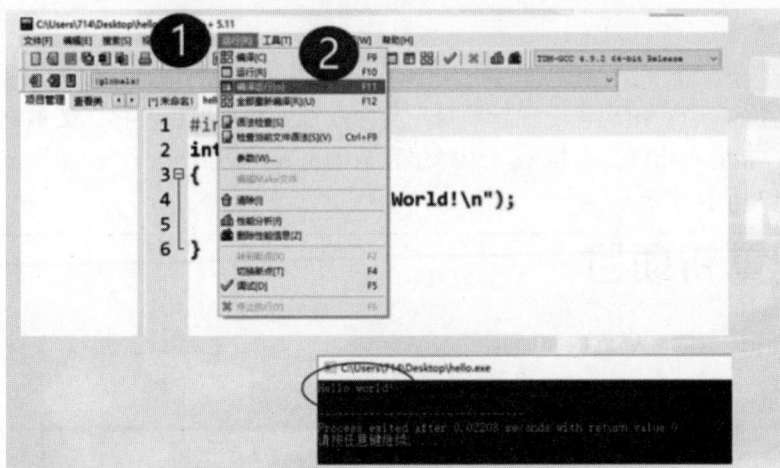

图 1.14　"运行"界面

3. 使用 VS2019 运行过程

（1）VS2019 启动完成后，选择"新建"→"项目"命令，如图 1.15 所示。

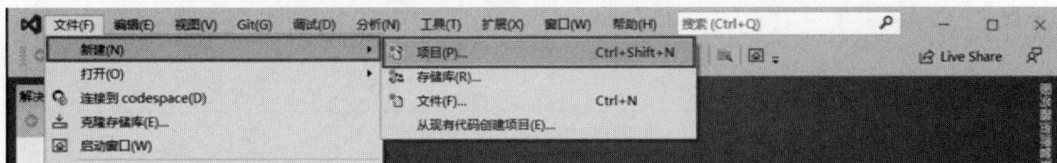

图 1.15　启动并创建新项目

（2）创建新项目：出现"创建新项目"界面，在右侧模板列表选择"空项目"（带有 C++的标签），再单击"下一步"，如图 1.16 所示。

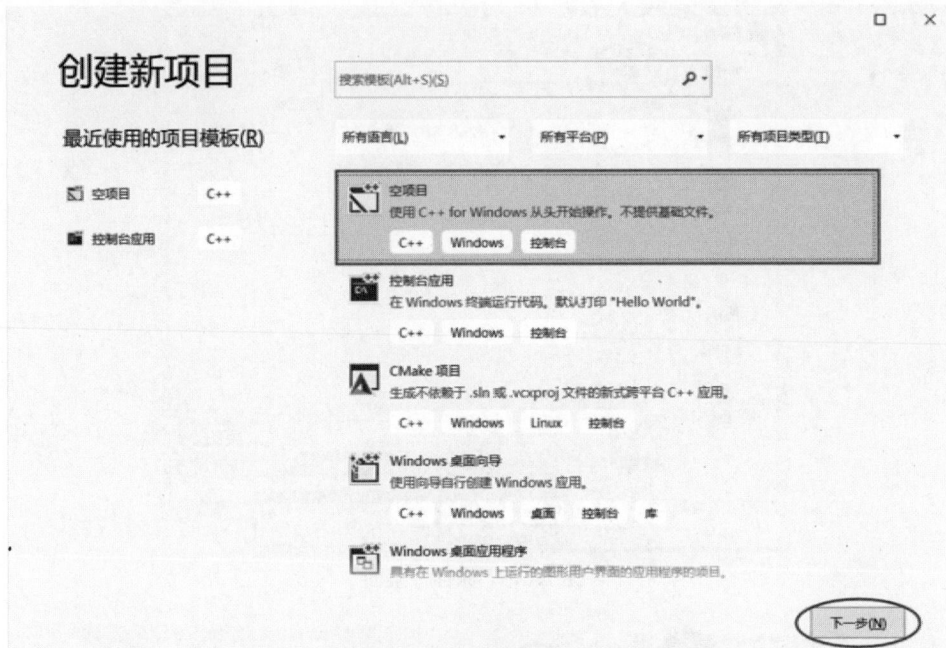

图 1.16 创建新项目

（3）配置新项目：出现"配置新项目"界面，首先在"项目名称"文本框中输入你喜欢的项目名，接着单击"…"按钮，选择想存放的位置，然后单击"创建"按钮，创建项目，如图 1.17 所示。

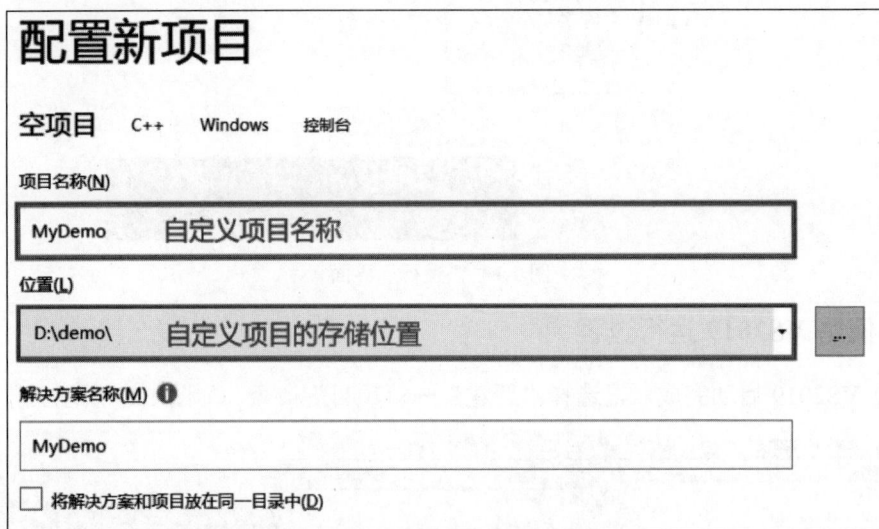

图 1.17 配置新项目

（4）添加新建项：在建立项目之后的界面中，右击 VS 主界面左侧的"源文件"，再选择"添加""新建项"，如图 1.18 所示。

接下来会出现新建项的对话框，选择"C++文件"，并且要把扩展名改为".c"。例如，取名"hello.c"，然后单击"添加"按钮。具体操作如图 1.19 所示。

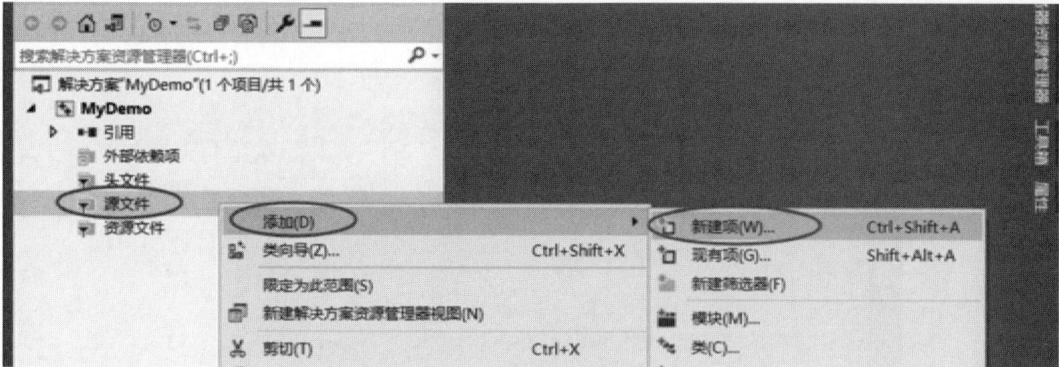

图 1.18   添加新建项

图 1.19   添加项详情

（5）编辑代码：接下来在刚才新建的源程序的编辑区输入所需要的程序代码，如图 1.20 所示。

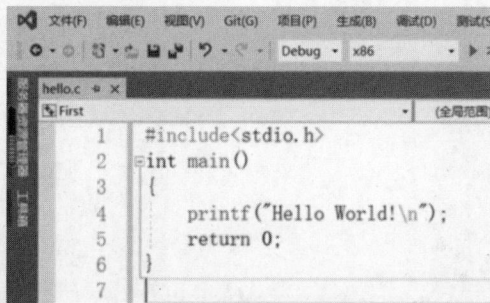

图 1.20   编辑代码详情

（6）运行：编辑完成后，单击工具栏上的"本地 Windows 调试器"，如图 1.21 所示，即可在运行界面看到"Hello World!"。

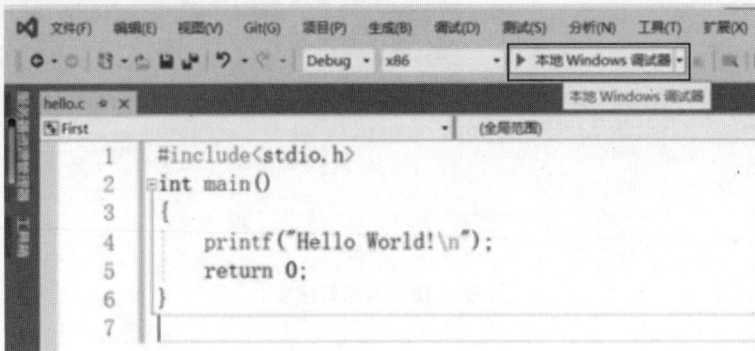

图 1.21　运行界面

1.2.2　在 macOS 环境下运行

在 macOS 环境下，我们以 VS Code 为例进行演示。

Visual Studio Code（简称 VS Code）是一款由微软开发的免费、开源的代码编辑器，支持多种编程语言和开发框架。其特点如下。

- 跨平台支持：可在 Windows、macOS 和 Linux 上运行。
- 丰富的扩展插件：通过扩展市场可支持语法高亮、代码调试、版本控制等功能。
- 集成终端：内置终端方便运行命令和调试程序。
- 智能提示与调试：支持代码自动补全、语法检查以及强大的调试工具。

VS Code 以其轻量、高效和高度可定制性，成为开发者广泛使用的工具之一。使用 VS Code 的过程如下。

（1）新建空白文件：启动 VS Code 后，单击"文件"菜单中的"新建文件"选项，或直接使用快捷键 Command+N，创建一个空白文件。具体操作界面如图 1.22 所示。

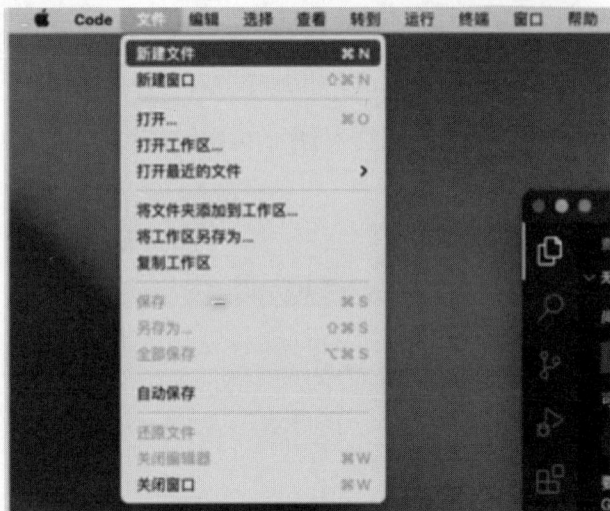

图 1.22　新建空白文件

（2）选择语言并编写代码：在编辑区域，可以单击"选择语言"，在弹出的命令面板中选择"C"，将空白文件转换为 C 语言源文件，随后输入所需的程序代码。或者，可以直接输入代码，但在保存文件时需要选择 C 语言格式文件，如图 1.23 和图 1.24 所示。

图 1.23　选择语言界面

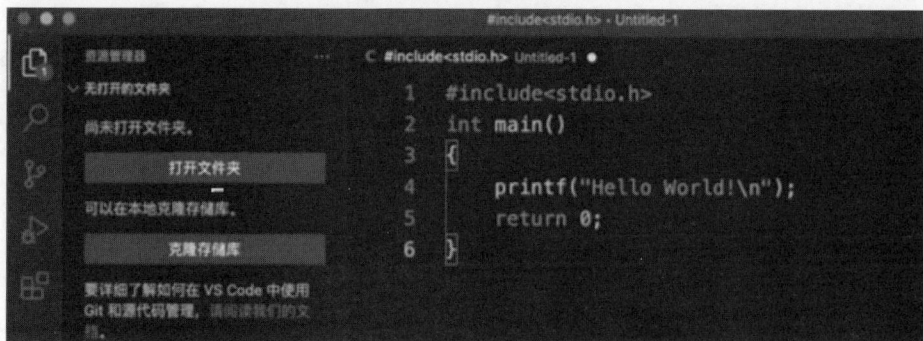

图 1.24　代码编辑界面

（3）保存源程序：单击"文件"菜单中的"保存"命令，或使用快捷键 Command+S 保存源程序。如图 1.25 所示，系统将弹出"保存"对话框。假设将文件保存至桌面，文件类型（Format）选择为"C"，扩展名为".c"，并将文件命名为"hello.c"，如图 1.25 和图 1.26 所示。

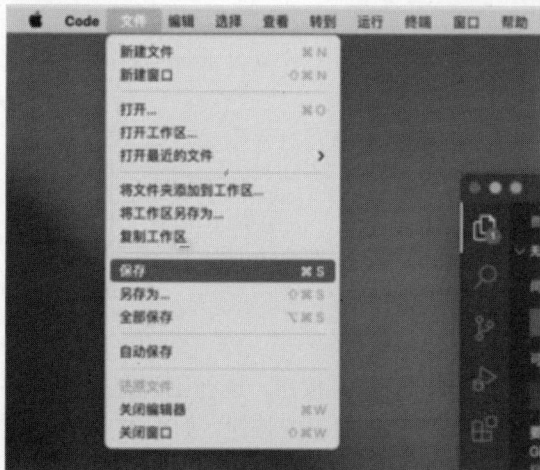

图 1.25　保存界面 1

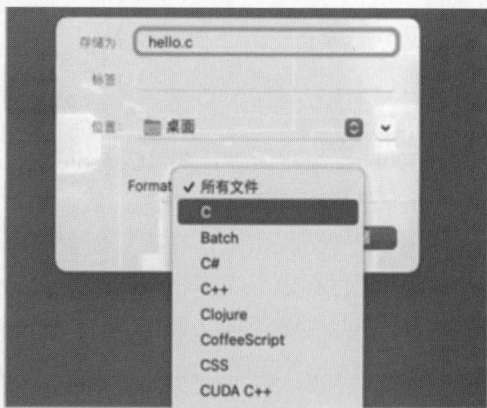

图 1.26　保存界面 2

图 1.27　处理系统权限

（4）处理系统权限提示：首次保存文件时，苹果系统可能会出于隐私保护弹出权限提示对话框。此时，请单击"好"按钮，允许 VS Code 将文件保存至指定位置，如图 1.27 所示。

（5）运行代码：按快捷键 Command+Shift+P 打开命令面板，输入"Run Code"调用 Code Runner 扩展，或直接按快捷键 Control+Alt+N 运行代码。运行结果将显示在"输出"选项界面中，即可输出"Hello World!"。

1.2.3　在 Linux 环境下运行

在 Linux 环境下，我们以使用 Code::Blocks 为例进行演示。使用 Code::Blocks 的过程如下。

（1）创建新项目：启动 Code::Blocks 后，单击"文件"菜单，选择"新建"→"项目"。在弹出的对话框中，选择"Console application"（控制台程序），然后单击"前进"，如图 1.28 和图 1.29 所示。

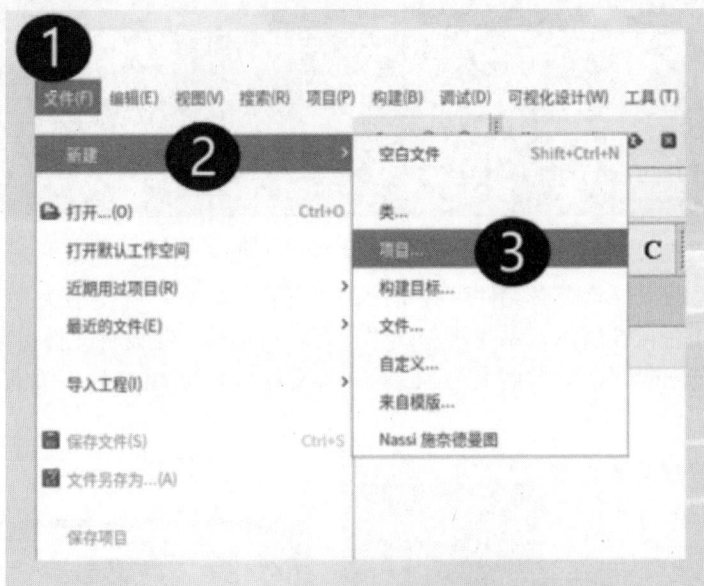

图 1.28　创建新项目 1

（2）选择编程语言：在"Console application"新建向导中，按照提示单击"下一步"。接下来，选择编程语言为"C"，然后再次单击"下一步"，如图 1.30 所示。

（3）配置工程信息：在项目配置界面中，完成以下操作。

在"工程标题"文本框中输入项目名称，如图 1.31 所示。

在"在此创建工程文件夹"文本框中，单击旁边的省略号按钮，选择工程存放的文件夹。例如，选择"文档"目录下的"project"文件夹，单击"打开"按钮，如图 1.32 所示。

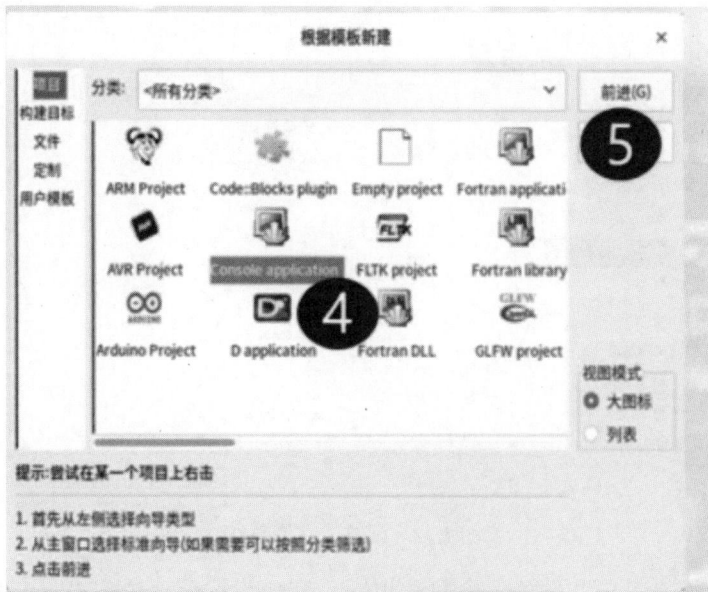

图 1.29 创建新项目 2

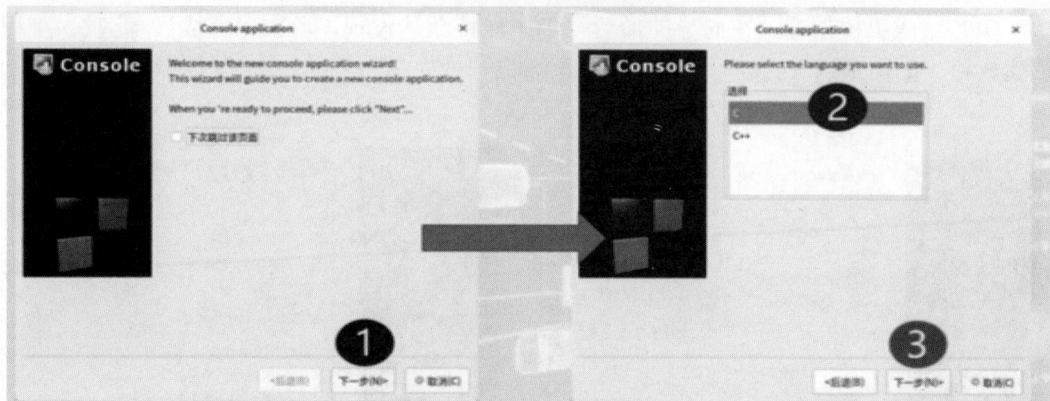

图 1.30 选择编程语言

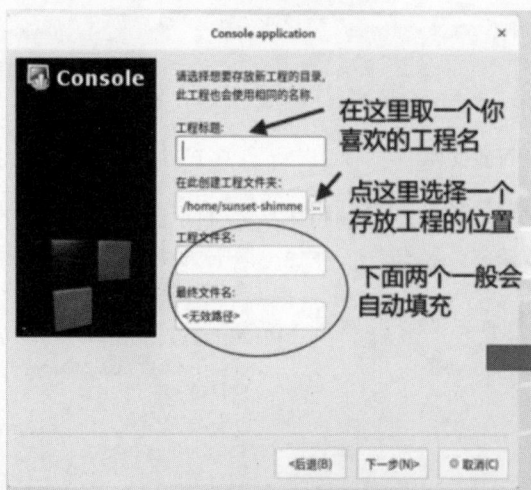

图 1.31 配置工程信息 1

图 1.32　配置工程信息 2

"工程文件名"和"最终文件名"会自动填充。完成设置后，单击"下一步"，如图 1.33 所示。

（4）完成工程创建：在向导的最后一步，保持默认设置，单击"完成"。此时，工程创建成功，如图 1.34 所示。

图 1.33　工程配置文件

图 1.34　完成工程创建

（5）编写代码：在新建的源程序编辑区中，输入所需的程序代码，如图 1.35 所示。

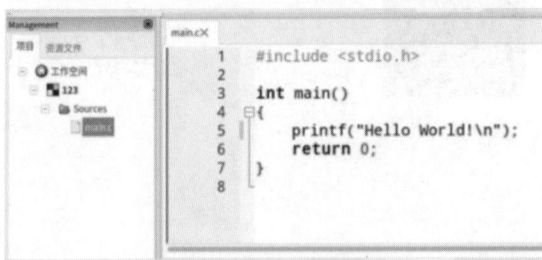

图 1.35　编写代码界面

（6）构建并运行程序：单击编译器工具栏上的“构建并运行”按钮，程序将开始编译并运行。运行结果（“Hello World!”）将显示在运行界面中，如图 1.36 所示。

图 1.36　运行程序

1.3　数据类型选择

本节主要讨论以下问题。

（1）数据类型的举例与分类，通过实例和示例代码，讲解 C 语言中常见的数据类型，如整型、字符型、实型等。如何根据实际需求选择合适的数据类型，举例说明数据类型在不同情境下的使用。

（2）概述 C 语言中的数据类型，对比各数据类型的精度、取值范围。比较不同类型在系统中的表现及其适用场景。

1.3.1　数据类型引例

在 C 语言中，数据类型决定变量的存储方式及其可以执行的操作。常见的数据类型有整型、字符型、实型等。选取合适的数据类型可以提高程序的运行效率。以下是 C 语言中的简单代码示例。

【例 1.5】　编写输出 4 和 7 的和与平均值的程序。

```
1   #include<stdio.h>            /*引入标准输入输出库，用于使用printf()函数*/
2   int main()                   /*程序入口函数*/
3   {   int a,b,sum;             /*定义整型变量a、b和sum，用于存储整数*/
4       double ave;              /*定义实型变量ave，用于存储平均值*/
5       a=4;                     /*将整数4赋值给整型变量a*/
6       b=7;                     /*将整数7赋值给整型变量b*/
7       sum=a+b;                 /*计算a和b的和，结果存储在sum中*/
8       ave=sum/2;               /*计算sum的平均值，这里会进行整数除法*/
9       printf("%d,%lf\n",sum,ave);  /*输出sum和ave的值，%d表示输出整数，
                                     表示输出双精度浮点数*/
10      return 0;                /*返回0，表示程序正常结束*/
11  }                           /*主函数结束*/
```

运行结果：

```
11, 5.000000
```

程序分析：从上述示例可以看出，变量 sum 的值为 a 与 b 的和，即 4＋7 的结果为 11。变量 ave 表示 sum 除以 2 的平均值，理论上应为 5.5。然而，从输出结果可以看出，实际得到的值为 5.0。这是因为在 C 语言中，两个整数相除，其结果仍然还是整数，而 ave 为实型变量，因此会将结果存储为 5.0。至于输出结果显示为 5.000000，这是由于 %lf 格式符在输出实数时默认保留 6 位小数。

接下来请读者进一步思考，如果将代码"ave = sum / 2;"修改为"ave = sum / 2.0;"，运行结果是否会相同？答案是否定的。这是由于 2.0 是实数，因此 sum / 2.0 的计算结果将为 5.500000。

在编写 C 程序时要注意：

（1）当在程序中处理数据和输出数据时，一定要选取恰当的数据类型。

（2）要使用正确的输出格式说明符，例如上方的%d 与%lf。

1.3.2　数据类型概述

数据类型是编程中用于表示不同类别数据的分类。每种数据类型规定了数据的内容、可执行的操作以及存储方式。简而言之，数据类型告知计算机变量所存储的具体数据种类，并定义可以对该数据进行的操作。

在 C 语言中，数据通过数据类型进行表达，C 语言的数据类型如图 1.37 所示，C 语言的数据类型包含基本类型、构造类型、指针类型和空类型四类。

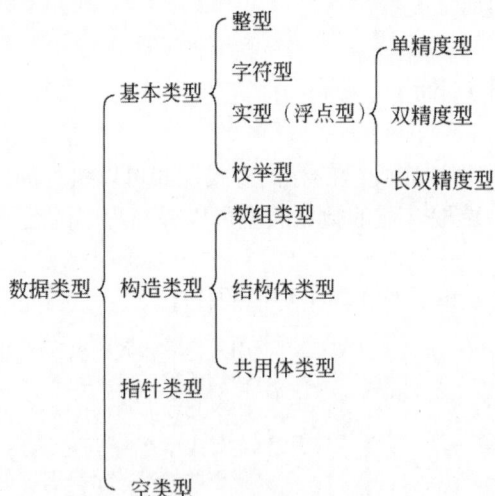

图 1.37　C 语言的数据类型

C 语言的基本类型有整型、字符型、实型（浮点型）和枚举型四种，实型又包括单精度型、双精度型、长双精度型。构造类型包括数组类型、结构体类型和共用体类型。数组是一个由相同类型元素构成的有序集合。在 C 语言中，数组的元素可以通过索引来访问。数组的大小是固定的，并且在内存中是连续存储的。数组用于存储多个相同类型的值。结构体类型是一个组合数据类型，它将不同类型的数据项（称为成员）整合为一个单一的数据结构。结构体的成员可以是整型、字符型、浮点型，甚至可以是其他结构体类型。共用体类型与结构体类型类似，但它允许不同类型的数据共享同一块内存空间。在共用体中，所有成员共享同一个内存位置，因此，任何时刻只能存储一个成员的值。由以上的数据类型相互组合就可以构成更加复杂的数据结构。例如，利用指针和结构体数据类型可以组成表、树、栈等复杂的数据结构。

表 1.1 给出了各种类型数据的字节数和对应的取值范围，要特别注意，C 语言标准并没有具体规定各种类型数据所占用的存储单元的长度，仅要求满足 sizeof(short)≤sizeof(int)≤sizeof(long)≤sizeof(long long)，具体由各编译系统自行决定。在这里，sizeof()是求字节运算符。

表 1.1　整型数据类型

类　　型	数 的 范 围	字节数
[signed] int	$-32768 \sim 32767$，即$-2^{15} \sim (2^{15}-1)$	16
Unsigned int	$0 \sim 65535$ 即 $0 \sim (2^{16}-1)$	16
[signed] short [int]	$-32768 \sim 32767$ 即$-2^{15} \sim (2^{15}-1)$	16
Unsigned short [int]	$0 \sim 65535$ 即 $0 \sim (2^{16}-1)$	16
long [int]	$-2147483648 \sim 2147483647$ 即$-2^{31} \sim (2^{31}-1)$	32
Unsigned long [int]	$0 \sim 4294967295$ 即 $0 \sim (2^{32}-1)$	32
float	$10^{-37} \sim 10^{38}$	32
double	$10^{-307} \sim 10^{308}$	64
long double	$10^{-4931} \sim 10^{4932}$	128

在数据类型中，整型数据可以通过使用 signed 或 unsigned 修饰符进行修饰。相比之下，实型数据则不能加上这些修饰符。对于无符号整型数据，应使用"%u"格式进行输出，其中%u 表示以无符号十进制数的形式进行输出。

【例 1.6】　编写输出无符号短整型变量的程序。

```
1    #include<stdio.h>              /*引入标准输入输出库,用于使用 printf 函数*/
2    int main()                     /*程序入口函数*/
3    {   unsigned short price=408;     /*定义 price 为无符号短整型变量*/
4        printf("%u\n",price);      /*指定用无符号十进制的格式输出*/
5        return 0;                  /*返回 0,表示程序正常结束*/
6    }
```

运行结果：

408

程序分析：上述程序中首先定义了无符号短整型变量 price 并赋值 408，最后用%u 对变量进行了输出。

【例 1.7】　编写输出无符号短整型变量赋予负值的程序。

```
1    #include<stdio.h>              /*引入标准输入输出库,用于使用 printf 函数*/
2    int main()                     /*程序入口函数*/
3    {   unsigned short price=-4;   /*定义 price 为无符号短整型变量*/
4        printf("%u\n",price);      /*指定用无符号十进制的格式输出*/
5        return 0;                  /*返回 0,表示程序正常结束*/
```

```
6    }
```

运行结果：

```
65532
```

程序分析：在将一个变量定义为无符号整型后，不可以赋予它一个负值，否则会得到错误的输出。

那么整型数据类型在内存中是如何存储的呢？不同的编译系统为 int 开辟的内存单元不同；有的编译器占 2 字节，有的编译器占 4 字节；在存储过程中，带符号的整数最高一位为"符号位"，符号位为 0 表示正数，符号位为 1 表示负数。在有符号整数的表示中，涉及原码、反码和补码这几个概念。原码、反码和补码是计算机中表示有符号整数的不同方法。它们的设计主要是为了简化计算机的加减运算，并解决在运算过程中出现的一些特殊问题，如符号位的处理和零的表示等。对于正整数来说，原码、反码和补码是相同的。

求原码的方式是：将该整数的绝对值直接转化为相应的二进制数，二进制数是仅由两个数字（0 和 1）组成的数，常用于计算机中表示和处理数据。然后在其最左边一位添加符号位（正整数用 0 表示，负整数用 1 表示），并用 0 在二进制数前补足 16 位（假若整型占 2 字节）。例如 7 的原码、反码、补码都为 0000000000000111。而−7 的原码是在 7 的原码基础上将符号位变为 1，即为 1000000000000111。

那么−7 的反码是在其原码的基础上符号位不变，数码位取反，即为 1111111111111000。−7 的补码是在反码的基础上加 1，即为 1111111111111001。

字符型数据类型如下：

- 字母：大写英文字母 A~Z，小写英文字母 a~z。
- 数字：0~9。
- 专门符号：29 个，包括 ! " # & ' ( ) * + , - . / : ; < = > ? [\ ] ^ _ ` { | } ~。
- 空格符：空格、水平制表符 (tab)、垂直制表符、换行、换页 (form feed)。
- 不能显示的字符（转义字符）：空（NULL）字符（以'\0'表示）、警告（以'\a'表示）、退格（以'\b'表示）、回车换行（以'\n'表示）等。

值得注意的是，字符'1'和整数 1 是不同的概念。字符'1'只是代表一个形状为'1'的符号。

【例 1.8】 编写分别以整型和字符型输出整数和字符 2。

```
1    #include<stdio.h>              /*引入标准输入输出库，用于使用 printf 函数*/
2    int main()                     /*程序入口函数*/
3    {   int a=2;
4        char b='2';
5        printf("a=%d,a=%c,b=%d,b=%c\n",a,a,b,b);    /*分别以整型和字符型输出
                                                        整数和字符 2*/
6        return 0;
7    }
```

运行结果：

```
a=2,a=,b=50,b=2
```

程序分析：以"%c"的格式输出就会原样显示字符'2'，以"%d"的格式则输出字符'2'

的 ASCII 码值，即 50。这里的 ASCII 值是指字符在计算机中使用的标准编码值，每个字符（如字母、数字、符号等）都有唯一的数字表示，范围从 0 到 127。而整数 2 是以"%d"的格式输出为 2，以"%c"的格式输出则为 ASCII 码值 2 对应的字符。

请注意，整数运算 1+1 等于整数 2，而字符'1'+'1'并不等于整数 2 或字符'2'。

实型数据类型是 C 语言中最常用的数据类型之一，我们看以下例子。

3.14159=3.14159*1=0.314159*10=314.159*0.01，因为小数点的位置是可以变化的，所以实数的指数形式称为浮点数。实型数据类型包括 float（单精度浮点型）、double（双精度浮点型）和 long double（长双精度浮点型）。一个实型数据由三部分组成：小数部分、数符和指数部分。由于实数以二进制形式表示，但是存储单元的长度是有限的，因此无法表示完全精确的数值，只能够存储有限的精度。小数部分所占的位数越多，数值的有效数字越多，精度就会越高；而指数部分所占的位数越多，则能够表示的数值范围越大。

float、double 和 long double 三类实型数据类型的数据范围分别如表 1.2 所示。

表 1.2　实型数据类型的数据范围表

类型名称	类型标识符	长度（字节数）	有效数字	取 值 范 围
单精度实型	float	32	7～8 位	$-3.410^{38} \sim 3.410^{38}$
双精度实型	double	64	15～16 位	$-1.710^{-308} \sim 1.710^{308}$
长双精度实型	long double	128	18～19 位	$-1.2^{-4932} \sim 1.2^{4932}$

【例 1.9】 编写一个基本数据类型的定义、赋值和输出的程序。

```
1   #include<stdio.h>              /*引入标准输入输出库，用于使用printf函数*/
2   int main()                     /*程序入口函数*/
3   {   int a=66;
4       char b='B';
5       float c=20.1,d=9876.543;
6       double e=9876.543;
7       printf("a=%d,a=%c,b=%c,b=%d\n",a,a,b,b);/*以整型和字符型输出整数和字符*/
8       printf("c=%f,d=%f,e=%lf\n",c,d,e);  /*单精度输出c和d，双精度输出e*/
9       return 0;
10  }
```

运行结果：

```
a=66,a=B,b=B,b=66
c=20.100000,d=9876.542969,e=9876.543000
```

程序分析：如上代码，先分别定义 a=66 为整型，b='B'字符为字符型，c=20.1,d=9876.543 为单精度浮点型，e=9876.543 为双精度浮点型。然后我们利用 printf()函数将 a 变量以%d 的格式输出为 a=66，将 b 变量以%d 的格式输出为 b=66，将 a 变量以%c 的格式输出为 a=B，将 b 变量以%c 的格式输出为 b=B。由此可得，在 ASCII 码范围内整型和字符型可以互换。

定义的单精度浮点型数据 c 按%f 输出，默认保存 6 位小数，故结果为 20.100000；数据 d=9876.543 是以单精度浮点型数据类型存储的，所以只能保证 6 位有效数字，从而输出 d=9876.542969，由运行结果可以看出，d 保证了前 6 位数字（从第 7 位数字起已不准确）。而 e 定义的是双精度浮点型数据类型，以%lf 格式输出，能保证 15 位有效数字，因而就能得到 e=9876.543000，保证了所有数字（因为不大于 15 位）。请注意，不论用%f 还是%lf，都默认输出 6 位小数。另外，实型变量取值范围较大，但由于不能保证有效数字以外的数字，无法精确地存放数据，往往出现误差。通过这道例题，把四种基本类型小结如下：整型 int 对应的格式控制说明符为%d，字符型 char 对应的格式控制说明符为%c，单精度浮点型 float 对应的格式控制说明符为%f，双精度浮点型 double 对应的格式控制说明符为%lf。

【例 1.10】 编写程序，用十进制、八进制、十六进制表示的一个整型常量按不同形式输出。

```
1    #include<stdio.h>               /*引入标准输入输出库，用于使用 printf 函数*/
2    int main()                      /*程序入口函数*/
3    {   printf("%d--%o--%x\n",45,45,45);      /*输出 45 的十进制、八进制和十六进制*/
4        printf("%d--%o--%x\n",042,042,042);  /*输出 042 的十进制、八进制和十六进制*/
5        printf("%d--%o--%x",0x3F,0x3F,0x3F); /*输出 0x3F 的十进制、八进制、十六进制*/
6        return 0;
7    }
```

运行结果：

```
45--55--2d
34--42--22
63--77--3f
```

程序分析：此程序中 45、042、0x3F 都是整型常量，其中 45 是十进制整型常量；042 是八进制整型常量（相当于十进制的 34），八进制整型常量以数字 0 开头；0x3f（或 0x3F）是十六进制整型常量（相当于十进制的 63），十六进制整型常量以 0x（或 0X）开头。%d、%o、%x 是输出格式说明符，分别用于输出十进制、八进制、十六进制整型常量。当按八进制和十六进制形式输出时，不输出前导的 0 和 0x。一种形式的整型常量可以按其他形式输出，例如，十进制整型常量除了可以按十进制形式输出外，还可以按八进制、十六进制形式输出。从而得出上述输出结果。

1.4　常量与变量的定义与使用

本节主要讨论以下问题。
（1）常量与变量的定义，变量的命名规则。
（2）整型变量、实型变量和字符型变量的定义。
（3）每种类型的常量、变量本质是什么，使用时有什么限制，正确使用的形式有哪些。

1.4.1　变量

1. 常量与变量的分类

● 常量：在程序运行过程中，其值不能被改变的量。常量可以分为整型常量、实型常量、字符型常量。例如 55（整型常量）、5.55（实型常量）、'C'（字符型常量）。

- 变量：与常量的定义相反，在程序执行过程中可以被改变的量。

【例 1.11】 编写变量输出。

```
1    #include<stdio.h>
2    #define Constant 2000                        /* 定义常量 Constant */
3    int main()
4    {   int s;                                    /* 定义变量 s*/
5        s=Constant+50;                            /* 给变量 s 赋值*/
6        printf("First:%d\n", s);
7        s=2*Constant;
8        printf("Second:%d\n", s);
9        return 0;
10   }
```

运行结果：

```
First:2050
Second:4000
```

程序分析：在此程序中，Constant 是常量并赋值 2000。s 是整型变量，第一次输出将常量 Constant+50 后赋值给 s，并对 s 进行输出。由变量值在程序执行过程中可以被改变的特性，第二次输出将变量 Constant*2 后赋值给 s 进行输出。

2. 变量的命名规则

（1）可以由字母、数字、下画线组成。

（2）不可以是数字开头。

（3）在 C 语言中变量名严格区分大小写，例如，MIN 和 min 是完全不同的两个变量。

（4）不可以是 C 语言中的关键字。

（5）定义的变量名要做到"见名知意"（如变量 name 表示的是姓名）。

（6）变量名是一个标识符，一般使用小写字母。

【例 1.12】 判断哪些变量名是合法的，哪些是不合法的。

1. int　2. double　3. _191　4. 3k　5. aaabbb　6. printf　7. a.b　8. mean　9. student

说明：1，3，5，6，8，9 是合法的变量名，其他是非法的变量名。但 int 是关键字，printf 是库函数名，不提倡使用，因为当把 printf 定义为变量名后系统就无法通过 printf 调用输出函数。

3. 变量的定义、赋值和输出

- 定义：使用任何变量前，需要先对其作出声明，指定该变量的类型及名字。
- 赋值：可以在定义变量时进行初始化赋值，也可以在定义后通过赋值语句进行赋值。
- 输出：使用 printf()函数输出变量的值。

【例 1.13】 变量的定义、多次赋值及输出过程。

```
1    #include<stdio.h>
2    int main()
3    {   int a;
```

```
4       a=6;
5       a=7;
6       printf("a=%d", a);
7       return 0;
8   }
```

运行结果：

```
a=7
```

程序分析：首先定义一个整型变量 a，并对 a 赋值为 6，紧接着又对 a 赋值为 7，最后对变量 a 进行输出，结果为 a=7。在此过程中，a 代表存储单元，而 7 是存储单元内存放的内容。

1.4.2　整型

1. 整型常量

整型常量就是在程序中直接使用的整数，不能带有小数点。在程序运行过程中，它们的值是固定不变的。例如，编写一个计算两个数之和的程序时，用到的类似 5、10、−20 这些数就被称为整型常量。整型常量也有多种表现形式，如十进制形式、八进制形式、十六进制形式。

十进制整型常量由 0～9 的数字组成，没有前缀，例如 123、−123、0。

八进制整型常量必须以数字 0 开头，后面跟着由 0～7 的数字组成的序列。因为八进制是逢八进一，所以不会出现 8 和 9 这些数字。代码中可以这样使用："int octal_num = 016;"，此时，octal_num 存储的十进制值就是 14。

十六进制整型常量以 0x 或者 0X 开头，后面跟着由 0～9 的数字和 A～F 组成的序列。其中，A～F 分别表示 10～15。代码中可以这样使用："int hex_num = 0xFF;"，hex_num 存储的十进制值就是 255、0XAF 存储的十进制值为 175、0XFFFF 存储的十进制值为 65535。

【例 1.14】 整型常量输出。

```
1   #include<stdio.h>
2   int main()
3   {   printf("%d,%d\n",39,15.5);
4       return 0;
5   }
```

运行结果：

```
39, 0
```

程序分析：在此程序中想要对整型常量 39 和实型常量 15.5 进行输出，但在输出过程中都以输出整型数据%d 的形式进行输出，导致了实型常量 15.5 不能被正确地输出。

2. 整型变量

在 C 语言中，变量是用于存储数据的内存区域，而整型变量就是专门用来存储整数的变量。可以把整型变量想象成一个带有标签的盒子，这个标签就是变量名，盒子里面存放的是整数。在程序运行过程中，变量的值可以被读取、修改。整型变量的常用类型有基本型（int 型）和长整型（long 型），在 VC++ 6.0、C-Free、Dev-C++、VS 等编译器中，int 和 long 型都占 4 字节。并且，当我们开始定义变量时必须根据需要给出其相应的类型，如 int a=10 定义变量 a 为整数型。

在定义变量的同时给变量赋值，与先定义变量、再给变量赋值是等价的。如"int a=1;"与"int a，a=1;"的作用是相同的。C 语言允许同时定义多个变量，并可以同时对它们进行初始化，如"int a=5, b=6;"是正确的。如果此时将 a,b 之间的逗号变为分号，则会导致 b 不被定义，因为 C 语言中语句是以分号结束的。

【例 1.15】 整型变量的定义、赋值和输出。

```
1    #include<stdio.h>
2    int main()
3    {   int a,b;
4        a=2147483647;
5        b=a+5;
6        printf("a=%d,b=%d\n",a,b);
7        return 0;
8    }
```

运行结果：

```
a=2147483647,b=-2147483644
```

程序分析：在此程序中定义了两个整型变量 a 和 b，其中给 a 的赋值为 2147483647，而给变量 b 的赋值为 a+5，按正常逻辑，b 的值应该是 2147483652。但是，int 类型的取值范围是 −2147483648～2147483647，很明显，b 的值超出了约定范围，产生了溢出现象，导致其结果不能正常输出。

1.4.3 实型

1. 实型常量

C 语言中，实型常量也被称为浮点型常量。类似整型常量，实型常量用来表示固定数值的实数，主要用来表示带小数的实数。实型常量有两种表示方式，分别是小数表示法和指数表示法。

实型常量默认按双精度 double 型处理，实型常量可以赋值给一个 float、double 型变量，根据变量的类型截取实型常量中相应的有效数字，实型数据可能存在舍入误差。

【例 1.16】 将实型常量按小数形式和指数形式输出。

```
1    #include<stdio.h>
2    int main()
3    {   printf("%lf\n",564826924639482.1);
4        printf("%le\n",56789.6788885);
5        printf("%le\n",0.0);
6        return 0;
7    }
```

运行结果：

```
564826924639482.120000
5.678968e+004
0.000000e+000
```

程序分析：在此程序中将实型常量分别按小数形式和指数形式进行输出，其中如果按小数形式进行输出，则应该用%lf 的形式，此时小数点后有 6 位。如果按指数形式进行输出，则应该用%le 的形式，此时小数点前有一位非零数字，小数点后输出 6 位。如果用%le 的形式对 0.0 进行输出，则其输出形式固定为 0.000000e+000。

2．实型变量

实型变量中只能存放实型数据，实型变量按其所能保证的精度分为单精度型（float）和双精度型（double）。单精度型 float，占 4 字节，有效位 6；双精度型 double，占 8 字节，有效位 15。实型变量无法精确地存放数据，它会有一定的误差。

【例 1.17】　不同精度情况下实型变量的定义、赋值和输出。

```
1    #include<stdio.h>
2    int main()
3    {    float a=11.2,b=0.0;
4         double c=15692.67;
5         b=15692.67;
6         printf("a=%f,b=%f,c=%lf\n",a,b,c);
7         return 0;
8    }
```

运行结果：

```
a=11.200000, b=15692.669922, c=15692.670000
```

程序分析：在此程序中用关键字 float 定义了两个单精度实型变量 a 和 b，并分别赋值11.2 和 0.0，用关键字 double 定义了一个双精度关键字 c，并赋值为 15692.67。由变量在程序执行过程中其值可以改变的特性对变量 b 进行重新赋值为 15692.67。最后对程序进行了输出，其中单精度用%f 进行输出，从输出结果可以看出，单精度仅能保证前 6 位有效数字，从第 7 位开始数字出现了误差。而双精度用%lf 进行输出，从输出结果可以看出双精度的输出结果是精确的，这是因为双精度保证了其前 15 位有效数字。

1.4.4　字符型

1．字符型常量

字符型常量可以分为两种类型：一种是直接用单引号包裹的单个字符，称为常规字符；另一种是以反斜杠（\）起始的特殊字符序列，称为转义字符。字符型常量按其 ASCII 码值参加整数运算。因此，在介绍字符型常量前需要先介绍一下 ASCII 码。

ASCII 码是一种字符编码标准，为每个字符分配了唯一的整数值，范围从 0 到 127。例如，字符'A'的 ASCII 值是 65，字符'a'的 ASCII 值是 97，字符'0'的 ASCII 值是 48（注意是字符 0，而不是数字 0）。具体每个字符的 ASCII 值可以查表得知。

字符型常量指的是用单引号括起来的单个字符，它代表的是该字符对应的 ASCII 值。在计算机内存中，字符型常量是以对应的 ASCII 值的二进制形式存储的。例如，字符'A'的 ASCII 值是 65，在内存中就以 65 的二进制形式（在八位系统中是 01000001）存储。

【例 1.18】 将字符按不同格式输出。

```
1   #include<stdio.h>
2   int main()
3   {   printf("%c---%d,%c---%d\n",'c','c','C','C');
4       printf("%d---%c,%d---%c\n",'c'+1,'c'+1,'C'+1,'C'+1);
5       printf("小写-大写=%d\n",'c'-'C');
6       return 0;
7   }
```

运行结果：

```
c---99,C---67
100---d,68---D
小写-大写=32
```

程序分析：在此程序中对字符按两种形式进行了输出，其中第一种形式是用%c 以字符的形式进行输出，第二种形式是用%d 以整数的形式进行输出。由输出结果可以看出，c 的 ASCII 值是 99，而 C 的 ASCII 值是 67，它们的差为 32。这种现象并不是一个偶然现象，在 ASCII 中，小写字符的 ASCII 值-大写字符的 ASCII 码值恒等于 32。

2. 字符型变量

字符型变量 char 占一个字节，存放 ASCII 字符集中的任何一个字符。

【例 1.19】 字符型变量的定义、赋值和输出。

```
1   #include<stdio.h>
2   int main()
3   {   char ch='c';                    /*定义字符变量*/
4       int s=0;
5       ch=ch-32;
6       s='2'-'0';
7       printf("ch=%c,s=%d\n",ch,s);
8       return 0;
9   }
```

运行结果：

```
ch=C, s=2
```

程序分析：在 C 语言中字符型变量是以关键字 char 定义的，上述程序案例中首先定义了字符型变量 'c' 和整数变量 s 之后，对 ch 重新赋值为 ch-32，s 重新赋值为'2'-'0'并对变量进行输出。在输出结果中，ch=C 的原因是小写字母的 ASCII 值与大写字母的 ASCII 值之差恒为 32。而 s=2 的原因是数字字符与 '0' 的 ASCII 差值正好是数字字符对应的数字。

1.5　运算符和表达式

本节主要讨论以下问题。

（1）什么是运算符，运算符有哪些。

（2）各种运算符的功能及它们的运算逻辑。

（3）表达式的定义以及如何操作，不同运算符的执行优先级。

（4）运算符操作不同数据类型变量时是如何处理的。

1.5.1　运算符和表达式定义

在数学运算中，常用算式表达运算过程，算式由运算符号和数字组成。在 C 语言中同样使用这种形式表达变量之间的运算，表达式由不同功能的运算符和变量组成。

1. 运算符

在 C 语言中，运算符是用于对数据进行操作的符号，它们能够对各种各样的数据进行各种各样的操作。C 语言中的运算符根据其功能分为多种类型，如算术运算符、关系运算符、逻辑运算符、赋值运算符、逗号运算符等。

算术运算符主要用于对数字进行基本的数学运算，就像数学中的加、减、乘、除一样。算术运算符有+（加）、-（减）、*（乘）、/（除）、%（求余），其对应功能如表 1.3 所示。

表 1.3　算术运算符及功能

算术运算符	功　　能
+（加）	把两个数相加，得两数之和。例如，5 + 3 的结果是 8
-（减）	用于计算两个数的差值。例如，7-2 会得出 5
*（乘）	实现两个数的相乘操作。例如，4 * 6，结果是 24
/（除）	计算两个数相除的结果。例如，8/2，结果是 4
%（求余）	计算两个整数相除后的余数。例如，10%3，结果是 1

关系运算符有>（大于）、<（小于）、>=（大于或等于）、<=（小于或等于）、==（等于）、!=（不等于）。关系运算符主要用于比较两个值之间的大小关系，判断谁大谁小或者是否相等。它们的返回结果只有两种情况：真（通常用 1 表示）或者假（通常用 0 表示）。具体的关系运算符的功能如表 1.4 所示。

表 1.4　关系运算符及功能

关系运算符	功　　能
>（大于）	判断左边的值是否大于右边的值，并返回真假
<（小于）	判断左边的值是否小于右边的值，并返回真假
>=（大于或等于）	判断左边的值是否大于或者等于右边的值，并返回真假
<=（小于或等于）	判断左边的值是否小于或者等于右边的值，并返回真假
==（等于）	用于判断两个值是否相等，并返回真假

续表

关系运算符	功　能
!=（不等于）	判断两个值是否不相等，并返回真假

逻辑运算符通常用于组合多个关系表达式，进行更复杂的条件判断，根据不同的情况给出最终的判断结果。逻辑运算符有以下几种：&&（逻辑与）、‖（逻辑或）、!（逻辑非）。具体功能如表 1.5 所示。

表 1.5　逻辑运算符及功能

逻辑运算符	功　能
&&（逻辑与）	当它两边的表达式结果都为真时，整个逻辑表达式的结果才为真；只要有一个表达式结果为假，那么整个结果就是假
‖（逻辑或）	只要它两边的表达式中有一个结果为真，整个逻辑表达式的结果就为真；只有当两个表达式结果都为假时，整个结果为假
!（逻辑非）	它是一个单目运算符，作用是对一个表达式的结果取反。如果表达式结果为真，经过逻辑非运算后就变为假；如果表达式结果为假，经过逻辑非运算后就变为真

赋值运算符的主要作用是把一个值赋给一个变量。常见的赋值运算符有=（简单赋值）、+=（加等于）、−=（减等于）等。具体功能如表 1.6 所示。

表 1.6　赋值运算符及功能

赋值运算符	功　能
=（简单赋值）	把右边的值赋给左边的变量
+=（加等于）	一种复合赋值运算符，a += 5 等价于 a = a + 5。也就是说，先把变量 a 的值加上 5，然后再把结果赋给 a
−=（减等于）	一种复合赋值运算符，a −= 3 等价于 a = a − 3，即先把变量 a 的值减去 3，再将结果赋给 a

2. 表达式

在 C 语言中，表达式由运算符和操作数按照一定规则组合而成，其目的就是计算出一个具体的值。接下来，让我们详细了解表达式的各个组成部分以及不同类型的表达式。

表达式主要由运算符、操作数、常量、变量、函数调用几部分组成，但表达式的核心作用是数据处理，各部分对应的功能如下。

- 运算符：运算符规定了对操作数要进行什么样的操作。例如"加""减""乘""除"等算术运算符以及不同类型的运算符，它们在表达式中发挥着各自独特的作用。
- 操作数：操作数可以是常量、变量或者函数调用。
- 常量：常量是在程序运行过程中值不会发生改变的量，例如数字 5、字符 'A' 等。
- 变量：变量就像是一个可以装不同东西的"盒子"，在程序运行过程中它的值可以被改变。例如我们定义的"int a;"中的 a 就是一个变量，它可以存储不同的整数值。
- 函数调用：函数是一段完成特定功能的代码块，调用函数可以得到一个结果，这个结果就可以作为操作数使用。

1.5.2　运算符的优先级和结合性

在 C 语言的表达式计算中，就像排队做事情一样，运算符的执行顺序也有先后。运算符的优先级和结合性就是决定这个顺序的规则，理解它们对于正确使用计算表达式至关重要，接下来详细介绍运算符的优先级和结合性。

运算符的优先级决定了在一个表达式中，哪些运算符会先进行计算。简单来说，优先级高的运算符会先被执行运算。例如，在表达式 3 + 5 * 2 中，乘法运算符 * 的优先级比加法运算符 + 高，所以会先计算 5 * 2 得到 10，然后再计算 3 + 10，得到最终结果 13。

当表达式中有多个相同优先级的运算符时，这个时候就用到了结合性，结合性规定了这些相同优先级运算符的计算顺序。

结合性分为左结合性和右结合性。

- 左结合性：表示从左到右依次计算。就像数学一样，从左边开始一个一个处理。例如表达式 10 − 5 − 2，因为减法运算符 − 是左结合性，所以先计算 10 − 5 得到 5，再计算 5 − 2 得到 3。
- 右结合性：表示从右到左依次计算。例如赋值运算符是右结合性，在表达式 a = b = c = 5 中，会先将 5 赋值给 c，然后把 c 的值（也就是 5）赋值给 b，最后把 b 的值（还是 5）赋值给 a。

具体运算符和对应的结合性如表 1.7 所示。

表 1.7　运算符及结合性

运算符类型	运算符	结合性	运算符类型	运算符	结合性
括号	()	从左至右	关系运算符	==、!=	从左至右
单目运算符	!、−（负号）	从右至左	逻辑运算符	&&	从左至右
算术运算符	*、/、%	从左至右	逻辑运算符	||	从左至右
算术运算符	+、−	从左至右	赋值运算符	=、+=、−= 等	从右至左
关系运算符	>、<、>=、<=	从左至右	逗号运算符	,	从左至右

【例 1.20】　运算符优先级的示例代码。

```
1    #include<stdio.h>
2    int main()
3    {   int a = 3, b = 4, c = 5;
4        int result = a + b * c;        /* 先计算乘法，再计算加法*/
5        printf("结果是: %d\n", result);
6        return 0;
7    }
```

运行结果：23

程序分析：在这个示例代码中，定义了三个整型变量 a、b 和 c，并分别初始化为 3、4 和 5。然后有一个表达式 a + b * c，根据运算符的优先级，乘法的优先级高于加法，所以会先计算 b * c，也就是 4 * 5，得到 20。然后再计算 a + 20，即 3 + 20，得到最终结果 23。最后使用 printf 函数输出结果 23。

1.5.3　算术运算符和表达式

在 C 语言中，算术运算符就像是进行数学计算的工具，能完成各种基本的数学运算。常见的算术运算符有+（加）、−（减）、*（乘）、/（除）、%（求余）、−（求负）等。将运算符和变量、常量结合起来就组成了基本的算术表达式。

例如，两个整数相除的结果为整数，如 7/5 的结果为 1，舍去小数部分。但如果除数或者被除数中有一个为负值，则舍入的方向是不固定的。多数机器采用"向 0 取整"的方法（实际上就是舍去小数部分，注意，不是四舍五入）。例如−5/3 若采用"向 0 取整"的方法，得到−1。

【例 1.21】　判断表达式的值。

表达式 7+4 的值？　11

表达式 7−4 的值？　3

表达式 7*4 的值？　28

表达式 7/4 的值？　1

表达式 7/4.0 的值？　1.75

表达式 7%4 的值？　3

表达式 7.0%4 的值？　出错

表达式中若运算量都是整型时，则按整型计算，结果为整型，例如 7/4 的值为 1。

表达式中若至少有一个为实型时，则先转化为双精度后再计算，结果为双精度型，例如 7/4.0 的值是 1.75。

%要求两侧运算量必须是整型，例如，7.0%4 会出错。

1.5.4　表达式中的类型转换

在 C 语言中，执行运算的只能是相同类型的变量或者常量，但实际编写程序过程中常常会因为各种原因导致定义不同而无法运算。因此，当表达式中对不同类型的数据进行运算时，通常需要进行类型转换，而类型转换则分为隐式类型转换和显式类型转换。

1. 隐式类型转换

隐式类型转换由编译器自动完成，不需要我们手动去指定。编译器这么做是为了保证运算的精度，当不同类型的数据在一起进行运算时，它会把"较低类型"的数据自动转换为"较高类型"的数据。

什么是"较低类型"和"较高类型"呢？一般来说，数据类型的精度和表示范围越大，就属于越高的类型。例如，double 类型（双精度浮点数）比 int 类型（整数）的精度和表示范围都要大，所以 double 类型相对 int 类型就是较高类型。当 int 类型和 double 类型进行运算时，int 类型会自动被转换为 double 类型。

若数据类型不同，则先转换为同一数据类型，然后进行运算。如字符数据参与运算必定转换为整数，float 型数据在运算时先转换为 double 型，以提高运算的精度（即使是两个 float 型数据相加，也先都转换为 double 型，然后再相加）。

赋值运算，如果赋值号=两边的数据类型不同，赋值号右边的类型转换为左边的类型。这种转换是截断型的转换，直接去掉小数点后面的部分，不会四舍五入。

2. 显式类型转换

显式类型转换也称强制类型转换，和隐式类型转换不同，它需要我们手动指定。当有特定的需求，想要把一个数据类型强制转换为另一个数据类型时，例如将一个 int 类型的变量赋值给一个 double 类型，就可以使用强制类型转换运算符。

强制类型转换的语法很简单，就是(类型名)(表达式)，如：

(double)a 将变量 a 转换成 double 类型；

(int)(b+c)将 b+c 的结果转换为 int 整型；

(float)(7%4)将 7%4 的值转换成 float 型。

注意，要转换的表达式应该用括号括起来，如果写成(int)b+c，则是表示先将 b 转换成整型，然后再与 c 相加。

1.5.5　算术表达式

算术表达式是由算术运算符和操作数组合而成的，其主要目的就是进行数学运算，因此数学中的大部分符号在 C 语言中都有且功能类似，如括号能改变运算优先级。但运算结果不能直接按照数学逻辑理解。结合之前所学的知识，复杂的算术表达式要结合数据类型的特性和 C 语言的运行逻辑，如取值范围和类型转换等。

算术表达式是可以嵌套使用的，也就是说，一个算术表达式中可以包含其他的算术表达式。在这种情况下，计算顺序就由运算符的优先级和结合性来决定。

在使用算术表达式时，一定要清楚运算符的优先级和结合性，同时留意类型转换，这样才能保证计算结果的正确性。熟练地运用算术表达式就能在 C 语言中轻松完成各种复杂的数学计算。

【例 1.22】 假设 a 的值为 6，写出表达式 a*((7+sqrt(9.0)))/2 的求解过程和结果。

```
1    #include<stdio.h>
2    #include<math.h>
3    int main()
4    {   int a = 6;
5        double result = a*((7 + sqrt(9.0))) / 2;
6        printf("表达式 a *((7 + sqrt(9.0)))/2 的结果是: %.1f\n", result);
7        return 0;
8    }
```

运行结果：

表达式 a*((7 + sqrt(9.0)))/2 的结果是：30.0

程序分析：由于内层括号中的平方根函数的优先级高于加号，因此我们先求平方根函数，得到 3.0，再与 7 相加，得到 10.0，再计算 10.0/2，得到 5.0，最后计算 6*5.0，得出最终值 30.0。

　　注意，数学中的"[]""{}"在 C 语言中用多层"()"代替，算术表达式中出现的变量必须有确定的值。

【例 1.23】　将代数式 $\dfrac{\pi r^2}{a+b}$ 改写成 C 语言算术表达式。

```
1    #include<stdio.h>
2    int main()
3    {   double r = 3.0;   /*假设 r 的值为 3.0*/
4        double a = 4.0;   /*假设 a 的值为 4.0*/
5        double b = 5.0;   /*假设 b 的值为 5.0*/
6        double result;
7        const double PI = 3.14159;
8        result = PI * r * r / (a + b);
9        printf("结果为: %lf\n", result);
10       return 0;
11   }
```

运行结果：

结果为: 3.141590

　　程序分析：在 C 语言中，不能出现 π，因为它既不是变量，也不是常量。改写时根据所需精度用 3.14159 或 3.14 等代替，这里我们选用 3.14159 代替 π。C 语言不提供乘方运算符，我们用*计算乘方的值。所以，我们将 π 乘以 r 的平方的积和 a 加 b 的和分开，分别写成 3.14159 * (r * r)和(a+b)，其中（r * r）的括号可以省略，而（a+b）的括号不能省略，否则计算时会出现除数为 a 而不是 a+b 的情况。

【例 1.24】　将(3+5)*7，10-2/3 改写成 C 语言算术表达式和结果。

```
1    #include<stdio.h>
2    int main()
3    {   int a = 3, b = 5,c = 7;                /* 定义三个整型变量分别初始化*/
4        int d = (a + b)*c;                     /*定义整型变量 d 记录结果*/
5        printf("(a + b)*c 的结果是: %d\n", d); /* 输出计算结果 */
6        int x = 10, y = 2, z = 3;
7        int w = x - y / z;                     /*定义整型变量 w 记录结果*/
8        printf("x - y /z 的结果是: %d\n", w);
9        return 0;
10   }
```

运行结果：

(a + b)*c 的结果是: 56
x - y /z 的结果是: 10

　　程序分析：在这段代码中，首先定义了变量 a、b、c，并分别给它们赋值 3、5、7。然后由于括号的存在先计算 a+b 的和，将和与 c 相乘，最终输出结果 d。接着，又定义了变量 x、y 和 z，同样使用算术表达式 x-y/z 进行计算，由于除法优先级高，先计算 y/z 得到 0，再用 x 减去这个结果，将最终结果存储在变量 w 中并输出。

1.5.6　赋值表达式

赋值运算符有=、+=、−=、*=、/=、%=等，除第一个外，其余运算符是复合的赋值运算符，结合方向是自右至左。

用赋值运算符把变量和 C 语言表达式连接起来的表达式称为赋值表达式。

赋值表达式的一般形式是：变量=表达式。赋值运算符的左边必须是变量（代表存储单元），即必须是变量名，右边可以是 C 语言的任何合法表达式。

注意，赋值运算符的左边变量代表一个存储单元，而右边出现的变量应理解为该变量中的值，其值必须是事先被赋予的。

a = 3*4 是赋值表达式，其含义是将 3 和 4 的乘积 12 赋给变量 a。

b 的值为 5 时，赋值表达式 b=b+2 的值为 5+2，得到 7。赋值表达式的值是赋值运算符左边变量的值。

当 a 的值为 1，b 的值为 2 时，赋值表达式 a=b 的值是 2；但同样当 a 的值为 1，b 的值为 2 时，b=a 的值却为 1。

注意，赋值运算符的两边数据类型不一致时，系统可自动转换，例如，对于"int　a; a=4.5;"系统自动将 4.5 转换成 4 赋给 a；也可手动转换，例如，"int a;　a=(int)4.5;"表示将 4.5 强制类型转换为 int 型的 4，然后将 4 赋给 a。

【例 1.25】　分析 x=y=z=7+8 这个表达式。

```
1  #include <stdio.h>
2  int main()
3  {   int x, y, z;
4      x = y = z = 7 + 8;
5      printf("x 的值为：%d\n", x);
6      printf("y 的值为：%d\n", y);
7      printf("z 的值为：%d\n", z);
8      return 0;
9  }
```

运行结果：

x 的值为：15
y 的值为：15
z 的值为：15

程序分析：根据优先级，原式等价于"x=y=z=(7+8);"。

根据结合性（从右向左）：原式等价于 x=(y=(z=(7+8)))，等价于 x=(y=(z=7+8))。

z=7+8：先计算 7+8，得值 15 赋值给变量 z，(z=7+8)整个赋值表达式值为 15。

y=(z=7+8)：将上面(z=7+8)整个赋值表达式值 15 赋值给变量 y，y 的值为 15，(y=(z=7+8))整个赋值表达式值为 15。

x=(y=(z=7+8))：将上面(y=(z=7+8))整个赋值表达式值 15 赋值给变量 x，x 的值为 15，整个表达式 x=(y=(z=7+8))的值为 15。最后，x,y,z 都等于 15。

【例 1.26】　假设 a=3，分析复合赋值运算符 a+=a*=a+(b=2)的表达式。

```
1  #include<stdio.h>
```

```
2  int main()
3  {  int a = 3;
4     int b;
5     a += a *= a + (b = 2);                    /* 计算复合赋值表达式 */
6     printf("最终 a 的值为: %d\n", a);
7     printf("最终 b 的值为: %d\n", b);
8     return 0;
9  }
```

运行结果:

```
最终 a 的值为: 30
最终 b 的值为: 2
```

程序分析: 根据运算符的优先级和结合性, 程序中语句 a+=a*=a+(b=2)的处理过程
是: 先计算圆括号中表达式 b=2 的值, 此表达式的值是 b 的值 2。

接着进行 a+2 的运算, 其结果为 5。

表达式变为 a+=a*=5, 由于赋值运算符的结合性是从右至左, 接着进行的是 a=a*5 运
算 (a=3*5), 并将 15 赋值给 a。

此时, 表达式又变成 a+=15, 等价于 a=a+15 运算(a=15+15), a 的值变成 30。

请注意, 在整个处理过程中 a 多次被赋值, 但最终的值是最后一次被赋的值。

1.5.7　逗号表达式

逗号运算符 "," 是所有运算符中优先级最低的运算符, 逗号运算符的结合方向是自左
至右。

用逗号运算符把 C 语言表达式连接起来的表达式称为逗号表达式。逗号表达式的一般
形式为: 表达式 1,表达式 2,表达式 3,…,表达式 n。

其求解过程是: 从表达式 1 到表达式 n 按顺序求值。表达式 n 的值是逗号表达式
的值。

【例 1.27】　逗号表达式的实例。

```
1  #include<stdio.h>
2  int main()
3  {  int a = 0, b = 0, x = 0, y = 0;
4     a = (x = 7, x % 3);
5     b = x = 7, x % 3;
6     printf("%d,%d,%d\n", a, b, (y = 5, y * 2));
7     return 0;
8  }
```

运行结果:

```
1,7,10
```

程序分析: 逗号表达式(x=7,x%3)的求解过程, 先将 7 赋给 x, 再求 7%3 的值 (值为 1),
1 是此逗号表达式的值, 然后赋给 a, 因而 a 的值变成 1。

b=x=7, x%3 的求解过程是: 先将 7 赋给变量 x, 再将赋值表达式 x=7 的值赋给 b, 因

而 b 的值变成 7，最后求 7%3 的值，但在此无意义，并没有给变量赋值，也没有作为输出结果。

最后一条输出语句中的逗号表达式（y=5,y*2）的求解过程是先将 5 赋给 y，再求 5*2 的值 10，10 是此逗号表达式的值，因而得到运行结果为 1,7,10。

请注意，此程序中 printf 函数中的几个逗号的作用是不同的，其中双引号里的逗号是表示需要输出的字符，双引号外与各参数之间的逗号是格式要求，各个参数之间的逗号是分隔符，最后一个才是逗号运算符。

1.6 学习助手

本节主要讨论以下问题：

（1）程序设计的步骤繁多，每一步都是精细操作，是否有相关工具能简化工作？

（2）学习程序设计不只是技术的学习，还要注意哪些方面的思政培养？

1.6.1 相关工具

程序设计是一项复杂且精细的工程，涵盖了多个紧密相连的关键环节。作为程序编写者，在日常的开发工作中，最为频繁接触的便是代码编写、调试以及版本控制等核心环节。而每一个环节都有一系列功能强大的相关工具，能够极大限度地简化烦琐的工作流程，提升开发效率与质量。

在代码编写环节有 Visual Studio、IntelliJ IDEA、PyCharm 等工具。Visual Studio 由微软开发，功能强大，支持多种编程语言，如 C、C++、C#、Python 等。它提供了代码编辑、调试、编译、项目管理等一站式服务，具有智能代码提示、代码重构等功能，适合开发大型项目。IntelliJ IDEA 主要用于 Java 开发，也支持其他语言，如 Kotlin、Groovy 等。它拥有强大的代码分析和智能提示功能，能够快速定位代码中的错误和潜在问题，有效提升代码质量。更为便捷的是，它还集成了版本控制系统，这为团队协作开发提供了极大的便利，团队成员之间可以更加顺畅地进行代码的共享与交流。PyCharm 是专门为 Python 开发设计的 IDE，具备丰富的插件和工具，提供了代码调试、代码分析、自动完成等功能。

调试环节常用的工具如今大多集成在编译器内部。以 Visual Studio 为例，其内部集成了 Visual Studio Debugger，提供了直观的图形界面，即使是调试经验并不丰富的新手，也能快速上手操作。在调试方式上，它支持多种模式，断点调试可以让开发者在关键代码处设置断点，暂停程序执行，仔细观察变量的值和程序的执行流程；内存调试则专注于排查内存相关的问题，如内存泄漏等。这些工具帮助开发者迅速定位和修复程序中潜藏的各种问题。

对于开发中的多版本代码问题或者团队多人协作的问题，可以使用 Git 工具。Git 是目前最流行的分布式版本控制系统，它允许开发者详细地跟踪代码的每一次修改历史，将代码的演变过程完整地呈现出来。在团队协作方面，它更是发挥着关键作用，方便团队成员之间进行高效的协作开发。不仅如此，Git 还具备强大的灵活性，既可以在本地进行版本管理，满足开发者个人开发的需求，也能够与远程仓库，如 GitHub、GitLab、Gitee 等进行无缝同步，实现代码的共享与备份。开发者可以借助 Git 进行灵活的代码分支管理，根据不同的开发任务创建不同的分支，互不干扰；在合适的时候，又能顺利地合并代码，将各个分支的成果整合在一起；当出现错误或者需要回退到之前的版本时，回滚修改操作也能轻松完成。

1.6.2　道路自信、文化修养和道德修养

在计算机的漫长发展历程中，C 语言可谓历史悠久，从诞生之初便在不断地演进，逐步奠定了自身举足轻重的地位。回溯 C 语言的发展轨迹，从最初的雏形到如今广泛应用于系统软件、嵌入式开发、游戏编程等众多领域，每一步都凝聚着无数计算机科学家的智慧与心血。从贝尔实验室的 UNIX 系统到中国天河超级计算机，从嵌入式系统到航天器控制，其"简洁而不简单"的设计哲学印证了技术演进的普遍规律。正如中国在改革开放中选择中国特色社会主义道路，C 语言的成功同样在于既吸收结构化编程的思想精华，又保持对机器特性的精准把控。这种"守正创新"的智慧，正是当代年轻人需要领悟的发展辩证法。

C 语言的代码规范与风格是要求代码清晰、简洁且注释详细。遵循这样的规范编写代码，不仅是对自己编写的程序负责，也方便了程序后续的维护和升级。清晰的代码结构和详细的注释可以让其他程序员接手代码时迅速理解程序逻辑，提高开发效率。这如同传承和弘扬优秀的文化传统一样，优秀的文化传统是先辈们留下的宝贵精神财富，我们传承和弘扬它，能够为社会的发展积累深厚的精神底蕴，促进社会文明的进步。在编程领域，良好的代码规范和风格就是我们程序员传承的"文化"，它推动着软件行业的健康发展。

技术并非无道德属性的。在技术的学习和应用过程中，要将国家安全和道德准则放在首位，严格遵守相关的安全规范和标准。从更深层次来讲，代码之道亦是修身之道。在学习 C 语言以及其他编程技术的过程中，我们要时刻坚定道路自信，注重自身的文化修养和道德修养。

科技创新是国家发展的核心驱动力，它能够推动产业升级，提高国家的综合竞争力。而国家的稳定发展又为科技创新提供了良好的环境和资源支持。在这个过程中，坚定道路自信至关重要，只有立足本国国情，结合自身优势，才能在科技创新的道路上走得更远、更稳。

中国计算机技术在国内的蓬勃发展离不开奠基人的贡献。华罗庚先生晚年推动了中国计算机科学与计算数学的发展，倡导计算机在科学计算中的应用与创新；姚期智先生是图灵奖得主，2004 年下定决心回国，推动中国计算机学科发展，创立"姚班"培养顶尖计算机人才，为中国计算机人才培养做出了巨大牺牲和贡献。他们不仅在科技创新领域有着远见卓识，更有着极高的道德修养和爱国情操。因此，注重文化修养和道德修养，才能够让我们在科技创新的道路上保持正确的方向，真正为国家的长远发展贡献力量。

1.7 上机实训

1.7.1 实训目的

1. 熟悉 C 语言集成开发环境。掌握集成开发环境的启动和退出方法，以及在该集成开发环境下 C 语言源程序文件的新建、打开、保存和关闭等基本操作；掌握开发一个 C 程序设计的基本步骤。

2. 理解程序调试的基本思想，熟悉常用的语法错误提示信息，并根据系统提供的错误提示信息进行 C 程序的修改。

3. 了解 C 程序的基本框架，能够编写简单的 C 程序。

4. 通过运行简单的 C 程序，初步了解 C 源程序的特点。

1.7.2 实训内容

1. 程序改错：改正下列程序中的错误，在屏幕上显示短句"Welcome to You!"。

```
实训 1_1.c（有错误的程序）
1    #include<stdoi.h>
2    int main()
3    {print(Welcome to You!\n")
4     return 0;
5    }
```

2. 程序改错：改正下列程序中的错误，在屏幕上显示以下 3 行信息。

```
*************
 Welcome
*************
```

```
实训 1_2.c（有错误的程序）
1    #include<stdio.h>
2    int main()
3    {printf("*************\n");
4      printf("  Welcome/n")
5    printf("*************\n");
6    }
```

3. 程序设计：在屏幕上显示短句"What is a computer?"。

思考：

（1）如何在屏幕上显示你自己的学号、姓名和班级？

（2）如何在屏幕上显示数字、英文字母和汉字等信息？例如："你在 7 号楼 4 楼计算机实验中心 A1 机房吗？"。

4. 程序设计：在屏幕上显示如下网格。

```
+---+---+
|   |   |
+---+---+
```

思考：

（1）如何在屏幕上显示下列图形？

```
  A
A   A
  A
```

（2）如何在屏幕上显示一个由各种字符组成的图案？例如：

HHHHHH

HdddddH

HcccccH

HHHHHH

1.8　本章小结

1.8.1　知识梳理

本章我们学习了计算机程序的概念、语言分类和 C 语言的基本概念、特点，以及 C 语言的历史和一个完整 C 语言程序的基本结构。我们探讨了变量的使用和编程时数据类型的选择，学习了运算符和表达式的概念以及 C 语言的主要运算符，介绍了程序设计的相关工具。通过简洁完整的 C 语言程序案例，理解了一个完整程序的运行过程。

通过本章的学习，你应该能够：

- 使用一种集成开发环境编写并运行一个 C 语言程序。
- 掌握 C 语言的历史、基本概念，运用变量、选择数据类型和编写表达式。
- 了解 printf()函数输出操作数的基本原理。
- 了解学习程序设计解决问题的相关工具。

这些基础知识为你进一步学习运用 C 语言编程打下了坚实的基础。在接下来的章节中，我们将首先学习使用 C 语言编程的三种基本结构。

1.8.2　常见上机问题及解决方法

1. 忘记包含必要的头文件

在 C 语言中，头文件包含了许多函数声明与宏定义，若缺少必要的头文件，编译器就无法识别相关函数。例如：

```
int main() {
//忘记包含<stdio.h> 下面的printf 函数将无法被识别
printf("此处输出一行字。");
```

```
}
```

错误原因：printf 函数是标准输入输出库中的函数，其声明位于<stdio.h>头文件中。若没有包含这个头文件，编译器就不知道 printf 是什么，从而产生编译错误。

解决办法：在代码的开头添加 #include <stdio.h>语句，这样编译器就能找到 printf 函数的声明了，也就是能识别函数，程序得以正确执行。

2. 忘记给变量初始化

当定义一个变量却未对其初始化时，该变量会包含一个随机值。在后续使用这个变量时，可能会引发不可预期的结果。

```c
#include<stdio.h>
int main()
{   int num;
  //错误示例：num 未初始化就直接使用
  int result=num+10;
    printf("结果是: %d\n", result);
    return 0;
}
```

错误原因：变量 num 在定义时没有被赋予初始值，它所包含的是一个随机的垃圾值。当使用这个随机值进行计算时，得到的结果也是不可预测的。

解决办法：在使用变量之前，给它赋一个合适的初始值，例如，"int num = 0;"。

3. 拼写错误或括号不匹配

C 语言对关键字、函数名和变量名的拼写要求非常严格，一个字母的错误都可能导致编译失败。例如：

```c
#include<stdio.h>
int main()
{
prinf("Hello, World!\n");
    return 0;
}
```

错误原因：printf 函数名拼写错误，编译器无法找到名为 prinf 的函数。

解决办法：仔细检查代码，将 prinf 改为正确的写法 printf。

扩展阅读：C 语言发展史

C 语言作为一种通用的过程式计算机程序设计语言，自诞生以来，对计算机科学和软件工程领域产生了深远影响，其发展历程可简单归结为起源、标准化、衍生和现代应用等几个阶段。

首先，C 语言的起源可以追溯到 20 世纪 60 年代末和 70 年代初。

1969 年，贝尔实验室的肯·汤普森和丹尼斯·里奇开始开发 UNIX 操作系统。为了编写 UNIX，汤普森设计了一种名为 B 语言的高级编程语言。B 语言是基于 BCPL（Basic Combined Programming Language）的简化版本，主要用于系统编程。然而，B 语言在处理硬件操作和数据类型方面存在局限性。为了克服这些限制，丹尼斯·里奇在 B 语言的基础上进行了改进，于 1972 年设计出了 C 语言。C 语言保留了 B 语言的简洁性，同时引入了更强的类型系统和更丰富的操作符，使其更适合系统编程。1973 年，UNIX 操作系统的内核用 C 语言重写，这一举措极大地提高了 UNIX 的可移植性和可维护性。C 语言的成功应用使其迅速在贝尔实验室内部流行起来，并逐渐传播到其他研究机构和企业。

其次，C 语言的标准化。1978 年，丹尼斯·里奇和布莱恩·柯林汉（Brian Kernighan）合著了 *The C Programming Language* 一书，该书被广泛认为是 C 语言的经典教材。书中描述的 C 语言版本被称为 K&R C，成为 C 语言的第一个事实标准。

随着 C 语言的广泛应用，不同编译器对 C 语言的实现存在差异，导致代码的可移植性受到影响。为了解决这一问题，美国国家标准协会（ANSI）于 1983 年成立了 X3J11 委员会，负责制定 C 语言的标准。1989 年，ANSI 发布了第一个 C 语言标准，称为 ANSI C 或 C89。该标准定义了 C 语言的语法、语义和标准库，为 C 语言的规范化奠定了基础。

1990 年，国际标准化组织（ISO）采纳了 ANSI C 标准，并发布了 ISO/IEC 9899:1990，称为 C90。此后，ISO 对 C 语言标准进行了多次修订，包括 1999 年的 C99、2011 年的 C11 和 2018 年的 C18。这些修订引入了新的特性，如变长数组、布尔类型、复数类型等，进一步丰富了 C 语言的功能。

C 语言的影响与衍生。C 语言的成功催生了许多衍生语言，其中最著名的是 C++语言。

1983 年，贝尔实验室的比雅尼·斯特劳斯特鲁普（Bjarne Stroustrup）在 C 语言的基础上增加了面向对象编程的特性，设计出了 C++语言。C++语言继承了 C 语言的高效性和灵活性，同时引入了类、继承、多态等面向对象的概念，成为系统编程和应用程序开发的重要工具。

除了 C++，C 语言还影响了其他许多编程语言的设计，如 Java、C#、Objective-C 等。这些语言在语法和语义上与 C 语言有诸多相似之处，同时引入了新的特性和范式，推动了编程语言的发展。

C 语言的现代应用。尽管 C 语言已有数十年的历史，但其在系统编程、嵌入式系统、操作系统、编译器设计等领域仍然占据重要地位。许多现代操作系统，如 Linux、Windows 和 macOS，其内核和关键组件仍然使用 C 语言编写。此外，C 语言在嵌入式系统和实时系统中也有广泛应用，如微控制器、汽车电子、航空航天等领域。

C 语言作为一种经典的编程语言，其发展历程见证了计算机科学的进步。从最初的 UNIX 系统编程工具，到如今的广泛应用，C 语言始终保持着高效、灵活和强大的特性。通过不断的标准化和技术演进，C 语言在计算机科学和软件工程领域继续发挥着重要作用。

习题

一、选择题

1. 下列关于 C 语言的说法错误的是（　　）。

    A. C 程序的工作过程是编辑、编译、连接、运行

    B. C 语言不区分大小写

    C. C 程序的三种基本结构是顺序、选择、循环

    D. C 程序从 main 函数开始执行

2. 下列变量说明语句中，正确的是（　　）。

    A. char:a b c;   B. char a;b;c;   C. int x;z;   D. int x,z;

3. 以下均是合法变量名的是（　　）。

    A. #name total   B. node value_max   C. _var long   D. stu-code a+b

4. C 语言中的简单数据类型包括（　　）。

    A. 整型、实型、逻辑型   B. 整型、实型、逻辑型、字符型

    C. 整型、字符型、逻辑型   D. 整型、实型、字符型

5. 在 C 语言程序中，表达式 5%2 的结果是（　　）。

    A. 2.5   B. 2   C. 1   D. 3

6. 在 C 语言中，以下选项中不能正确表示 10×10000 之值的是（　　）。

    A. 1.0E5.0   B. 1.E5   C. 10E4   D. 1.0e4

7. 设 x，y，z 均为实型变量，代数式 x/yz 在 C 语言中的正确写法是（　　）。

    A. x/y*z   B. x%y%z   C. x/y/z   D. x*z/y

二、填空题

1. 在程序执行过程中，其值不发生改变的量称为_____，其值可变的量称为_____。

2. 在 C 语言中，用_____表示语句的结束。

3. 表达式 3*20/4%10 的计算结果是_____。

4. 若"int n; float f=13.8;",则执行"n=(int)f%3"后，n 的值是_____。

5. 以下程序的运行结果是 a=_____，b=_____。

```
main()
{ int a=8, b=1;
  a=a+b;
  b=a*b;
  printf("a=%d, b=%d", a, b);}
```

三、编程题

（1）用 printf 函数输出 4 行由"*"组成的金字塔图形。

```
    *
   ***
  *****
 *******
```

（2）输入矩形的长和宽，计算并输出其面积。

上机实训解析及参考代码

习题参考答案及解析

第 2 章　顺序结构程序设计

学习导读

顺序结构化程序设计是 C 语言程序设计中最基础的部分，它如同建筑的地基，为后续更复杂的程序设计奠定坚实的基础。首先，读者应从顺序结构的基本概念入手，理解其"自上而下，依次执行"的特点。然后，通过生活中例子按步骤完成任务，建立直观的理解，逐步理解顺序结构的概念、语法和应用，并通过丰富的实例和练习，掌握利用顺序结构解决实际问题的能力。

在练习的过程中同时强调良好的编程习惯的重要性，包括代码格式的规范化、变量命名的合理性以及注释的清晰简洁等。通过养成良好的编程习惯，读者可以编写出更易读、更易维护的代码，为未来的编程学习和发展奠定良好的基础。

结构化程序设计方法的特点如下所示。

（1）自顶向下：程序设计时，应先考虑总体，后考虑细节；先考虑全局目标，后考虑局部目标。先从最上层总目标开始设计，逐步使问题具体化。例如开发一个学生成绩管理系统，先规划好系统的整体架构，包括成绩录入、查询、统计分析等大的功能模块，再逐步细化每个模块的具体实现。

（2）逐步细化：对复杂问题，应设计一些子目标作为过渡，逐步细化。继续以上述学生成绩管理系统为例，在成绩统计分析模块中，先确定要统计的项目，如平均分、最高分、最低分等，然后针对每个统计项目设计具体的算法和实现步骤。

（3）模块化：一个复杂问题，肯定是由若干稍简单的问题构成。模块化是把程序要解决的总目标分解为子目标，再进一步分解为具体的小目标，把每一个小目标称为一个模块。每个模块可以独立开发、测试和维护，最后将各个模块组合起来形成完整的程序。例如，在学生成绩管理系统中，成绩录入、查询、统计分析等都可以作为独立的模块。

结构化程序设计的基本结构包含顺序结构、选择结构和循环结构，本章着重介绍了 C 语言源程序的顺序结构程序设计。

内容导学

（1）什么是结构化程序设计？

（2）结构化程序设计的基本结构有哪些？

（3）赋值语句的使用方法。

（4）输入输出语句的使用方法。

（5）编写顺序结构的程序。

教学目标

知识目标：
（1）了解顺序结构的含义。
（2）掌握赋值语句的使用方法。
（3）掌握输入输出语句的使用方法。

能力目标：
（1）能判断赋值语句使用正确与否。
（2）能选择并正确使用各种标准输入输出函数。
（3）编写顺序结构问题的程序，利用顺序结构解决生活中的问题。

育人目标

顺序结构程序设计要求学生按照一定的顺序和逻辑编写代码，这有助于培养学生的逻辑思维能力，且对初学者编写程序需要高度的耐心和细心，一个小的错误或疏忽可能导致程序无法正常运行。学生在调试程序、查找错误的过程中，能够锻炼其耐心和细心，培养严谨的治学态度和工作作风。

2.1　结构化程序设计的基本结构

结构化程序设计（Structured programming，SP）是一种软件开发的编程典范，"面向结构"的程序设计方法即结构化程序设计方法，是"面向过程"方法的改进，它采用自顶向下、逐步求精及模块化的程序设计方法。

C 语言的结构化程序设计的基本结构有顺序结构、选择结构、循环结构三种形式。

（1）顺序结构：是在程序设计中以从上到下的顺序执行的结构。顺序结构是一种线性、有序的结构，它依次执行各语句模块。顺序结构的程序又称简单程序，这种结构的程序是顺序执行的，无分支，无转移，无循环，程序本身的逻辑很简单，它只依赖于计算机能够顺序执行指令（语句）的特点，只要语句安排的顺序正确即可。如图 2.1 所示，顺序结构中的每一条语句都被执行一次，而且只能被执行一次。

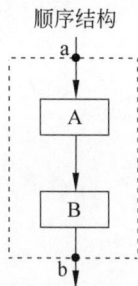

图 2.1　顺序结构流程图

【例 2.1】　华强共有 100 元钱，他买了 3 斤 30 元/斤的瓜，还剩多少钱？
源程序如下：

```
1    #include<stdio.h>
2    int main()                                自
3    {   int a;                                上
4        a=100-30*3;                           而
5      printf("华强还剩%d 元\n",a);            下
6       printf("演示结束\n");
7     return 0;
```

```
8    }
```

执行程序时，代码自上而下，每条语句都被执行到，且仅被执行一次。

（2）选择结构：也称为分支结构，其作用是根据给定的条件进行判断，从而决定执行不同的程序流程。在程序运行过程中，可能会遇到多种不同的情况，需要根据具体情况选择不同的处理方式。选择结构就是为了实现这种根据条件进行选择执行的逻辑而设计的。通过对条件表达式的判断结果（真或假），程序会决定执行哪一个分支中的语句块。

选择结构表示程序的处理步骤出现了分支，它需要根据某一特定的条件选择其中的一个分支执行。选择结构有单选择结构（如图 2.2 所示）、双选择结构（如图 2.3 所示）和多选择结构（如图 2.4 和图 2.5 所示）三种形式。

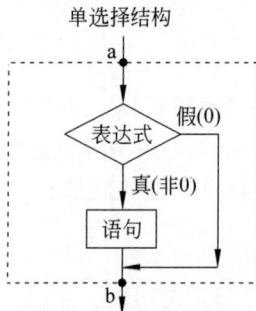

图 2.2　单选择流程图　　　　　图 2.3　双选择流程图

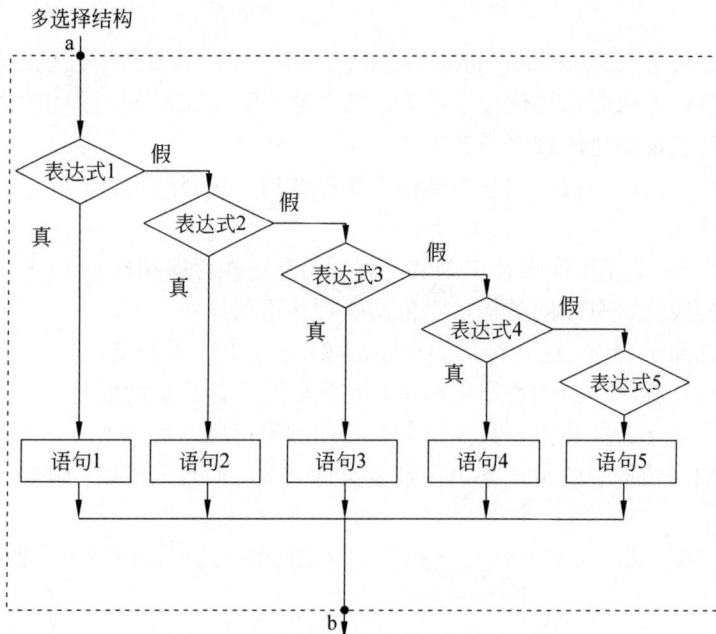

图 2.4　if 多选择流程图

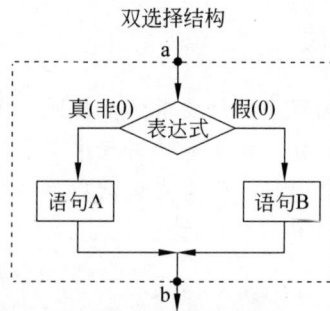

【例 2.2】华强共有 100 元钱买 30 元/斤的瓜。如果 a 瓜不是生瓜，华强就买，否则就不买。已知 a 瓜重三斤，结果还剩多少钱？

分析问题：需要先判断 a 瓜是不是生瓜（需要选择结构，如图 2.6 所示），如不是生瓜，就买，是，就不买（两个分支进行二选一执行），最后再输出剩余多少钱。

多选择结构

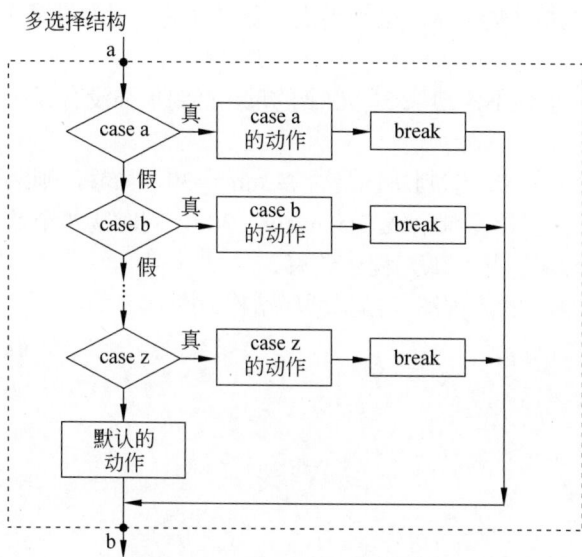

图 2.5 switch 多选择流程图

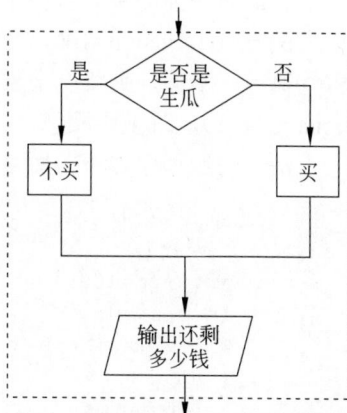

图 2.6 解决问题 2 的双选择流程图

源程序如下:

```
1    #include<stdio.h>
2    #include<string.h>
3    int main()
4    {int sum=100;
5     char a[100]="熟瓜";
6     if(strcmp(a,"生瓜")!=0)
7        {  sum=100-30*3;
8         printf("华强买了a瓜\n");
9        }
10     else printf("华强没买a瓜\n");
11     printf("华强还剩%d钱\n",sum);
12     return 0;
13   }
```

（3）循环结构：表示程序反复执行某个或某些操作，直到某条件为假时才终止循环。当型循环如图 2.7 所示，当满足循环条件时，反复执行循环体；一旦循环条件不满足，跳出循环，执行循环紧后的下一条语句。直到型循环如图 2.8 所示，首先执行循环体，再判

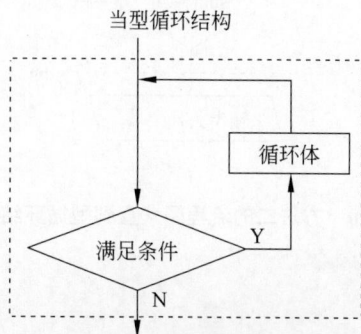

图 2.7 当型循环流程图

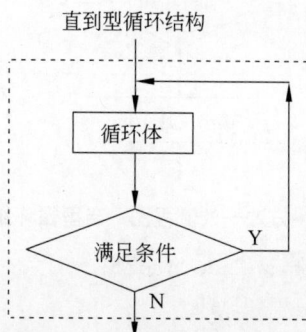

图 2.8 直到型循环流程图

断是否满足循环条件，若满足，则反复执行循环体，直到不满足循环条件，才结束循环，执行循环紧后的下一条语句。

【例 2.3】 华强共有 100 元钱买瓜，华强不停地买 30 元/个的瓜，直到华强没有钱买下一个瓜，请问华强能买到多少个瓜?

方法一：①钱 sum=100，购买个数 gua=0；②判断钱是否够 sum>=30，如够，则跳至步骤③执行，不够，则跳至步骤④执行；③计算剩余钱（sum=sum-30），同时购买个数加1（gua=gua+1），跳至步骤②；④输出购买了几个瓜，程序结束。

方法一的源程序如下，图 2.9 是方法一的流程图（当型循环结构）。

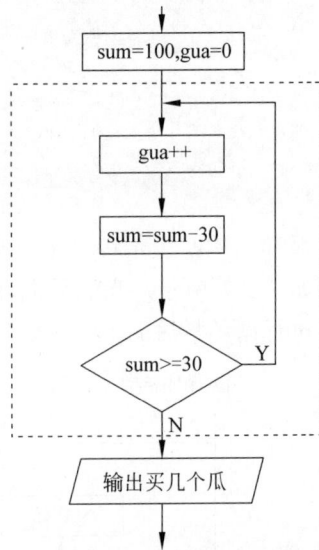

```
1    #include<stdio.h>
2    int main()
3    {  int sum=100;
4       int gua=0;
5       while (sum>=30)
6       {  gua++;
7          sum=sum-30;
8       }
9       printf("华强共买了%d个瓜\n",gua);
10      return 0;
11   }
```

方法二：①钱 sum=100，购买个数 gua=0；②购买 1 个瓜，计算剩余钱（sum=sum-30），购买个数加 1（gua=gua+1）；③判断钱是否够买 1 个瓜（sum>=30）；如够，则跳转至步骤②，如不够，则跳转至步骤④执行；④输出购买了几个瓜，程序结束。

方法二的源程序如下，方法二的流程图（直到型循环结构）如图 2.10 所示。

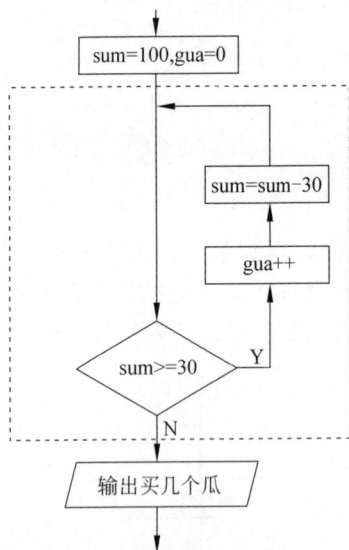

图 2.9　方法一的流程图（当型循环结构）　　图 2.10　方法二的流程图（直到型循环结构）

```
1    #include<stdio.h>
2    int main()
3    { int sum=100;
4      int gua=0;
```

```
5      do
6      {  gua++;
7         sum=sum-30;
8      }while (sum>=30)
9      printf("华强共买了%d 个瓜\n",gua);
10     return 0;
11   }
```

（4）3 种结构综合展示。

【例 2.4】　在 3～100 所有 3 的倍数中，找出个位数为 2 的数。

问题分析：先找出 3～100 所有 3 的倍数（需要循环结构），找出个位数为 2 的数（需要选择结构）。详见图 2.11 所示的流程图、图 2.12 所示的 N-S 流程图。

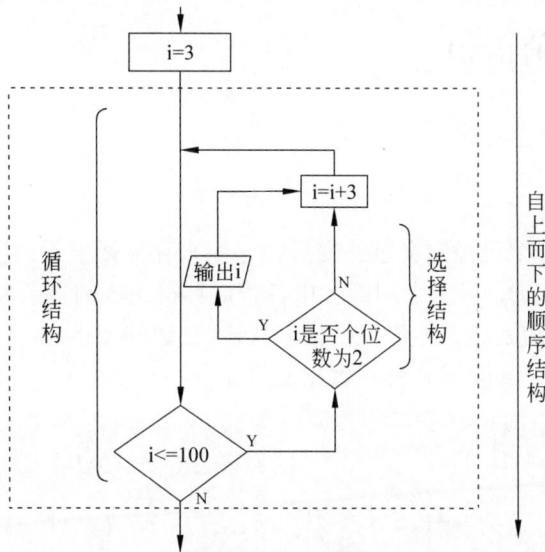

图 2.11　流程图

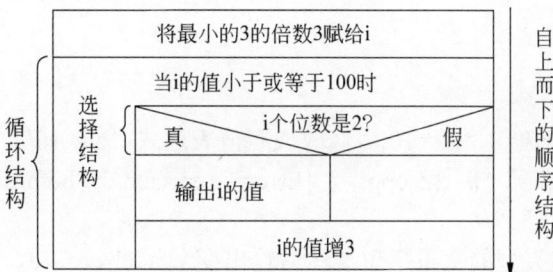

图 2.12　N-S 流程图

源程序如下：

```
1    #include<stdio.h>
2    int main()
3    {  int  i=0;
4       for (i=3; i<=100; i=i+3)      /*外框循环结构*/
5          if(i%10==2)                /*内框选择结构*/
6              printf("%4d",i);
7       printf("\n");
8    }
```

课外拓展：

有若干只鸡和兔在同一个笼子里，从上面数，有三十五个头；从下面数，有九十四只脚。求笼中各有几只鸡和兔。

2.2　赋值语句

在 C 语言中，赋值语句是程序中最基本的语句之一，它的作用是将一个值赋给一个变量。通过赋值语句，我们可以改变变量的值，从而实现对程序中对数据的操作和控制。

2.2.1　简单赋值语句

赋值语句的一般语法形式为：

变量名 = 表达式；

说明：变量名是一个已经定义过的变量，它用来存储赋值后的值；=是赋值运算符，表达式可以是常量、变量、函数调用或者由各种运算符组成的复杂表达式。

功能：先计算=右边表达式的值，再将值赋给=左边的变量。

【例 2.5】　给变量 a 赋值 10，然后输出变量 a。

```
1    #include<stdio.h>
2    int main()
3    {   int a;      /*定义变量*/
4        a = 10;     /*赋值语句*/
5        printf("%d\n",a);
6    }
```
⇔
```
1    #include<stdio.h>
2    int main()
3    {   int a = 10;/*定义变量的同时赋值*/
4        printf("%d\n",a);
5    }
```

程序运行结果都是：

10

如把例 2.5 中赋值语句 "a = 10;" 修改成赋值表达式 "a = 10"，程序运行会怎样呢？程序编译时，会提示错误 "例 2.5.cpp   [Error] expected ';' before 'printf'"，意思是在 printf 之前缺少分号 ";"。

【例 2.6】　给不同类型的变量赋值，然后输出变量 a、b、c、d、y 的值。

```
1    #include<stdio.h>
2    int main()
3    {   int a,b,c,d;
4        float  y=5.35;
5        a = b = c = 10;   /*赋值语句，多个赋值运算符自右向左结合*/
6        d = y;            /*不同数据类型的赋值*/
7        printf("a=%d,b=%d,c=%d,d=%d,y=%f\n",a,b,c,d,y);
8        return 0;
9    }
```

程序运行结果如下：

```
a=10,b=10,c=10,d=5,y=5.350000
```

例 2.6 的程序中，第 5 行赋值语句中，赋值运算符按照"自右向左"的结合顺序，先把 10 赋值给 c，再把变量 c 的值赋值给 b，最后把变量 b 的值赋值给 a，因此 a、b、c 三个变量的结果都赋值为 10。程序中的第 6 行把 float 型变量 y 的值赋给整型变量 d，小数部分丢失，具体内容见后面的赋值语句注意事项。

又如赋值表达式：

a=10+(c=2)	表达式值为 12，a 值为 12，c 值为 2
a=(b=4)+(c=6)	表达式值为 10，a 值为 10，b 等于 4，c 等于 6
a=(b=10)/(c=2)	表达式值为 5，a 等于 5，b 等于 10，c 等于 2
a=b=3*4	表达式值为 12，a,b 值均为 12

赋值表达式使得赋值操作不仅可以出现在赋值语句中，而且可以出现在其他语句中（如输出语句、循环语句等）。

如"printf("%d", a=b);"语句，若 b 的值为 10，则输出 a 的值(也是表达式 a=b 的值)为 10。在一个 printf 函数中完成了赋值和输出双重功能。

赋值语句的注意事项如下。

（1）变量必须先定义后使用：在使用赋值语句给变量赋值之前，必须先对变量进行定义，指定其数据类型。否则，编译器会报错。

（2）数据类型的匹配：赋值时要注意数据类型的匹配。如果赋值运算符两侧的类型一致，则直接进行赋值。如赋值运算符两侧的类型不一致，需类型转换，类型转换是由系统自动进行的，转换的规则如下。

① 将浮点型数据（包括单、双精度）赋给整型变量时，先对浮点数取整，即舍弃小数部分，然后赋予整型变量。

② 将整型数据赋给单、双精度变量时，数值不变，但以浮点数形式存储到变量中。

③ 将一个 double 型数据赋给 float 变量时，先将双精度数转换为单精度数，即只取 6 至 7 位有效数字，存储到 float 型变量的 4 个字节中。应注意双精度数值的大小不能超出 float 型变量的数值范围；将一个 float 型数据赋给 double 型变量时，数值不变，在内存中以 8 个字节存储，有效位数扩展到 15 位。

④ 字符型数据赋给整型变量时，将字符的 ASCII 码赋给整型变量。

⑤ 将一个占字节多的整型数据赋给一个占字节少的整型变量或字符变量时，只将其低字节原封不动地送到被赋值的变量（即发生"截断"）。

（3）赋值运算符的结合性：赋值运算符=是自右向左结合的。这意味着在一个包含多个赋值运算符的语句中，会从最右边的赋值操作开始依次向左执行。例如："a = b = c = 5;"语句，会先将 5 赋给 c，然后将 c 的值赋给 b，最后将 b 的值赋给 a。

2.2.2　复合赋值语句

除了基本的赋值运算符=之外，C 语言还提供了一些复合赋值运算符。复合赋值运算语句是在复合赋值表达式末尾加上";"。复合赋值语句将算术运算和赋值操作合并为一条语句，避免了重复书写变量名，使代码更加简洁。

复合赋值语句的语法形式为：

变量名　复合赋值运算符　表达式；

其中，复合赋值运算符包括+=、−=、*=、/=、%= 等，表达式可以是常量、变量、函数调用或者由各种运算符组成的复杂表达式。

如何将复合赋值语句转换成普通赋值语句，详见表 2.1。

表 2.1　复合赋值运算符的用法

符号	示例	含义	符号	示例	含义
+=	x+=n	x=x+n	/=	x/=n	x=x/n
−=	x−=n	x=x−n	%=	x%=n	x=x%n
*=	x*=n	x=x*n			

例如：int a = 5;

a += 3; // 等价于"a = a + 3;"，此时 a 的值变为 8

又如：int a = 5 , b =7;

a *= b + 3; // 等价于"a = a * (b + 3);"，此时 a 被赋值为 50

注意：若复合赋值运算符右边的表达式包含多项，则转换时需要将复合赋值运算符右边的表达式添加括号。

又如：int a = 5;

a += a −= a +a;

变量 a 的结果是多少呢？遵循赋值运算符**自右向左**结合的原则，先计算"a −= a+a"，转换成普通赋值表达式 a = a − (a+a) => a = −a => a=−5；再计算 a += a，转换成普通赋值表达式 a = a+a => a = −5 + (−5) => a = −10。

又如：int a=7;

a+=a*=a/=a−6;

变量 a 的结果是 98。同上遵循赋值运算符自右向左结合的原则，先计算 a /= a−6，转换成普通赋值表达式 a = a / (a−6) => a = 7/1 => a=7；再计算 a *= a，转换成普通赋值表达式 a = a*a => a = 7*7 => a = 49;最后计算 a +=a => a = a+a => a=49+49=98。

2.2.3　自增和自减在赋值语句中的应用

自增(++)和自减(−−)运算符是 C 语言中常用的单目运算符，分别用于对变量的值进行自增和自减操作。

++ 和 −− 运算符可以放置在变量的前面或后面，具体语法如下。

（1）前缀形式：++变量或−−变量。

作用：先对变量进行自增或自减操作，然后再使用变量的值。

（2）后缀形式：变量++ 或变量−−。

作用：先使用变量的当前值，然后再对变量进行自增或自减操作。

例如：int a=5,b;

　　　　b= ++a;

赋值时，前缀形式是 a 先自加 1（即操作 a = a+1），a 结果为 6；再将 a 值赋给变量 b（即 b = a），b 结果为 6。

又如：int a=5,b;

　　　　b= − −a;

赋值时，前缀形式是 a 先自减 1（即操作 a = a−1），a 结果为 4；再将 a 值赋给变量 b（即 b = a），b 结果为 4。

又如：int a=5,b;

　　　　b= a++;

赋值时，后缀形式是先将 a 值赋给变量 b（即 b = a），b 结果为 5；再使 a 自加 1（即操作 a = a+1），a 结果为 6。

又如：int a=5,b;

　　　　b= a− −;

赋值时，后缀形式是先将 a 值赋给变量 b（即 b = a），b 结果为 5；再使 a 自减 1（即操作 a = a−1），a 结果为 4。

【例 2.7】 自增自减的应用。

```
1  #include<stdio.h>
2  int  main()
3  {  int a=5,b;
4     b=-a++;  /*后缀先用 a 值，a 再自加 1，因此 b=-5，a=a+1=6*/
5     printf("a=%d b=%d\n", a,b);
6     a=5;
7     b=a-(++a);  /*前缀 a 先自加 1 为 6，再使用 a 值运算，因此 b=6-6=0*/
8     printf("a=%d b=%d\n", a,b);
9     return  0;
10 }
```

程序运行结果如下：

```
a=6   b=-5
a=6   b=0
```

上面程序的第 4 行赋值语句中，a++后缀形式先使用 a 的当前值（5），a 再自加 1 为 6；然后对 5 取负赋值给 b（即 b=-5）。第 7 行赋值语句中，++a 是前缀形式，a 先自加 1 为 6，再使用 a 值进行运算，因此，在执行 b=a-(++a)时，b=6-6=0。

2.3　输入输出语句

本节主要讨论以下问题：

（1）输入输出的函数有哪些?

（2）标准输入 scanf 函数、输出 printf 函数如何应用?在使用过程中应该注意哪些问题?

在 C 语言中，C 语言本身不包含输入/输出语句，它的输入/输出由 C 标准函数实现。C

标准函数库中包含各类输入输出函数，称为"标准输入输出函数"，例如 scanf()、printf()、getchar()、putchar()等，这些函数都定义在头文件<stdio.h>中，因此使用输入/输出库函数的源程序文件必须在引用这些函数之前包含语句：#include <stdio.h>。

【例 2.8】 从键盘输入两个任意整数，输出两个整数相加的和。

```
1  #include<stdio.h>
2  int main()
3  { int a=0,b=0,sum=0;
4    printf("Input a and b:");
5    scanf("%d,%d",&a,&b);      /*从键盘输入两个数，分别放入 a 和 b 中*/
6    sum=a+b;                   /*计算 a、b 之和，并存放在 sum 中*/
7    printf("%d+%d=%d\n",a,b,sum);
8    return 0;
9  }
```

上面例子中用到标准输入函数 scanf 读取两个整数和标准输出函数 printf 按格式输出两个数相加之和的表达式。接下来学习这两个函数的应用方法。

2.3.1 格式输入函数

格式输入函数 scanf 的一般格式为：

scanf("格式控制字符串",输入项表)

参数含义：
- 格式控制字符串：包含格式说明符和普通字符。
  - 格式说明符由%和格式字符组成，用来指定输入数据的类型和格式，详见表 2.2。
  - 普通字符：格式控制字符串中的普通字符必须原样输入。
- 输入项表：也称变量地址列表。地址由地址运算符"&变量名"组成，例如"&a"表示变量 a 的地址。输入项表如有多项，则用","分隔，且输入项的个数与格式说明符的个数相等，且数据类型从左到右一一对应。

功能：是从输入设备（通常是键盘）按指定格式读取数据并存入变量地址中。

例如：

scanf("%d,%d",&a,&b);

变量地址列表

格式控制字符串：输入项按格式说明输入；逗号是普通字符，原样输入才行

表 2.2 输入格式说明符

格式说明符	含　　义
%d	输入十进制整数
%u	输入无符号十进制整数
%o	输入八进制整数（以 0 开头或不以 0 开头）
%x	输入十六进制整数（既可以 0x 或 0X 开头，也可不以 0x 或 0X 开头）

续表

格式说明符	含　　义
%f	输入单精度 float 型浮点数
%lf	输入双精度 double 型浮点数
%e	指数形式输入单精度，输出双精度
%c	输入一个字符
%s	输入一个字符串

2.3.2　格式输出函数

格式输出函数 printf 的一般格式为：

printf("格式控制字符串"，输出表项)

参数含义：

- 格式控制字符串：包含格式说明符和普通字符。
  - 格式说明符由%和格式字符组成，它的作用是将输出的数据按指定的格式输出，详见表 2.3。
  - 普通字符。普通字符即需要在输出时原样输出的字符。可以是字母、数字、空格和一些数字符号，还可以使用一些转义字符表示特殊的含义。
- 输出表项：该部分可无，表示只输出格式控制字符串中的普通字符；如有输出表项，则把输出表项值对应前面的格式说明符输出。

表 2.3　输出格式说明符

格式说明符	输　出　形　式
%d	十进制数形式输出
%u	无符号十进制数形式输出
%o	八进制数形式输出
%x	十六进制数形式输出，10~15 这 6 个数分别用 a~f 或 A~F 表示
%c	输出一个字符
%s	输出一个字符串（直到遇到空字符('\0')或由精度指定的字符数为止）
%f	小数形式输出单精度、双精度数
%e 或%E	指数形式输出单精度、双精度数
%%	打印一个百分号 '%'

功能：按用户指定格式在输出设备上显示和打印信息。

【例 2.9】 按输出函数格式要求输出数据。

```
1    #include<stdio.h>
2    int  main()
3    {int n;
4        n=10;
5        printf("Hello, World!");      /*无输出列表，格式控制字符串都是原样输出*/
6        printf("Integer: %d, Float: %f, String: %s\n", n, 3.14, "example");
7        return 0;
8    }
```

程序运行结果如下：

```
Hello, World!
Integer:10,Float:3.140000,String:example
```

例 2.9 的程序第 5 行无输出列表，格式控制字符串都是原样输出；第 6 行 printf 语句中，%d、%f、%s 分别对应 n 变量值、3.14、"example" 输出，格式控制字符串中的其他字符原样输出。

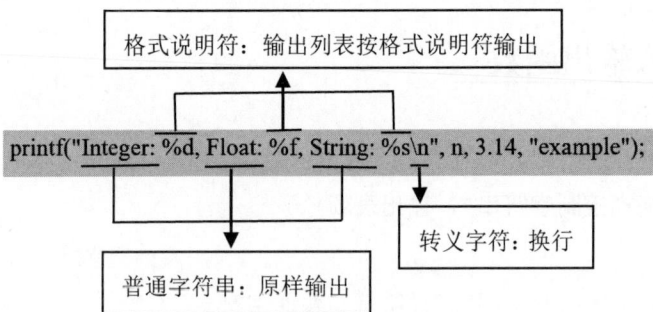

运行例 2.8 的程序时，执行第 5 行语句 "scanf("%d,%d",&a,&b);" 时，注意，"%d,%d" 中的 "," 是普通字符，需要原样输入，因此输入数据为 "5,6" 才对，输出结果是 "5+6=11"。具体输入、输出如下所示。

```
Input a and b : 5,6↙
5+6=11
```

若把例 2.8 的程序中语句 "scanf("%d,%d",&a,&b);" 修改成 "scanf("a=%d,b=%d",&a,&b);" 时，想要把整数 5 和 6 分别存入变量 a,b 中，又该怎么输入数据呢？同理，需要注意，"a=%d,b=%d" 中除两个 %d 外其余都是普通字符，需要原样输入，如 Input a and b : a=5,b=6↙。

若又把例 2.8 的程序中语句 "scanf("%d,%d",&a,&b);" 修改成 "scanf("%d%d",&a,&b);" 时，则输入数据之间可用一个或多个空格分隔，也可用 Tab 键或回车键分隔。3 种情况的输入、输出结果如下所示：

第一种输入	第二种输入	第三种输入
5 空格 6↙	5Tab 6↙	5↙
5+6=11	5+6=11	6↙
		5+6=11

【例 2.10】 按格式输入、输出对应的数据。

```
1    #include<stdio.h>
2    int main()
3    {   int n;
4        int num;
5        float f;
6        char ch;
7        printf("请输入一个整数、一个实数和一个字符：");   /*输入提示*/
8        scanf("%d%f%c", &num, &f, &ch);                /*读取 3 个不同类型的数*/
9        printf("读取的整数：%d\n", num);
10       printf("读取的浮点数：%.2f\n", f);
11       printf("读取的字符：%c\n", ch);
```

```
12       return 0;
13   }
```

程序运行结果如下：

请输入一个整数、一个实数和一个字符：50 12.3456A✔
读取的整数：50
读取的浮点数：12.35
读取的字符：A

在例 2.10 的程序中，第 8 行 scanf 函数中的格式说明符"%d%f%c"之间无普通字符，因此输入整数和实数之间可用空格分隔，实数与字符之间不需要任何分隔符（读取实数若遇到非数字型数据，则自动结束）。第 10 行 printf 函数中的格式说明符%.2f，是指浮点数小数保留 2 位。printf 函数除了可指定输出数据类型外，还可通过附加格式说明指定输出数据的字段宽度、精度、对齐方式。附加格式说明字符的含义如表 2.4 所示。

表 2.4　附加格式说明字符

格式修饰符	用　　法
l	修饰格式字符时，用于 d,o,x,u 输出 long 型数据
-	结果左对齐，右边填空格
m/0m	m 指输出占 m 位，若实际位数多于宽度 m，则按实际位数输出；若实际位数少于宽度 m，则补以空格或 0
.n	n 指精度。用于指定输出浮点数中小数的位数

【例 2.11】　按格式要求输出数据。

```
1    #include<stdio.h>
2    int main()
3    {   int  a=50;
4        double b=1234.567;
5        printf("%d,%7d,%-7d", a,a,a);
6        printf("%f,%10.2f,%5.2f",b,b,b);
7        return 0;
8    }
```

程序运行结果如下：

```
50,     50,50
1234.567000,   1234.57,1234.57
```

例 2.11 的程序中，第 5 行输出语句中，%7d 表示输出变量 a 值占 7 位，不足 7 位左边补空格；%-7d 表示输出变量 a 值占 7 位，不足 7 位右边补空格。第 6 行输出语句中，%10.2f 表示包括小数点在内的总宽度为 10，小数占 2 位，输出总宽度不足 10 位则在左边补空格；%5.2f 表示总宽度为 5，小数占 2 位（变量 b 的值若小数超过 2 位，则需要四舍五入），但若输出的实际位数多于定义的宽度 5 位时，则按实际位数输出。

2.3.3　字符输入函数

字符输入函数的一般形式如下：

```
int getchar();
```

功能：从标准输入流（stdin）读取一个字符。

返回值：成功时，返回读取的字符的 ASCII 值。失败或到达文件末尾时，返回 EOF。

【例 2.12】 应用 getchar()函数读取一个字符。

```
1    #include<stdio.h>
2    int main()
3    { char ch;                    /*定义字符变量 ch */
4     printf("请输入一个字符：");   /*提示用户输入一个字符*/
5     ch = getchar();/*用 getchar 函数读取用户输入的字符，并将返回值存储在变量 ch 中*/
6     printf("你输入的字符是：%c\n", ch);
7     return 0;
8    }
```

程序运行结果如下：

请输入一个字符：A↙
你输入的字符是：A

【例 2.13】 应用 getchar()函数读取多个字符。

```
1    #include<stdio.h>
2    int main()
3    {   int ch1, ch2;
4        printf("请输入第一个字符：");
5        ch1 = getchar();
6        printf("请输入第二个字符：");
7        ch2 = getchar();
8        printf("你输入的第一个字符是：%c，第二个字符是：%c\n", ch1, ch2);
9        return 0;
10   }
```

例 2.13 程序运行结果如下：

请输入第一个字符：A↙
请输入第二个字符：你输入的第一个字符是：A，第二个字符是：

为什么会出现第二个字符还未输入就直接显示结果呢？

当用户输入多个字符并按下回车后，这些字符包括回车一起被依次存入输入缓冲区，getchar()函数每次从缓冲区中取出一个字符。本例中输入"A↙"后，第一个 getchar 函数读取字符 'A'，第二个 getchar 函数直接读取缓冲区中的回车，因此第 8 行输出变量 ch2 的值是输出了换行，'\n'也是换行，末尾就有 2 行空行。为了避免这种情况，可以在"ch1 = getchar();"语句后面添加"getchar();"语句，用来消耗掉回车。

例 2.13 修改后的程序如下：

```
1    #include<stdio.h>
2    int main()
3    {   int ch1, ch2;
4        printf("请输入第一个字符：");
5        ch1 = getchar();
6        getchar();
```

```
7      printf("请输入第二个字符: ");
8      ch2 = getchar();
9      printf("你输入的第一个字符是: %c，第二个字符是: %c\n", ch1, ch2);
10     return 0;
11   }
```

上面程序的运行结果如下：

请输入第一个字符: A↙
请输入第二个字符: B↙
你输入的第一个字符是: A，第二个字符是: B

解决该问题的另一种方法就是在读取下一个字符之前清空输入缓冲区。

2.3.4　字符输出函数

字符输出函数的一般形式：

int putchar(int ch);

参数含义：

- ch: 要输出的字符。虽然参数类型是 int，但实际只会使用其低 8 位（即一个字符）。
  参数 ch 可以是一个字符变量或常量，也可是一个转义字符。

功能：将 ch 对应的字符输出到标准输出终端上。

【例 2.14】 应用 putchar()函数。

```
1    #include<stdio.h>
2    int main()
3    {   char ch1 = 'A', ch2='a';
4        putchar(ch1);   /*putchar 函数将字符 'A' 输出到屏幕上。*/
5        putchar(ch2);    /* putchar 函数将字符 'a' 输出到屏幕上。*/
6        return 0;
7    }
```

程序运行结果如下：

Aa

函数 getchar()/putchar()分别为字符输入/输出函数，而标准格式控制函数 scanf()/printf()
也可以输入/输出字符，那么它们之间有什么区别呢？一起看下面的例子。

【例 2.15】 getchar、putchar 函数的应用。

```
1    #include<stdio.h>
2    int main()
3    {  char c1,c2;
4       printf("请输入两个字符 c1,c2:");
5       c1=getchar();                //可用"scanf("%c%c",&c1,&c2);"语句
6       c2=getchar();
7       printf("用 putchar 语句输出结果为:");
8       putchar(c1);                /*一次只能输出一个字符*/
9       putchar(c2);
```

```
10      putchar('\n');
11      printf("用 printf 语句输出结果为:");
12      printf("%c%c\n",c1,c2);   /*一次可输出多个不同类型的数据*/
13      printf("输出字符的 ASCII 码:%d %d\n",c1,c2);
14      return 0;
15  }
```

程序运行结果如下：

请输入两个字符 c1,c2：AB↙
用 putchar 语句输出结果为：AB
用 printf 语句输出结果为：AB
输出字符的 ASCII 码：65 66

例 2.15 的程序中，第 13 行 printf 函数可以以整数格式输出字符变量 c1,c2 的值，那么是不是所有的字符变量都可以用 printf 函数以整数格式输出呢？答案是否定的，原因是字符在计算机内占 1 字节，而整型变量占 2 字节或 4 字节。因此整型变量在可输出字符的范围内（ASCII 码为 0～255 的字符）可以与字符数据互相转换。如果整数在此范围外，不能代替。

总结区别：

（1）getchar()函数与 scanf()输入函数的比较：getchar()函数专门用于读取字符，且一个函数只能读取一个字符，读取多个字符时需要多个 getchar()函数。而一个 scanf()函数可读取多个不同类型的数据。

（2）putchar()函数与 printf()输出函数的比较：putchar()函数专门用于输出字符，且一个函数只能输出一个字符，输出多个字符时需要多个 putchar()函数。而一个 printf()函数可输出多个不同类型的数据。

2.4 顺序结构程序设计的典型应用

本节主要讨论以下问题：
（1）顺序结构程序设计的算法分析如何进行?
（2）如何编写顺序结构程序?

顺序结构的程序执行是按从上到下的指令依次执行。下面通过求圆的面积和计算银行本利之和等问题介绍如何进行顺序结构程序设计。

解决一个顺序结构的问题，实际上分成四大步骤：第一步，根据实际情况定义变量；第二步，从键盘输入数据或直接赋值（已知）；第三步，根据已知数据求解问题（处理问题）；第四步，输出想要的结果。

【例 2.16】 圆的面积问题。
（1）问题描述：随机输入圆的半径，求圆的面积。
（2）算法分析：

根据问题的描述得知，设半径用变量 r、面积用 s 表示。用圆面积公式求得 $s=\pi \times r^2$，其中 π(圆周率)是一个常数,通常取值 $\pi \approx 3.14159$。π 是一个符号常量,可用宏定义"#define

PI 3.14159"。如求一个数的 n 次方，C 语言中调用标准库中的 pow() 函数，需要引用头文件 math.h。还有类似的数学函数：sin(x)、cos(x)、exp(x)（求 e^x）、fabs(x)（求 x 的绝对值）、log(x)。

（3）源程序的编写步骤：

① 定义变量半径 r 和面积 s 为实型 double。

② 用 scanf() 函数输入圆的半径 r。

③ 用圆面积公式求得 $s=\pi \times r^2$。

④ 用 printf() 函数输出圆的面积 s。

（4）源程序：

```
1  #include<stdio.h>
2  #include<math.h>
3  #define PI 3.14159
4  int main()
5  {    double r,s;
6       printf("请输入圆的半径: ");
7       scanf("%lf",&r);          //从键盘输入圆的半径
8       s=PI*pow(r,2);            //求得圆的面积后赋值给 s
9       printf("s=%.2f\n",s);     //输出圆面积 s 的值
10 }
```

程序运行情况如下：

请输入圆的半径：2.5↙
s=19.63

【举一反三】 求圆半径 r 对应的圆周长。

【例 2.17】 计算银行本利之和。

（1）问题描述：

设银行定期存款的年利率 rate 为 1.9%，并已知存款期为 n 年，存款本金为 principal 元，试编程计算 n 年后的本利之和 deposit。要求定期存款的年利率 rate、存款期 n 和存款本金 principal 均由键盘输入。

（2）算法分析：

根据问题描述，可以利用数学知识求得本利之和为 $deposit = principal*(1+rate)^n$。

（3）源程序的编写步骤：

① 定义变量 n（年限）、principal（本金）为整型；定义 deposit（本利之和）、rate（利率）为 double 型，且为 rate 赋初始值 1.9%。

② 用 scanf() 函数输入本金 principal 和存款年限 n。

③ deposit = principal*pow((1+rate),n)。

④ 输出本利之和 deposit 的值。

（4）源程序：

```
1  #include<stdio.h>
2  #include<math.h>
3  int main()
4  {   int n,principal;
```

```
5        double  deposit,rate=0.019;
6        printf("请输入存款本金及年限: ");
7        scanf("%d%d",&principal,&n);            /*从键盘输入存款本金和存款年限 */
8        deposit=principal*pow((1+rate),n);   /*求得本利之和 deposit 的值*/
9        printf("本利之和为: %.2f\n",deposit); /*输出本利之和 deposit 的值*/
10   }
```

程序的运行情况如下：

请输入存款本金及年限：20000 1✔
本利之和为：20380.00
请输入存款本金及年限：20000 2✔
本利之和为：20767.22

2.5　上机实训

2.5.1　实训目的

1. 掌握 C 语言的简单数据类型及使用情况。
2. 掌握变量和常量的定义与使用。
3. 掌握 C 语言的运算符及各种运算符运算规则，以及包含这些运算符的表达式。
4. 掌握输入函数 scanf()和 getchar()、输出函数 printf()和 putchar()的使用并能调用 C 的数学函数。
5. 基本掌握顺序结构程序的设计思想，领会顺序结构的程序执行时顺次执行的特点。
6. 掌握使用工具栏进行编辑、编译和运行操作的方法，进一步理解编译错误信息的含义及熟悉简单 C 程序的查错方法。

2.5.2　实训内容

1. 程序改错题：改正下列程序中的错误，计算某个数 x 的平方 y，并分别以"y=x*x"和"x*x=y"的形式输出 x 和 y 的值。请不要删除源程序中的任何注释。

输入输出示例（假设 x 的值为 3）：

9=3*3
3*3=9

```
实训 2-1.c（有错误的程序）
1    #include<stdoi.h>
2    int main()
3    {   int y;
4        y=x*x;
5        printf("%d=%d*%d", x);
6        printf("d*%d=%d", y);
7        return  0;
8    }
```

2. 程序设计：当 n 为 152 时，分别求出 n 的个位数字（digit1）、十位数字（digit2）和百位数字（digit3）的值。

输入输出示例如下。

输出：整数 152 的个位数字是 2，十位数字是 5，百位数字是 1

提示：n 的个位数字 digit1 的值是 n%10，十位数字 digit2 的值是（n/10）%10，百位数字 digit3 的值是 n/100。

思考（1）：如果 n 是一个四位数，如何求出它的每一位数字？

思考（2）：如果 n 是从键盘上输入的任意一个四位数，又如何修改程序求出它的每一位数字？

3. 程序设计：输入两个非 0 整数，计算并输出两个数的和、差、积、商、余数。

输入输出示例：

输入：Input a and b: 10　20✓
输出：两数之和：10+20=30
　　　两数之差：10-20=-10
　　　两数之积：10*20=200
　　　两数之商：10/20=0.50
　　　两数之余数：10%20=10

4. 程序设计：输入两个点坐标（x_1,y_1）和（x_2,y_2），计算并输出两点间的距离。

输入输出示例如下。

输入示例：Input the coordinates of points a and b: (5,5),(10,8)✓
输出示例：两点距离为：5.83

提示：已知两点坐标 (x_1,y_1) 和 (x_2,y_2)，两点距离 d 可以通过**距离公式**计算——$d = \sqrt{(x_2 - x_1)^2 + (y_2 - y_1)^2}$，需要用到数学函数——开根号函数 sqrt() 和求 x^n 函数 pow(x,n)，引用头文件 math.h。

5. 程序设计：输入 5 个整数，计算并输出它们的平均值和方差。注：方差是各个数据与平均数之差的平方的平均数。

输入输出示例如下。

输入示例：Input five numbers: 1 2 3 4 5✓
输出示例：aver=3.00,var=2.00

提示：方差是衡量一组数据离散程度的统计量，表示数据点与平均值（均值）之间的偏离程度的平方的平均值。

公式：对于一组数据 $x_1, x_2, ..., x_n$，其方差 σ^2 的计算公式为 $\sigma^2 = \dfrac{1}{n}\sum_{i=1}^{n}(x_i - \mu)^2$。

其中：n 是数据的个数，μ 是数据的平均值，x_i 是第 i 个数据点。

根据题意和输入输出提示，设 5 个数的平均值为 aver、方差为 var 表示。

先求 5 个数的平均数 aver，再求方差。

var=((x_1−aver)^2+(x_2−aver)^2+(x_3−aver)^2+(x_4−aver)^2+(x_5−aver)^2)/5;

6. 程序设计：用 getchar() 函数读入两个字符赋值给变量 c1、c2，然后分别用 putchar()

函数和 printf()函数输出这两个字符，并思考以下问题。

（1）变量 c1、c2 应定义为字符型或整型？还是二者皆可？

（2）要求输出 c1 和 c2 值的 ASCII 码，应如何处理？用 putchar()函数还是 printf()函数？

（3）整型变量与字符型变量是否在任何情况下都可以互相代替？如 "char c1,c2;" "int c1,c2;" 是否无条件等价？

输入输出示例如下。

```
请输入两个字符 c1,c2：ab✓
用 putchar 语句输出结果为：ab
用 printf 语句输出结果为：ab
```

7. 程序设计：从键盘输入两个数字字符并分别存放在字符型变量 a 和 b 中，要求通过程序将与这两个字符对应的数字相加后输出。例如，输入字符型数字 7 和 5，输出的则是整型数 12（提示：数字字符转换成数字的方法是 '数字字符' - '0'）。

输入输出示例如下。

```
Enter a,b: 75✓
7+5=12
```

2.6 本章小结

2.6.1 知识梳理

本章我们学习了结构化程序设计的概念以及结构化程序设计的 3 种基本结构，了解了 3 种基本结构的基本执行流程。接着，我们详细探讨了赋值语句的使用，学习了如何通过赋值操作来存储和修改变量的值。最后，我们学习了标准输入输出函数，掌握了如何使用 scanf()和 printf()函数、getchar()和 putchar()函数来实现程序的输入输出功能。

通过本章的学习，你应该能够：

（1）理解并编写简单的顺序结构程序。

（2）使用赋值语句操作变量。

（3）使用 scanf()和 printf()函数进行基本的输入输出操作。

（4）使用 getchar()和 putchar()函数进行字符的输入输出操作。

这些基础知识为你进一步学习 C 语言的其他控制结构（如分支结构和循环结构）打下了坚实的基础。在接下来的章节中，我们将继续探索更复杂的编程概念和技术。

2.6.2 常见上机问题及解决方法

（1）语句后面的 ";" 掉了。

开始写程序时，可能忘掉每个语句后面需要加上 ";"。例如：

```
#include<stdio.h>
int main()
```

```
{   int a;
    a=10      /*赋值语句末尾未加";"*/
    printf("%d",a);
    return 0;
}
```

（2）变量使用前未定义。

```
#include<stdio.h>
int main()
{   a=10      /*a 未定义*/
    printf("%d",a);
    return 0;
}
```

（3）使用 scanf()函数时，将输入项表中的变量前的地址符号&漏掉。

初学者在使用 scanf()语句时经常会忘记在输入项表中的变量前加上符号&。如忘记输入项表中的变量前加上&符号，导致输入的数据未存入变量对应的内存区域，程序输出无结果。例如：

```
#include<stdio.h>
int main()
{   int a,b;
    scanf("%d%d",a,b);  /*正确应该是 scanf("%d%d",&a,&b);*/
    printf("%d+%d=%d",a,b,a+b);
    return 0;
}
```

上面的程序运行时，输入两整数后，程序输出无任何显示。

（4）使用 scanf 函数语句时，输入数据未按格式要求输入。

```
#include<stdio.h>
int main()
{   int a,b;
    scanf("%d%d",&a,&b);
    printf("%d+%d=%d",a,b,a+b);
    return 0;
}
```

程序运行输入整数 10 和 20 为例：

```
10,20✓（错误）
10+0=10
```

错误在于两个整数输入格式说明"%d%d"无任何符号时，输入数据之间需要用空格、回车键和 Tab 键分割。

修改程序如下：

```
#include<stdio.h>
int main()
{   int a,b;
    scanf("a=%d,b=%d",&a,&b);
    printf("%d+%d=%d",a,b,a+b);
```

```
    return 0;
}
```

程序运行到 scanf 函数时，a、b 变量若想从键盘读取整数 10 和 20，那么"10,20↙"、"10 20↙"、"10Tab20"、"10↙20↙"都错误（4 种输入都错误，格式控制字符串中的普通字符需要原样输入）。

正确的输入、输出如下：

```
a=10,b=20↙
10+20=30
```

扩展阅读：算法

1. 算法的定义

算法（algorithm）是指解题方案的准确而完整的描述，是一系列解决问题的清晰指令。简单地说，算法就是解决特定问题的一系列步骤。

对同一个问题，可以有不同的解题方法和步骤。为了有效地解题，不仅需要保证算法正确，还要考虑算法的质量，选择合适的算法。

2. 算法的特征

（1）有穷性：一个算法必须保证执行有限步后结束。

（2）确切性：算法的每一步骤必须有确切的定义，不能有二义性。

（3）输入项：一个算法有 0 个或多个输入，作为运算对象的初始情况。

（4）输出项：一个算法有一个或多个输出，即与输入有特定关系的量，反映对输入数据加工后的结果。

（5）有效性：算法中有待执行的每一步操作都必须是可分解为基本的、可执行的操作步骤，即每个计算步骤都可以在有限时间内完成。

3. 算法的表示方法

（1）自然语言：使用日常语言描述算法，通俗易懂，但可能冗长且不够精确，适用于简单问题的算法的表述。

（2）流程图：使用图形符号表示算法的逻辑流程，直观易懂，便于理解算法的整体结构和控制流。流程图的元素如图 2.13 所示。

（3）伪代码：介于自然语言和编程语言之间的算法表示方法，避免了具体的编程细节，具有较好的可读性和结构性，便于向程序过渡。

起止框：圆角矩形
输入输出框：平行四边形
处理框：矩形
判断框：菱形
流程线：↓
连接点：圆圈 ○

图 2.13　流程图的元素

（4）N-S 图：一种结构化的算法表示方法，去掉了流程线，将全部算法写在一个矩形框内，同样具有较好的可读性和结构性。

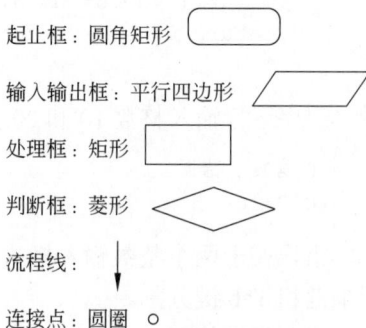

用 N-S 流程图表示结构化程序设计的 3 种基本结构如图 2.14 所示。

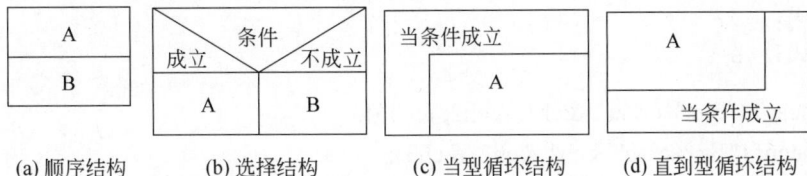

(a) 顺序结构　　　(b) 选择结构　　　(c) 当型循环结构　　(d) 直到型循环结构

图 2.14　3 种基本结构的 N-S 流程图

习题

一、判断题

1. 语句 "printf("%f%%",10/3);" 的输出为 0.333333。　　　　　　　　　　（　　）
2. C 语言本身不提供输入输出语句，输入和输出操作是由函数实现的。（　　）
3. 若 i=3，则 "printf("%d",−i++);" 输出的值为 −4。　　　　　　　　（　　）
4. x*=y+8 等价于 x=x*(y+8)。　　　　　　　　　　　　　　　　　　（　　）
5. 若有 "int i=10,j=2;"，则执行完 "i*=j+8;" 后 i 的值为 28。　　　　（　　）
6. 语句 "scanf("%7.2f",&a);" 是一个合法的 scanf()函数。　　　　　　（　　）
7. a=(b=4)+(c=6) 是一个合法的赋值表达式。　　　　　　　　　　　（　　）

二、选择题

1. 以下正确的赋值表达式是（　　　）。

    A. d=9+e+f=d+9　　　　　　　　　　B. d=(9+e,f=d+9)
    C. (x+y)++　　　　　　　　　　　　　D. x+y=3

2. 若有定义 "int a; float b; double c;"，程序运行时输入 "a=1,b=2,c=3 <回车>"，能把值 1 输入给变量 a、值 2 输入给变量 b、值 3 输入给变量 c 的输入语句是（　　　）。

    A. scanf("a=%d,b=%f,c=%lf", &a,&b,&c);
    B. scanf("%d%f%lf", &a,&b,&c);
    C. scanf("a=%d,b=%lf,c=%lf", &a,&b,&c);
    D. scanf("a=%d,b=%f,c=%f", &a,&b,&c);

3. 以下选项中错误的是（　　　）。

    A. printf("%c\n", 's'− 32);　　　　　B. printf("%d %c\n", 's','s');
    C. printf("%s\n", 's');　　　　　　　D. printf("%c\n", 65);

4. 根据下面的程序及数据的输入和输出形式，程序中输入语句的正确形式应该为（　　　）。

```
int main()
{   char ch1, ch2, cl;
    输入语句
    printf("%c %c %c",ch1, ch2, ch3);
```

```
    return 0;
}
```
输入形式:ABC✓
输出形式:A B C

    A. scanf ("%c,%c,%c", &ch1, &ch2, &ch3);

    B. scanf ("%c%c%c",&ch1,&ch2, &ch3);

    C. scanf ("%c %c %c", &ch1, &ch2, &ch3);

    D. scanf ("% c%c", &ch1,&ch2,&ch3);

5. 以下程序的输出结果是（　　）。

```
#include<stdio.h>
int main()
{   int a=010,b=0x10,c=10;
    printf("%d,%d,%d",a,b,c);
    return 0;
}
```

    A. 10,10,10   B. 8,16,10   C. 16,8,10   D. 8,10,10

6. 有如下程序：

```
#include<stdio.h>
int main()
{   char a,b,c,d;
    scanf("%c,%c,%d,%d",&a,&b,&c,&d);
    printf("%c, %c, %c, %c",a,b,c,d);
    return 0;
}
```

若运行时从键盘输入：6,5,65,66，则输出结果是（　　）。

    A. 6,5,6,5   B. 6,5,65,66   C. 6,5,A,B   D. 6,5,6,6

7. 以下程序的输出结果是（　　）。

```
#include<stdio.h>
int main()
{   int a=12,b=12;
    printf("%d %d\n",--a, b++);
    return 0;
}
```

    A. 11 13   B. 12 12   C. 11 10   D. 11 12

8. 结构化程序设计的基本原则不包括（　　）。

    A. 多态性   B. 自顶向下   C. 模块化   D. 逐步求精

9. 程序流程图中带有箭头的线段表示的是（　　）。

    A. 图元关系   B. 数据流   C. 控制流   D. 调用关系

10. 若有程序段：

```
int a,b; char d;
scanf("%d%c%d",&a,&d,&b);
```

若想把 12 输入给变量 a，字符'k'输入给变量 d，34 输入给变量 b，程序运行时正确的输入是（　　）。

  A. 12'k'34   B. 12 k 34   C. 12k34   D. 12 'k' 34

11. 已知字母 A 的 ASCII 码为十进制的 65，下面程序的输出是（　　）。

```
#include<stdio.h>
int main()
{   char ch1, ch2;
    ch1='A'+'5'-'3';
    ch2='A'+'6'-'3';
    printf("%d,%c \n",ch1,ch2);
    return 0;
}
```

  A. 67,D   B. B,C   C. C,D   D. 不确定的值

12. 设有以下程序：

```
#include<stdio.h>
int main()
{   int  k=33;
    printf("%d,%o,%x\n", k,k,k);
    return 0;
}
```

程序的运行结果是（　　）。

  A. 33,21,41   B. 33,33,33   C. 41,33,21   D. 33,41,21

13. 设有如下程序：

```
#include<stdio.h>
int main()
{   int a=201,b=012;
    printf("%2d,%2d\n",a, b);
    return 0;
}
```

程序执行后的输出结果是（　　）。

  A. 01,12   B. 201,10   C. 01,10   D. 20,01

14. 若有以下程序段，执行后的输出结果是（　　）。

```
int a=0,b=0,c=0;
c=(a-=a-5),(a=b,b+3);
printf("%d,%d,%d\n",a,b,c);
```

  A. 3,0,−10   B. 0,0,5   C. −10,3, −10   D. 3,0,3

15. 设有如下程序：

```
#include<stdio.h>
int main()
{   char cl,c2,c3,c4,c5
    scanf("%c%c%c%c",&c1,&c2,&c3,&c4),
    c5=getchar();
```

```
        c6=getchar();
        putchar(c1);
        putchar(c2);
        printf("%c%c", c5,c6);
        return 0;
}
```

若运行时从键盘输入数据:abc<回车>

　　　　　　　　　　defg<回车>,则输出结果是（　　）。

    A. abcd　　　　　　B. abde　　　　　　C. abef　　　　　　D. abfg

三、填空题

1. 要使用输入输出函数，必须在程序头部编译预处理命令加入头文件_____。
2. 输出一个字符，除了用 printf 函数以外，还可以用_____函数来实现。
3. 使用 getchar 函数实现从键盘上输入一个字符'A'存储到字符变量 ch 中的语句是
_____。
4. 输出语句"printf("%05d",12);"得到的输出结果是_____。
5. 若 x 为 int 型变量，则执行"x=7;x+ = x− =x+x;"语句后的 x 值为_____。

上机实训解析及参考代码

习题参考答案及解析

第3章 分支结构程序设计

学习导读

在编写程序时，有时并不能保证程序一定执行某些指令，而是要根据一定的外部条件来判断哪些指令要执行。分支结构可以让程序有选择地执行，满足条件就执行，不满足条件就不执行。流程控制语句根据判断的结果控制程序的流程。例如，一个菜谱中包含西红柿这个食材，需要加入西红柿时，可能有如下的步骤：如果是用新鲜的西红柿，则去皮、切碎，开始放入；如果是用西红柿酱，则直接放入。这里并不知道具体操作时执行哪段指令，而是根据菜谱给出的条件进行处理，计算机程序也是如此。根据不同的条件执行不同的代码，这就是分支结构。

程序是为解决某个实际问题而设计的，而问题往往包含多方面，不同的情况需要进行不同的处理，所以分支结构在实际应用程序中可以说是无处不在，离开了分支结构，很多情况将无法处理，因此，正确掌握分支结构程序的设计方法对于编写实际的应用问题来说尤为重要。本章介绍 C 语言源程序的分支结构程序设计。

内容导学

（1）分支结构的含义。

（2）关系运算符、逻辑运算符和条件运算符。

（3）if、switch 语句的使用方法。

（4）分支结构程序设计的编写方法。

（5）编写分支结构问题的程序。

教学目标

知识目标：

（1）了解分支结构的含义。

（2）掌握关系运算符、逻辑运算符和条件运算符的使用方法。

（3）掌握分支结构 if 语句的使用方法。

（4）掌握 switch 语句的使用方法。

能力目标：

（1）能区分并选择合理的分支结构语句。

（2）编写分支结构问题的程序，利用分支结构解决生活中的问题。

育人目标

《论语》言："知之者不如好之者，好之者不如乐之者。"意为懂得它的人，不如爱好它的人；爱好它的人，又不如以它为乐的人——有比较，才有鉴别，选择对了，胜过百般努力。

大千世界，选择无处不在。人的一生可能面临诸多选择，此时此刻，或许你正站在十字路口，向左走还是向右走？为了在关键时刻能够实现选择自由，平时就需要不断努力地创造条件，创造机遇，提高能力和水平，做到志存高远、德才并重、情理兼修、勇于开拓，自然就能作出正确的判断和正确的选择，实现"山重水复疑无路，柳暗花明又一村"。计算机在求解问题时，也要考虑所有可能发生的情况，做到严谨、完备、不出差错。

3.1　分支结构的引出

分支结构用于在几个可选择的分支之间进行选择。分支结构是结构化程序设计的基本结构之一。本章主要介绍关系运算、逻辑运算、条件运算、if 语句和 switch 语句，介绍如何在 C 程序中实现分支结构以及各条件语句的综合应用。

分支结构是 C 语言三大基本结构之一，通过分支结构描述自然界和社会生活中分支的现象。分支结构的特点为：我们可以根据给定条件的真或假，决定是否去完成后面的相应操作，并且任何情况下都有"无论分支多少，必须选择其一"的特性。

下面通过一个简单的例子，简要介绍分支结构。

题目：任意输入两个数，输出其中较大的数。如何才能得到较大的数呢？必然需要判断并做出选择。分支结构用来解决决策、判断方面的问题。求较大数的流程图如图 3.1 所示。

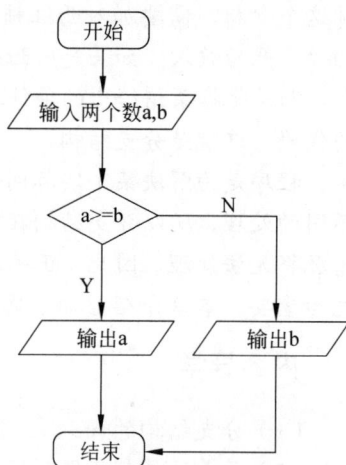

图 3.1　求最大数的流程图

3.2　关系运算和逻辑运算

本节主要讨论以下问题：

（1）分支结构中的条件如何表示？如何判定一个 C 语言表达式的真和假？用什么值表示表达式的真和假？

（2）关系运算符、逻辑运算符和条件运算符的功能是什么？关系运算符、逻辑运算符和条件运算符有哪些？其优先级和结合性怎样？什么是关系表达式、逻辑表达式？如何计算关系表达式和逻辑表达式？

（3）关系运算符、逻辑运算符和条件运算符如何表达条件？在日常的学习和生活中，经常会遇到需要作出选择，如高考填报志愿、出门是否需要带伞等。在这些事件中，都蕴含着一个称为条件的信息，如今天会下雨就带伞，否则就不带；当高考分数在第一梯队时，志愿填报 985 或 211 大学等。这里出现的"下雨或第一梯队"就是条件。因此，用分支结构解决问题，首先要学会描述条件。C 语言提供了描述条件的运算符：关系运算符、逻辑运算符。前者适合描述简单的条件，后者适合描述两个或两个以上更复杂的条件。下面从运算符的类型、优先级和结合性以及计算规则等方面进行详细介绍。

3.2.1　关系运算符与关系表达式

关系运算符是比较两个操作数大小的运算，关系运算的结果是假（0）或真（非 0）。表 3.1 中给出了 C 语言中的关系运算符。

表 3.1　C 语言中的关系运算符

关系运算符	用　　法	关系运算符	用　　法
>	大于	<=	小于或等于
>=	大于或等于	==	等于
<	小于	!=	不等于

使用关系运算符时要注意以下几点。

（1）由两个字符组成的运算符之间不可加空格，如>=不能写成> =。

（2）关系运算符中，>、>=、<、<= 四种运算符的优先级相同，==和!=两种运算符的优先级相同，且前四种运算符的优先级高于后两种。

（3）关系运算符、算术运算符和赋值运算符之间的优先次序依次是：算术运算符级别最高，关系运算符次之、赋值运算符最低。关系运算符按照从左到右的顺序结合。

用关系运算符将表达式连接起来的式子就是关系表达式。关系运算符两边的运算对象可以是 C 语言中任意合法的表达式，例如，a>b, 8<5, a+b<=c+d, (i=j+k)!=0 。

关系表达式的值是一个逻辑值，即真或假。C 语言没有专门的逻辑性数据，而是用 1 表示真，用 0 表示假。

例如，若 a=3,b=2,则 a>b 的值为 1，而 8<5 的值为 0。关系表达式 2+8==1+4*3 的结果为假，表达式值为 0。

注意，关系运算符= =和赋值运算符=很容易混淆，必须注意二者之间的区别。

如表达式 string1='c'是一个赋值表达式，其作用是将字符'c'赋给 string1。而表达式 string1=='c'是一个关系表达式，作用是判断左边变量 string1 和右边字符'c'是否相等，表达式的值只能是 0 或 1。

注意，关系运算经常会作为条件而出现在 if 语句的条件或循环判断条件中，通常不会单独使用。

3.2.2　逻辑运算符与逻辑表达式

逻辑运算符是指用形式逻辑原则建立数值间关系的符号。C 语言提供三种逻辑运算符，如表 3.2 所示，表 3.3 中给出了 C 语言中的逻辑运算规则。

表 3.2   逻辑运算符

逻辑运算符	含　义	优　先　级	说　　明
||	逻辑或（OR）	低	两边的条件之一成立时为真
&&	逻辑与（AND）	中	两边的条件均满足时为真
!	逻辑非（NOT）	高	右边(单边)条件不成立时为真

表 3.3   逻辑运算规则

a	b	!a	!b	a&&b	a||b
非 0	非 0	0	0	1	1
非 0	0	0	1	0	1
0	非 0	1	0	0	1
0	0	1	1	0	0

（1）在一个逻辑表达式中如果包含多个逻辑运算符，按优先级由高到低（!（非）→ && （与）→‖（或））进行运算。如：

!c&&!d 等价于（!c）&&（!d）

c‖d&e 相当于 c‖（d&&e）

逻辑表达式用逻辑运算符连接运算，并产生一个逻辑值，用 0 表示假，用 1 表示真。

例如，如果 a=3,b=2，则"!a 相当于!3"为假，值是 0；"a&&b"为真，值是 1；"!a‖b"为真，值为 1。

（2）与其他种类运算符的优先关系如下。

!→算术运算符→关系运算符→&&→‖→赋值运算符

例如，假设 a=12，则"a>=1&&a<=31"的值为 1，"a‖a>31"的值为 1。

（3）短路特性。

在计算逻辑表达式时，并不是所有的表达式都被求解，只有在必须执行下一个逻辑运算符才能求出表达式的解时，才执行该运算符。

例如，a&&b&&c　　//只在 a 为真时，才判别 b 的值；

　　　　　　　　　//只在 a、b 都为真时，才判别 c 的值。

例如，a‖b‖c　　//只在 a 为假时，才判别 b 的值；

　　　　　　　　//只在 a、b 都为假时，才判别 c 的值。

例如，已知 a=1;b=2;c=3;d=4;m=1;n=1;

　　(m=a>b)&&(n=c>d) //结果 m=0,n=1

分析：根据运算符的优先关系，先进行表达式 m=a>b 运算。此表达式先进行 a>b 关系运算，再进行赋值运算，m 的值为 0，整个表达式最后进行逻辑与运算。逻辑与运算左边的值为假，右边表达式不需要进行运算，所以 n 的值不变，值为 1。

【例 3.1】　祖冲之与历法。

闰年不是外国人发明或发现的，在我国古代，早有先人发现这一现象。祖冲之提出了三百九十一年内一百四十四闰的新闰法，这个闰法在当时是最精密的。我们的祖宗用精密的计算推导出闰年，那么我们如何用现代计算机判断闰年呢？

判断某年份（year）是否为闰年的条件是看此年份是否满足下述两个条件之一：

（1）能被 4 整除但不能被 100 整除；

（2）能被 400 整除。

由此得到判断某年份是闰年的逻辑表达式：

year % 4 == 0 && year % 100 != 0 || year % 400 == 0

假设 year=1900，将 year 值代入此表达式，得到表达式的值为 0，说明 1900 年不是闰年；假设 year=2000，将 year 值代入此表达式，得到表达式的值为 1，说明 2000 年是闰年。

反之，可得到判断某年份不是闰年的逻辑表达式：

!(year % 4 == 0 && year % 100!=0||year % 400 == 0)

3.3　if 语句

本节主要讨论以下问题：

（1）实现分支结构程序设计的语句有哪些?

（2）if 语句有哪些形式? 不同形式的 if 语句的功能是什么? 其格式、执行过程如何? 在使用过程中应该注意哪些问题?

分支结构是指程序中的语句根据是否符合条件决定执行。其基本特点是：程序的流程由多路分支组成，在程序的执行过程中，根据不同的情况，只有满足条件的分支被选中执行，而其他不满足条件的分支则不执行。

3.3.1　if 语句的格式

if 语句用来判定给定的条件是否满足，根据结果（真或假）选择执行相应的操作。简单 if 语句格式如下：

if（表达式）
　语句;

通常我们会根据某个条件是否成立来决定做不做某件事。例如乘坐公交车时，根据车门是否打开，来决定要不要下车。即：

如果（车门开）
　下车;

上面的实例就可以用一个最简单的 if 语句来表示。

括号中的表达式可以是任何形式，但一般情况下要求包含一个关系表达式。如果它的结果是真，则执行语句，否则就不执行。该语句的执行过程如图 3.2 所示。

例如：

```
if (shu1<shu2)
  shu1=shu2;
```

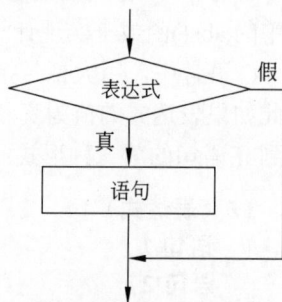

图 3.2　if 语句流程图

上面的代码对变量 shu1 和 shu2 的值进行比较，如果 shu1 较小，则把 shu2 的值赋给 shu1。

【例 3.2】 求一个整数的绝对值。

程序分析：

（1）输入部分：使用 scanf()函数从用户输入中读取一个整数 num。

（2）计算绝对值：

① 使用 if 语句判断 num 是否为负数。

② 如果是负数，则将其取反（num＝−num），使其变为正数。

（3）输出部分：使用 printf()函数输出计算后的绝对值。

```
1  #include<stdio.h>
2  int main()
3  {
4    int num;
5    printf("请输入一个整数：");
6    scanf("%d", &num);
7    if (num < 0)
8      {
9        num = -num;    // 如果是负数，则取反
10     }
11   printf("该整数的绝对值是：%d\n", num);
12   return 0;
13 }
```

运行结果：

请输入一个整数：-10↙
该整数的绝对值是：10

再次运行：

请输入一个整数：25↙
该整数的绝对值是：25

此例代码中，由于 if 语句只控制一条语句，我们省略第 8 行与第 10 行的大括号，此外，也可以直接使用 C 标准库中的 abs()函数来实现计算绝对值。

C 语言中，用大括号括起来的多条语句称为复合语句，因此如果表达式的值为真时，可以执行多个语句。由此可以得到 if 语句的第二种形式：

if（表达式）
{ 语句 1;
　语句 2;
　　⋮
　语句 n;
}

该语句的执行过程如图 3.3 所示。

【例 3.3】 由小到大的顺序排列 3 个数。

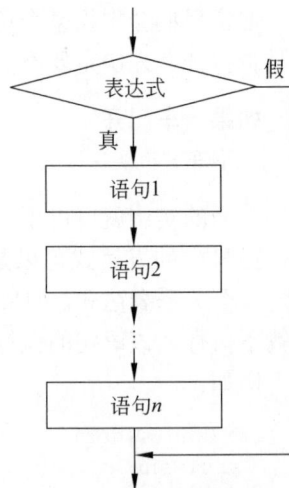

图 3.3 if 语句的执行过程

程序分析：

（1）输入部分：使用 scanf()函数从用户输入中读取 3 个整数 a、b、c。

（2）排序逻辑：

① 首先比较 a 和 b，如果 a 大于 b，则交换它们的值，确保 a 是较小的数。

② 然后比较 a 和 c，如果 a 大于 c，则交换它们的值，确保 a 是最小的数。

③ 最后比较 b 和 c，如果 b 大于 c，则交换它们的值，确保 b 是次小的数，c 是最大的数。

（3）输出部分：使用 printf()函数输出排序后的 3 个数。

参考代码：

```
1  #include <stdio.h>
2  int main()
3  {
4    int a, b, c;
5    int temp;
6    printf("请输入 3 个整数：");
7    scanf("%d %d %d", &a, &b, &c);
8    if (a > b)
9    {
10       temp = a;
11       a = b;
12       b = temp;
13   }
14   if (a > c)
15   {
16       temp = a;
17       a = c;
18       c = temp;
19   }
20   if (b > c)
21   { temp = b;
22     b = c;
23     c = temp;
24   }
25   printf("从小到大排序后的结果为：%d %d %d\n", a, b, c);
26   return 0;
27 }
```

运行结果：

（1）当 a≤b≤c 的运行结果：

请输入 3 个整数：1 2 3✓
从小到大排序后的结果为：1 2 3

（2）当 a≤c≤b 时的运行结果：

请输入 3 个整数：1 3 2✓
从小到大排序后的结果为：1 2 3

（3）当 b≤a≤c 时的运行结果：

请输入 3 个整数：2 1 3✓
从小到大排序后的结果为：1 2 3

（4）当 b≤c≤a 时的运行结果：

请输入 3 个整数：3 1 2✓
从小到大排序后的结果为：1 2 3

（5）当 c≤a≤b 时的运行结果：

请输入 3 个整数：2 3 1✓
从小到大排序后的结果为：1 2 3

（6）当 c≤b≤a 时的运行结果：

请输入 3 个整数：3 2 1✓
从小到大排序后的结果为：1 2 3

代码说明：如果 a、b 的大小与要求的从小到大的顺序不符，就要把它们交换一下。这时需要一个临时变量，使用 3 条语句完成互换。而 if 语句的控制范围只限一条语句，这就要用大括号将 3 个语句括起来，组成一个复合语句。请注意，复合语句的后面不需要加分号，C 语言中只有复合语句的后面不需要分号，因为大括号可以明确地表明语句的结束。

一般情况下，我们需要在某种条件下让程序执行一个分支，否则执行另一分支。这时，可以使用 if…else 语句：

```
if（表达式）
    语句 1；
else
    语句 2；
```

其含义是：如果表达式为真（非 0），就执行语句 1，否则执行语句 2。这里的语句 1 和语句 2 可以是一条语句，也可以是用大括号括起来的复合语句。

【例 3.4】 在学生分数高于或等于 60 分时显示"及格"，否则显示"不及格"，如图 3.4 所示。

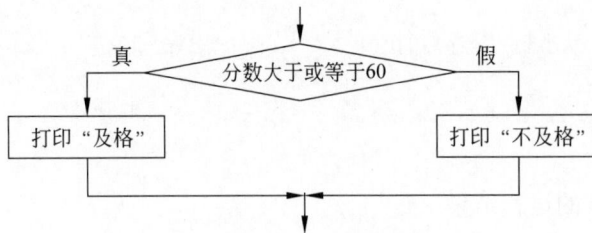

图 3.4　打印及格与否程序的流程图

程序分析：

（1）输入部分：使用 scanf()函数从用户输入中读取一个整数 score，表示学生的分数。

（2）判断逻辑：使用 if-else 语句判断分数是否大于或等于 60，如果 score >= 60，输出"及格"；否则，输出"不及格"。

（3）输出部分：根据判断结果，使用 printf()函数输出相应的提示信息。

参考代码：

```
1  #include<stdio.h>
2  int main()
3  {
4    int score;
5    printf("请输入学生的分数：");
6    scanf("%d", &score);
7    if (score >= 60)
8        printf("及格\n");
9    else
10       printf("不及格\n");
11   return 0;
12 }
```

运行结果：

请输入学生的分数：75↙
及格

再次运行：

请输入学生的分数：45↙
不及格

【例 3.5】　输入一个整数，判断它是奇数还是偶数。

程序分析：

在 C 语言中，判断一个整数是奇数还是偶数可以通过取模运算符 %实现。如果一个整数除以 2 的余数为 0，则它是偶数；否则，它是奇数。

（1）输入部分：使用 scanf()函数从用户输入中读取一个整数 num。

（2）判断逻辑：使用取模运算符%计算 num 除以 2 的余数。如果余数为 0（num % 2 == 0），则 num 是偶数；否则，num 是奇数。

（3）输出部分：根据判断结果，使用 printf()函数输出相应的提示信息。

参考代码：

```
1  #include<stdio.h>
2  int main()
3  { int num;
4    printf("请输入一个整数：");
5    scanf("%d", &num);
6    if (num % 2 == 0)  printf("%d 是偶数。\n", num);
7    else  printf("%d 是奇数。\n", num);
8    return 0;
9  }
```

运行结果：

请输入一个整数：10↙
10 是偶数。

再次运行：

请输入一个整数：15↙

`15 是奇数。`

【例 3.6】　某商品的零售价为每千克 8.5 元，批发价为每千克 6.5 元，购买量在 10 千克以上，便可按批发价计算。设某顾客购买此商品 weight 千克，请编程计算该顾客需要付费（pay）多少元？

程序分析：

（1）定义变量：

weight：存储顾客购买的商品重量（单位：千克）。

pay：存储顾客需要支付的金额（单位：元）。

（2）输入部分：使用 scanf()函数从用户输入中读取购买重量 weight。

（3）判断逻辑：如果 weight>10，则按批发价计算总费用；否则，按零售价计算总费用。

（4）输出部分：使用 printf()函数输出需要支付的金额，保留两位小数。

参考代码：

```
1    #include<stdio.h>
2    int  main()
3    {  float weight,pay;
4       printf("请输入购买的商品重量（千克）: ");
5       scanf("%f",&weight);
6       if(weight>=10)
7           pay=weight*6.5;
8        else
9        pay=weight*8.5;
10       printf("需要支付的金额为: %.2f 元\n", pay);
11       return 0;
12   }
```

运行结果：

请输入购买的商品重量（千克）: 5✓
需要支付的金额为: 42.50 元

再次运行：

请输入购买的商品重量（千克）: 15✓
需要支付的金额为: 97.50 元

3.3.2　if 语句的嵌套

if 和 else 子句中，可以是任意合法的 C 语句或语句块。如果这子句是一个 if 语句，则构成了 if 语句的嵌套。内嵌的 if 语句可以嵌套在 if 子句中，也可以嵌套在 else 子句中。

嵌套的 if 语句有以下几种格式：

```
if （条件1）              if （条件1）              if （条件1）
    if（条件2）               语句1;                    if（条件2） 语句1;
        语句1;            else                          else          语句2;
    else                     if （条件2）          else
        语句2;                   语句2;                 if （条件3） 语句3;
else                         else                          else          语句4;
    语句3;                   语句3;
```

一般说来，嵌套的 if 语句可以对多种情况进行测试。

【例 3.7】 根据输入的百分制成绩（score），要求输出成绩等级（grade）A、B、C、D、E。90 分及以上为 A，80～89 分为 B，70～79 分为 C，60～69 分为 D，60 分以下为 E。用 if 语句实现。

程序分析：

（1）定义变量：

score：存储输入的百分制成绩。

grade：存储换算后的成绩等级（A、B、C、D、E）。

（2）输入部分：使用 scanf()函数从用户输入中读取百分制成绩 score。

（3）判断逻辑：

使用 if-else 语句判断成绩所属的等级：

如果 score ≥ 90，等级为 A；

如果 score ≥ 80，等级为 B；

如果 score ≥ 70，等级为 C；

如果 score ≥ 60，等级为 D；

否则，等级为 E。

（4）输出部分：使用 printf()函数输出计算后的成绩等级。

参考代码：

```
1    #include<stdio.h>
2    int main()
3    {  int score;
4       char grade;
5       printf("\n 请输入百分制成绩：");
6       scanf("%d",&score);
7       if(score>=90)
8         grade='A';
9       else  if(score>=80)
10             grade='B';
11          else  if (score>=70)
12                  grade='C';
13              else  if (score>=60)
14                      grade='D';
15                  else
16                      grade='E';
17      printf("成绩等级为：%c\n",grade);
18      return 0;
19   }
```

运行情况如下：

请输入百分制成绩：95✓
成绩等级为：A

再次运行：

请输入百分制成绩：85✓
成绩等级为：B

再次运行：

请输入百分制成绩：75✓
成绩等级为：C

再次运行：

请输入百分制成绩：65✓
成绩等级为：D

再次运行：

请输入百分制成绩：55✓
成绩等级为：E

【例 3.8】 求一个点所在的象限（不考虑点在 x 轴或 y 轴上的情况）。

程序分析：

在平面直角坐标系中，一个点的象限可以通过其坐标(x,y)的符号来确定。具体规则如下：

第一象限：x > 0 且 y > 0
第二象限：x < 0 且 y > 0
第三象限：x < 0 且 y < 0
第四象限：x > 0 且 y < 0

（1）定义变量：

x 和 y：存储点的坐标。

（2）输入部分：

使用 scanf()函数从用户输入中读取点的坐标(x, y)。

（3）判断逻辑：

使用 if-else 语句判断点所在的象限：

如果 x > 0 且 y > 0，点位于第一象限。

如果 x < 0 且 y > 0，点位于第二象限。

如果 x < 0 且 y < 0，点位于第三象限。

如果 x > 0 且 y < 0，点位于第四象限。

否则，点位于坐标轴上（题目要求不考虑这种情况）。

（4）输出部分：

使用 printf()函数输出点所在的象限。

参考代码：

```
1  #include<stdio.h>
2  int main()
3  {
4    float x, y;
5    printf("请输入点的坐标 (x, y): ");
6    scanf("%f %f", &x, &y);
7    if (x > 0 && y > 0)
8       printf("该点位于第一象限。\n");
9    else if (x < 0 && y > 0)
```

```
10        printf("该点位于第二象限。\n");
11   else if (x < 0 && y < 0)
12        printf("该点位于第三象限。\n");
13   else if (x > 0 && y < 0)
14        printf("该点位于第四象限。\n");
15   else
16        printf("该点位于坐标轴上，不在任何象限。\n");
17   return 0;
18 }
```

运行情况：

请输入点的坐标 (x, y)：3.5 4.5✓
该点位于第一象限。

再次运行：

请输入点的坐标 (x, y)：−2.5 5.5✓
该点位于第二象限。

再次运行：

请输入点的坐标 (x, y)：−1.5 −3.5✓
该点位于第三象限。

再次运行：

请输入点的坐标 (x, y)：4.5 −2.4✓
该点位于第四象限。

注意：if 语句中的 else 并不总是必需的，在嵌套的 if 结构中，可能有的 if 语句带有 else，有的 if 语句不带 else，那么一个 else 究竟与哪个 if 配对呢？C 语言规定 else 总是与前面最近的尚未配对的 if 配对。

3.4　switch 语句

本节主要讨论以下问题：

switch 语句的功能是什么？其执行过程如何？在使用过程中应该注意哪些问题？

按照分支的条数，分支结构分为单分支结构、双分支结构及多分支结构。C 语言提供了两条实现分支结构的语句，它们分别是 if 语句和 switch 语句。下面将从语句的格式、功能、执行和使用详细介绍实现分支结构的 switch 语句。

3.4.1　switch 语句的一般形式

对于复杂的 if 语句，如果嵌套过多，就会使程序结构复杂。为此，C 语言专门提供了一种用于多分支选择的语句——switch 语句，它可以处理多分支选择情况下 if-else 结构过于复杂的问题，而且更清楚。

if 语句只对一个值进行检验，而 switch 语句根据不同值产生不同分支，因此，switch

语句又称为开关语句。switch 语句的一般形式为：

```
switch（表达式）
{   case 值1：语句1; [break;]
    case 值2：语句2; [break;]
              ⋮
    case 值N：语句N; [break;]
   [default： 语句N+1;]
}
```

其中表达式的数据类型只能为整型或字符型，语句可以是任何有效的语句或语句块。

switch 语句的逻辑结构如图 3.5 所示。

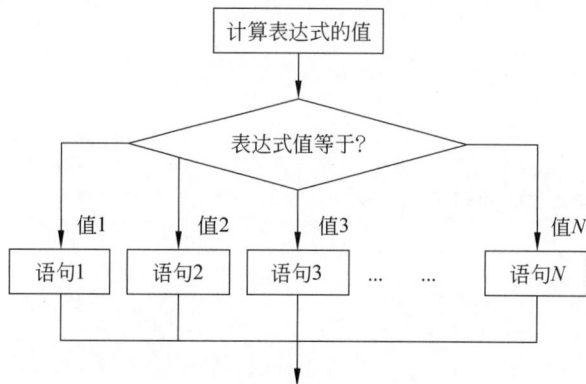

图 3.5　switch 语句的逻辑结构

注意：switch 语句中的 default 项不是必需的，如果没有 default，则所有的常量都不与表达式的值匹配，switch 语句就不执行任何操作。另外，default 写成最后一项也不是语法上必需的，它也可写在某个 case 前面，但习惯上总是把 default 写在最后。

3.4.2　switch 语句的执行过程

执行 switch 语句时，首先计算 switch 后表达式的值，然后在 switch 语句中寻找与该值相匹配的 case 值。如果找到，则执行该 case 后的各语句，直至遇到一个 break 语句为止；如果找不到匹配的 case 值，则执行 switch 的默认语句（default），直到 switch 语句体结束。如果找不到匹配的 case 值且不存在默认语句（default），则跳过 switch 语句块，什么也不做。

若例 3.7 用 switch 语句实现，则程序如下。

```
1   #include<stdio.h>
2   int main()
3   {
4     int score;
5     char grade;
6     printf("请输入百分制成绩：");
7     scanf("%d", &score);
8     switch (score / 10)
```

```
9    {
10       case 10:     // 100 分
11       case 9:      // 90~99 分
12          grade = 'A';
13          break;
14       case 8:      // 80~89 分
15          grade = 'B';
16          break;
17       case 7:      // 70~79 分
18          grade = 'C';
19          break;
20       case 6:      // 60~69 分
21          grade = 'D';
22          break;
23       default:     // 0~59 分
24          grade = 'E';
25          break;
26    }
27    printf("成绩等级为: %c\n", grade);
28    return 0;
29  }
```

假设运行时输入 62，则 score / 10 = 6，执行"case　6:"后的语句"grade = 'D';break;"。遇到 break 语句，结束 switch 语句的执行。程序的运行情况如下：

请输入百分制成绩：95✓
成绩等级为：A

再次运行：

请输入百分制成绩：85✓
成绩等级为：B

再次运行：

请输入百分制成绩：75✓
成绩等级为：C

再次运行：

请输入百分制成绩：65✓
成绩等级为：D

再次运行：

请输入百分制成绩：55✓
成绩等级为：E

注意：在该程序中，switch 语句后的表达式是 score/10 而不是 score，这样处理可以大大减少分支数目，简化程序，提高程序的可读性。

总结：

（1）该程序通过 switch 语句实现了百分制成绩到等级的转换。

（2）代码逻辑清晰，适合初学者学习和使用。

（3）使用 switch 语句时，需要注意将成绩除以 10 以简化匹配条件。

（4）可以进一步扩展程序，例如：

① 添加输入验证（确保成绩在 0 到 100 之间）。

② 支持更多等级分段（如 A+、A- 等）。

3.5　条件运算符

在 C 语言中，条件运算符是一种简洁的表达条件判断的方法。它的语法格式为"条件表达式?表达式 1:表达式 2"。如果条件表达式的值为真（非零），则整个表达式的值为表达式 1 的值，否则为表达式 2 的值，其执行过程如图 3.6 所示。

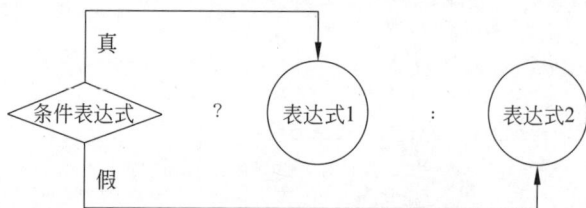

图 3.6　条件运算符运行示意图

【例 3.9】 输出 a,b 中的较大值，if 语句与条件运算符语句代码如下：

```
/*
if 语句实现
*/
1  #include<stdio.h>
2  int main()
3  {
4    int max,a,b;
5    scanf("%d%d",&a,&b);
6    if(a>b)
7       max=a;
8    else
9       max=b;
10   printf("%d\n",max);
11   return 0;
12 }
```

```
/*
条件运算符语句实现
*/
1  #include<stdio.h>
2  int main()
3  {
4    int max,a,b;
5    scanf("%d%d",&a,&b);
6    max=a>b?a:b;
7    printf("%d\n",max);
8    return 0;
9  }
```

说明：上述条件运算符语句实现的代码第 6 行等价于 if 语句实现的代码 6~9 行。

【例 3.10】 输出 a,b,c 中的最大值，if 语句与条件运算符语句代码如下：

```
/*
if 语句实现
*/
1  #include<stdio.h>
2  int main()
3  {
4    int a,b,c,max;
5    scanf("%d%d%d",&a,&b,&c);
```

```
/*
条件运算符语句实现
*/
1  #include<stdio.h>
2  int main()
3  {
4    int a,b,c,max;
5    scanf("%d%d%d",&a,&b,&c);
```

```
6    if(a>b)                          6    max=a>b?(a>c?a:c):(b>c?b:c);
7    {                                7    printf("%d\n",max);
8        if(a>c) max=a;               8    return 0;
9        else max=c;                  9    }
10   }
11   else
12   {
13       if(b>c) max=b;
14       else max=c;
15   }
16   printf("%d\n", max);
17   return 0;
18   }
```

说明：

（1）上述条件运算符语句实现的代码第 6 行等价于 if 语句实现的代码 6～15 行。

（2）上述代码第 6 行"max=a>b?(a>c?a:c):(b>c?b:c);"条件运算符嵌套，解释如下：

① 如果 a>b 成立，则执行条件运算符表达式(a>c?a:c)，继续判断 a>c。如果成立，则 max=a，否则 max=c。

② 如果 a>b 不成立，则执行条件运算符表达式(b>c?b:c)，继续判断 b>c。如果成立，则 max=b，否则 max=c。

【例 3.11】 转换字母大小写。如果是小写，转换为大写输出；如果是大写，则原样输出。if 语句与条件运算符语句代码如下：

```
/*                                    /*
if 语句实现                           条件运算符语句实现
*/                                    */
1  #include<stdio.h>                  1  #include<stdio.h>
2  int main(){                        2  int main(){
3    char ch;                         3    char ch;
4    ch=getchar();                    4    ch=getchar();
5    if(ch>='a'&&ch<='z')             5    ch=ch>='a'&&ch<='z'?ch-32:ch;
6        ch=ch-32;                    6    putchar(ch);
7    putchar(ch);                     7    return 0;
8    return 0;                        8    }
9    }
```

说明：

（1）上述条件运算符语句实现的代码第 5 行等价于 if 语句实现的代码第 5 和第 6 行。

（2）上述代码"ch=getchar();"表示读取键盘输入的字符赋值给 ch。

（3）"putchar(ch);"表示向屏幕打印字符 ch。

例题 3.11 还可以采用函数的方式实现，代码如下。

```
1  #include<stdio.h>
2  #include<ctype.h>
3  int main()
4  {
5    char ch;
6    printf("请输入一个字母: ");
```

```
7    scanf("%c", &ch);
8    if(islower(ch))
9      ch = toupper(ch);
10   printf("%c\n", ch);
11   return 0;
12  }
```

说明：

（1）#include <ctype.h>,此头文件中包含 islower 和 toupper 函数。

（2）islower(ch)函数，判断 ch 是否为小写。如果为小写，返回 1，否则返回 0。

（3）toupper(ch)函数，将字符 ch 转换为对应的大写字符。

小结：

条件运算符是 C 语言中用于简化条件判断的工具，适合简单的逻辑，但复杂的逻辑建议使用 if-else 以提高代码可读性。

3.6　分支结构程序设计的典型应用

本节主要讨论以下问题：

（1）分支结构程序设计的算法分析如何进行?

（2）如何编写分支结构程序?

分支结构的程序执行是按照条件的真假选择执行分支，实现分支结构的语句有 if 语句和 switch 语句等，能够实现单分支结构、双分支结构和多分支结构。一般来说，只要涉及条件处理问题就需要使用分支结构。下面通过数的最值、方程根和运算器 3 个问题介绍如何进行分支结构程序设计。

【例 3.12】 数的最值问题。

数的最值问题是计算机程序设计中经常会遇到的问题，如求两个整数中的最大值或最小值，求 3 个整数中的最大值或最小值，以及求 n 个整数中的最大值或最小值。当然，数不仅可以是整数，也可以是其他类型的数据，如若干字符串、结构体类型的数据等。

问题描述：求 3 个整数中的最大值。

程序分析：

（1）定义变量：a、b、c 存储输入的三个整数，max 存储最大值。

（2）输入部分：

使用 scanf()函数从用户输入中读取三个整数 a、b、c。

（3）比较逻辑：

假设 a 是最大值，将其赋值给 max。

比较 b 和 max，如果 b 大于 max，则将 b 赋值给 max。

比较 c 和 max，如果 c 大于 max，则将 c 赋值给 max。

（4）输出部分：使用 printf()函数输出最大值。

程序代码：

```
1    /* 数的最值问题 */
```

```
 2    #include<stdio.h>
 3    int main()
 4    {
 5    int a,b,c,max;
 6    printf("请输入三个整数: ");
 7    scanf("%d%d%d",&a,&b,&c);
 8    max=a;
 9    if(max<b)
10       max=b;
11     if(max<c)
12        max=c;
13     printf("最大值是: %d\n", max);
14     return 0;
15  }
```

程序运行结果:

请输入 3 个整数: 10 20 30↙
最大值是: 30

再次运行:

请输入 3 个整数: 50 30 40↙
最大值是: 50

再次运行:

请输入 3 个整数: -10 -20 -5↙
最大值是: -5

【举一反三】

(1) 求 3 个整数中的最小值。要求用多种方法完成。

(2) 求 4 个整数中的最小值。要求用 3 条 if-else 语句完成。

(3) 将 4 个整数按照从小到大的顺序输出。

【例 3.13】 方程根问题。

问题描述:

设方程为 $ax^2+bx+c=0$,其中 a、b 和 c 为方程的系数。要求输入该方程的 3 个系数并计算输出该方程的根。

程序分析:

根据问题的描述,了解该问题中涉及的数据主要有 3 个系数,分别用变量 a、b 和 c 表示,一个判别式用变量 delta 表示,其中 delta=b^2-4ac,两个根用变量 $x1$ 和 $x2$ 表示。方程的根是哪一种情况,取决于系数 a 和 b 以及根的判别式。若是一元二次方程,则根有 3 种情况:两个相等实根、两个不相等实根和两个虚根。若不是一元二次方程,则根的情况又由系数 b 确定。若 $b\neq0$,则有一个根,否则无解。

根据以上分析,建立的算法模型如下。

根据输入的系数 a 是否为 0 来确定是否为一元二次方程。

(1) 若 $a\neq0$ 是一元二次方程,则根据 delta 与 0 的关系确定方程根的情况,共有 3 种情况,它们分别是:

① 当 delta=0 时，有两个相等实根，这两个实根为 $x1=x2=-b/2a$；

② 当 delta>0 时，有两个不相等实根，这两个实根分别是：

$$x1=(-b+\text{sqrt}(b^2-4ac))/(2a)$$
$$x2=(-b-\text{sqrt}(b^2-4ac))/(2a)$$

③ 当 delta<0 时，没有实数根，有两个共轭复数根。

$$-b/(2a)+\text{sqrt}(4ac-b^2)/(2a)\text{i}$$
$$-b/(2a)-\text{sqrt}(4ac-b^2)/(2a)\text{i}$$

通过此分析，实际上也可以分为两种情况，delta≥0 和 delta<0。第一种情况的根是实根，直接求出和输出；第二种情况的根是虚根。

（2）若 a=0，则不是一元二次方程，方程根的情况又有三种：

① 若 $b\neq0$，则有一个根。

② 若 b=0 且 $c\neq0$，则无解。

③ 若 b=0 且 c=0，则无穷解。

源程序的编写步骤：

（1）输入 3 个系数 a、b、c——用 scanf()函数。

（2）a!=0 时，该方程为一元二次方程，求根的判别式 delta，delta=b^2-4ac，其根的情况如下所述。

① 求实根并输出。代码为：

```
if(delta>=0)
    if (delta>0)
    {
    x1=(-b+sqrt(b²-4ac))/(2*a);
    x2=(-b-sqrt(b²-4ac))/(2*a);
    printf("x1=%.2f,x2=%.2f\n",x1,x2);
    }
 else
    {
    x=-b/(2*a);
    printf("x1=x2=%.2f\n",x2);
    }
```

② 当 a==0 时，该方程为一元一次方程，其根的情况如下所述。

```
if (b!=0)
    printf("%2f\n", -c/b);
    else if(c==0)
        printf("无穷解\n");
      else
        printf("无解\n");
```

参考代码：

```
1    #include<stdio.h>
2    #include<math.h>
3    int main()
4    {
5      float a,b,c,delta,x1,x2;
```

```
6        printf("\nPlease input a,b,c: ");
7        scanf("%f,%f,%f",&a,&b,&c);
8        delta=b*b-4*a*c;
9        if(a==0)        //方程为一元一次方程
10       {
11         if(b==0)
12            if(c==0)
13               printf("方程为一元一次方程，有无穷解！\n");
14            else
15               printf("方程为一元一次方程，无解！\n");
16         else
17               printf("方程为一元一次方程：x1=%f",-c/b);
18       }
19     else if(delta<0)        //没有实数根，有两个共轭复数根
20       {
21            float realPart,imagePart;
22            realPart=-b/(2*a);
23            imagePart=sqrt(-delta)/(2*a);
24            printf("方程没有实数根，有两个共轭复数根：\n");
25            printf("x1 = %f + %fi\n", realPart, imagePart);
26            printf("x2 = %f - %fi\n", realPart, imagePart);
27       }
28     else  if(delta==0)      //一个实数根（重根）
29          {
30           x1=-b/(2*a);
31           printf("方程有一个实数根（重根）:\n");
32           printf("x1=%f",x1);
33          }
34       else                 //两个不同的实数根
35          {
36            printf("方程有两个不同的实数根:\n");
37            x1=(-b+sqrt(delta))/(2*a);
38            x2=(-b-sqrt(delta))/(2*a);
39            printf("x1=%f,x2=%f",x1,x2);
40          }
41     return 0;
42  }
```

程序的运行情况：

（1）a，b，c 都为 0 的情况，运行如下：

Please input a,b,c: 0,0,0↙

方程为一元一次方程，有无穷解！

（2）a，b 为 0，c 不为 0 的情况，运行如下：

Please input a,b,c: 0,0,1↙

方程为一元一次方程，无解！

（3）a 为 0，b 不为 0，c 任意的情况，运行如下：

Please input a,b,c: 0,2,4↙

方程为一元一次方程：x1=-2.000000

（4）a 不为 0，且 a，b，c 满足 $b^2-4ac=0$ 的情况，运行如下：

```
Please input a,b,c: 1,2,1✓
```

方程有一个实数根（重根）：

```
x1=-1.000000
```

（5）a 不为 0，且 a，b，c 满足 $b^2-4ac>0$ 的情况，运行如下：

```
Please input a,b,c: 1,-3,2✓
```

方程有两个不同的实数根：

```
x1=2.000000,x2=1.000000
```

（6）a 不为 0，且 a，b，c 满足 $b^2-4ac<0$ 的情况，运行如下：

```
Please input a,b,c: 1,2,3✓
```

方程没有实数根，有两个共轭复数根：

```
x1 = -1.000000 + 1.414214i
x2 = -1.000000 - 1.414214i
```

【举一反三】

（1）输入 3 条线段的长度，判断是否能组成一个三角形。若能，则求该三角形的面积。

（2）输入 3 条线段的长度，判定它们能否构成一个三角形。如果能构成三角形，则打印它们所构成三角形的名称，包括等边、等腰、直角三角形或任意三角形。

【例 3.14】 运算器问题：从键盘上输入任意两个数和一个运算符(+、-、*、/)，计算其运算结果并输出。

程序分析：

（1）定义变量：num1 和 num2 存储输入的两个数，operator 存储输入的运算符，result 存储计算结果。

（2）输入部分：使用 scanf()函数从用户输入中读取两个数和一个运算符。

（3）计算逻辑：

使用 switch 语句根据运算符进行相应的计算：

case '+': 执行加法运算。

case '-': 执行减法运算。

case '*': 执行乘法运算。

case '/': 执行除法运算，并检查除数是否为零。

default: 处理无效的运算符。

（4）输出部分：使用 printf()函数输出计算结果。

参考代码：

```
1  #include<stdio.h>
2  int main()
3  {  float num1, num2, result;
```

```
4      char operator;
5      printf("请输入两个数和一个运算符 (+, -, *, /): ");
6      scanf("%f %f %c", &num1, &num2, &operator);
7      switch (operator)
8      {
9        case '+':
10           result = num1 + num2;
11            break;
12        case '-':
13           result = num1 - num2;
14            break;
15        case '*':
16           result = num1 * num2;
17            break;
18        case '/':
19           if (num2 != 0)
20               result = num1 / num2;
21           else
22            {
23               printf("错误: 除数不能为零! \n");
24               return 1;     // 程序异常退出
25            }
26           break;
27        default:
28           printf("错误: 无效的运算符! \n");
29           return 1;           // 程序异常退出
30     }
31     printf("计算结果: %.2f %c %.2f = %.2f\n", num1, operator, num2, result);
32     return 0;
33   }
```

程序的运行情况:

请输入两个数和一个运算符 (+, -, *, /): 10 5 +↙
计算结果: 10.00 + 5.00 = 15.00

再次运行:

请输入两个数和一个运算符 (+, -, *, /): 10 5 -↙
计算结果: 10.00 - 5.00 = 5.00

再次运行:

请输入两个数和一个运算符 (+, -, *, /): 10 5 *↙
计算结果: 10.00 * 5.00 = 50.00

再次运行:

请输入两个数和一个运算符 (+, -, *, /): 10 0 /↙
错误: 除数不能为零!

再次运行:

请输入两个数和一个运算符 (+, -, *, /): 10 5 %↙
错误: 无效的运算符!

代码说明：

（1）该程序通过 switch 语句实现了简单的四则运算。

（2）代码逻辑清晰，适合初学者学习和使用。

（3）需要注意除数为零的情况，避免程序崩溃。

（4）可以进一步扩展程序，例如：

① 支持更多的运算符（如取模 %、幂运算等）。

② 添加输入验证（确保输入的数据类型正确）。

【举一反三】

有一个函数，定义如下：

$$y = \begin{cases} x & (x < 1) \\ 2x - 1 & (1 \leqslant x < 10) \\ 3x - 11 & (x \geqslant 10) \end{cases}$$

编写一个程序，输入 x，输出 y。要求分别用 if 和 switch 语句完成。

3.7　上机实训

3.7.1　实训目的

1. 掌握关系运算符和逻辑运算符的运算规则，学会使用关系表达式和逻辑表达式正确描述分支结构的判断条件。

2. 学习结构化程序设计思想和开发方法，熟练掌握 if 语句和 switch 语句的语法格式和使用方法。

3. 学习 break 语句在流程控制中的作用。

4. 结合程序掌握一些简单的算法，进一步学习程序调试。

3.7.2　实训内容

1. 程序分析题。

输入两个数并判断两数是否相等：

```
1    include<stdio.h>
2    int main()
3    { int a,b;
4      printf("Enter integer a:");
5      scanf("%d",&a);
6      printf("Enter integer b:");
7      scanf("%d",&b);
8      if(a=b)
9      printf("a=b\n");
10      else
11      printf("a!=b\n");
12     return 0;
13   }
```

【要求】

在实训环境下编辑该程序。

编译、调试程序，直到没有错误。

运行程序，从键盘输入数值 3,4，观察结果。

再次运行程序，从键盘输入数值 6,6，观察结果。

【实训提示】

单分支的 if 语句的作用。

2. 程序改错。

（1）阅读程序，找出其中存在的错误并更正。注明为什么错误。

```
1    #include<stdio.h>
2    int main()
3    {   int x,y;
4     printf("Enter integer x,y:")
5     scanf("%d,%d",x,y);
6     if(x!=y)
7       if(x>y)  printf("X>Y\n");  printf("X<Y\n");
8     else
9         printf("X==Y\n");
10     return 0;
11   }
```

（2）阅读程序，找出其中存在的错误并更正。注明为什么错误。

```
1    int  main(void)
2    { float  x,y;
3        scanf("%f,%f",x, y);
4        if (x!=0 && y/x<c)
5         { z=y/x;
6           printf("%f\n", z);
7        else
8           z=x+y;
9           printf("%f\n",z); }
10    return 0; }
```

3. 源程序修改替换题。

请用非嵌套的 if 语句实现以下程序。

```
int main()
{
int s,t,m;
scanf("%d",&s);
t=(int)(s/10);
switch(t)
{  case 10:
 case 9: printf("%d:A\n",s);break;
 case 8:
 case 7: printf("%d:B\n",s);break;
 case 6: printf("%d:C\n",s);break;
default: printf("%d:D\n",s);;
```

```
}
return 0;
}
```

4. 程序填空题：阅读以下程序并填空。

（1）程序填空。从键盘输入一个整数，判别它的奇偶性，并显示结果。

```
1    #include<stdio.h>
2    int main()
3     {
4       int a;
5       printf("请输入一个整数 a：\n");
6       scanf("%d", ___);
7       if (_____)
8        printf("a 是偶数\n");
9        else
10        printf("a 是奇数\n");
11      return 0;
12    }
```

（2）输入两个实数 a、b，按代数值由小到大的次序输出这两个数。说明如下：

① 需要对输入的两个数进行比较，判断是否需要交换两个数。

② 按照从小到大的顺序输出两个数。

参考程序如下：

```
1    #include<stdio.h>
2    int main()
3     {
4    float a,b,t;
5     printf("input a,b:");
6     scanf("%__,%f",&a, &b);      /*注意在输入数的时候中间要加逗号*/
7      if(_____)
8        {
9          t=a;
10         a=b;
11         ____  ;
12     }
13     printf("%5.2f,%5.2f\n",a,b);      /*表示输出的数，保留两位小数*/
14    return 0;
15    }
```

5. 程序设计。

程序功能描述：输入学生的考分，输出相应的分数等级。等级划分规则如下：分数在 [90,100]，等级为 A；分数在[80,89]，等级为 B；分数在[70,79]，等级为 C；分数在[60,69]，等级为 D；分数在[0,59]，等级为 E。（请分别用 if else 语句和 switch 语句实现）

思考：若输入成绩 120，则会输出什么？应如何完善？

3.8　本章小结

3.8.1　知识梳理

C 语言程序的执行部分是由语句组成的。程序的功能也是由执行语句实现的。C 语言中的语句分为表达式语句、函数调用语句、复合语句、空语句及控制语句五类。

关系表达式和逻辑表达式是两种重要的表达式，主要用于条件执行的判断和循环执行的判断。

C 语言提供了多种形式的条件语句以构成分支结构：if 语句主要用于单分支选择；if-else 语句主要用于双分支选择；if-else-if 语句和 switch 语句用于多分支选择。

任何一种分支结构都可以用 if 语句实现，但并非所有的 if 语句都有等价的 switch 语句。switch 语句只能用来实现以相等关系作为判断条件的分支结构。

在调试包含分支结构的程序时，为了保证程序的完备性，必须保证分支结构的各个分支情况都能正确执行。

3.8.2　常见上机问题及解决方法

1．在关系表达式中误用=代替==

可能由于代数中=表示相等关系，或者在输入时粗心所致，很多程序员使用=号代替==运算符，特别是在 if、while、for 语句中更常见。例如：

```
if (i=2) printf("i is 2");
k=1;
while (!(k=10))
  {printf("%d", k);
    k++;}
```

2．case 语句漏掉 break

初学者在使用 switch 语句时经常会忘记在 case 语句后面增加一条 break 语句。由于没有 break 语句，switch 语句执行结果与预想的有很大的不同。例如：

```
#include "stdio.h"
int main()
{char c;
 c=getchar();
 switch(c)
 {case 'a': printf("A");
  case 'b': printf("B");
  default: printf("OK"); }
 return 0;}
```

上面的程序运行时，由于 switch 语句中没有 break 语句，因而如果输入 'a'，会输出 ABOK；如果输入'b'，会输出 BOK，与程序员的设计意图不符。

3．if 语句后多了"；"

由于 C 语言的每条语句都以"；"结尾，因此有些初学者在输入 if 语句时不经意间也会在 if 语句的()后面增加一个分号。例如

```
if(k>10);  /*多了一个";"*/
printf("k>10");
```

程序员本来的意图是当 k 大于 10 时，输出"k>10"，但由于 if()后面多了一个分号，这时，程序没有错误但表示满足条件时不执行任何操作，运行结果产生异常，表示不管是否满足条件都会输出 k>10。

4．复合语句漏掉了"{}"

如果 if、while、for 语句包含多条语句，那么就需要使用复合语句。例如，下面的 if 语句的功能是如果变量 k 的值大于 10，则输出 k 的值并将 k 值减 5。

```
scanf("%d", &k);
if (k>10){
printf("%d", k);
k-=5;}
```

如果 if 语句漏掉了"{}"，则程序段的功能便不同了。

```
scanf("%d", &k);
if(k>10)
    printf("%d",k);
k-=5
```

上面的程序段中，无论 k 的值是多少，k 的值都会被减 5。

5．表达式中"()"不配对，复合语句中"{}"不配对

"()"或"{}"的不配对有时很隐蔽，有时引起的编译错误很奇怪。例如

```
while ((c=getch()!=27)        /*漏掉了")"*/
    putchar(c);
while((c=getch())!=27)
{c+=26;
printf("%c", c);              /*漏掉了"}"*/
```

6．case 后面跟着变量表达式

switch 语句中 case 后面必须是常量表达式，不能是包含变量的表达式。下面的用法是错误的。

```
char c1 c2
scanf("%c,%c",&c1,&c2)
switch (c2)
```

```
{case c1-1: printf("c2=c1-1");          /*case 后面跟着变量表达式* /
           break;
 case c1:   printf("c2=c1");            /*case 后面跟着变量表达式* /
           break;
 case c1+1: printf("c2=c1+1");          /*case 后面跟着变量表达式* /
           break;
}
```

上面程序段的意图是判断输入的两个字符是否相邻或相等，因此不能直接使用 switch 语句，可以使用 if-else 语句，或者利用 switch 语句判断 c2-c1 表达式的值。

7．两个关系表达式连用

代数中可以这样表达一种关系：$10<x<100$。但这种表达在 C 语言中便失去了原来的意义。C 语言中两个关系表达式不能连用，只能用&&进行连接。即表达 $10<x<100$ 的关系，只能这样表达：$10<x$&&$x<100$。但 $10<x<100$ 这个表达式并没有语法错误，编译时并不会出现错误。但含义已经变了，$10<x$ 的值是 1 或 0，再比较 1 或 0 与 100 的大小。

8．将"=="".""&&""||"误输入为"="".""&""|"

如果要比较 a 和 b 是否相等，应该使用关系表达式 a==b，而不能使用 a=b。a=b 表示将 b 的值赋值给 a。若要表示 a>b 并且 c>d，应该使用逻辑表达式 a>b&&c>d，而不能使用 a>b&c>d。表达式 a>b&c>d 的值是这样计算的：先计算 a>b 的值，然后计算 c>d 的值，最后将两个值进行按位与操作。要表示 a>b 或者 c>d，应使用逻辑表达式 a>b||c>d，而不能使用 a>b|c>d。

表达式 a>b||c>d 的值是这样计算的：先计算 a>b 的值，然后计算 c>d 的值，最后将两个值进行按位或操作。

9．用!>=表示不大于或等于

在 C 语言中，"!"表示逻辑非，它是单目运算符，即"!"后面只能跟一个表达式。例如，"!(a>b)"等价于"a<=b"，而"!0"的值是真，"!3"的值是假。

因此，不能这样表达 a 不大于或等于 b："a! >=b"。因为"!"后面没有跟表达式。a 不大于或等于 b 可以这样表示："! (a>=b)"。

10."==""! =""<="">="运算符中多了空格

C 语言中"==""! =""<="">="运算符由两部分组成，是一个整体，输入时中间不能有空格，否则就会出现编译错误。例如，这些表达式是非法的："A= =B""A! =B""A> = B"。

扩展阅读：程序调试方法和技巧

从本章开始，编写的程序越来越复杂了，如何保证程序能正确地解决问题呢？当然首先要保证程序正确，然后就要通过测试问题的各种情况以保证能解决问题。经过这两方面的验证，才能得到符合问题要求的正确程序。

1．调试程序技巧

程序编写完成后就要通过编译程序验证是否正确。判断一个程序是否正确可以从两个方面进行：一是看程序是否能够得到结果，二是看程序运行后的结果是否符合用户要求。若一个程序能够正常运行且能够得到用户要求的结果，则可以说这个程序基本上完成了某项要求的功能，否则就需要对程序进行调试和修改。通过调试，找到程序中出现错误的地方，进行修改。如此反复，直至程序完全正确为止。

程序调试主要有两种方法，即静态调试和动态调试。程序的静态调试就是在程序编写完以后，由人工"代替"或"模拟"计算机，对程序进行仔细检查，主要检查程序中的语法规则和逻辑结构的正确性。实践表明，有很大一部分错误可以通过静态检查来发现。通过静态调试，可以大大缩短上机调试的时间，提高上机的效率。程序的动态调试就是实际上机调试，它贯穿在编译、连接和运行的整个过程中。根据程序编译、连接和运行时计算机给出的错误信息进行程序调试，这是程序调试中最常用的方法，也是最初步的动态调试。在此基础上，通过"分段隔离""设置断点""跟踪打印"进行程序的调试。实践表明，对于查找某些类型的错误来说，静态调试比动态调试更有效，对于其他类型的错误来说则刚好相反。因此，静态调试和动态调试互相补充、相辅相成，缺少其中任何一种方法都会使查找错误的效率降低。

2．调试分支程序的技巧

（1）验证分支结构程序的正确性，在调试程序时必须保证使条件为真和条件为假时的数据都要被输入一次，包括边界条件。

（2）在 if 语句的定义格式中，不管在哪种情况下，要执行的语句末尾都有一个分号。C 语言规定，每一条语句都以分号结束，不能省略。这一点与其他高级语言有所区别。

3．常见错误分析

使用 C 语言编程时，出错通常有两种情况。

（1）语法错误。指编程时违背了 C 语言语法规定，这类错误，编译时一般都能给出"错误信息"，并且告诉在哪一行出错及出错类型，只要仔细检查，是可以很快发现错误并排除的。

（2）逻辑错误。程序并无违背语法规则，能正确编译，但程序运行结果与程序设计者意愿不符。这是程序设计人员在编写程序时，由于某些疏漏造成了源程序的逻辑结果与设计人员的本意不同，即出现了逻辑上的混乱。这类错误因为编译时没有提示，相对比较难查，需要程序设计人员认真仔细地检查排除。

【问题】有如下问题：根据用户输入的分数（百分制），将其划分为以下等级：90～100 分对应 A 级，80～89 分对应 B 级，70～79 分对应 C 级，60～69 分对应 D 级，0～59 分对应 E 级。有同学编写了如下程序，编译时存在问题，请指出并改正。

```
1  include<stdio.h>
2  int mian()
```

```
3  {
4   float score;
5   printf("请输入学生成绩:");
6   sacnf("%f",score)
7   switch(Score/10);
8   {
9   case 10:
10  case 9: printf("A\n");
11  case 8: printf("B\n");
12  case 7: printf("C\n");
13  case 6: printf("D\n");
14  default:printf("E\n");
15  }
16  return 0;
```

【错误分析与解决】

（1）语法错误。

① 代码第 1 行：include 前面缺少 # 符号，修正为#include<stdio.h>。

② 代码第 6 行：使用了中文引号""，应该使用英文引号""，修正为 sacnf("%f",score)。

③ 应该在代码第 6 行末尾加上分号";"，修正为"sacnf("%f",score);"。

④ 代码第 6 行 scanf 需要传入变量的地址，所以 score 前面需要加上 &，修正为"sacnf("%f",&score);"。

⑤ 第 7 行变量 Score 未定义，C 语言中变量是先定义后使用，并区分大小写，修正为score。

⑥ 第 7 行 switch 语句中的表达式必须是整数类型，所以需要将 score / 10 强制转换为 int 类型。修正为 switch((int)score/10)。

⑦ 第 7 行 switch 语句后面不应该有分号。

⑧ 大括号不匹配，在第 16 行"return 0;"语句后加上大括号"}"。

⑨ 代码第 6 行 sacnf 函数名错误，应该是 scanf。

⑩ 代码第 2 行主函数名 mian 错误，应该是 main。

（2）逻辑错误。

程序运行结果如下。

请输入学生成绩：95✓
A
B
C
D
E

再次运行。

请输入学生成绩：120✓
E

① 每个 case 语句后面缺少 break，导致程序继续执行后续的 case 语句。

② 程序没有考虑输入的分数不是 0~100 的情况，可以在第 6 行代码后加入分数判断

代码如下：

```
if(score>100||score<0)
{ printf("错误：请输入学生成绩 0~100。");
  return 0;        // 结束程序
}
```

（3）修正后的参考代码如下。

```
#include<stdio.h>
int main()
{
float score;
printf("请输入学生成绩:");
scanf("%f",&score);
if(score>100||score<0)
{   printf("错误：请输入学生成绩 0~100。");
    return 0;          // 结束程序
}
switch((int)score/10)
    {
    case 10:
    case 9: printf("A\n");break;
    case 8: printf("B\n");break;
    case 7: printf("C\n");break;
    case 6: printf("D\n");break;
    default:printf("E\n");
    }
return 0;
}
```

【提示】

（1）由于 C 语言语法比较自由、灵活，因此错误信息定位不是特别精确。例如，当提示第 9 行发生错误时，如果在第 9 行没有发现错误，那么从第 9 行开始往前查找错误并修改。另外，一条语句错误可能会产生若干条错误信息，只要修改了这条错误，其他错误会随之消失。

（2）一般情况下，第一条错误信息最能反映错误的位置和类型，所以调试程序时务必根据第一条错误信息进行修改，修改后，立即编译运行程序。如果还有很多错误，要一个一个地修改，即每修改一处错误要编译运行一次程序。

习题

一、选择题

1. 设有定义："int a=2，b=3，c=4；"，则值为 0 的表达式是（   ）。

   A. (!a==1)&&(!b==0)   B. (a)

   C. a&&b   D. a||(b+b)&&(c-a)

2. 以下程序的输出结果是（　　　）。

```
main()
{int a=4, b=5, c=0, d;
d=!a&&!b||!c;
printf("%d\n",d);
}
```

    A. 1　　　　　　　　B. 0　　　　　　　　C. 非 0 的数　　　　D. −1

3. 设有定义："int x=3，y=4，z=5;"，则表达式 "!(x+y)+z-1&&y+z/2" 的值是（　　　）。

    A. 6　　　　　　　　B. 0　　　　　　　　C. 2　　　　　　　　D. 1

4. 以下程序的输出结果是（　　　）。

```
main()
{int a=15,b=21,m=0;
switch(a%3){
case 0:m++;break;
case 1:m++;
switch(b%2){
default:m++;
case 0:m++;break;
   }
  }
 printf("%d\n",m);
}
```

    A. 1　　　　　　　　B. 2　　　　　　　　C. 3　　　　　　　　D. 4

5. 以下程序的输出结果是（　　　）。

```
main()
{int a=5,b=4,c=3,d=2;
if(a>b>c)
   printf("%d\n",d);
else if((c-1>=d)==1)
   printf("%d\n",d+1);
else
   printf("%d\n",d+2);
}
```

    A. 2　　　　　　　　B. 3　　　　　　　　C. 4　　　　　　　　D. 编译时错误，无结果

6. 以下 4 个选项中，不能看作一条语句的是（　　　）。

    A. {;}　　　　　　　B. a=0,b=0,c=0;　　　　C. if(a>0);　　　　　D. if(b==0)m=1;n=2;

7. 以下程序中与语句 "k=a>b?(b>c? 1:0):0;" 功能等价的是（　　　）。

    A. if((a>b)&&(b>c)) k=1;　　　　　　B. if((a>b)||(b>c)) k=1;
       else k=0;　　　　　　　　　　　　　　　else k=0;

    C. if(a<=b) k=0;　　　　　　　　　　　D. if(a>b) k=1;
       else if(b<=c) k=1;　　　　　　　　　　else if(b>c) k=1;
       else k=0;　　　　　　　　　　　　　　　else k=0;

8. 若 x 和 y 为整型，以下表达式中不能正确表示数学关系 "|x−y|<10" 的是（　　　）。

A. abs(x−y)<10   B. x−y>−10&&x−y<10

C. (x−y)< −10||!(y−x)>10   D. (x−y)*(x−y)<100

9. 以下程序的输出结果是（   ）。

```
main()
{int a=3,b=4,c=5,d=2;
if(a>b)
  if(b>c)
    printf("%d",d++ +1);
else
  printf("%d",++d +1);
  printf("%d\n",d);
}
```

A. 2   B. 3   C. 43   D. 44

10. 下列条件语句中，功能与其他语句不同的是（   ）。

A. if(a) printf("%d\n",x);else printf("%d\n",y);

B. if(a==0) printf("%d\n",y);else printf("%d\n",x);

C. if(a!=0) printf("%d\n",x);else printf("%d\n",y);

D. if(a==0) printf("%d\n",x);else printf("%d\n",y);

11. 以下程序的输出结果是（   ）。

```
main()
{int a,b,d=25;
  a=d/10%9;
  b=a&&(-1);
  printf("%d,%d\n",a,b);
}
```

A. 6,1   B. 2,1   C. 6,0   D. 2,0

12. 以下程序的输出结果是（   ）。

```
main(){
  int i=1,j=2,k=3;
  if(i++==1&&(++j==3||k++==3))
  printf("%d %d %d\n",i,j,k);
}
```

A. 1 2 3   B. 2 3 4   C. 2 2 3   D. 2 3 3

13. 当把以下 4 个表达式用于 if 语句的条件表达式时，有 1 个选项与其他 3 个选项含义不同，这个选项是（   ）。

A. k%2   B. k%2==1   C. (k%2)!=0   D. !k%2==1

14. 在以下给出的表达式中，与 if(E)中的 E 不等价的表达式是（   ）。

A. !E==0   B. E>0||E<0   C. E==0   D. E!=0

15. 若变量已正确定义，则以下程序段的输出结果是（   ）。

```
int a=3, b=5, c=7;
if(a>b)a=b;c=a;
if(c!=a) c=b;
```

```
printf("%d,%d,%d\n",a,b,c);
```

    A. 程序段有语法错误   B. 3,5,3

    C. 3,5,5   D. 3,5,7

16. 已知 "int x=10,y=20,z=30;"，以下语句执行后 x,y,z 的值是（   ）。

```
if(x>y) z=x; x=y; y=z;
```

    A. x=10, y=20, z=30   B. x=20, y=30, z=30

    C. x=20, y=30, z=10   D. x=20, y=30, z=20

17. 请阅读以下程序：

```
#include<stdio.h>
int main()
{ int a=5, b=0, c=0;
  if(a=b+c)  printf("***\n");
  else       printf("$$$\n");
  return 0;
}
```

以上程序（   ）。

    A. 有语法错不能通过编译   B. 可以通过编译但不能通过连接

    C. 输出***   D. 输出$$$

18. 当 a=1,b=3,c=5,d=4 时，执行完下面一段程序后 x 的值是（   ）。

```
if(a<b)
if(c<d)   x=1;
  else
  if(a<c)
  if(b<d)  x=2;
  else x=3;
  else x=6;
  else x=7;
```

    A. 1   B. 2   C. 3   D. 6

19. 若 w=1,x=2,y=3,z=4，则条件表达式 "w<x?w:y<z?y:z" 的值是（   ）。

    A. 4   B. 3   C. 2   D. 1

20. 设有变量定义："int a=10 , c=9;"，则表达式 "(--a!=c++)?--a:++c" 的值是（   ）。

    A. 9   B. 11   C. 10   D. 6

二、分析程序输出结果

1. 输出结果（   ）。

```
void main()
  { int x=1,y=0,a=0,b=0;
    switch(x)
    {  case 1:
              switch(y)
                { case 0: a++; break;
```

```
                        case 1:  b++;  break;
                            }
                 case  2:  a++;b++; break;
                 case  3:  a++;b++;
             }
         printf("\na=%d,b=%d",a,b);
     }
```

2. 输出结果（　　）。

```
main()
{   int x=100,a=10,b=20;
    int v1=5,v2=0;
    if(a<b)
        if(b!=15)
            if(!v1)
                x=1;
            else
                if(v2)  x=10;
    x=-1;
    printf("%d",x);
}
```

三、程序设计

1. 试编程判断输入的正整数 a 是否既是 5 又是 9 的整数倍。若是，则输出 yes；否则输出 no。

2. 编程实现以下功能：输入两个运算数（a 和 b）及一个运算符（op），计算表达式 "a op b" 的值，其中 op 可为+、−、*、/（分别用 switch 和 if-else 语句实现）。

3. 编程实现以下功能：输入年份 year，判断该年是否为闰年。判断闰年的条件是：year 能被 4 整除但不能被 100 整除，或者能被 400 整除。

4. 从键盘输入 3 个整数，按由小到大的顺序输出。

5. 从键盘输入三角形的 3 条边长，判断是否构成三角形。若能，则求出三角形的周长和面积并输出；若不能，输出不能构成三角形的信息。构成三角形的条件为：三角形任意两边的和大于第三边时，构成三角形。

面积计算公式为：$fArea=\sqrt{fTemp(fTemp-f1)(fTemp-f2)(fTemp-f3)}$

其中，$f1,f2,f3$ 是三角形的 3 条边长，$fTemp=(f1+f2+f3)/2$。计算一个数的平方根可用函数 float sqrt(float f)，该函数是数学库函数，需要在程序的开头加上#include <math.h>。

6. 输入一个 5 位正整数，判断它是不是回文数。所谓回文数是指诸如 12321、23732 这样的数。

7. 判断点 (a,b) 是否在圆 $x^2+y^2=16$ 的内部、外部或圆上，其中 a,b 的值由键盘输入。

8. 输入一个日期的年、月、日，计算并输出这天是该年的第几天。例如，2011 年 1 月 31 日，是该年的第 31 天。

一年有 12 个月，其中每个月的天数是：每个月 31 天的有 1 月、3 月、5 月、7 月、8 月、10 月、12 月，共 7 个月；每月 30 天的有 4 月、6 月、9 月、11 月，共 4 个月；2 月是平月（28 天）或者是闰月（29 天）。

9. 编一程序，从键盘输入一个人的体重（单位：kg）和身高（单位：m），计算并输出其体质指数，要求输出数据保留 2 位小数。

并根据其体质指数判断其体型，输出相应的信息（过轻、正常、过重、肥胖、非常肥胖）。

体质指数的计算公式：体质指数（BMI）=体重（kg）÷身高（m）的平方。

成人的体质指数（BMI）与体型的对应关系为：BMI 数值低于 18.5，过轻；18.5～24.99，正常；25～28，过重；28～32，肥胖；高于 32，非常肥胖。

10. 某快递公司运费的收取标准如下。

货物重量≤5kg，快递费 2 元/kg

5kg<货物重量≤10kg，快递费 2.5 元/kg

10kg<货物重量≤20kg，快递费 3 元/kg

20kg<货物重量≤30kg，快递费 3.5 元/kg

30kg<货物重量≤50kg，快递费 4 元/kg

货物重量>50kg，拒收

请编一程序，输入货物的重量，计算并输出其快递费。注意，货物快递费是分段计价的，例如，货物重量 24kg，则快递费是：$(5×2+5×2.5+10×3+4×3.5)\text{kg}·\dfrac{元}{\text{kg}}=66.5$ 元。

上机实训解析及参考代码

习题参考答案及解析

第 4 章　循环结构程序设计

学习导读

在编程过程中，大家总会遇到需要把某个过程重复 N 次的情况，这时就要使用循环语句来完成语句的重复执行。

情景 1:

假设在编程中需要我们打印 100 行 "I love China!"。如果没有循环控制结构，我们可能需要手动写出 100 行打印代码，这显然既烦琐又容易出错。但是，如果我们学习了 C 语言的循环控制结构，就可以使用一个简单的 for 循环来完成这个任务。

```
#include<stdio.h>
int main()
{
    for (int i = 1; i <= 100; i++)
        printf("I love China! \n");
    return 0;
}
```

情景 2:

假如分配给你一个任务：开发一个简单的学生成绩管理系统。这个系统需要完成以下功能。

（1）输入学生成绩：允许用户输入多个学生的成绩。

（2）计算平均分：计算所有学生成绩的平均值。

（3）查找最高分和最低分：找出成绩中的最高分和最低分。

任务分析

（1）处理大量数据：

输入学生成绩：你需要读取多个学生的成绩，如果手动逐个处理，不仅效率低下，还容易出错。循环结构能大大简化代码并提高效率。

（2）重复执行操作：

① 计算平均分：计算平均分需要对所有成绩进行累加然后除以学生数量。循环结构可以方便地遍历所有成绩，完成累加操作。

② 查找最高分和最低分：同样需要遍历所有成绩，比较并记录最大值和最小值。循环结构使得这个过程变得简单而高效。

内容导学

（1）循环结构的含义。

（2）用 while 语句实现循环。

（3）用 do…while 语句实现循环。

（4）用 for 语句实现循环。

（5）循环的嵌套。

（6）break、continue 语句。

教学目标

知识目标：

（1）了解循环结构的含义。

（2）掌握 while、do…while、for 循环语句的使用方法。

（3）掌握循环嵌套以及跳转语句的使用方法。

能力目标：

（1）能区分并选择合理的循环结构语句。

（2）编写循环结构问题的程序，利用循环结构解决学习和生活中的问题。

育人目标

万物循环，乃自然之法则，生生不息，周而复始。从四季更迭到日夜交替，从草木荣枯到星辰运转，无不显明着这一伟大法则。

人类发展，亦循此道。历史长河中，文明兴衰交替，科技革新往复，社会形态变迁，皆是在循环中寻找突破，于往复中谋求发展。人类智慧，犹如自然之力，推动社会车轮滚滚向前，却也不忘回望过去，汲取历史教训，只有尊重自然、顺应循环，才能实现可持续发展。

本章循环结构的教学育人目标不仅限于让学生掌握循环结构的语法和用法，更重要的是培养学生的逻辑思维能力、算法设计能力、调试与排错能力、编程实践能力以及团队合作精神和创新意识。这些目标将有助于学生在未来的学习和职业生涯中更好地应对各种挑战。

4.1　循环结构的引出

循环结构是结构化程序的 3 种基本结构之一，它和顺序结构、选择结构共同作为各种复杂程序的基本构造单元。循环结构的特点是：在给定条件成立时，反复执行某程序段，直到条件不成立为止。给定的条件成为循环条件，反复执行的程序段称为循环体。

C 语言循环语句分为 while 循环语句、do…while 循环语句和 for 循环语句三种（见图 4.1），为了控制循环的流程，C 语言中还提供了跳转语句。本章将针对 while 循环语句、do…while 循环语句、for 循环语句、循环嵌套、跳转语句进行详细讲解。

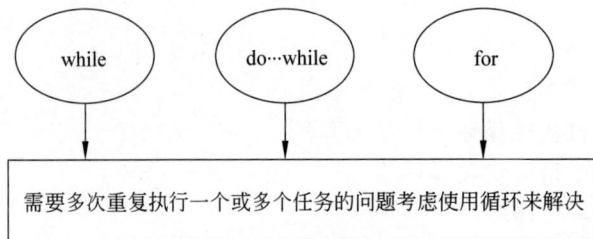

图 4.1　C 语言中的各种循环

下面通过一个简单的例子，简要介绍循环结构。

题目：计算 1～100 的所有整数的和。如何计算呢？这里我们需要用到判断及循环控制。求 1～100 的所有整数之和的流程图如图 4.2 所示。

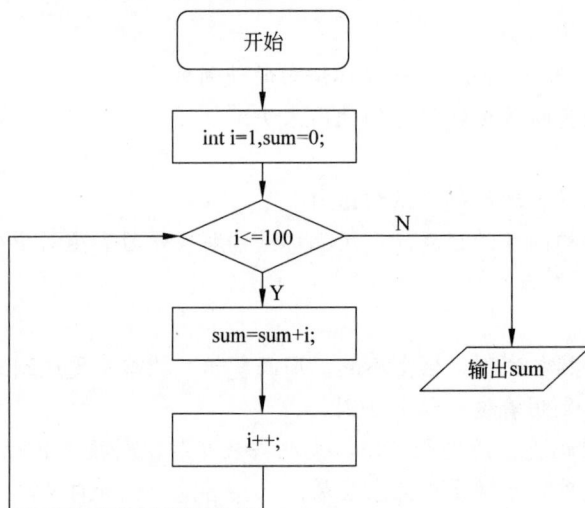

图 4.2　求 1～100 的所有整数之和的流程图

4.2　用 for 语句实现循环

C 语言中的 for 循环是最常用的循环结构之一，它提供了一种简洁的方式重复执行一段代码。

1．一般形式：

for（初始化表达式；循环条件；操作表达式）

```
{
    执行语句
}
```

2．执行流程如图 4.3 所示。

对于初学者来说，for 循环的执行过程难以理解，分别用"①"表示初始表达式，"②"表示循环条件，"③"表示操作表达式，"④"表示循环体。

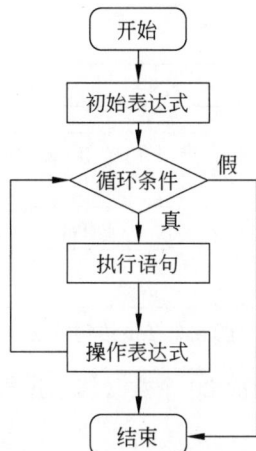

图 4.3 **for** 循环的执行流程

3．for 循环的执行步骤如下。

（1）执行①。

（2）执行②，如果判断条件的值为非 0，则执行第 3 步；否则，退出循环。

（3）执行④。

（4）执行③，然后继续执行第（2）步。

（5）退出循环。

【例 4.1】 计算 1 到 100 的整数和，4 个不同的代码如下。

```
1  #include<stdio.h>
2  int main()
3  {
4   int i,sum=0;
5   for(i=1;i<=100;i++)
6      sum+=i;
7   printf("%d",sum);
8   return 0;
9  }
```

```
1  #include<stdio.h>
2  int main()
3  {
4   int i,sum;
5   for(i=1,sum=0;i<=100;i++)
6      sum+=i;
7   printf("%d",sum);
8   return 0;
9  }
```

```
1  #include<stdio.h>
2  int main()
3  {
4  int i=1,sum=0;
5  for(;i<=100;i++)
6     sum+=i;
7  printf("%d",sum);
8  return 0;
9  }
```

```
1   #include<stdio.h>
2   int main()
3   {
4    int i=1,sum=0;
5    for(;i<=100;)
6    { sum+=i;
7       i++;
8    }
9    printf("%d",sum);
10   return 0;
11  }
```

4．for 语句具有以下 3 个特征，如图 4.4 所示。

（1）for 循环中有 3 个表达式。

（2）for 语句中的各个表达式都可以省略。

（3）分号分隔符不能省略。

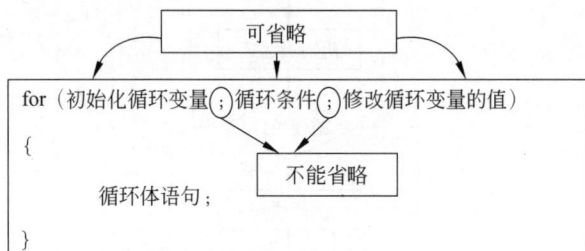

图 4.4 for 语句特征

【例 4.2】 求 Fibonacci 数列的前 20 个数（演示过程如图 4.5 所示）。这个数列有如下特点：

第 1，2 两个数分别为 1，1。从第 3 个数开始，该数是其前面两个数之和。即

$$F(1)=1 \qquad (n=1)$$
$$F(2)=1 \qquad (n=2)$$
$$F(n)=F(n-1)+F(n-2) \quad (n\geqslant 3)$$

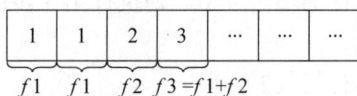

图 4.5 Fibonacci 数列演示过程

```
1  #include<stdio.h>
2  int main()
3  {   int f1=1,f2=1,f3,i;
4   printf("%5d%5d", f1, f2);
5   for(i=3;i<=20;i++)
6     { f3=f1+f2;
7     printf("%5d", f3);
8      f1=f2;
9      f2=f3;
10    if(i%5==0) printf("\n");
11    }
12   return 0;
13  }
```

程序运行结果如下：

```
  1    1    2    3    5
  8   13   21   34   55
 89  144  233  377  610
987 1597 2584 4181 6765
```

【例 4.3】求两个整数 m、n 的最大公约数和最小公倍数（框图如图 4.6 所示）。例 m=36 和 n=24，设 m=n*q + r，其中，q 表示 m/n 的商，r 表示 m/n 的余数，演示过程如下：

36=24*1 +12   （第 1 轮：m=36,n=24,q=m/n=1,r=m%n=12）

24=12*2 + 0   （第 2 轮：m=n=24,n=r=12,q=m/n=2,r=m%n=0,此时 r=0，循环结束，输出 n 的值及最大公约数）

上述计算过程中，m 与 n 的值在迭代变化，因而在求最小公倍数时，我们先定义变量 p=m*n，最小公倍数=p/最大公约数。

```
1  #include<stdio.h>
2  int main()
3  {
```

```
4   int m,n,r,p;
5   printf("请输入 m, n 的值: ");
6   scanf("%d%d",&m,&n);
7   p=m*n;
8   r=m%n;
9   while(r!=0)    /*等价于 for(;r!=0;)*/
10  {
11    m=n;
12    n=r;
13    r=m%n;
14  }
15  printf("最大公约数: %d\n",n);
16  printf("最小公倍数: %d\n",p/n);
17  return 0;
18  }
```

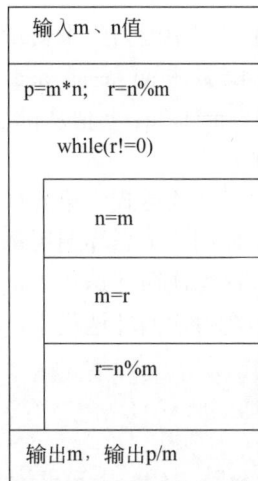

```
┌─────────────────────────┐
│  输入m、n值              │
├─────────────────────────┤
│  p=m*n;  r=n%m           │
├─────────────────────────┤
│  while(r!=0)             │
│  ┌──────────────────────┐│
│  │  n=m                 ││
│  ├──────────────────────┤│
│  │  m=r                 ││
│  ├──────────────────────┤│
│  │  r=n%m               ││
│  └──────────────────────┘│
├─────────────────────────┤
│  输出m, 输出p/m          │
└─────────────────────────┘
```

图 4.6 求最大公约数和最小公倍数的框图

【例 4.4】 打印 100 以内能被 7 或 11 整除的数。每行输出 5 个数。

```
1   #include<stdio.h>
2   int main()
3   {
4    int i,count;
5    for(i=1,count=0;i<=100;i++)
6     {
7     if(i%7==0||i%11==0)
8      {
9       printf("%5d",i);
10      count++;
11     if(count%5==0)//每行输出 5 个数
12         printf("\n");
13     }
14    }
15   return 0;
16  }
```

程序运行结果如下:

```
   7   11   14   21   22
  28   33   35   42   44
  49   55   56   63   66
  70   77   84   88   91
  98   99
```

上述代码通过遍历循环变量 i 从 1 到 100,输出符合要求(i%7==0||i%11==0)的数。

【例 4.5】 求 n 的阶乘 n!,n!=1×2×⋯×(n−1)×n,即 n!=(n−1)!×n。

```
1   #include<stdio.h>
2   int main()
3   {
4    int i,fn,n; /*fn 为累乘变量表示 n! */
5    printf("请输入 n 的值: ");
6    scanf("%d",&n);
7    for(i=1,fn=1;i<=n;i++)
8    {
9     fn=fn*i;    /*进行累乘*/
10   }
11   printf("%d!=%d\n",n,fn);
12   return 0;
13  }
```

程序运行结果如下:

```
请输入 n 的值: 4✓
4!=24
```

上述代码中因为阶乘变量 fn 是累乘，因此变量 fn 赋值为 1。

【例 4.6】 求 sn=a+aa+aaa+⋯+aa⋯a 的值，其中，a 是一个数字。例如，2+22+222+2222，此时 a=2，n=4，a、n 值从键盘输入，程序如下。

程序分析：

（1）上述表达式中第 n 项的值是第 n−1 项×10+a，例如 aaa=aa×10+a。

（2）使用一个循环遍历每一项，从 1 到 n。

（3）在每次循环迭代中，可以通过将 an×10+a 得到下一项的值。

（4）在每次循环迭代中，将 an 加到 sn 上。

```
1   #include<stdio.h>
2   int main()
3   {
4     int a,n,i=1,sn=0,an=a;
5     printf("input a,n:\n");
6     scanf("%d%d",&a,&n);
7     for(i=1;i<=n;i++)
8     {
9          sn=sn+an;  /*进行累加*/
10         an=an*10+a;
11    }
12    printf("a+aa+aaa+⋯=%d\n",sn);
13    return 0;
14  }
```

程序运行结果如下：

```
input a,n:2 4↙
a+aa+aaa+⋯=372157302
```

【例 4.7】 从键盘任意输入一个数，判断这个数是不是完数。

如果一个数等于它的所有因子(能够整除该数即为该数的因子)之和，则该数为完数，如 6=1+2+3。

```
1   #include<stdio.h>
2   int main()
3   {
4   int num,i,sum;
5   printf("请输入一个数:");
6   scanf("%d",&num);
7   for(i=1,sum=0;i<=num/2;i++)
8   {
9    if(num%i==0)sum=sum+i;
10  }
11  if(sum==num)
12     printf("%d 是完数\n",num);
13  else
14     printf("%d 不是完数\n",num);
15  return 0;
16  }
```

程序运行结果如下：

```
请输入一个数:72↙
72 不是完数
```

程序运行结果如下：

```
请输入一个数:28↙
28 是完数
```

程序分析：

（1）初始化变量：

① 定义一个变量 num，用于存储输入的数。

② 定义一个变量 sum，用于存储真因子之和。

（2）查找真因子：

① 遍历从 1 到 num 的一半，即 num/2，例如 for(i=1,sum=0;i<=num/2;i++)。

② 对于每个数 i，检查它是否是输入数 num 的因子（即是否能整除 num，num%i==0）。

③ 如果 i 是因子，则将其加到真因子之和 sum 中(sum=sum+i)。

（3）判断完数：

比较真因子之和 sum 与输入数 num。根据比较的结果，如果相等，则输出 num 是完数；否则，输出 num 不是完数。

【扩展思考题】"猴子吃桃"问题。

猴子第一天摘下若干桃子，当即吃了一半，还不过瘾，又多吃了一个。第二天早上又将剩下的桃子吃掉一半，又多吃了一个。以后每天早上都吃了前一天剩下的一半零一个。到第 10 天早上想再吃时，就只剩下一个桃子了。求第一天共摘了多少个桃子。

4.3　用 while 语句实现循环

while 循环语句类似 if 条件判断语句，都是根据判断条件来决定是否执行大括号内的执行语句。区别在于，while 语句会反复地进行条件判断，只要条件成立，{}中的语句就会一直执行。

1. 一般形式：

while（循环条件）

{

　　执行语句

}

2. while 语句的执行流程如图 4.7 所示。

图 4.7　**while** 语句的流程

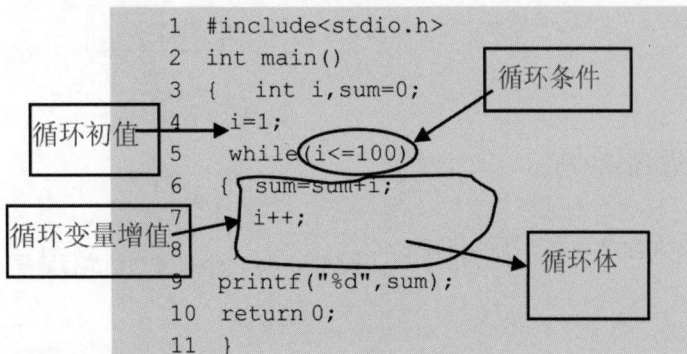

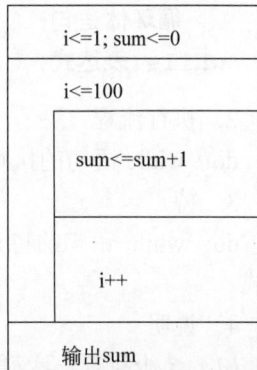

【例 4.8】　计算 1～100 的整数和，其 N-S 图如图 4.8 所示。

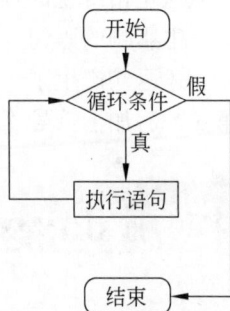

```
1   #include<stdio.h>
2   int main()
3   {   int i,sum=0;
4       i=1;
5       while(i<=100)
6       {   sum=sum+i;
7           i++;
8       }
9       printf("%d",sum);
10      return 0;
11  }
```

循环条件

循环初值

循环变量增值

循环体

图 4.8　计算 1～100 的整数和的程序 N-S 图

上述程序中变量 sum 的作用是存放求和时的中间值，应赋初值 0。程序第 4 行为循环初值赋值，第 5 行括号中为循环条件，第 7 行为循环变量增值，第 6～8 行为循环体。

while 循环说明：

（1）循环体有可能一次也不执行；

（2）循环体可为任意类型的语句，一个以上的语句用 { } 括起来；

（3）下列情况，退出 while 循环：

① 条件表达式不成立（为零）；

② 循环体内遇到 break 或 goto 语句；

（4）无限循环：while(1)

　　　　　循环体;

【例 4.9】 分析程序的运行结果。

```
1    #include<stdio.h>
2    int main()
3    {   int i=1,sum=0;
4        while(i<=100)
5        sum=sum+i;
6        i++;
7    printf("%d",sum);
8        return 0;
9    }
```

无法正常终止的程序，称为"死循环"。在 while 语句循环体中，一定要有能够对循环条件产生影响的语句。避免出现"死循环"现象。

上述语句产生了"死循环"现象，修正办法是：在上述代码第 5 行前加上符号"{"，在第 6 行后加上符号"}"。

4.4　用 do…while 语句实现循环

1．一般形式

do

　　{ **循环体语句**; }

while(**表达式**);

2．执行流程

do…while 语句的执行流程如图 4.9 所示。

3．特点

do…while 语句的特点是先执行循环体，后判断表达式。

4．说明

（1）至少执行一次循环体。

（2）do…while 可转换成 while 结构。

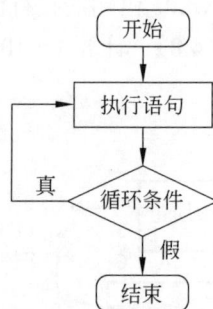

图 4.9　do…while 语句的执行流程

【例 4.10】 计算 1~100 的整数和，两种代码分别如下。

```
1  #include<stdio.h>
2  int main()
3  {   int i,sum=0;
4     i=1;
5     while(i<=100)
6     {  sum=sum+i;
7        i++;
8     }
9  printf("%d",sum);
10 return 0;
11  }
```

```
1  #include<stdio.h>
2  int main()
3  {   int i,sum=0;
4     i=1;
5     do
6     {  sum=sum+i;
7        i++;
8     }while(i<=100);
9  printf("%d",sum);
10 return 0;
11  }
```

5. do…while 循环语句与 while 循环语句的区别如图 4.10 所示。

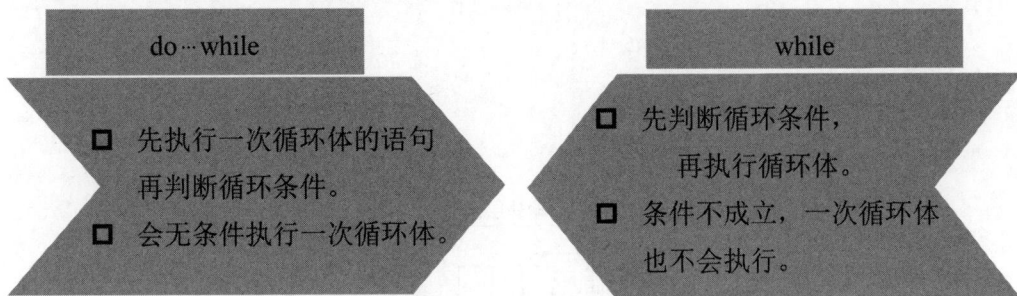

图 4.10　do…while 循环语句与 while 循环语句的区别

【扩展思考题】 "韩信点兵" 问题。

在中国数学史上，广泛流传着一个 "韩信点兵" 的故事：韩信在点兵的时候，为了知道有多少兵，同时又能保住军事机密，便让士兵排队报数：按从 1~5 报数，最末一个士兵报的数为 1；再按从 1~6 报数，最末一个士兵报的数为 5；再按从 1~7 报数，最末一个士兵报的数为 4；最后按从 1~11 报数，最末一个士兵报的数为 10。你知道韩信至少有多少个兵？

4.5　循环嵌套

一个循环体内又包含另一个完整的循环结构称为循环的嵌套。内嵌的循环中还可以嵌套循环，这就是多层循环。

下面几种都是合法的循环嵌套形式：

(1) while()
{ ……
    while()
    {……}
    ……
}
	(2) do
	{ ……
	    do
	    {……}while();
	    ……
	}while();
		(3) while()
		{ ……
		    do
		    {……}while();
		    ……
		}

```
(4) for( ; ;)
    { ......
      for( ; ;)
        {......}
      ......
    }
```

```
(5) for( ; ;) ──────────→ 外循环
    {   ......
        do
        {    ......
        }while();  ──────────→ 内循环
        ......
        while()
        {    ......
        }  ──────────→ 内循环
        ......
    }
```

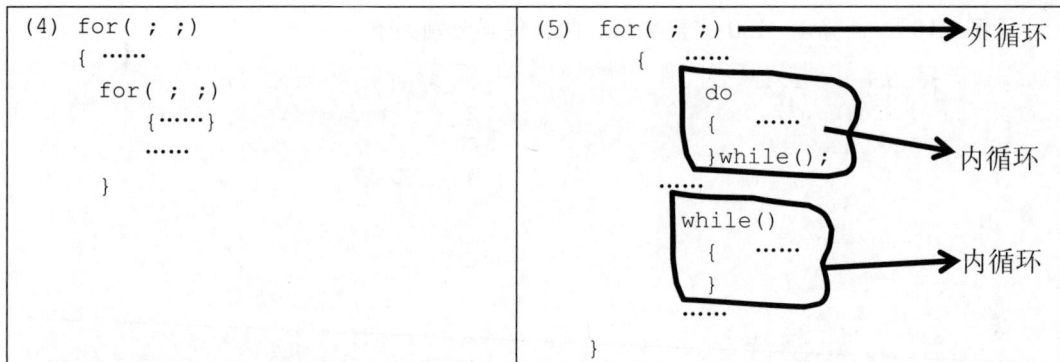

【**例 4.11**】 for 循环嵌套的应用示例。

```
1  for(int i = 1; i <= 3; i++)
2  {
3    for(int j = 1; j <= 4; j++)
4    {    }
5  }
```

上述示例的循环过程如图 4.11 所示。

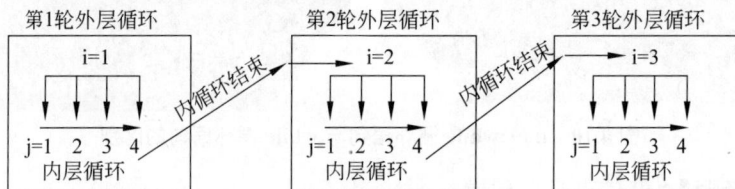

图 4.11 for 循环嵌套示意图

【**例 4.12**】 读程序，分析程序运行结果。(外循环、内循环执行的次数。)

```
1  #include<stdio.h>
2  int main()
3  {int i,count_i=0,j,count_j=0,k,count_k=0;
4  for(i=1;i<=3;i++)          //①
5    {count_i++;
6    printf("\ni=%d\n",i);
7    for(j=1;j<=3;j++)//②
8      { count_j++;
9        printf(" j=%d",j);
10     for(k=1;k<=3;k++)//③
11       { count_k++;
12         printf(" k=%d",k);
13       }
14     printf("\n");
15     }
16   }
17  printf("\ncount_i=%d,count_j=%d, count_k=%d\n", count_i,count_j,count_k);
```

程序运行结果如下：

```
i=1
 j=1 k=1 k=2 k=3
 j=2 k=1 k=2 k=3
 j=3 k=1 k=2 k=3

i=2
 j=1 k=1 k=2 k=3
 j=2 k=1 k=2 k=3
 j=3 k=1 k=2 k=3

i=3
 j=1 k=1 k=2 k=3
 j=2 k=1 k=2 k=3
 j=3 k=1 k=2 k=3

count_i=3,count_j=9,count_k=27
```

```
18  return 0;
19  }
```

程序结果分析：

（1）上述代码中一共 3 个 for 循环，分别标记为①、②、③，变量 count_i，count_j，count_k 分别为循环①、循环②、循环③执行的次数。循环①中嵌入循环②，此外循环②中嵌入循环③。循环①单独执行 3 次（i=1、2、3），循环②单独执行 3 次（j=1、2、3），循环③单独执行 3 次（k=1、2、3）。

（2）循环①嵌入循环②，循环①每执行 1 次，循环②执行 3 次，循环②执行 3*3=9 次。

（3）循环②嵌入循环③，循环②每执行 1 次，循环③执行 3 次，循环③执行 9*3=27 次。

【例 4.13】 编写一个程序，在控制台打印出九九乘法表。

程序分析如下。

（1）九九乘法表一共有 9 行 9 列。

（2）设定外层为行，内层为列，则内外层循环都是 1~9，可以用 for 循环嵌套实现。

（3）使用变量 i 控制行数，则 i 的初始值为 1，循环条件为 i<=9。

（4）使用变量 j 控制列数，由于每一行中，列数小于行数，因此循环条件应当为 j<=i。

（5）为了让九九乘法表呈现三角形状，在每一次内层循环结束时换行。

（6）为让每列之间保持间距，在每一个输出语句后加上 '\t' 调整列间距。

```
1  #include<stdio.h>
2  int main()
3  {int i,j;
4   for(i=1;i<=9;i++)
5    {
6    for(j=1;j<=i;j++)
7       printf("\t%d*%d=%d",j,i,i*j);
8    printf("\n");
9    }
10  return 0;
11  }
```

1×1=1								
1×2=2	2×2=4							
1×3=3	2×3=6	3×3=9						
1×4=4	2×4=8	3×4=12	4×4=16					
1×5=5	2×5=10	3×5=15	4×5=20	5×5=25				
1×6=6	2×6=12	3×6=18	4×6=24	5×6=30	6×6=36			
1×7=7	2×7=14	3×7=21	4×7=28	5×7=35	6×7=42	7×7=49		
1×8=8	2×8=16	3×8=24	4×8=32	5×8=40	6×8=48	7×8=56	8×8=64	
1×9=9	2×9=18	3×9=27	4×9=36	5×9=45	6×9=54	7×9=63	8×9=72	9×9=81

【例 4.14】 百钱买百鸡问题：用 100 元买 100 只鸡，公鸡 5 元一只，母鸡 3 元一只，小鸡 1 元 3 只，若公鸡、母鸡、小鸡都要有，给出购买方案。

程序分析如下。

（1）把公鸡、母鸡和小鸡的数量分别设为 x、y、z，则 z=100-x-y，且它们满足以下条件。

① $0 \leqslant x \leqslant 20$；

② $0 \leqslant y \leqslant 33$；

③ $5*x+3*y+z/3.0==100$。(注意：$z/3.0$ 而不是 $z/3$，例如 27/3=28/3=29/3=9)

（2）由于母鸡、小鸡和公鸡的数量相互限制，因此可以使用二层循环嵌套解决此问题。程序设计步骤如下。

① 定义 3 个整型变量 x、y、z 分别表示公鸡、母鸡和小鸡的数量。

② 第一层 for 循环控制公鸡的数量，第二层 for 循环控制母鸡的数量。

③ 在二层 for 循环中，x、y 和 z 需要满足条件 $5*x+3*y+z/3.0==100$。

```c
1  #include<stdio.h>
2  int main()
3  {int x,y,z;
4  for(x=1;x<=100/5;x++)
5   {
6    for(y=1;y<=100/3;y++)
7      {z=100-x-y;
8      if(5*x+3*y+z/3.0==100)
9        printf("公鸡母鸡小鸡：%d,%d,%d\n",x,y,z);
10     }
11   }
12  return 0;
13  }
```

程序运行结果如下：

公鸡母鸡小鸡：4,18,78
公鸡母鸡小鸡：8,11,81
公鸡母鸡小鸡：12,4,84

4.6 break、continue 语句

1. break 语句

（1）功能：在循环语句和 switch 语句中，终止并跳出循环体或 switch。

（2）说明：

① break 只能终止并跳出最近一层的结构。

② break 不能用于循环语句和 switch 语句之外的任何其他语句中。

2. continue 语句

（1）功能：结束本次循环，跳过循环体中尚未执行的语句，进行下一次是否执行循环体的判断。

（2）仅用于循环语句中。

3. break 语句和 continue 语句的跳转流程

break 语句与 continue 语句的跳转流程如图 4.12 和图 4.13 所示。

图 4.12　break 语句

图 4.13　continue 语句

【例 4.15】　计算 1～10 不能被 3 整除的数之和。

```
1  #include<stdio.h>
2  int main()
3  {  int i=0,sum=0;
4    for(i=1;i<=10;i++)
5    {  if(i%3==0)  continue;
6      sum=sum+i;
7    }
8   printf("i=%d,sum=%d",i,sum);
9  return 0;
10  }
```

程序运行结果如下：

```
i=11,sum=37
```

```
1  #include<stdio.h>
2  int main()
3  {  int i=0,sum=0;
4    for(i=1;i<=10;i++)
5    {  if(i%3==0)  break;
6      sum=sum+i;
7    }
8   printf("i=%d,sum=%d",i,sum);
9  return 0;
10  }
```

程序运行结果如下：

```
i=3,sum=3
```

程序中分别采用 continue、break 语句，运行结果如上所示。

【例 4.16】　判断输入的整数 num 是否是素数。

1．程序分析

（1）判断一个数是否为素数的关键在于，判定整数能否被 1 和它自身之外的其他整数整除。如果都不能整除，则此数为素数。

（2）使用穷举法，从 2 开始尝试能否整除整数 num。

2．程序设计步骤

（1）输入一个整数。

定义一个变量 num，从键盘输入，这个数将被用来判断是否为素数。

（2）初始化变量。

① 定义一个变量 isPrime，并设置初始值为 1。isPrime=1 表示素数，isPrime=0 表示非素数。

② 定义一个变量 i 用于在循环中作为除数。

（3）判断特殊情况。

如果输入的数小于 2，则直接判断它不是素数，并结束程序。

（4）循环检查。

变量 i 从 2 开始，一直到该数减 1，检查 i 是否能整除这个数。如果能整除（即 num %
i == 0），则将 isPrime 设置为 0，并结束循环。

（5）判断结果。

① 如果 isPrime 仍然是 1，则输出该数是素数。

② 如果在循环中 isPrime 被设置为 0，则输出该数不是素数。

3．程序优化

对于穷举法来说，为了提高程序的效率，就要减少尝试次数。

（1）变量 i 从 2 开始，到该数的一半（num/2）。

（2）从 2 开始到该数的平方根（sqrt(num)）。

```
1  #include <stdio.h>
2  #include <math.h>
3  int main()
4  {
5  int num,i,isPrime=1;
6  printf("请输入一个数:");
7  scanf("%d",&num);
8  if(num<2)isPrime=0;
9  for(i=2;i<=(int)sqrt(num);i++)
10  {
11     if(num%i==0)
12      {
13        isPrime=0;
14        break;
15      }
16  }
17  if(isPrime) printf("%d 是素数\n",num);
18  else printf("%d 不是素数\n",num);
19  return 0;
20  }
```

程序运行结果如下：

请输入一个数:9↙
9 不是素数

程序运行结果如下：

请输入一个数:19↙
19 是素数

上述代码也可以不设变量 isPrime，把第 17 行 if(isPrime)改成 if(i>(int)sqrt(num))。

【例 4.17】　求 100～200 的全部素数。

1．程序分析

（1）遍历 100～200 的每个数：

① 使用一个 for 循环遍历 100～200 的所有整数。

② 判断当前数是否为素数，采用例 4.16 的步骤即可。

（2）优化。

偶数一定不是素数，可以直接跳过。

```
1  #include<stdio.h>
2  #include<math.h>
3  int main()
4  {int num,i,isPrime,n=0;
```

程序运行结果如下：

101 103 107 109 113 127 131
137 139 149 151 157 163 167
173 179 181 191 193 197 199

```
5  for(num=101;num<=200;num=num+2)
6  {
7  isPrime=1;       // 假设当前数是素数
8   for(i=2;i<=(int)sqrt(num);i++)
9    {
10     if(num%i==0)
11     {
12      isPrime=0;// 如果能被整除，则不是素数
13      break;
14      }
15     }
16   if(isPrime)   //可以改成
                   //if(i>(int)sqrt(num))
17    {
18      printf("%4d",num);
19      n++;   //每输出 7 个素数换行
20     if(n%7==0)printf("\n");
21    }
22  }
23  return 0;
24  }
```

2．代码说明

（1）外层循环 for(num=101;num<=200;num=num+2)遍历 100～200 的每个整数。

（2）内层循环 for(i=2;i<=(int)sqrt(num);i++)判断 num 是否为素数。

4.7　上机实训

4.7.1　实训目的

1. 掌握循环语句的用法，能够使用循环语句解决程序中的循环问题。
2. 了解循环变量、初始条件、循环体和迭代部分的设置方法。
3. 掌握 break 和 continue 语句在循环结构中的使用。
4. 通过实际编写循环结构的代码，提升逻辑思维能力和算法设计能力。
5. 通过实训，运用循环结构解决实际问题。

4.7.2　实训内容

1. 程序分析题

要求：打印 1000 以内前 10 个能被 5 或 11 整除的数，每行输出 5 个数。

```
1    #include<stdio.h>
2    int main()
3    {
4     int i,count;
```

```
5     for(i=1,count=0;i<=1000;i++);
6      {
7        if(i%5==0&&i%11==0)
8        {
9         printf("%5d",i);
10         count++;
11         if(count%5==0)printf("\n");
12        }
13    if(count==10)continue;
14     }
15   return 0;
16    }
```

要求：

在实训环境下编辑该程序。

编译、调试程序，直到没有错误。

运行结果如下：

```
 5    10   11   15   20
22    25   30   33   35
```

实训提示：

for 循环语句、break 语句、continue 语句的作用。

2. 程序改错

（1）阅读程序，计算 1~100 偶数之和，找出其中存在的错误并更正。注明为什么错误。

```
1     #include<stdio.h>
2     int main()
3     {   int i=1,sum=0;
4       do{
5         sum=sum+i;
6         i++;
7       }while(i<=100)
8      printf("2+4+...+100=%d\n",sum);
9     return 0;
10     }
```

（2）阅读程序，求 n!，找出其中存在的错误并更正。注明为什么错误。

```
1     #include<stdio.h>
2     int main()
3     {   int i,fn=0,n;
4        printf("请输入 n 的值：");
5        scanf("%d",n);
6       for(i=1;i<n;i++)
7          fn=fn*i;
9        printf("%d!=%d\n",n,fn);
10    return 0;
11     }
```

3. 源程序修改替换题

计算最大的 n 值：$1^3+2^3+3^3+\cdots+n^3<1000$，请用 for 语句实现以下程序。

```c
#include <stdio.h>
int main()
 {int i=1,sum=1;
  while(sum<1000)
   { i++;
   sum=sum+i*i*i;
   }
  printf("%d\n",i-1);
return 0;
}
```

4. 程序填空题：阅读以下程序并填空

（1）程序填空：输入 10 个数，统计并输出正数、负数和 0 的个数。

说明：变量 count1 为正数个数，count2 为负数个数。

```c
1   #include<stdio.h>
2   int main()
3    {
4    int i,num,count1=0,count2=0;
5    for(_____){
6     printf("输入第%d个数：",i);
7     scanf("%d",&num);
8     if(_____)count1++;
9     else if(_____)count2++;
10     }
11    printf("%d,%d,%d\n",count1,count2,_____);
12    return 0;
13   }
```

（2）打印并输出所有的水仙花数。

所谓水仙花数是指一个三位数，其各位数的立方和等于数本身，如 $153=1^3+5^3+3^3$，所以 153 是一个水仙花数。参考程序如下：

```c
1   #include<stdio.h>
2   int main()
3   {int num,i,j,k;
4    for(num=100;num<1000;num++){
5     _____;          //个位
6     _____;          //十位
7     _____;          //百位
8     if(_____)
9         printf("\t%d\t",num);
10     }
11    return 0;
12   }
```

5. 程序设计

小明不小心打碎了一位农妇的一篮子鸡蛋。为了赔偿，便询问篮子里有多少个鸡蛋。

那农妇说，她也不清楚，只记得每次拿 2 个则剩 1 个，每次拿 3 个则剩 2 个，每次拿 5 个则剩 4 个。若一个鸡蛋 1.5 元，请你帮忙计算小明最少打碎了多少个鸡蛋，应赔偿多少钱？

4.8　本章小结

在 C 语言编程中，循环结构是一种非常重要的控制流机制，以下是本章所涵盖的主要循环类型及其使用特点。

1. while 循环结构

特点：在每次循环开始前检查条件。如果条件为真（非零），则执行循环体中的语句。循环体执行完毕后，再次检查条件，重复此过程，直到条件为假（零）。

适用场景：循环次数未知，但可以通过某个条件判断是否继续循环时使用。

2. do…while 循环结构

特点：至少执行一次循环体，然后在每次循环结束后检查条件。如果条件为真（非零），则重复执行循环体。

适用场景：确保循环体至少执行一次时使用。

3. for 循环结构

特点：在循环开始前进行初始化，然后检查条件。如果条件为真（非零），则执行循环体中的语句，并在每次循环结束时执行增量操作。重复此过程，直到条件为假（零）。

适用场景：已知循环次数时使用。

4. 循环控制语句

（1）break：用于立即终止最近的循环（for, while, do…while），并跳出循环体。

（2）continue：用于跳过当前循环的剩余部分，并立即开始下一次循环的迭代（如果条件仍然为真）。

5. for 语句可以转换成 while 结构

```
for(expr1; expr2;  expr3)
    {
        循环体语句;
    }
```

```
expr1;
while(expr2)
{
    循环体语句;
    expr3;
}
```

6. 嵌套循环

定义：一个循环体内又包含另一个完整的循环结构，则该循环称为嵌套循环。内嵌的循环中还可以嵌套循环，这就是多层嵌套循环。

在实际编程中通过合理使用这些循环结构、控制语句和嵌套循环，可以编写出高效且易于理解的程序。同时，务必注意避免无限循环，并优化循环以提高程序的性能。

扩展阅读：嵌套循环输出特殊矩阵

在 C 语言中，通过嵌套循环可以实现复杂的数据处理和算法，在处理多维数据结构（如矩阵）时特别有用。矩阵是一个二维数组，它非常适合用来表示数学中的矩阵、图像处理中的像素网格等。

1．基本概念。

矩阵：在数学中，矩阵是一个矩形数组，由行和列组成。

在例 4.13 打印出九九乘法表的代码中，外层循环"for(i=1;i<=9;i++)"中的控制变量 i 表示打印的行数，内层循环"for(j=1;**j**<=i;j++)"中的控制变量 j 表示打印的列数，第 i 行第 j 列输出的值为 i*j。

2．在实际应用中，我们会碰到图 4.14 所示的 4 种特殊矩阵，如何才能正确输出呢？

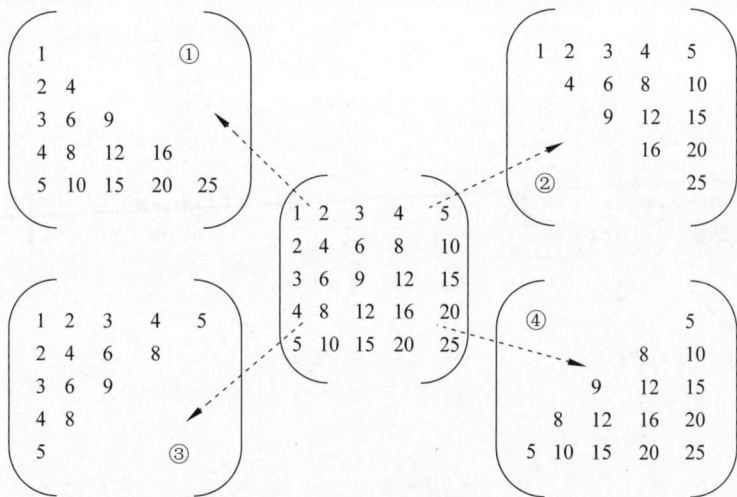

图 4.14　4 种特殊矩阵

3．分析 n 行 n 列的矩阵，找出行与列之间的关系。

4．特殊矩阵的行列关系如图 4.15、图 4.16 所示，上述图 4.10 中的①、②、③、④这 4 种特殊矩阵的代码实现分别如下所示。

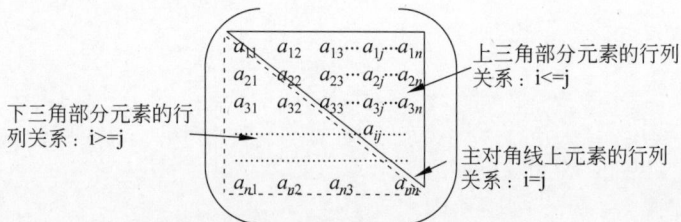

图 4.15　行列关系（1）

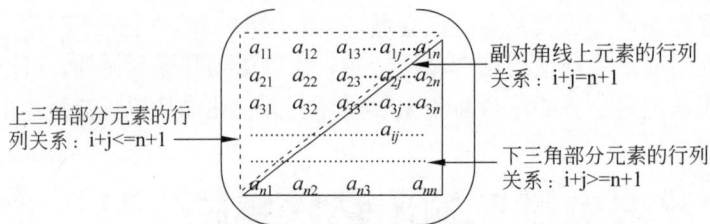

图 4.16　行列关系（2）

```
1  #include<stdio.h>
2  int main()
3  {  int i,j;
4  for(i=1;i<=5;i++)
5    {  for(j=1;j<=5;j++)
6      { if(i>=j)printf("%3d",i*j);
7        else printf("   ");
8      }
9   printf("\n");
10   }
11  return 0;
12  }
```

```
1  #include<stdio.h>
2  int main()
3  {  int i,j;
4  for(i=1;i<=5;i++)
5    {  for(j=1;j<=5;j++)
6      { if(i<=j)printf("%3d",i*j);
7        else printf("   ");
8      }
9   printf("\n");
10   }
11  return 0;
12  }
```

```
1  #include<stdio.h>
2  int main()
3  {  int i,j;
4  for(i=1;i<=5;i++)
5    { for(j=1;j<=5;j++)
6     { if(i+j<=6)printf("%3d",i*j);
7        else printf("   ");
8     }
9   printf("\n");
10   }
11  return 0;
12  }
```

```
1  #include<stdio.h>
2  int main()
3  {  int i,j;
4  for(i=1;i<=5;i++)
5    { for(j=1;j<=5;j++)
6     { if(i+j>=6)printf("%3d",i*j);
7        else printf("   ");
8     }
9   printf("\n");
10   }
11  return 0;
12  }
```

习题

一、选择题

1. 以下程序的输出结果是（　　　）。

```
int main()
{
int num=0;
while(num<=2)
  {num++;printf("%d\n",num);}
return 0;
}
```

A. 1　　　　　B. 1　　　　　C. 1　　　　　D. 1
　　2　　　　　　　2　　　　　　　2
　　3　　　　　　　3
　　4

2. 以下程序中，while 循环的循环次数是（　　　）。

```c
int main()
{ int i=0;
   while(i<10)
   {
   if(i<1) continue;
   if(i==5) break;
   i++;
   }
   ......
return 0;
}
```

　A. 1　　　　　　　　　　　　B. 10
　C. 6　　　　　　　　　　　　D. 死循环，不能确定次数

3. 以下程序的输出结果是（　　　）。

```c
int main()
{int i;
for(i=0;i<3;i++)
   switch(i)
   {
   case 1:printf("%d",i);
   case 2:printf("%d", i);
   default: printf("%d",i);
   }
return 0;
}
```

　A. 011122　　　　B. 012　　　　　C. 012020　　　　D. 120

4. 以下程序的输出结果是（　　　）。

```c
#include<stdio.h>
int main()
{
int i=0,a=0;
while (i<20)
   {
    for(;;)
      {
        if((i%10)==0) break;
        else i--;
      }
    i+=11;
    a+=i;
```

```
      }
printf("%d\n",a);
return 0;}
```

    A. 21   B. 32   C. 33   D. 11

5．有以下程序，若要使程序的输出值为 2，则应该从键盘给 n 输入的值是（　　）。

```
int main()
{
  int s=0,a=1,n;
  scanf("%d",&n);
do{
  s+=1;
  a=a-2;
  }while(a!=n);
  printf("%d\n",s);
return 0;
}
```

    A. −1   B. −3   C. −5   D. 0

6．以下程序的功能是计算 $s=1/1+1/2+1/3+\cdots+1/10$。

```
int main()
{int n;float s;
s=1.0;
for(n=10;n>1;n--)
    s=s+1/n;
printf("%6.4f\n",s);
return 0;
}
```

程序运行后输出结果错误，导致错误结果的程序是（　　）。

    A. s=1.0;   B. for(n=10;n>1;n--);

    C. s=s+1/n;   D. printf("%6.4f\n",s);

7．有以下程序，程序运行时，从键盘输入 01✓，则程序执行后的输出结果是（　　）。

```
int main()
{ char k; int i;
  for(i=1;i<3;i++)
  { scanf("%c",&k);
    switch(k)
    {case '0':printf("another\n");
     case '1':printf("number\n");
    }
 }
return 0;
}
```

    A. another   B. another   C. another   D. number
       number   number   number   number
       another   number

8. 以下程序的输出结果是（　　）。

```
int main()
{int x=0, y=5, z=3;
while(z-->0 && ++x<5) y=y-1;
printf("%d,%d,%d\n",x,y,z);
return 0;
}
```

　　A. 3,2,0　　　　　B. 3,2,−1　　　　　C. 4,3, −1　　　　　D. 5, −2, −5

9. 以下程序的输出结果是（　　）。

```
int main()
{ int i,s=0;
for(i=1;i<10;i+=2) s+=i+1;
printf("%d\n",s);
return 0;
}
```

　　A. 自然数 1～9 的累加和　　　　　B. 自然数 1～10 的累加和
　　C. 自然数 1～9 的奇数之和　　　　　D. 自然数 1～10 的偶数之和

10. 以下程序输出的结果是（　　）。

```
int main()
{ int i,n=0;
   for(i=2;i<5;i++)
   { do
      {
        if(i%3) continue;
        n++;
      }while(!i);
      n++;
   }
    printf("n=%d\n",n);
return 0;
}
```

　　A. n=5　　　　　B. n=2　　　　　C. n=3　　　　　D. n=4

11. 以下程序的输出结果是（　　）。

```
int main()
{ int i=0,s=0;
   for(;;)
   {
     if(i==3||i==5) continue;
     if(i==6)break;
         i++;
         s+=i;
   }
printf("%d\n",s);
return 0;
}
```

A. 10 B. 13 C. 21 D. 程序进入死循环

12. 以下程序的输出结果是（   ）。

```
int main()
 { int i=5;
   do { if(i%3==1)
           if(i%5==2)
              {printf("*%d",i); break;}
          i++; }while(i!=1);
      printf("\n");
return 0;}
```

A. *7 B. *3*5 C. *5 D. *2*6

13. 以下程序的输出结果是（   ）。

```
int main()
{ int n=4;
   while (n--) printf("%d",--n);
return 0;
}
```

A. 20 B. 31 C. 321 D. 210

14. 以下程序的输出结果是（   ）。

```
int main()
{int x=10,y=10,i;
 for(i=0;x>8;y=++i) printf("%d%d",x--,y);
return 0;
}
```

A. 10192 B. 9876 C. 10990 D. 101091

15. 以下程序输出的结果是（   ）。

```
int main()
{ int y=10;
  do{y--;}while(--y);
  printf("%d\n",y--);
  return 0;
}
```

A. −1 B. 1 C. 8 D. 0

16. 以下程序的运行结果是（   ）。

```
int main()
{ int n;
  for(n=1;n<=10;n++)
  { if(n%3==0) continue;
     printf("%d",n);}
  return 0;
}
```

A. 12457810 B. 369 C. 12 D. 12345678910

17. 标有/**/的语句的执行次数是（   ）。

```
int y,i;
for(i=0;i<20;i++)
    {
      if(i%2==0) continue;
      y+=i;    /**/
    }
```

    A. 20   B. 19   C. 10   D. 9

18. 下列程序段的输出结果为（   ）。

```
int main()
{int x=3;
 do
  { printf("%3d",x-=2); }while(!(--x));
 return 0;
}
```

    A. 1   B. 3   0   C. 1   −2   D. 死循环

19. 下列程序的输出为（   ）。

```
int main()
{ int i;
  for(i=0;i<3;i++)
  switch (i)
    { case 0: printf("%d", i);
      case 2: printf("%d", i);
      default: printf("%d", i);
    }
  return 0;
}
```

    A. 000111   B. 000122   C. 000133   D. 111122

20. 下列程序的输出为（   ）。

```
int main()
{ int i,j,k=0,m=0;
  for(i=0;i<2;i++)
    { for(j=0;j<3;j++) k++;k-=j; }
  m=i+j;
  printf("k=%d,m=%d\n",k,m);
return 0;
}
```

    A. k=0,m=3   B. k=0,m=5   C. k=1,m=3   D. k=1,m=5

21. 下面程序的运行结果是（   ）。

```
#include<stdio.h>
int main()
 { int j;
   for(j=1 ; j<=5 ; j++)
     {if(j%2) printf("*");
```

```
        else  continue;
    printf("#");
    }
    printf("$\n");
return 0;
 }
```

　　A. *#*#*#$　　B.#*#*#*$　　　　C. *#*#$　　　　D.#*#*$

22. 下面程序段不是死循环的是（　　）。

　　A.　int　j=100;

　　　　while(1)

　　　　{j=j%100+1;

　　　　 if(j>100)　break;

　　　　 }

　　B.　for(;;);

　　C.　int k=0;

　　　　do {++k;} while(k>=10);

　　D.　int　s=36;

　　　　while(s);--s;

23. 以下程序的输出结果是（　　）。

```
#include<stdio.h>
 int main()
   {int k,j,s;
   for(k=2;k<6;k++,k++)
   {s=1;
      for(j=k;j<6;j++) s+=j;
      }
      printf("%d\n",s);
    return 0;
}
```

　　A. 9　　　　　　B. 1　　　　　　C. 10　　　　　D. 12

24. 以下程序的输出结果是（　　）。

```
#include<stdio.h>
 int main()
   {int i=5;
   for(;i<15;)
   { i++;
     if(i%4==0) printf("   %d",i);
     else continue;
    }
  return 0;
}
```

　　A. 8　12　16　B. 8　　12　　　　C. 12　16　　　　D. 8

25. 运行以下程序后的输出结果为（　　）。

```
# include<stdio.h>
int main()
{ int m=0,n=0,j;
  for (j=0;j<25;j++)
  if((j%2)&&(j%3)) m++;
        else n++;
  printf("%d,%d", m,n);
 return 0;
}
```

A. 8,17   B. 9,15   C. 7,18   D. 10,16

二、程序阅读题

1. 以下程序的输出结果是(   )。

```
#include<stdio.h>
int main()
{  int i, j;
   for (i = 1; i <= 3; i++)
   {
      for (j = 1; j <= 2; j++)
       {
          printf("%d ", i + j);
       }
   }
   return 0;
}
```

2. 以下程序的输出结果是(   )。

```
#include<stdio.h>
int main()
{   int i = 1;
   while (i <= 5)
   {  if (i % 2 == 1)
      {
         printf("%d ", i);
      }
      i++;
   }
   return 0;
}
```

3. 以下程序的输出结果是(   )。

```
#include<stdio.h>
int main()
{  for (int i = 0; i < 5; i++)
   {  if (i == 2)
      {  continue;
      }
      printf("%d ", i);
```

```
    }
    return 0;
}
```

4. 当运行以下程序时，从键盘上输入"right?↙"，则下面程序的运行结果是（　　　）。

```
# include<stdio.h>
int  main()
  { char  c;
    while((c=getchar())!='?')
    putchar(++c);
    return 0;
}
```

5. 下面程序段的运行结果是（　　　）。

```
#include<stdio.h>
int main()
{int j-1,s=3;
do { s+=j++;
  if(s%7==0)  continue;
   else  ++j;
   }while(s<15);
 printf("%d",j);
 return 0;
}
```

三、程序设计

1. 编写程序，求 10～1000 所有能被 4 除余 2，被 7 除余 3，且被 9 除余 5 的数之和。

2. 打印所有 5 位的回文数。回文数是指正序和倒序都相同的数字，如 98789。

3. 有一个三位数，其百位、十位、个位各不相同。如果将此数码重新排列，必可得到一个最大数和一个最小数，此两数之差正好就是原来的三位数，求这个三位数。

4. 用公式"π/4≈+1-1/3+1/5-1/7+…"求 π 的近似值，直到某一项的绝对值小于 10^{-6} 为止。

5. 编程统计全班学生的成绩。要求每次用键盘输入一个学生的两门分数，计算并输出每个学生的平均分。如果平均分大于或等于 85，为优秀；60～85 为通过。分别统计成绩优秀的学生和通过的学生人数。

程序运行结果如下：

输入班级人数：5↙
输入第 1 位学生的两门课成绩：86 87↙
输入第 2 位学生的两门课成绩：78 75↙
输入第 3 位学生的两门课成绩：82 84↙
输入第 4 位学生的两门课成绩：90 83↙
输入第 5 位学生的两门课成绩：65 80↙
优秀：2 人，通过：3 人

6. 有一句英文的加密电文，加密规律如下：

A->E　a->e
B->F　b->f
C->G　c->g
....
W->A　w->a
X->B　x->b
Y->C　y->c
Z->D　z->d

程序运行结果如下：

请输入原文：
I love China!✓
M pszi glmre!

非字母字符不变，请编程序译出加密电文，并输出加密电文。

7. 求整数 1～100 的累加值，但要求跳过所有个位为 3 的数。

8. 编程计算 $y = 1 + \dfrac{1}{x} + \dfrac{1}{x^2} + \dfrac{1}{x^3} \cdots$ 的值 $(x > 1)$，直到最后 1 项小于 10^{-4} 为止。

9. 试编程，找出 1～99 的全部同构数。同构数是这样一组数：它出现在平方数的右边。例如，5 是 25 右边的数，25 是 625 右边的数，5 和 25 都是同构数。

10. 打印如下图案：

```
   *
  ***
 *****
*******
 *****
  ***
   *
```

上机实训解析及参考代码

习题参考答案及解析

第 5 章 函　　数

学习导读

在编写复杂程序的时候，往往会有成百上千条语句以实现较多的功能。如果所有的代码都集中在一个主函数中（main 函数），会面临诸多问题。首先，代码可读性差。如果复杂程序的语句全挤在主函数里，那么程序就像一本没有目录和章节的书，很难让人快速理解程序的逻辑和功能。其次，编写效率低。由于代码量大，常需多人编写，但主函数代码混乱，后续编写者得花大量时间理解前面的代码，才能保证逻辑正确，这大大拖慢了编写速度。最后，调试维护难。程序出错时，在冗长的主函数里找问题，如同大海捞针。而且修改代码时，牵一发而动全身，容易引发新的错误，增加了调试和维护的难度。

为了解决以上问题，C 语言中通过函数实现程序的模块化。以建造一座大型商场为例，不同的施工团队就像 C 语言函数。结构施工队搭框架，水电安装队铺管道线路，各团队功能独立。以往项目施工方案可复用，如同函数多次调用。项目经理统筹，团队内再分工，类似函数嵌套调用。各团队施工细节保密，体现模块化与封装性，保障项目高效推进。本章介绍 C 语言程序的函数设计。

内容导学

（1）函数的基本概念。

（2）函数调用和参数传递。

（3）函数嵌套调用和递归调用的编写方法。

（4）局部变量与全局变量的概念

（5）静态变量与动态变量的概念。

（6）预处理命令的使用方法。

教学目标

知识目标：

（1）了解函数设计思想。

（2）掌握函数定义，明确函数名、参数、返回值等构成要素。

（3）掌握嵌套与递归调用方法。

（4）了解局部变量、全局变量、动态存储变量、静态存储变量的特性。

能力目标：

（1）能够根据具体问题需求，合理设计函数，确定函数的功能、参数和返回值。

（2）掌握函数调用的规则和方法。

育人目标

"能用众力，则无敌于天下矣；能用众智，则无畏于圣人矣"出自《三国志·吴书·孙权传》，意思是能运用众人力量，便天下无敌，能运用众人智慧，便无惧圣人，深刻地诠释了团队协作的重要性。

个体的力量是有限的，无论个人多么强大，都有其能力边界。但当众人的力量汇聚在一起时，就能够产生巨大的合力。这种合力不是简单的个体力量相加，而是会产生乘数效应，形成一股远超个体总和的强大力量。同样，C 语言函数设计强调模块化，将复杂程序分解为多个独立功能函数，这就如同团队项目分工，每个成员负责独立模块，共同完成复杂任务。在团队中，明确各自职责，每个成员专注自身模块，如同函数专注单一功能，最终整合实现项目整体目标。

5.1　函数的基本概念

在 C 语言中，函数是完成特定任务的独立代码单元，如同程序中的"小工具"。它能将程序模块化，将复杂任务分解为多个小功能，增强代码可读性与可维护性。还能提高代码复用率，避免重复编写相同代码。同时，它利于团队协作开发，不同成员负责不同函数，提高开发效率。

本章主要介绍函数的定义、调用、函数中参数的传递、函数的嵌套调用、递归调用，通过学习了解函数在程序编写中带来的优势。

5.1.1　函数的引例

【例 5.1】从键盘输入 x 的值，计算 x 的绝对值。

C 语言中没有绝对值运算符，所以不能用绝对值的形式计算|x|的值。但 C 语言提供的库函数中的 fabs(x)的功能是计算 x 的绝对值，因而我们可以调用库函数 fabs()来求解。

```
1  #include<stdio.h>
2  #include<math.h>        /*fabs()函数来自库函数中的数学函数，必须加此行*/
3  int main()
4  {   double  x=0,z=0;
5      printf("Input data:");
6      scanf("%lf",&x);
7      z=fabs(x);
8      printf("%lf 的绝对值是%lf\n", x,z);
9      return 0;
10  }
```

　　C 语言库函数中的 fabs()函数大幅降低了计算 x 绝对值的难度，我们不需要设计算法来实现该功能，现有的函数已经将该功能模块化，供我们直接使用。当然，我们也可以自己定义一个函数来实现此功能。

```
1   #include<stdio.h>
2   double myabs(double x)
3   {   if(x>=0)
4          return x;
5       else
6          return -x;
7   }
8   int main()
9   {   double  x=0,z=0;
10      printf("Input data:");
11      scanf("%lf",&x);
12      z=myabs(x);
13      printf("%lf 的绝对值是%lf\n", x,z);
14      return 0;
15  }
```

　　无论是 C 语言中的库函数还是自定义函数，都属于函数的范畴。以上的引例让我们看到函数的使用优化了主函数中的程序代码，使其运行效率更高、可读性更强。

5.1.2　函数的定义形式

函数的一般定义形式如下：

[返回值类型] 函数名（[类型名 形式参数 1，类型名 形式参数 2，……]）
{
　　　　定义部分；
　　　　语句部分；
}

在定义函数的时候，我们应确定以下几部分：

- 返回值类型：它指定了函数执行完毕后返回结果的数据类型。这个类型可以是 C 语言中的任意基本数据类型（如 int、float、double、char 等），也可以使用 void 表示函数不返回任何值。
- 函数名：函数名是用来标识函数的，遵循 C 语言标识符的命名规则，即由字母、数字和下画线组成，且第一个字符必须是字母或下画线。函数名应该具有一定的描述性，以便清晰地表达函数的功能。
- 函数的形式参数列表：形式参数列表指定了函数在调用时需要接收的输入值。可以包含一个或多个参数，每个参数由数据类型和参数名组成，多个参数之间用逗号分隔；也可以为空，表示函数不需要任何输入。

5.1.3　函数的定义方法

根据函数定义时不同的返回值类型以及参数数量，可以将函数的定义分为无参函数、有参函数、有返回值函数、无返回值函数。

1. 定义无参函数

【例 5.2】定义无参函数 printStars，功能为打印 10 个 "*"。

```
1    void printStars()
2    {printf("**********\n");
3    }
```

该函数并没有返回值，因此返回值类型为 void。又因该函数是无参函数，所以函数名后面的括号内可省略参数或者写 void 表示 "空"。

2. 定义有参函数

【例 5.3】定义有参函数 printNStars，使其能够按照要求打印 n 个 "*"。

```
1    void printNStars(int n)
2    {    int i=0;
3        for(i=1;i<=n;i++)
4            printf("*");
5        printf("\n");
6    }
```

printNStars()函数在 printStars()函数的基础上多了一个整型参数 n，在调用函数时根据传递给形参 n 的数值，可打印相应数量的 "*"。

3. 定义无返回值函数

无返回值的函数是指函数执行完特定任务后不会向调用者返回一个具体的值，其返回值类型为 void。printStars()函数既是无参函数，也是无返回值的函数。

4. 定义有返回值函数

【例 5.4】定义有返回值的函数 myfac，计算 n!（n>0）。

```
1    int myfac(int n)
2    {
3        int  i=0, y=1;
4        for(i=1;i<=n;i++)
5            y=y*i;
6        return y;
7    }
```

程序说明：

（1）第 1 行 int myfac(int n) 是函数首部。int 表明函数返回值为整型，myfac 是函数名，(int n) 表示函数接收一个整型的参数 n，此函数用于计算 n 的阶乘。

（2）第 3~5 行是函数体中的循环部分。第 3 行定义并初始化两个整型变量 i 为 0、y 为 1；第 4、第 5 行通过 for 循环，让 i 从 1 递增到 n，每次循环将 y 乘以 i，以此实现阶乘的累乘计算。

（3）第 6 行"return y;"是返回语句。将循环计算得到的阶乘结果 y 返回给调用该函数的地方，供后续程序使用。

【例 5.5】 定义函数 countdigit，它的功能是统计某正整数 number 中数字 digit 的个数。

例题解析：先确定该函数的返回值类型以及参数列表。根据题意，该函数有返回值，并且返回值是整数，因此该函数的返回值类型为 int。该函数接收两个参数 number 和 digit，均为整数，由此我们可以写出 countdigit 函数的部首：int countdigit（int number, int digit）。

```
1    int countdigit(int number, int digit) /*定义 countdigit 函数*/
2    {   int count=0;
3        while (number>0) {
4            if(number%10==digit)      /*判断 number 的个位数与 digit 是否相等*/
5                count++;
6            number=number/10; }       /*去除 number 的个位数*/
7        return count;
8    }
```

C 语言中，函数的定义恰似团队中的个人工作的分配。函数有明确功能，个人有清晰职责，为整体目标发力。函数可复用来提升效率，个人经验也能帮助团队进步。若函数出错影响程序，个人工作失误也危及项目。每个成员做好本职工作，发挥个人优势，团队才能高效运转，实现最终目标。

5.2 函数的调用

在编程的世界里，函数如同一个个精巧的工具，各自承担着特定的任务。而函数调用则是将这些工具运用起来，让程序真正运转的关键环节。本节我们将深入探讨函数调用的相关知识，涵盖函数调用形式（即如何正确地发起对函数的调用）、函数调用过程（了解程序在调用函数时究竟发生了什么）、函数返回值（明白如何获取并处理函数执行后的结果），以及函数原型说明（掌握其在函数调用中的重要作用）。

5.2.1 函数调用形式

函数调用的一般形式为：

函数名（实际参数 1，实际参数 2，……）

其中函数名为被调用函数的名称，在调用时该函数必须存在；实参列表是在函数调用时传递给函数的具体数据。实参列表是由一个或多个实参组成的序列，这些实参将为函数执行提供必要的输入信息。实参的数量必须与函数定义时的形式参数数量一致、类型一致。

不同的函数在调用时会有形式上的差异，下面根据 5.1.3 节中函数定义的分类一一阐述函数的调用形式。

1. 无参函数的调用

调用无参函数时，实参列表可为空，但是括号不可省略。如例 5.2 中的函数，可将函数单独作为一个语句，"printStars();"即可完成函数功能。

2. 有参函数的调用

有参函数括号内包含实际参数列表，实参之间用逗号分隔，即"**函数名(实参 1, 实参 2, …);**"。以例 5.3 中的 printNStars()函数为例，如果需要完成打印 10 个"*"的功能，调用函数时需要在括号中填入实参"10"，即"printNStars(10);"。

3. 无返回值函数的调用

可参照 printNStars()函数的调用。

4. 有返回值函数的调用

有返回值的函数可赋值给一个变量，也可以作为表达式的一部分参与各种运算，例如算术运算、逻辑运算等。

【例 5.6】 调用例 5.4 中的 myfac 函数，计算 n 的绝对值和 n!(n>0)。

```
1    #include<stdio.h>
2    #include<math.h>          /*使用库函数 fabs 需要使用指令*/
3    int myfac(int n)          /*定义 myfac 函数，功能为计算阶乘*/
4    {   int i=0, y=1;
5        for(i=1;i<=n;i++)
6        y=y*i;
7        return y;
8    }
9    int main()
10   {
11       int  n=0,z=0;  double  y=0;
12       scanf("%d",&n);
13       y = fabs(n);           /*调用库函数 fabs*/
14       z = myfac(n);          /*调用自编函数 myfac*/
15       printf("n=%d,y=%lf,z= %d\n",n,y,z);
16       return 0;
17   }
```

程序说明：

（1）在 main()函数中，读取用户输入的整数 n，调用 fabs 函数计算 n 的绝对值存入 y，调用 myfac 函数计算 n 的阶乘存入 z，最后输出 n、y、z 的值。

（2）myfac 函数用于计算一个整数的阶乘。它接收一个整数参数 n，通过 for 循环从 1 到 n 进行累乘操作，最终得到 n 的阶乘结果并返回。

（3）调用 myfac 函数时，只需将需要计算阶乘的整数作为参数传递给它。这里将变量 n 的值作为参数传递给 myfac 函数，函数计算 n 的阶乘后将结果返回，赋值给变量 z。

5.2.2　函数调用的过程

在函数调用过程中，实参和形参的传递是一个重要环节，它涉及数据如何从调用函数传递到被调用函数。

实参是在函数调用时传递给函数的具体数据，它可以是常量、变量、合法表达式等。实参位于调用函数中，用于提供函数执行所需的输入信息。

形参是函数定义时声明的参数，它是函数接收外部数据的占位符。形参位于被调用函数中，在函数调用时接收实参传递过来的值。

实参与形参可以同名，但占不同的存储单元。打个比方，不同的楼可以有相同编号的房间，这些房间各自占用不同的空间，它们之间互不相干。函数比喻成楼，各函数中的变量（包括形参）想象成各楼中的房间，变量名如同房间号。不同函数中的同名变量占用不同的存储空间，因此，实参与对应形参可以同名。

【例 5.7】 输入 3 个整数，要求用函数找到最小值。

```
1    #include<stdio.h>
2    int findMin(int x, int y, int z)
3    {  int min = x;
4       if (y < min)  min = y;
5       if (z < min)  min = z;
6       return min;
7    }
8    int main()
9    {   int a, b, c, minimum;
10       printf("请输入 3 个整数，以空格分隔：");
11       scanf("%d %d %d", &a, &b, &c);
12       minimum = findMin(a, b, c);        /*调用 findMin 函数，找出最小值*/
13       printf("这 3 个整数中的最小值是：%d\n", minimum);
14       return 0;
15    }
```

以上函数调用的示例可分为 4 步，注意所有的程序入口都是主函数。

（1）实参的输入。

在主函数中，首先定义了 3 个整型变量 a、b、c，这 3 个变量将作为调用 findMin() 函数时的实参。通过 scanf() 函数读取用户输入的内容，并将输入的 3 个整数分别存储到变量 a、b、c 中。

（2）调用函数时参数传递。

执行 "minimum = findMin(a, b, c);" 语句时，发生函数的调用，此时实参 a、b、c 的数值会传递给 findMin 函数中的形参 x、y、z。

（3）函数内部执行。

在 findMin 函数内部，形参 x、y、z 接收到数值后进行依次比较，并将最小值存储在 min 中，作为函数的返回值。

（4）返回结果。

函数调用完毕后，回到主函数，函数返回值赋值给变量 minimum，输出实参 a、b、c 中的最小值。

5.2.3　函数的原型声明

在之前涉及函数定义与调用的程序里，我们不难留意到，所有自编函数都被放置在主函数之前。这是由于 C 语言有明确的规则：函数必须先完成定义，之后才能被使用。但从实际的函数编写和阅读角度来看，主函数作为程序的入口，往往是我们关注的重点。将自编函数都置于主函数之前，会干扰我们对程序整体逻辑的把握，在理解程序如何启动和运行时造成不便，也不符合我们从程序入口开始梳理流程的习惯。函数原型声明就很好地解决了这一问题。

函数的原型声明能让函数的定义和调用顺序更加灵活，我们不必再把函数定义都前置。编译器依据函数原型声明就能对函数调用进行检查，判断参数类型、数量以及返回值的使用是否正确，保障程序编译顺利进行。同时，函数原型声明提高了代码的可读性与可维护性，方便开发者快速了解函数信息，还支持模块化编程，实现代码的复用。

函数原型声明的一般形式如下：

［返回值类型］ 函数名（［类型名 形式参数 1，类型名 形式参数 2，……]）；

可以看到函数原型声明相比函数定义中的函数首部多了一个分号。如果我们在主函数前已经对自编函数进行了声明，那么自编函数的定义就可以放在主函数之后。

【例 5.8】编写程序，通过调用函数，计算两个数 a、b 的平方和（a^2+b^2）与平均数。

```
1    #include<stdio.h>
2    double square_sum(double a, double b);   /*计算平方和函数原型声明*/
3    double average(double a, double b);       /*计算平均值函数原型声明*/
4    int main()
5    {   double a, b, sum_of_squares,avg;
6        printf("请输入两个数,用空格分隔: ");
7        scanf(%d%d,&a,&b);
8        sum_of_squares = square_sum(a, b);   /*调用函数计算平方和*/
9        avg = average(a, b);                 /*调用函数计算平均数*/
10       printf("这两个数的平方和是: %.2f\n", sum_of_squares);
11       printf("这两个数的平均数是: %.2f\n", avg);
12       return 0;
13   }
14   double square_sum(double a, double b)
15   { return a * a + b * b; }
16   double average(double a, double b)
17   { return  (a + b) / 2; }
```

程序说明：

（1）square_sum()函数与 average()函数可以分别实现两数的平方和与平均数。

（2）之前的自编函数都定义在主函数的前面，因为函数必须存在，我们才可以使用它。这个程序在主函数前做了函数的原型声明，因此可以定义在主函数之后。

当程序中需要调用多个函数的时候，函数原型声明可以逐一列在主函数之前。这样，在阅读程序时可以提前知晓函数信息，函数原型声明就像函数的"说明书"，阅读代码的人在查看函数调用时，无须在代码中四处查找函数的具体定义，就能快速了解该函数的基本信息。

5.2.4 函数的应用

在深入学习函数的定义和调用之后，我们会发现，对于很多原本复杂的程序，如今可以采用一种更为高效、清晰的方式来编写。

以一个需要完成多种计算任务的程序为例，若不使用函数，所有的计算逻辑都会堆积在主函数中，这会使主函数变得冗长且复杂，代码的可读性和可维护性也会大打折扣。但当我们把不同的计算任务封装成独立的函数后，主函数就只需要负责调用这些函数，就如同按照流程依次使用不同的工具一样。

下面用一个例题对比不使用函数和使用函数在编写程序上的不同之处。

【例 5.9】 计算 $s = 1 + \dfrac{1}{2 \times 3} + \dfrac{1}{3 \times 4 \times 5} + \cdots + \dfrac{1}{n \times (n+1) \times \cdots \times (2n-1)}$（$n$ 为正整数）。

例题解析：

此数列是由多个分式项相加组成，第 n 项的分母是从 n 开始连续 n 个自然数的乘积。为了计算总和，可以采用循环的方式依次计算每一项的值，再将每一项的值累加起来。如果不使用函数，结合之前学习过的内容，这是一个嵌套循环的问题。外层循环用于控制求和项数，从 1 到 n 遍历，确定当前要计算的是第几项。对于每一项，使用内层循环计算其分母。内层循环从当前项对应的起始数字开始，累乘连续的自然数，直到达到 $2n-1$，得到该项分母的值。

```
1   #include<stdio.h>
2   int main()
3   {  int i,j,n;
4      double s = 0, term = 1;
5      do
6      {printf("请输入 n 的值: ");          /*提示用户输入 n 的值*/
7       scanf("%d", &n);}while(n<=0);
8       for (int i = 1; i <= n; i++)     /*外层循环控制项数*/
9         { for (int j = i; j <= 2 * i - 1; j++) /*内层循环计算每一项的分母*/
10            {term *= j;
11             }
12          s += 1.0 / term;             /*将每一项的倒数累加到 s 中*/
13          }
14      printf("s 的值为: %.10lf\n", s);
15      return 0;
16  }
```

此问题也可通过定义函数与调用函数解决。创建 f 函数，其接收一个整数参数 n 代表当前项序号。在函数内部，利用循环从 i 累乘到 2i-1 得到该项分母，再取倒数得到该项的值并返回。此函数将计算单项的逻辑封装，提高了代码复用性。

```
1   #include<stdio.h>
2   double f(int n)
3   { int i;
```

```
4    double s=1;
5    for(i=n;i<=2*n-1;i++)
6        s*=i;
7    return s;
8    }
9    int main()
10   {   int i,n;
11       double s = 0;
12       do
13       { printf("请输入 n 的值: ");              /*提示用户输入 n 的值*/
14         scanf("%d", &n);}while(n<=0);
15         for (i = 1; i <= n; i++)               /*循环控制项数*/
16             s += 1.0 / f(i);                   /*将每一项的倒数累加到 s 中*/
17         printf("s 的值为: %.10lf\n", s);
18         return 0;
19   }
```

不使用函数和使用函数的两个程序都能计算 $1+\dfrac{1}{2\times3}+\dfrac{1}{3\times4\times5}+\cdots+$

$\dfrac{1}{n\times(n+1)\times\cdots\times(2n-1)}$。不使用函数的程序将所有逻辑写在主函数中，代码集中但逻辑较混乱，若要修改单项计算逻辑，要在主函数中直接改动。使用函数的程序把计算单项的逻辑封装在 f() 函数中，主函数更简洁，提高了代码复用性和可维护性，修改单项计算只需要调整对应的函数。

函数就像是团队中的成员，各自有着明确的分工。函数的调用顺序恰似项目的执行流程，需要合理安排、有序推进。函数原型声明则是成员间沟通的规范，确保信息能够准确无误地传递。就像一个优秀的团队，只有成员分工协作、有序沟通，才能高效地完成任务。同样，一个功能完善的程序，也离不开各个函数之间的默契配合。

5.3 函数的嵌套调用

在 C 语言中，函数的调用场景十分灵活。函数不仅能在主函数中被调用，在我们自己编写的函数中同样可以被调用。当调用一个函数时，若这个函数在执行过程中又调用了其他函数，这种调用方式就被称作函数的嵌套调用。

如图 5.1 所示，程序在 main() 函数运行，首先调用了 a 函数，在运行 a 函数时调用了 b

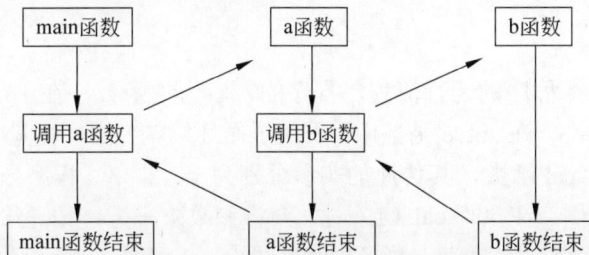

图 5.1 函数嵌套调用的流程图

函数，b 函数结束后的返回值返回给 a，供 a 使用，a 函数结束后返回值返回给 main()函数，
main()函数再运行，直到结束。

【例 5.10】定义一个 n 的平方阶乘和，其计算公式为 $\sum_{i=1}^{n} i^2!$。每个数字先进行平方运算，
再求阶乘，即求出 $1^2!+2^2!+3^2!+\cdots+n^2!$ 的值。编写一个程序，要求输入一个 n，输出 n 的平
方阶乘和的值。

可将问题分成以下 3 个模块，然后撰写主函数将代码串起来。第一个模块是累加求和。
第二个模块是求平方的阶乘。第三个模块是求阶乘。最后将这 3 个模块拼接起来再加上主
函数就可以解决这个问题了。

```
1    #include<stdio.h>
2    int jc(int n)          /*求阶乘函数*/
3    {   int re=1, i=1;
4        for(int i=1;i<=n;i++)
5            re=re*i;
6        return re;
7    }
8    int cal(int i)         /*求平方阶乘函数*/
9    {   int sq=i*i;
10       int ans=jc(sq);   /*在 cal 函数中调用 jc 函数*/
11       return ans;
12   }
13   int solve(int n)      /*求和函数*/
14   {   int s=0, i=1;
15       for(i=1;i<=n;i++)
16           s=s+cal(i);   /*在 solve 函数中调用 cal 函数*/
17       return s;
18   }
19   int main()
20   {   int n,ans;
21       scanf("%d",&n);
22       ans=solve(n);
23       printf("%d\n",ans);
24       return 0;
25   }
```

程序运行结果：

3↙
362905

程序说明：

图 5.2 说明了以上程序的运行流程。程序的入口为主函数，在主函数中调用了自定义
solve 函数，传递实参 3。在 solve 函数中，采用了循环结构，循环变量 i 从 1 开始，到 i<=3
结束，共调用了 3 次 cal 函数，其传递的实参分别为 1、2、3，程序分 3 次依次跳转到 cal
函数执行。以 i=1 为例，在执行 cal（1）时，会将参数 1 平方，传递给 jc 函数。调用 jc 函
数，jc(1*1)会计算"$1^2!$"的数值，并将数值返回给 cal 函数，cal 函数会将"$1^2!$"的数值
继续返回给 solve 函数，solve 函数继续执行"s = s + cal(1);"，i=2、3 时会重复以上步骤。

循环结束后，solve 函数返回 s 的值 362905 给 main 函数。

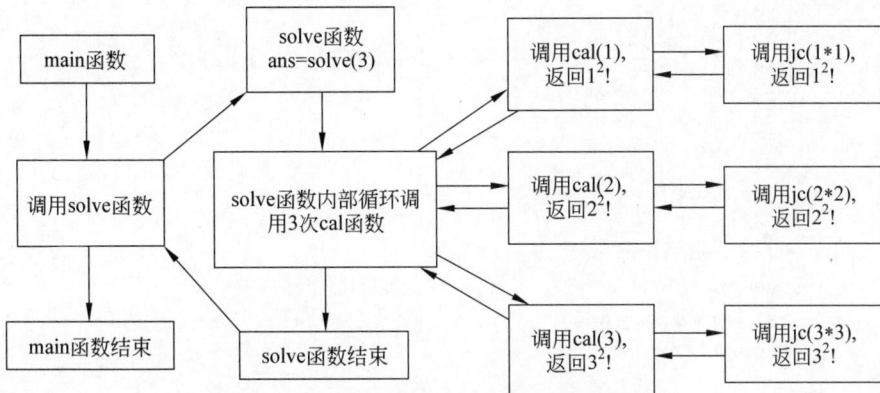

图 5.2　例 5.9 程序的函数嵌套调用的流程图

5.4　函数的递归调用

一个函数不仅能够调用其他函数，还能直接或间接地调用自身，这种独特的调用方式被称为递归。递归调用本质上是一个反推的过程。当我们尝试解决一个问题时，会发现必须先解决一个新问题；而要解决这个新问题，又得去攻克另一个新问题，以此类推。不过，每个问题的解决办法都是相同的。

递归具备强大的功能，它能将一个庞大复杂的问题转化成一个或多个与原问题相似但规模更小的问题进行求解。借助少量的语句，就能实现重复计算。需要特别注意的是，递归必须设有能使其结束调用的条件，否则会陷入无限循环。递归调用属于一种特殊的嵌套调用，并且同样遵循"自顶向下，逐步细化"的原则。

以求 n!为例，在之前的学习过程中我们知道可以使用循环解决阶乘的计算，除此之外，递归同样可以解决阶乘的计算。n 的阶乘可表示为：

$$n! = \begin{cases} 1, & \text{当 } m=1 \text{ 或 } 0 \text{ 时} \\ n \times (n-1)!, & \text{当 } n>1 \text{ 时} \end{cases}$$

假设有一个函数 fact，它有一个参数 n，功能为计算 n 的阶乘。对应的递归模型如下：

$$\text{fact}(0)=\text{fact}(1)=1 \qquad \text{当 } n=1 \text{ 或 } n=0 \text{ 时} \qquad (1)$$
$$\text{fact}(n)=n*\text{fact}(n-1) \qquad \text{当 } n>1 \text{ 时} \qquad (2)$$

式（1）扮演着重要角色，它明确给出了递归的终止条件，我们把这个条件称作递归出口。而式（2）则揭示了 fact(n) 的值和 fact(n-1) 的值之间存在的内在联系，这部分被称为递归体。

简单来说，一个完整的递归模型是由递归出口和递归体两部分共同构成的。递归出口就像一个"刹车装置"，它决定了递归在什么时候应该停止，避免程序陷入无限循环；递归体则如同一个"递推引擎"，它确定了在进行递归求解时，各个子问题之间如何相互推导。

```
1   #include<stdio.h>
2   int fact(int n);      /*函数原型声明*/
```

```
3     int main()
4     {   int x,n;
5         scanf("%d",&n);
6         x=fact(n);                    /*调用fact函数，计算n! */
7         printf("%d\n",x);
8         return 0;
9     }
10    int fact(int n)
11    {   int f;
12        if(n<0)printf("n<0,error!\n");
13        else if(n==0||n==1) f=1;      /*递归调用结束的条件*/
14        else f=n*fact(n-1);           /*函数调用自己本身*/
15        return f;
16    }
```

程序运行结果：

4✓
24

程序说明：

此程序利用了递归调用，其流程如图5.3所示。

（1）初始调用：当输入4时，在main函数中，通过"x = fact(4);"语句调用 fact 函数，此时传入的参数 n 为 4。程序跳转到 fact 函数内部执行。

（2）递归调用过程展开：首先进入 fact(4)，由于 n = 4 不满足终止条件，执行 f = 4 * fact(3)，转而调用 fact(3)。进入 fact(3)，n = 3 也不满足终止条件，执行 f = 3 * fact(2)，接着调用 fact(2)。进入 fact(2)，n = 2 同样不满足，执行 f = 2 * fact(1)，调用 fact(1)。进入 fact(1)，此时 n = 1 满足终止条件，f 赋值为 1 并返回。

（3）递归返回过程：fact(2) 拿到 fact(1) 的返回值1，计算 f = 2 * 1 = 2 并返回。fact(3) 拿到 fact(2)的返回值 2，计算 f = 3 * 2 = 6 并返回。fact(4)拿到 fact(3)的返回值6，计算 f = 4 * 6 = 24 并返回给 main 函数，最终输出结果24。

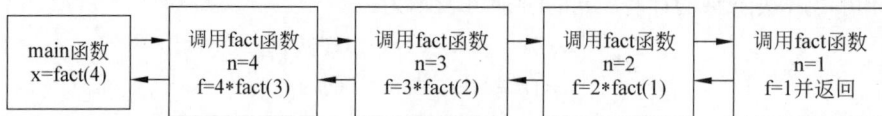

图 5.3　递归调用流程图

【例 5.11】 有一对刚出生的小兔，从出生后第 3 个月起每个月都生一对小兔，小兔长到第 3 个月起每个月又生一对小兔。假如兔子都不死，问第 n 个月时共有多少对兔子？

问题剖析：

本题描述的兔子繁殖问题，其实质可以抽象为一个数学模型。第 1 个月，初始有 1 对刚出生的小兔，此时兔子对数记为 $f_1 = 1$。这对兔子处于新生状态，不具备繁殖能力。第 2 个月，这对小兔成长了 1 个月，但还未达到能繁殖的阶段，所以兔子的总数依旧是 1 对，即 $f_2 = 1$。第 3 个月，最初的那对兔子已经成熟，具备了繁殖能力，它们会生下 1 对新的小兔，也就是 $f_3 = f_1 + f_2 = 2$ 对。第 4 个月，最初的那对兔子继续繁殖，又生下 1 对新兔子，而第 3 个月出生的兔子还未成熟，不能繁殖。所以第 4 个月兔子的总数等于第 2 个月的兔子对数（这部分兔子成熟后繁殖出的新兔子数量）加上第 3 个月的兔子对数（原来的兔子数量），即 $f_4 = f_2 + f_3 = 3$ 对。通过对前面几个月兔子数量变化的分析，可以归纳出一个普遍的规律：从第 3 个月开始，每个月的兔子对数等于前两个月兔子对数之和，这是一个典型的斐波那契数列问题。假设我们有一个函数 f，它有一个参数为 n，功能是计算第 n 个月的兔子数，对应的递归模型如下。

$$f(1)=f(2)=1 \qquad 当 n=1 或 n=2 时 \qquad （1）$$
$$f(n)=f(n-1)+f(n-2) \qquad 当 n>2 时 \qquad （2）$$

```
1   #include<stdio.h>
2   int f(int n)
3   {
4       if (n==1||n==2)  return 1;     /*递归调用结束条件*/
5       else  return f(n-1)+f(n-2) ;   /*函数调用自身*/
6   }
7   int main()
8   { int n;
9       scanf("%d",&n);
10      printf("%d\n",f(n));
11      return 0;
12  }
```

程序运行结果：

6↙
8

递归调用在程序设计领域宛如一把精巧的手术刀，为解决复杂问题提供了高效且清晰的思路。它能够以简洁直观的方式，将一个庞大复杂的问题逐步拆解为一系列结构相似的子问题，如同抽丝剥茧一般，使得问题的解决逻辑一目了然。在处理具有递归特性的数据结构，如树和图时，递归调用展现出了得天独厚的优势，其编写的代码不仅易于理解，还具备良好的可维护性，极大地提升了开发效率。

然而，递归调用并非十全十美，它也存在一些不容忽视的局限性。首先，递归调用对系统资源的消耗较大，每次函数调用都会在系统栈中开辟新的空间用于保存调用信息。随着递归深度的增加，栈空间会被迅速占用，极易引发栈溢出错误，尤其在处理大规模数据时，这一问题更为突出。其次，递归调用中往往存在大量的重复计算，导致程序运行效率低下。此外，由于递归函数的逻辑嵌套较深，当程序出现错误时，调试和排查问题的难度较大，需要开发者具备较强的逻辑思维和调试能力。

5.5 全局变量与局部变量

当读者深入学习函数相关知识后，脑海中难免会浮现出一些疑问。例如，在某个函数中定义的变量，是否可以在其他函数中被引用呢？另外，由于变量的定义位置各有不同，像函数内、函数外等，那么它们分别会在怎样的范围里保持有效呢？这些都是值得探究的问题。本节将会讨论变量的作用域问题。

　　全局变量是在所有函数外部定义的变量。它不属于任何一个函数，而是属于整个源程序。全局变量的定义位置通常在源文件的开头部分，也就是在所有函数定义之前。它就像一个公共资源，整个程序都能使用。只要程序在运行，它就一直存在。所有函数都可以对它进行读取和修改。

　　定义在函数内部或者函数复合语句内部的变量称为局部变量。它的作用域仅限于定义它的函数或代码块内，就好像被圈定了一个"小地盘"，出了这个范围就无法使用。

【例 5.12】　使用全局变量与局部变量的程序示例。

```
1    #include<stdio.h>
2    int  a=1,  b=2;              /*全局变量*/
3    int myf()
4    {   int s;
5        s = a+b;                 /*使用全局变量a、b*/
6        printf("%d\n",s);
7        return 0;
8    }
9    int main()
10   {   int x=10,y=20;
11       int  a=3,  c=0;
12       c=a+b;                   /*a 为局部变量，b 为全局变量*/
13       printf("%d,",c);
14       {   int  a=4,  b=5;      /*复合语句中的局部变量*/
15           c=a+b;
16           printf("%d,",c);
17       }
18       printf("%d,",a+b);       /*a 为局部变量，b 为全局变量*/
19       myf();
20       return 0;
21   }
```

程序运行结果：

5,9,5,3

程序说明：

　　（1）第 2 行变量 a 和 b，定义在所有函数的外部，因此为全局变量。从定义位置开始到整个源文件结束。在整个程序中，除了被同名局部变量"屏蔽"的情况外，所有函数都可以访问和使用这两个全局变量。例如在 myf()函数中，直接使用的 a 和 b 就是这两个全局变量，输出结果为 3。

　　（2）第 4 行变量 s，是 myf()函数内的局部变量。仅限于 myf()函数内部使用。在 myf()函数中可以使用该变量进行计算和输出，但在 main()函数或其他函数中无法访问。

　　（3）第 10 行变量 x 和 y，定义在主函数内部，因此为局部变量。作用域仅限于 main()函数内部。在 main()函数中可以正常使用这两个变量，但在其他函数中无法访问。

　　（4）第 11 行变量 a 和 c，定义在主函数内部，为局部变量。这里的局部变量 a 会"屏蔽"全局变量 a，所以在第 12 行计算 c = a + b 时，使用的 a 是这个局部变量，值为 3，而 b 是全局变量，值为 2，计算得到c 为 5。

　　（5）第 14 行变量 a 和 b 为定义在复合语句内的局部变量,仅限在此复合语句中使用。

这两个局部变量会"屏蔽"之前的全局变量 a、b 以及 main()函数中定义的局部变量 a。所以在第 15 行计算 c = a + b 时，使用的 a 和 b 是这个代码块内定义的局部变量，值分别为 4 和 5，计算得到 c 为 9。

（6）第 18 行这里的 a 是 main()函数中第一次定义的局部变量 a = 3，b 是全局变量 b = 2，所以输出 5。

注意，主函数中定义的变量也只有在主函数中有效；不同函数中可以使用相同的变量名，且它们代表不同的存储单元，互不干扰；在一个函数内部，可以在复合语句中定义变量，这些变量只能在本复合语句中有效。

编程时，该如何抉择内部变量和外部变量呢？我们不妨先对比二者的特点。从内存占用看，复合语句中定义的变量占用内存时间最短，外部变量则最长。在可读性方面，内部变量让代码逻辑清晰，易于阅读，外部变量容易使代码变得复杂。从出错概率来说，使用外部变量时，稍有不慎就可能意外改变其值，导致难以排查的错误。并且，外部变量需要在函数外定义，这会降低函数通用性和独立性。

鉴于这些，除非十分必要，一般不建议使用外部变量。选择变量可遵循以下原则：一是若变量仅在某个函数或复合语句中使用，应定义为内部变量；二是若多个函数都要引用同一变量，可在这些函数上方定义外部变量，且让定义位置尽量靠近它们。

5.6　静态变量与动态变量

变量的存储方式可分为动态存储和静态存储两种类型，它们在内存分配和生命周期方面存在显著差异。

动态存储变量，亦被称作自动类变量，其内存分配和释放遵循特定的动态规则。当程序执行流程进入定义该变量的函数或代码块时，系统会即时为其开辟相应的内存单元，以供变量存储数据。而当函数或代码块执行完毕，系统会迅速释放这些为动态存储变量所分配的内存空间。这种动态的内存管理机制使得内存资源能够根据程序的实时需求进行灵活调配，提高了内存的使用效率。

与之相对，静态存储变量在整个程序的运行周期内，会被分配固定的内存存储空间。自程序启动之时起，静态存储变量的内存空间便已确定，并且在程序运行的全过程中始终保持不变，直至程序结束才会被释放。

为了更形象地理解这两种存储方式的区别，可以将其类比为宾馆房间的预订模式。静态存储变量类似于长期包订固定的房间，无论宾馆的入住率如何变化，该房间都会被持续占用，直至预订期结束。这种方式虽然确保了变量在整个程序运行期间都能稳定地使用内存，但相对缺乏灵活性，可能会造成一定程度的资源浪费。而动态存储变量则如同临时预订房间，仅在有实际需求时才占用房间，使用完毕后立即退房，将房间归还给宾馆。这种临时预订的方式使得宾馆能够根据不同时期的入住需求，合理安排房间资源，提高资源的利用率。

在函数内部或代码块中定义变量时，不使用任何存储类型说明符，则默认就是动态存储变量，也可以显式使用 auto 关键字声明。其作用域仅限于定义它的函数或代码块，当函数或代码块执行结束，自动变量所占用的内存会被自动释放。使用 static 关键字声明的变量为静态存储变量，它的作用域仅限于定义它的函数，但生命周期是整个程序运行期间。静态局部变量只在第一次进入函数时初始化，之后再次进入函数时，不会重新初始化，而是保留上一次函数调用结束时的值。

【例 5.13】编写一个使用动态存储变量和静态存储变量的程序。

```
1    #include<stdio.h>
2    int fun()
3    {    static int x=0;      /*静态变量 x*/
4          x++;
5          return x;
6    }
7    int main( )
8    {    int a=0,b=0;
9         a=fun();     /*第一次调用 fun 函数*/
10        b=fun();      /*静态变量使用上次调用结束时的数值*/
11        printf("a=%d,b=%d\n",a,b);
12        return 0;
13   }
```

程序运行结果：

a=1,b=2

程序说明：

这段 C 语言代码定义了一个函数 fun()，其中包含一个静态变量 x。在 main()函数中两次调用 fun()函数，并将返回值分别赋给变量 a 和 b，最后输出 a 和 b 的值。

第一次调用 fun()函数（对应代码第 9 行"a = fun();"）。

（1）进入 fun()函数：当第一次调用 fun()函数时，程序执行到第 3 行"static int x = 0;"。由于这是第一次进入 fun()函数，静态变量 x 会被初始化为 0。

（2）执行"x++"操作：接着执行第 4 行"x++;"，x 的值从 0 变为 1。

（3）返回 x 的值：执行第 5 行"return x;"，将 x 的当前值 1 返回给 main()函数，并赋值给变量 a。此时 a 的值为 1。

第二次调用 fun 函数（对应代码第 10 行"b = fun();"）。

（1）再次进入 fun()函数：当第二次调用 fun()函数时，程序再次执行到第 3 行"static int x = 0;"。但由于静态变量只在第一次进入函数时初始化，因此这次不会重新将 x 初始化为 0，x 仍然保留上一次函数调用结束时的值 1。

（2）执行"x++"操作：执行第 4 行"x++;"，x 的值从 1 变为 2。

（3）返回 x 的值：执行第 5 行"return x;"，将 x 的当前值 2 返回给 main()函数，并赋值给变量 b。此时 b 的值为 2。

5.7　预处理命令

预处理命令是在编译器对源文件进行编译之前，由预处理器对源文件进行处理时所执行的命令。预处理命令以#开头，并且通常单独占一行，不使用分号结尾。本节将介绍几种常见的 C 语言预处理命令，包括头文件包含、宏定义、条件编译。

5.7.1 文件包含

文件包含预处理命令的作用是将指定文件的内容插入当前源文件中该命令所在的位置。这一操作主要用于引入标准库的头文件或者自定义的头文件，以此实现代码的模块化和复用。常见的文件包含预处理命令有#include。

文件包含预处理指令的基本语法有两种形式。一种是 #include <文件名>，这种形式常用于包含系统提供的标准头文件，预处理器会在系统指定的标准目录中查找该文件。例如 #include<stdio.h>，它会包含标准输入输出库的头文件。另一种是 #include "文件名"，通常用于包含用户自定义的头文件，预处理器先在当前源文件所在目录查找，若找不到再去标准目录查找。

【例 5.14】 文件包含示例。

假设有一个文件 c:\myoperation.txt，其内容为：

```
int add(int a, int b)        /*求和函数*/
{   return a + b;
}
int subtract(int a, int b)   /*求差函数*/
{   return a - b;
}
```

在编写主程序时，可以通过包含文件进行函数的原型声明。

```
1   #include<stdio.h>
2   #include "c:\myoperation.txt"            /*包含文件进行函数的原型声明*/
3   int main()
4   {   int num1 = 10, num2 = 5, sum, difference;
5       sum = add(num1, num2);                /*调用函数求和*/
6       difference = subtract(num1, num2);   /*调用函数求差*/
7       printf("Sum: %d\n", sum);
8       printf("Difference: %d\n", difference);
9       return 0;
10  }
```

程序运行结果为：

```
Sum:15
Difference:5
```

程序说明：

（1）#include<stdio.h>：这是一个标准的预处理指令，用于包含标准输入输出库的头文件 stdio.h。该头文件中声明了许多与输入输出相关的函数，例如这里使用的 printf 函数，它允许程序向标准输出设备（通常是控制台）打印格式化的信息。

（2）#include "c:\myoperation.txt"：这同样是一个预处理指令，它的作用是将指定路径下的文件 c:\myoperation.txt 的内容插入当前源文件中该指令所在的位置。这里使用双引号 " " 是因为它一般用于包含用户自定义的文件。该文件中包含了 add()函数和 subtract()函数的声明或定义。

#include 指令对程序设计意义重大。在函数定义方面，头文件中往往声明了函数原型，通过 #include 指令将头文件包含进来，在源文件中就能直接使用这些函数，而无须重复编写函数声明，增强了代码的可维护性和可读性。同时，它实现了代码的模块化，不同功能的函数可以定义在不同的文件中，通过包含相应的头文件，方便地在各个源文件中使用这些函数。

5.7.2　宏定义

宏定义是一种文本替换机制，通过 #define 指令，可以将一个标识符定义为一个特定的字符串。在编译之前，预处理器会将源程序中所有出现该标识符的地方替换为所定义的字符串。这种替换是简单的文本替换，不进行任何语法检查，直到替换完成后编译器才会对代码进行语法分析。

1. 不带参数的宏定义

不带参数的宏定义的一般形式为：

#define 标识符　替换文本

其中，标识符是宏的名称，一般用大写字母表示。替换文本是要替换的内容，可以是字符串。

【例 5.15】不带参数的宏定义的示例。

```
1    #include<stdio.h>
2    #define N 3+8    /*宏定义 N 用"3+8"替代*/
3    int main()
4    {   int a=0,b=0;
5        a=2*N;       /*等价于 a=2*3+8*/
6        b=2*(N);     /*等价于 a=2*(3+8) */
7        printf("a=%d,b=%d\n",a,b);
8        return 0;
9    }
```

程序运行结果：

a=14,b=22

程序说明：

（1）在程序的第 2 行，使用了 #define 预处理指令进行宏定义。这里定义了一个无参宏 N，其替换文本为"3 + 5"。在编译之前，预处理器会将源程序中所有出现 N 的地方替换为"3 + 8"。

（2）第 5 行代码中，由于宏定义的文本替换特性，预处理器会将 N 替换为"3 + 8"，因此这行代码在预处理后实际变为："a = 2 * 3 + 8;"。根据运算符优先级，先计算乘法 2 * 3 = 6，再计算加法 6 + 8 = 14，因此最终 a 的值为 14。

（3）第 6 行代码中，预处理器同样会将 N 替换为 3 + 8，这行代码预处理后变为"b = 2 * (3 + 8)"。根据运算符优先级，先计算括号内的加法 3 + 8=11，再计算乘法 2 * 11= 22，所以最终 b 的值为 22。

（4）使用宏名可以用更具意义的标识符表示一些常量或表达式，使代码更易于理解。例如，用 N 表示"3 + 8"，如果在程序中有多处使用这个表达式，使用宏定义可以让代码更清晰。如果需要修改"3 + 8"这个表达式，只需要修改宏定义处，而不需要在整个代码中逐个查找并修改所有使用该表达式的地方。为了避免因运算符优先级导致的意外结果，建议在宏定义的替换文本中适当添加括号。例如，将 #define N 3+8 改为 #define N (3 + 8)，这样在进行替换时就可以避免类似第 5 行出现的问题。

2. 带参数的宏定义

带参数的宏定义允许你定义一个类似函数的宏，该宏可以接受参数。在编译之前，预处理器会根据宏定义的规则，将代码中使用宏的地方按照参数进行文本替换。与函数不同，宏定义的替换是在编译前的文本层面进行的，不涉及函数的调用，但也缺乏类型检查。

带参数的宏定义的一般形式为：

#define 标识符（参数列表） 替换文本

其中，参数列表为用逗号隔开的参数。

【例 5.16】输入一个圆的半径，输出圆的面积。定义带参数的宏 S(r)。

```
1 #include<stdio.h>
2 #define PI 3.1415926535    /*不带参数的宏定义*/
3 #define S(r) PI*r*r         /*带参数的宏定义*/
4 int main()
5 {   float a, area;
6     scanf("%f",&a);
7     area = S(a);
8     printf("r=%f,area=%f\n",a,area);
9     return 0;
10 }
```

程序运行结果：

5✓
r=5.000000,area=78.539818

程序说明：

（1）第 3 行代码定义了一个带参数的宏 S，其作用是根据输入的半径 r 计算圆的面积。PI*r*r 是该宏的替换文本。在代码中使用"S(某个值)"这种形式调用宏时，预处理器会依据宏定义规则，把"S(某个值)"直接替换成"PI*某个值*某个值"。这里的 PI 是在第 2 行通过 #define 指令定义的无参宏，它代表圆周率，其具体值为 3.1415926535。也就是说，当我们调用"S(具体半径值)"时，最终会用这个具体半径值替换掉 r，并结合 PI 的值进行后续计算。

（2）第 7 行代码"area = S(a);"调用了第三行定义的宏 S 来计算半径为 a 的圆的面积，并将结果赋值给变量 area。在预处理阶段，预处理器会将 S(a) 按照宏定义的规则进行文本替换。由于宏 S(r) 的替换文本是 PI*r*r，因此 S(a) 会被替换为 PI*a*a。

3. 解除宏定义

与宏定义相反的操作指令为解除宏定义，是让之前定义的宏在后续代码中不再生效，即取消标识符和替换文本之间的关联。这样，后续代码如果再使用该标识符，将不会进行宏替换。使用 #undef 预处理指令可以完成此任务。

5.8　上机实训

5.8.1　实训目的

（1）掌握函数定义和声明的规则，学会使用正确的语法格式定义不同类型的函数，并能在程序中合理声明和调用函数，准确描述函数的功能和接口。

（2）学习函数调用和参数传递的机制，熟练掌握值传递和地址传递的特点与应用场景，能够根据需求正确设计函数参数，实现函数间的数据交互。

（3）理解函数嵌套调用和递归调用的执行过程，掌握嵌套调用的层次关系和递归调用的终止条件，学会运用这两种调用方式解决复杂的问题，培养结构化和递归编程的思维。

（4）掌握局部变量、全局变量、动态存储变量和静态存储变量的作用域和生命周期，学会根据实际需求合理选择变量类型，避免变量冲突和数据不一致问题，提高程序的可靠性和可维护性。

（5）结合具体程序学习函数的设计和优化方法，掌握一些常见的算法在函数中的应用，进一步提升程序调试和错误处理的能力，培养良好的编程习惯和解决实际问题的能力。

5.8.2　实训内容

1. 程序分析题：求两个数的最大公约数和最小公倍数。

```
1    #include<stdio.h>
2    int gcd(int a, int b)   /* 函数用于计算两个数的最大公约数*/
3    {   int temp;
4        while (b != 0)
5        {   temp = b;
6            b = a % b;
7            a = temp;
8        }
9        return a;
10   }
11   int lcm(int a, int b)    /*函数用于计算两个数的最小公倍数*/
12   {   return a / gcd(a, b) * b;
13   }
14   int main() {
15     int num1 = 12, num2 = 18, greatestCD, leastCM;
16     greatestCD = gcd(num1, num2);
17     leastCM = lcm(num1, num2);
```

```
18      printf("数字%d 和%d 的最大公约数是：%d\n", num1, num2, greatestCD);
19      printf("数字%d 和%d 的最小公倍数是：%d\n", num1, num2, leastCM);
20      return 0;
21  }
```

思考以下问题：

（1）请详细解释 gcd()函数如何计算两个数的最大公约数。

（2）lcm 函数如何借助 gcd()函数计算最小公倍数？

（3）如果在 main()函数中输入的 num1 和 num2 相等，gcd()函数和 lcm()函数分别会返回什么结果，为什么？

【提示】

（1）欧几里得算法（辗转相除法）可以计算两个整数 a 和 b 的最大公约数。

（2）最小公倍数和最大公约数之间存在一个关系：最小公倍数等于两数之积除以它们的最大公约数。

（3）可带入相同的 num1 和 num2 的数值运行程序，查看结果。

2. 程序改错题：水仙花数是指一个三位数，其各位数字的立方和等于该数本身。例如，153 是一个水仙花数，因为 $1^3+3^3+5^3=153$。以下是一段用于判断一个数是否为水仙花数的 C 语言代码，但代码中存在若干错误。请找出这些错误并进行修正。

```
1   #include<stdio.h>
2   void isNarcissistic(int num);
3   int main()
4   {   int number;
5       scanf("%d",&number);
6       isNarcissistic(number);
7       printf("%d 是水仙花数。\n", number);
8       return 0;
9   }
10  int isNarcissistic(float num)
11  {   int digit1,digit2,digit3;
12      if (num < 100 || num > 999)
13          return 0;
14      digit1 = num / 100;
15      digit2 = (num % 100) / 10;
16      digit3 = num % 10;
17      if (digit1 * digit1 * digit1 + digit2 * digit2 * digit2 + digit3
18  * digit3 * digit3 == (int)num)
19          return 1;
20      else
21          return 0;
22  }
```

【提示】

函数定义和函数声明时都应注意函数的返回值类型、参数的数据类型的正确。在调用函数时要注意有返回值函数和没有返回值函数的不同格式，进行正确调用。

3. 程序填空题：在数学中，三角形的面积可以通过海伦公式计算。海伦公式表述为：

对于一个三角形，设其三边长分别为 a、b、c，半周长 $s = \dfrac{a+b+c}{2}$，那么该三角形的面积 $A = \sqrt{s(s-a)(s-b)(s-c)}$。以下是一个用 C 语言编写的计算三角形面积的程序，其中包含两个函数，一个用于计算半周长，另一个利用半周长计算三角形面积。请将代码中的空白处补充完整，使程序能正确运行。

```
1   #include<stdio.h>
2   #include<math.h>
3   /*计算半周长的函数*/
4   float calculate_semi_perimeter(float a, float b, float c)
5   {   return _____;
6   }
7   /* 计算三角形面积的函数*/
8   float calculate_triangle_area(float a, float b, float c)
9   {   float s, area;
10      if (a + b <= c || a + c <= b || b + c <= a) {
11          printf("错误：输入的边长不能构成三角形！\n");
12          return -1;
13      }
14      s = calculate_semi_perimeter(_____);
15      area = sqrt(_____);
16      return area;
17  }
18  int main()
19  {   float side_a, side_b, side_c, triangle_area;
20      scanf("%f%f%f",&side_a, &side_b, &side_c)
21      triangle_area = calculate_triangle_area(_____);
22      if (triangle_area != -1) {
23          printf("三角形面积为 %.2f。\n", triangle_area);
24      }
25      return 0;
26  }
```

【提示】

此题主要考查函数体能否按照程序功能进行编写，在调用函数时参数的数据类型和数量能否统一。

4. 程序设计题：编写一个 C 语言程序，实现计算排列数 A_n^m 和组合数 C_n^m 的功能。排列数的计算公式为 $A_n^m = \dfrac{n!}{(n-m)!}$，组合数的计算公式为 $C_n^m = \dfrac{n!}{m! \times (n-m)!}$，其中，$n$ 和 m 为非负整数，且 $n \geq m$。

【提示】

可以看到排列数和组合数的计算比较复杂，包含多个阶乘公式，所以可将以上问题进行拆分。

（1）factorial()函数：用于计算一个数的阶乘。

（2）permutation()函数：用于计算排列数，调用 factorial()函数进行计算。

（3）combination()函数：用于计算组合数，调用 permutation()函数和 factorial()函数进

行计算。

（4）main()函数：从用户输入获取 n 和 m 的值，调用上述函数计算并输出排列数和组合数。

5.9 本章小结

5.9.1 知识梳理

本章聚焦 C 语言函数的全面介绍，旨在帮助读者掌握函数在程序设计中的应用。函数是实现程序模块化的核心，是完成特定任务的独立代码单元，能提升代码复用率与可维护性。其定义包含返回值类型、函数名和参数列表，可分为无参、有参、有返回值、无返回值等类型。

函数调用环节，要注意实参与形参传递，原型声明可让调用更灵活。函数支持嵌套与递归调用，嵌套调用使程序结构更灵活，递归调用能化繁为简，但必须设置终止条件，防止无限循环。

在变量方面，需要区分全局变量与局部变量的作用域，前者供整个程序使用，后者仅限定义范围。在存储方式上，动态存储变量在函数执行时分配、函数结束时释放内存；静态存储变量在程序运行期间有固定内存，仅首次进入函数时初始化。

预处理命令包括文件包含、宏定义等。文件包含可引入头文件实现复用；宏定义是文本替换机制，还有解除宏定义操作，避免后续代码受其影响。

5.9.2 函数编程常见问题与解决方法

1. 函数定义问题

函数定义时返回值类型、参数列表写错，或函数名不符合命名规则。例如，错误代码 viod add(int a, int b)，正确代码应将 viod 改为 void。如果要返回两数之和，返回值类型应是 int，即 int add(int a, int b)。编程时应仔细检查函数定义的语法，遵循 C 语言标识符命名规则，明确函数功能以确定正确的返回值类型和参数列表。

2. 函数调用问题

函数调用时实参与形参不匹配，包括数量、类型不一致，或者调用未定义的函数。例如，定义函数 int add(int a, int b)，调用时写成 add(1)，正确的写法为 add(1,2)，确保调用函数时实参的数量、类型与形参一致，在调用前确认函数已正确定义或声明。

3. 函数嵌套调用顺序混乱导致结果错误

假设有两个函数，一个用于计算两个数的和，另一个用于计算两个数的乘积。原本的需求是先计算两数之和，再将和与第三个数相乘。但由于调用顺序混乱，导致结果不符合预期。

```
1    #include<stdio.h>
2    int add(int a, int b)   /*计算两数之和*/
3    {    return a + b;
4    }
5    int multiply(int a, int b)   /*计算两数之积*/
6    {   return a * b;
7    }
8    int wrongNestedCall(int x, int y, int z)   /*错误的嵌套调用函数*/
9    {   int product,sum;
10       product = multiply(x, y);
11       sum = add(product, z);
12       return sum;
13   }
14   int correctNestedCall(int x, int y, int z)   /*正确的嵌套调用函数*/
15   {   int sum,product;
16       sum = add(x, y);
17       product = multiply(sum, z);
18       return product;
19   }
```

在编写嵌套调用函数时，要清晰明确业务逻辑，按照正确的步骤调用函数。就像上述例子，若要先求和再求积，就要先调用求和函数，再将和作为参数传入求积函数。

4. 递归调用问题

递归调用时未设置终止条件，导致程序陷入无限循环，最终栈溢出；或者终止条件设置错误。如计算阶乘的递归函数没有对 $n=0$ 或 $n=1$ 进行终止判断。

5. 变量作用域问题

混淆全局变量和局部变量的作用域，在不同函数中错误使用变量，或者局部变量屏蔽全局变量导致结果异常。例如，在函数内部定义与全局变量同名的局部变量，使用时出现混淆。

6. 函数原型声明问题

在使用函数原型声明时要注意以下几点：①函数原型声明的位置，声明必须在调用函数之前；②原型声明中的返回值类型、参数类型或参数数量与实际函数定义要一致；③函数原型声明要注意语法的正确使用，在函数定义的部首加一个分号即为合法声明。

7. 宏定义问题

宏定义时未添加必要的括号，导致替换后运算顺序出错；或者使用带参数的宏时未正确理解参数替换规则。例如错误宏定义 #define SQUARE(x) x * x，调用 SQUARE(2 + 3) 会得到错误结果。正确定义为 #define SQUARE(x) ((x) * (x))。在宏定义的替换文本中适当添加括号，避免运算符优先级问题，仔细理解带参数宏的替换规则。

扩展阅读：栈在函数中的应用

在学习函数的过程中，我们都清楚函数调用时会涉及参数传递和局部变量的使用。就好比一场接力赛，一个函数调用另一个函数，恰似运动员之间传递接力棒，程序的执行权在不同函数间交接。但大家不妨思考一下，计算机究竟凭借什么，能够精准无误地记住每个函数执行完毕后该回到哪里接着执行呢？还有，函数中那些局部变量的存储空间又是如何被合理管理的呢？其实，这背后隐藏着一种特殊的数据结构——栈。

栈（stack）是一种遵循后进先出（Last In First Out，LIFO）原则的抽象数据类型。例如我们放盘子，通常会把盘子一个一个叠起来放。当我们需要用盘子时，会从最上面拿，最后放上去的盘子会最先被拿走，这就是栈这种数据结构的核心规则。

栈主要有两种基本操作。一种是"入栈"，也叫"压栈"。这就相当于往盘子摞上再放一个盘子。另一种是"出栈"，也叫"弹栈"。这就如同从盘子摞最上面拿走一个盘子。在程序执行时，函数调用就大量用到了栈。

我们不妨构建一个厨房场景来进行形象类比。想象一个忙碌的厨房，厨师们正为盛大晚宴精心准备菜品，每位厨师各司其职，菜品制作流程环环相扣，恰似程序中函数的有序调用，而厨房中的特殊架子则对应着"栈"。晚宴筹备启动，首位厨师，也就是类比中的主函数，进入厨房。他进行烹饪所需的工具，如锅碗瓢盆等可类比为程序函数里的局部变量，详细的菜谱可等同于函数参数，放置在特殊架子的顶层。这些工具和菜谱是他完成任务的必要资源，随后，他依据菜谱开始有条不紊地烹饪主菜。然而，在制作过程中，厨师遇到一道超出自身能力的配菜。此时，他邀请了另一位专长于此的厨师，即被调用函数。在邀请前，他在架子上留下标记，记录当前烹饪进度，这标记就如同程序中的返回地址，能确保后续准确回到中断处。新厨师来到厨房，将自己制作配菜的工具和菜谱放在已有物品上方，然后专注投入配菜制作。当配菜完成，新厨师收拾好工具和菜谱并从架子取走，这对应着被调用函数执行完毕后，将压入栈的局部变量、参数等信息弹出。主厨师看到配菜完成，取回标记，依据标记继续完成主菜，如同函数返回后按返回地址恢复执行。

这个特殊架子严格遵循"后进先出"原则，就像栈数据结构一样。程序中，函数调用时将局部变量、参数和返回地址压入栈，返回时按规则弹出，栈有效管理函数执行上下文，确保程序按预期逻辑和顺序正确运行，这对计算机程序的稳定执行起着关键作用。

习题

1. 选择题

1. C 程序的基本结构单位是（　　）。
   A. 文件　　　　　B. 语句　　　　　C. 函数　　　　　D. 表达式
2. 以下叙述中正确的是（　　）。
   A. C 语言程序所调用的函数必须放在 main 函数的前面

    B. C 语言程序总是从最前面的函数开始执行

    C. C 语言程序中 main 函数必须放在程序的开始位置

    D. C 语言程序总是从 main 函数开始执行

3. 有以下定义：void fun(int n,double x) {……}。若以下选项中的变量都已正确定义并赋值，则对函数 fun 的正确调用语句是（　　　）。

    A. fun(int x,double n);　　　　　　　B. m=fun(x,12.5);

    C. void fun(n,x);　　　　　　　　　　D. fun(x,n);

4. 以下叙述错误的是（　　　）。

    A. 函数调用可以出现在一个表达式中

    B. 函数调用可以作为一个函数的实参

    C. 函数调用可以作为一个函数的形参

    D. 函数允许递归调用

5. 以下程序

```
#include<stdio.h>
int  fun(int  x)
{   int  p;
    if (x==0 || x==1)  return(3);
    p=x - fun(x-2);
    return (p);
}
int main()
{ printf("%d\n", fun(9)); }
```

运行后的输出结果是（　　　）。

    A. 4　　　　　　　　B. 5　　　　　　　　C. 9　　　　　　　　D. 7

6. 有如下递归过程，调用语句 reverse(582)的结果为（　　　）。

```
void reverse(int n)
{printf("%d",n%10);
if(n/10!=0) reverse(n/10);
}
```

    A. 582　　　　　　　B. 285　　　　　　　C. 58　　　　　　　　D. 28

7. 以下程序

```
#include<stdio.h>
int  a=2;
int  f()
{  static int  n=0;
   int  m=0;
   n++;  a++;  m++;
   return n+m+a;
}
int main()
{ int  k;
   for (k=0; k<3; k++)
     printf("%d,", f());
```

```
    printf("\n");
    return 0;
}
```

运行结果是（　　）。

    A. 5,7,9,　　　　　　B. 5,6,7,　　　　　　C. 5,8,11,　　　　　　D. 5,5,5,

8. 下列说法不正确的是（　　）。

    A. 主函数 main()中定义的变量在整个文件或程序中有效。

    B. 不同函数中,可以使用相同名字的变量。

    C. 形式参数是局部变量。

    D. 在一个函数内部,可以在复合语句中定义变量,这些变量只在复合语句中有效。

9. 有以下宏定义及调用

```
#define  HA  2
#define  HB(a)  (HA+1)*a
    ...
x=HA*(HA+HB(2));
```

则以下判断正确的是（　　）。

    A. 宏定义不允许嵌套　　　　　　　　B. x 的值是 6

    C. x 的值是 16　　　　　　　　　　　D. 宏调用不允许嵌套

二、填空题

1. 在 C 语言函数调用中，一个函数调用另一个函数称为_____调用，一个函数调用自己本身称为_____调用。

2. 函数定义时括号内声明的变量被称为_____，而在函数调用时传递给函数的具体数据或变量被称为_____。

3. 定义在所有函数之外的变量称为_____，定义在函数内部或复合语句内部的变量称为_____。

4. 请将程序补充完整，计算两个整数的乘积。

```
  ①  multiply(  ②  a,  ③  b)
{ return a * b; }
int main()
{ int num1 = 5; int num2 = 3;
  int result =  ④  (  ⑤  ,  ⑥  );
  printf("两数相乘的结果是: %d\n", result);
return 0; }
```

5. 请将程序补充完整，判断一个数是否为素数。

```
#include<stdio.h>
int is_prime(int num)
{ if (num < 2) { return  ①  ; }
  for (int i = 2; i* i<=  ②  ; i++)
{ if (num % i == 0)
      return  ③  ;
  return  ④  ; }
```

```
int main()
{ int test_num = 23;
  if (is_prime(test_num))
      printf("%d 是素数\n", test_num);
  else
      printf("%d 不是素数\n", test_num);
  return 0; }
```

三、程序阅读题

1. 阅读程序，写出程序运行结果。

```
#include<stdio.h>
void get_put()
{char ch;
   ch = getchar();
   if (ch != '\n') get_put();
   putchar(ch);
}
int main()
{   get_put();
    return 0;
}
```

输入：AB12<回车>

2. 阅读程序，写出程序运行结果。

```
#include<stdio.h>
int fun(int a,int b)
{ static int m=0, i=2;
   i += m+1;   m = i + a + b;
   return m;
}
int main()
{   int k=4, m=1, p;
   p = fun(k,m);   printf("%d,", p);
   p = fun(k,m);   printf("%d\n" ,p);
}
```

四、程序设计

1. 给定平面任意两点坐标（x1,y1）和（x2,y2），求这两点之间的距离（保留 2 位小数）。要求定义和调用函数 dist(x1,y1,x2,y2)计算两点间的距离。例如，若输入的 x1=10，y1=10，x2=200，y2=100，则输出这两点间的距离为 210.24。

2. 输入 2 个正整数 a 和 n，求 a+aa+aaa+⋯+aa⋯a(n 个 a)之和。要求定义并调用函数 fn(a,n)，它的功能是返回 aa⋯a(n 个 a)。例如，fn(3,2)的返回值是 33。

3. 完数是特殊的自然数，它所有的真因子（即除了自身以外的约数）的和，恰好等于它本身。例如，6 是一个完数，因为 6 的真因子为 1、2、3，且 1 + 2 + 3 = 6。请编写程序，实现一个函数 is_perfect_number，用于判断一个数是否为完数。

4. 调用函数计算 $(1!)^2+(2!)^2+\cdots+(n!)^2$ 的值。

上机实训解析及参考代码

习题参考答案及解析

第6章 数 组

学习导读

在之前的学习中，我们已经掌握了单个数据的基本操作，包含定义、修改、访问，并且在一些场景中应用这些操作解决了问题。但是，在这样的场景下，通过单个数据的操作解决问题的方法具有一定的局限性：在一所学校中有一个班级 A，这个班级中有 60 名学生，任课老师在上课前需要对这 60 名学生点名。显然，这位任课老师需要逐个地报出每一位学生的名字，总计报 60 遍。让我们用计算机的视角对此进行考量：我们将学生的名字看作数据，此刻，60 名学生就是 60 个数据。我们将点名这个流程看作一个程序，此刻程序需要访问 60 个数据，相当于获取 60 个变量存储的数据，而这 60 个变量需要被预先定义用于存储学生的名字。此刻一个问题油然而生：是否存在一种结构帮助我们统一管理这 60 个变量，当我们需要这 60 个数据时，只需这个结构即可？为了应对类型场景，我们引入了新的数据结构——数组。

基于序数，数组能够按照先后顺序存储多个（数量大于或等于 1）同类型的数据，并对单个数据进行访问，因此能够帮助程序高效管理大量的同类型数据。让我们回到刚才的问题中，我们已经知道数组能够管理大量同类型数据，而学生的名字是同类型数据，那么我们需要把 60 个数据存储到一个数组中。那么如何存储呢？序数是关键。所以问题演变为：什么样的序数是合适的？我们可以从场景中找到答案：实际上，任课老师也认为逐个点名的方式非常麻烦且占用课堂时间，于是他让学生们按照学号的先后顺序入座，那么他可以通过空着的座位所代表的学号来找到这位缺席的学生。因此，学号就是我们需要的序数，无序入座变为基于学号入座，于是只需要学号就能访问某个学生的名字，避免了对这 60 名学生一一点名。在数组的应用中，也是应用了类似的方法来操作数据，让我们在本章的学习中感受数组的美妙。

如果说选择结构是程序的"决策者"，那么数组就是程序的"组织者"——它让程序摆脱单一数据的局限，能够应对更复杂的实际问题。本章将深入探讨数组的概念、应用及其在 C 语言中的实现方法。

内容导学

（1）内存地址是什么？

（2）数组是什么？

（3）数组的用法有哪些？

（4）字符数组是什么？

（5）数组与函数如何结合使用？

（6）如何把数组应用在程序设计中？

教学目标

知识目标：

（1）了解地址和数组的概念。

（2）掌握一维数组的定义、初始化、引用及基本操作。

（3）掌握二维数组的定义、初始化、引用及基本操作。

（4）掌握字符串与字符数组及字符串处理函数的使用。

（5）掌握数组在函数中的应用。

能力目标：

（1）能在合适的场景中应用数组。

（2）编写数组问题的程序，利用数组解决生活中的问题。

育人目标

《道德经》言"合抱之木，生于毫末；九层之台，起于累土。"意为参天大树从细小的萌芽生长，高台广厦由点滴的泥土筑成。数组作为程序设计的"毫末"与"累土"，是承载数据的根基，唯有扎实掌握其原理与运用，方能在复杂问题中构建起逻辑严密的代码大厦。

数组的运用启示我们：

（1）基础决定高度：若未理解数组的内存本质，高级数据结构便如空中楼阁；人生亦如此，唯有脚踏实地积累，方能"风物长宜放眼量"。

（2）严谨成就自由：程序因数组越界而崩溃，恰似人生因草率抉择而迷失；平时对代码"如临深渊，如履薄冰"，关键时刻方能游刃有余。

愿你在数组的学习中：

（1）既做"明辨笃行"的求知者——知数组之形、通数组之用；

（2）更做"知行合一"的实践者——以数组为舟，航向程序世界的星辰大海。

6.1 内存地址

在学习数组之前，我们需要了解一个与数组密切相关的概念——内存地址。

内存地址用来标识内存中的存储单元，通常是十六进制数字的形式，例如 0x7ffe。在一个存储单元中存储一个数据，内存地址可以标识数据，所以通过不同的地址可以区分不同的数据。我们可以把地址比作身份证，将数据比作人，于是通过不同的身份证号可以区分不同的人。要注意的是，这里的不同指的是不同的个体，即便数据的值相同。例如两个人同名，但是他们是不同的个体，所以身份证号也不同。

让我们为地址的定义做个总结：地址是一种标识符，能够标识并区分不同个体的数据。

6.2　数组的理念

本节主要讨论以下问题：

（1）什么样的结构是数组？

（2）数组是什么？数组为什么有问题（1）中描述的结构？

（3）数组的地址有什么特点？数组的地址分配有什么困难？

（4）索引是什么？索引有什么用？为什么需要索引？

6.2.1　构造一个简单的数组

本小节中我们将利用地址的概念构建数组。按下列 3 个步骤完成构建的过程。

（1）在一个 1 行 5 列的表格中填入 5 个不同并连续的地址，我们填入的地址为 0x1、0x2、0x3、0x4、0x5。我们称这个表格为地址表，结果如表 6.1 所示。

表 6.1　地址表

0x1	0x2	0x3	0x4	0x5

（2）在一个新的 1 行 5 列的表格中填入 5 个数据，我们填入 5 个字符类型的数据：'H'、'e'、'l'、'l'、'o'。我们称这个表格为数据表，结果如表 6.2 所示。

表 6.2　数据表

'H'	'e'	'l'	'l'	'o'

（3）构建起地址与数据间的标识关系，用带箭头的线段表示。例如，0x1->'H'表示地址 0x1 标识数据'H'。结果如图 6.1 所示。

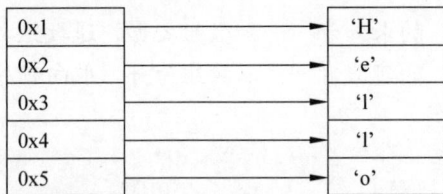

图 6.1　地址与数据间的标识关系

此时，数据表就是一个数组。

6.2.2　数组的结构

6.2.1 节我们构建了一个数组作为例子，那么究竟何谓数组？数组又为何有这样的结构？数据表是否真的是一个数组呢？我们依次解答这些问题。

1. 问题 1：何谓数组

数组是一块内存区域，由多个连续的存储单元组成。所有存储单元中存储的数据的数据类型都是相同的。可以想象一个只有一行储物格的储物柜，每个储物格都存放一个物品。那么我们可以把物品看作数据，把储物柜看作数组。

注意：这里的连续指的是地址的连续。每个存储单元都由唯一的地址标识，而地址是以十六进制数表示的，所以这些存储单元的地址是一批连续的十六进制数。

2. 问题 2：数组的结构

从问题 1 的解答中，我们知道数组在结构上有两个关键词：①地址连续；②类型唯一。我们将这两个关键词与图 6.1 关联起来，来找到问题 2 的答案。首先，我们将数据表中的每个单元格看作一个存储单元。

- 地址连续：容易得出地址表中的 5 个地址是连续的，而这 5 个地址依次和数据表中的 5 个数据构建了一一对应的标识关系。所以数据表中的 5 个存储单元的地址是连续的。
- 类型唯一：数据表中的所有存储单元存储的数据都是字符类型。

最终我们得出结论，数据表是一个货真价实的数组。

到此我们已经初步了解了数组的结构，但学习之路还在继续，我们尚未完全掌握数组的理念。在进入后面的学习之前，读者需要思考以下问题。

问题： 假设有这样的一个储物柜，如表 6.3 所示。管理规定一个储物格中只能存放一件物品，如果需要存放多件物品，只能使用连续的储物格。

（1）此时有 3 个人，每个人需要存放 2 件物品，如何存放？（填入 1、2、3 代表物品）

（2）已知储物格子上贴有用户姓名，但无法得知格子内的具体物品，如何用地址标识储物柜？

（3）从地址的角度思考数组如何存储多个整型数据，已知一个整型数据需要大小为 4 个字节的存储单元。提示：结合本问题的第 2 个小问题。

表 6.3　储物柜

带着问题去学习，能够帮助我们更好地理解数组背后的设计理念以及它的优缺点。更重要的是，这种学习方法能够促使我们不断探索，寻找问题的根本原因，而不是仅仅满足于找到一个表面上的"正确答案"。

因此，在继续深入学习数组的同时，我们要始终保持好奇心和求知欲，不断提出问题并努力去探索和解答。这样，我们不仅能更好地理解数组这一数据结构，还能掌握更高效的思维方式，培养成为一名真正具有独立思考和解决问题能力的学习者。

6.2.3　数组的地址

上一小节我们了解了数组的结构，并在末尾留下了一些问题。接下来，我们来揭晓答案，并在这个过程中更加深入地理解数组的地址。

问题（1）容易得到答案，我们主要关注问题（2）和问题（3）。

首先是问题（2）。此时储物柜如表 6.4 所示，单元格中填写的是用户的名字（假设 3 个人的名字分别为 A、B、C）。

表 6.4　储物柜

A	A	B	B	C	C

在之前的学习中，我们已经知道地址标识不同个体的数据，对于两个数据 A 而言，它们指向同一个个体，即用户 A，因此需要用一样的地址来标识，结果如表 6.5 所示（仅考虑用户 A）。

表 6.5　用户 A 的储物格

0x1	0x1

显然，这种标识方法是错误的。我们知道地址具有唯一性，不可能出现相同的地址。通过反推，我们得到一个推论：这两个存储单元实际上是一个存储单元。

那么如何理解这个推论？我们需要重新定义地址：在计算机中，地址标识的是字节。

在计算机中，真正用来存储数据的是字节，因此，对于不同大小的数据就需要不同个数的字节。对于问题（2）而言，每个储物格相当于一个字节，因此，用户 A 需要 2 字节，也就需要两个地址来标识，结果如表 6.6 所示。

表 6.6　用户 A 的存储单元

0x1	0x2

这和上文中的存储单元并不矛盾，为了解释这点，我们需要引入一个新的性质并对问题（3）作出解答：

一个存储单元中可能包含多个字节，并且存储单元由第一个字节的地址标识。

对于问题（3）：假设有 3 个 int 类型的数据，我们知道 int 类型的大小为 4 个字节，因此需要 3 个存储单元，每个存储单元的大小为 4 个字节。结果如表 6.7 所示。

表 6.7　储物柜

0x1	0x5	0x9

对于第一个存储单元，4 个字节的地址分别为 0x1、0x2、0x3、0x4，第一个地址 0x1 标识这个存储单元。

对于第二个存储单元，4 个字节的地址分别为 0x5、0x6、0x7、0x8，第一个地址 0x5 标识这个存储单元。

对于第三个存储单元，4 个字节的地址分别为 0x9、0xA、0xB、0xC，第一个地址 0x9 标识这个存储单元。

显然，不同类型的数据将导致存储单元的大小不同。（提示：比较表 6.2 和表 6.7）这会导致为数组进行地址分配出现困难。例如表 6.8，可用储物格的个数不够存放用户 B 的物品，因此管理人员需要预先检查可用连续储物格的个数。从数组和计算机的视角来说，

表 6.8　储物格的个数不足

A	A			C	C

这意味着计算机需要检查全部的地址，这是非常浪费计算机资源的。

这是否意味着数组不具备现实价值。是否存在一种统一的方法来标识这些存储单元呢？

6.2.4 索引

在上一小节中我们对数组的价值发出了质疑，在这一节中我们将找到一种统一的标识方法来证明数组的价值。为此需要引入索引的概念。

索引（index）是一个用于定位和访问数据集合中元素的标识符，通常与数据结构中的元素一一对应。

由此可以发现，地址本质上也是一种索引。

接下来我们为表 6.7 的储物柜构建索引，首先回顾数组结构的几个特点：

（1）多个连续的存储单元。

（2）所有数据的类型一致，所以存储单元的大小一致。

（3）存储单元的大小不一定。

针对数组的特点并改善地址作为标识符的不足，该索引需要满足下列几点：

（1）索引必须是连续的，因此序数可以作为一种选择。

（2）索引的迭代必须相同。

（3）索引仅考虑存储单元的个数，忽略存储单元的大小。

结合这三点要求，我们选择自然数作为索引，并特别地使用 0 作为第一个序数。那么对于任何数组，我们只需要确定存储单元的个数，即数据的个数，而不再需要考虑数据的大小。于是数组就成为简单易用的多数据结构。

事实上，C 语言中，数组也是采用了类似的方法标识数据，下面给出数组中索引的定义。

数组索引（array index）是数组中元素（数组中的数据常被称为元素）的位置标识符。数组是一组有序的数据集合，每个元素在数组中的位置由索引决定。索引通常从 0 开始，也就是说，数组的第一个元素索引为 0，第二个元素索引为 1，以此类推。

数组元素与索引的关系如图 6.2 所示，其中左边是索引表，右边是元素表。

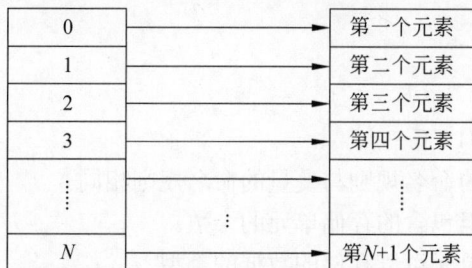

图 6.2 元素与索引的对应关系

6.2.5 总结

本节主要关注数组的相关概念知识，按照下列顺序完成了介绍过程。

（1）数组的构造：通过地址表和数据表的关系构建，我们得到了一个简单的数组。

（2）数组的结构：我们引出了数组的两个特点：地址连续；类型唯一。并留下了一个问题，它与第一个特点有关。

（3）数组的地址：引入了字节和存储单元大小的概念，并对数组的实用价值提出质疑。

（4）数组的索引：我们直面了质疑，为数组找到了一般性的标识符。

在这个不断探索的过程中我们锻炼了思维能力。通过从数组的构造、结构、地址和索引等方面的讲解，我们不仅理解了计算机科学中的技术细节，更能够培养持续提问和深入思考的能力。正如"聚沙成塔"的道理，数组这一看似简单的知识，通过不断地解决小问题，逐渐构成了我们对计算机系统更全面的认知。

在这一过程中，我们也应当意识到，技术的学习不仅仅是知识的积累，更是价值的塑造和思维的升华。数组的特点和功能，启发我们在技术创新中要保持开放心态，勇于质疑和思考，不断追求更好的解决方案。同时，这一过程也体现了集体主义和合作精神的价值，在学习中，只有不断与他人交流，分享思考，才能让知识的力量不断放大，推动社会的发展与进步。

6.3　数组的基本应用

本节主要讨论以下问题：

（1）数组有哪些基本的操作方法?

（2）数组的维度是什么意思?

（3）不同维度的数组操作方法有什么区别？

6.3.1　数组的操作方法

在上一节的学习中，我们知道数组是一个由多个存储单元组成的线性结构，并且每个存储单元存有一个数据。因此对于数组的操作可以划分为两个方面：①定义数组结构；②操作存储单元。

1. 定义数组结构

数组的定义需要考虑以下三点。

- 数组名：数组名的命名规则与变量的命名规则相同。
- 数组的大小：数组包含的存储单元的个数。
- 数据类型：存储单元可以存储的数据的类型。

注意，所有存储单元的数据都是同一类型，数组完成定义后数组名不可被修改。

数组的定义格式有以下两种。

- 只定义数组，格式为：数据类型　数组名[数组大小]。

例如，int a[3]创建了一个包含 3 个存储单元的数组 a，存储单元用于存储整型数据。

- 定义数组的同时进行初始化，格式为：

数据类型　数组名 [数组大小] = { 数据列表 }

其中，{}是格式要求，不可省略。数据列表指的是由逗号隔开的多个数据。

例如，int a[3]={1,2,3}存储了 1、2、3 三个数据。

根据数据列表中数据的个数，初始化将分为下列几种情况。

（1）如果数据的个数小于数组大小，未被初始化的存储单元将被初始化为 0。

例如 int a[5]={1,2,3}的存储的数据为 1、2、3、0、0。

（2）如果数据的个数大于数组大小，程序将报错或者警告，超出数组范围的数据可能被销毁。

（3）如果数组未被初始化，则所有存储单元内的数据都是随机值。

例如 int a[5]的存储的数据为 37814052、4198445、4202496、4202500、37814044。

（4）在初始化中，数组大小可被省略，具体大小将由数据的个数决定。

例如 int a[]={1,2,3}的数组大小为 3。

2. 操作存储单元

我们已经知道，单个数据（即存储单元）的操作基本可以分为定义、访问、修改，对于数组而言同样是这些操作，但是需要借助索引实现。定义的方法已经在上文说明，接下来将分别给出访问、修改的格式。

访问：数组名[索引]。

该格式用于获取索引对应的存储单元中的数组元素，例如，a[1]用于获取数组 a 的第二个元素。

在访问的时候要注意数组访问越界的问题。

另外，我们需要了解遍历的概念。

遍历指的是按照一定的规则或顺序，依次访问数据结构中的每一个元素，以实现对整个数据结构进行查看、处理等操作的过程。

换而言之，遍历是对下列步骤的循环：

（1）索引 index=0。

（2）访问数组名[0]。

（3）index++，如果 index==数组大小，结束循环，否则回到步骤（1）。

修改：数组名[索引]=数据。

该格式用于修改索引对应的存储单元中的数组元素，例如 a[1]=2，此时数组 a 的第二个存储单元中存储的数据被修改为 2。

拓展探索

本小节的最后，需要读者回答一个问题。

问题：假设数组 a 的大小为 3，它的第二个元素是数组 b。数组 b 的大小为 5，请问如何通过操作数组 a 来修改数组 b 的第二个元素呢？

这个问题的思考过程将对以后的学习有帮助。

6.3.2 数组维度的概念

上一小节的问题中出现了一个复杂的结构——数组的元素是一个数组，本小节将引入数组维度的概念帮助读者解决这个问题。接下来给出数组维度的定义：

数组的维度描述数组元素组织方式的层级结构，决定了数据的访问逻辑与存储模式。可以按照下列步骤理解维度的概念。

（1）有一表格 a 如表 6.9 所示。

表 6.9　表格 a

1	2	3
4	5	6
7	8	9

表格的第一行如表 6.10 所示，我们将它标识为 A。

表 6.10　A

1	2	3

表格的第二行如表 6.11 所示，我们将它标识为 B。

表 6.11　B

4	5	6

表格的第三行如表 6.12 所示，我们将它标识为 C。

表 6.12　C

7	8	9

（2）创建一个表格 b，将 ABC 3 行分别填入单元格中，得到的结果如表 6.13 所示。

表 6.13　表格 b

A
B
C

（3）此时容易得出结论：表格 a 与表格 b 的数据是相同的，但是数据的结构发生了变化。如果需要获取 A 的第二个单元格中的数据，表格 b 只能先获取第一个单元格中的数据（即为 A），再获取 A 的第二个单元格中的数据。换而言之，数据组织方式的层级增加了一层，获取数据的步骤数量也随之增加，于是表格 b 的维度变为 2。所以，数组维度描述数组元素组织方式的层级结构，决定了数据的访问逻辑与存储模式。（注意：表格 b 本身是一维数组结构，但在此讨论的访问逻辑中的维度是 2，将在 6.3.3 节中讨论）

我们再来看上一小节的问题，从而直观地理解数组维度是如何产生影响的。和上文例子同理，此时数组的结构如图 6.3 所示。为了修改数组 b 的第二个元素，我们需要访问对

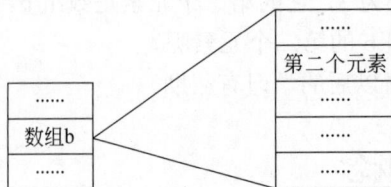

图 6.3　数组 a 和数组 b

应的存储单元，因此需要先访问数组 a 的第二个存储单元（代码为 a[1]），于是我们得到了数组 b。接下来获取 b 的第二个元素，所以访问 b 的第二个存储单元，最终代码为 a[1][1]（将在 6.3.4 节中解释）。

6.3.3　一维数组的概念和操作

在本小节中，我们将在代码示例中学习一维数组的用法。以下是一维数组的定义：一维数组是维度为 1 的数组结构，即数据组织层级为 1 的结构。

因此，一维数组的元素通常是单个数据。需要注意的是，数组名 a 是一个数据，而数组{1,2,3}是 3 个数据。例 6.2 将证实这一点。

【例 6.1】 在数组中存储 10 个自然数并输出，并在所有数组元素增加 1 后再次输出。

解题步骤：

我们需要按下列顺序实现 4 个目标：

（1）定义数组并存储 10 个自然数；

（2）输出所有数组元素；

（3）所有数组元素加 1；

（4）输出所有数组元素。

编程解析：

此时数组的元素都是单个数据，因此需要使用一维数组。从题目中可知我们需要操作全部存储单元，所以需要应用遍历的方法。从解题步骤中可知，需要使用存储、访问、修改的操作，因此可以分别使用上文介绍的数组操作方法，稍后将在代码分析中说明具体的用法。

参考代码：

```
1   #include<stdio.h>
2
3   int main()
4   {
5       int a[10];
6       int i=0;
7       for(i=0;i<10;i++)
8       {
9           printf("输入第%d 个数据：",i+1);
10          scanf("%d",&a[i]);
11      }
12      printf("====================================\n");
13      for(i=0;i<10;i++)
14          printf("第%d 个数组元素：%d\n",i+1,a[i]);
15      printf("====================================\n");
16      for(i=0;i<10;i++)
17          a[i]=a[i]+1;
18      for(i=0;i<10;i++)
19          printf("第%d 个数组元素：%d\n",i+1,a[i]);
20      return 0;
```

```
21    }
```

运行结果：

输入第 1 个数据：1
输入第 2 个数据：2
输入第 3 个数据：3
输入第 4 个数据：4
输入第 5 个数据：5
输入第 6 个数据：6
输入第 7 个数据：7
输入第 8 个数据：8
输入第 9 个数据：9
输入第 10 个数据：10
=====================================
第 1 个数组元素：1
第 2 个数组元素：2
第 3 个数组元素：3
第 4 个数组元素：4
第 5 个数组元素：5
第 6 个数组元素：6
第 7 个数组元素：7
第 8 个数组元素：8
第 9 个数组元素：9
第 10 个数组元素：10
=====================================
第 1 个数组元素：2
第 2 个数组元素：3
第 3 个数组元素：4
第 4 个数组元素：5
第 5 个数组元素：6
第 6 个数组元素：7
第 7 个数组元素：8
第 8 个数组元素：9
第 9 个数组元素：10
第 10 个数组元素：11

代码与结果分析：

运行结果由"===…==="划分为 3 部分，从上到下分别完成了：

（1）输入 10 个数据；

（2）输出输入的 10 个数据；

（3）输出变化后的数组元素。

通过与问题分析部分的目标对照，容易得出 1 对应目标 1，2 对应目标 2，3 对应目标 3、4。

接下来我们以"===…==="作为锚点来理解代码。代码中第 9 行和第 12 行的作用是输出"===…==="，所以我们可以构建出目标、代码、结果的关系表如表 6.14 所示。

我们分别分析这三段代码。

5～11 这一段代码主要分为两部分：

· 第 5 行的代码定义一个数组。

表 6.14 目标、代码、结果的关系表

目 标	代 码	结 果
1	5～11	1
2	13、14	2
3、4	16～19	3

- 6～11 行的代码遍历并通过 scanf() 给数组的每个存储单元存储自然数,即输入数据。

13、14 这一段代码遍历并输出数组的每个存储单元存储的数据,所以在结果 2 中我们得到了 10 个自然数。

16～19 这一段代码完成了两个目标,自然可以分为两个部分:

- 16、17 行代码遍历数组,并将访问得到的数据加 1 后存储到原先的存储单元中。
- 18、19 行代码与 13、14 行相同,这里不再说明。

【例 6.2】定义 3 个大小为 3 的一维数组并初始化,并将 3 个数组的引用存储在一个新数组中,然后输出这个新数组的全部数据。

解题步骤:

我们需要按下列顺序实现 3 个目标:

(1) 定义 3 个一维数组并初始化。

(2) 定义一个新数组,用来存储目标(1)中的 3 个数组的数组名。

(3) 输出新数组的全部数据。

编程解析:

从解题步骤中可知,需要使用定义、访问操作,所以可以分别使用上文介绍的数组操作方法,稍后将在代码分析中说明具体的用法。

参考代码:

```
1    #include<stdio.h>
2    int main()
3    {
4        int a[3]={1,2,3};
5        int b[3]={4,5,6};
6        int c[3]={7,8,9};
7        int n[3]={a,b,c};
8        int i=0;
9        for(i=0;i<3;i++)
10           printf("第%d 个数组元素: %d\n",i+1,n[i]);
11       return 0;
12   }
```

运行结果:

第 1 个数组元素: 37814020
第 2 个数组元素: 37814004
第 3 个数组元素: 37813988

代码与结果分析:

运行结果代表了数组 n 中存储的数据,这些数据都是单个数据,说明数组 n 是一个一维数组。对于这三个数据所代表的意义,我们将在"指针"章中进行更加深入的讨论。

我们将代码划分为两部分:

- 3～6 这一段代码主要定义并初始化了 4 个数组，其中 a、b、c 数组完成了目标（1），n 数组完成了目标（2）。
- 7～9 这一段代码遍历并输出数组 n 的每个存储单元存储的数据，所以完成了目标（3）。

6.3.4　二维数组

在本小节中，在代码示例之前，我们需要学习二维数组的概念和操作方法。以下是二维数组的定义：二维数组是维度为 2 的数组结构，即数据组织层级为 2 的结构。

因此，二维数组的元素通常是多个数据，例如一维数组。（注意，不是一维数组名）

例如，数组{{1,2,3},{4,5,6},{7,8,9}}是一个二维数组，它有 3 个元素：{1,2,3}、{4,5,6}、{7,8,9}，这三个元素都是一维数组，注意区别于例 6.2 的情况。

对于二维数组，操作方法和上文有些许不同。下面给出二维数组的定义格式：

二维数组的定义格式同样有两种。

- 只定义数组，格式为：

数据类型　数组名［**层级 1 的元素个数**］［**层级 2 的元素个数**］

例如，int a[3][2]创建了一个大小为 3 的数组 a，它的元素是大小为 2 的一维数组，这些一维数组只能存储整型数据。可以用图 6.4 来理解数组元素之间的层级关系，其中->表示层级间的所属关系，例如，A->B 表示 B 属于 A，或者说 B 是 A 的元素。

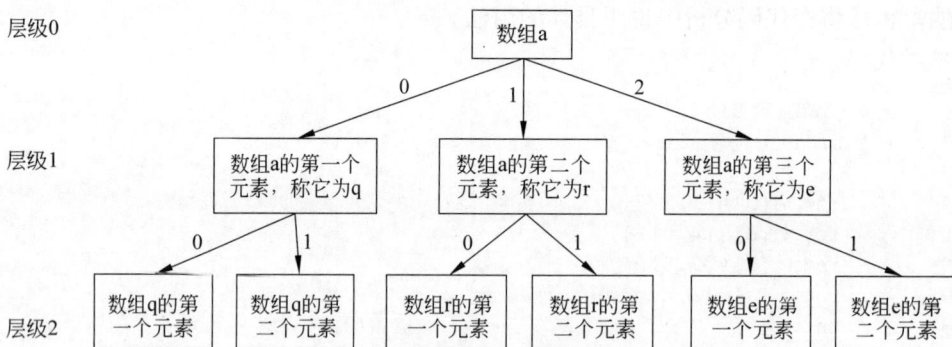

图 6.4　层级关系图

- 定义数组的同时进行初始化，格式为：

数据类型　数组名［**层级 1 的元素个数**］［**层级 2 的元素个数**］＝｛**数据列表**｝

其中，数据列表由多个层级 1 的元素组成，同样由逗号隔开。

例如，int a[3][2]={{1,2},{3,4},{5,6}}存储了 3 个数组：{1,2}、{3,4}、{5,6}。

另外，和一维数组类似，初始化中层级 1 的元素个数可省略，将由数据列表的数据个数决定。这里我们给出推论：

根据 C 语言的规则，必须明确除了第一维以外的所有维度的元素个数。

例如，n 维数据 int a[][3]...[4]，除了第一维（即最左边的[]）可以省略元素个数，其他维度（省略号表示多个[元素个数]）的元素个数都要明确写出。

数据列表可以是一维的，此时由编译器根据提供的初始化数据自动推断层级 1 的元素个数。

例如，"int a[][3]={1,2,3,4,5,6};"由于层级 2 的元素个数是明确指定的 3，因此编译器会自动根据初始化数据推导出层级 1 的元素个数（这里是 2）。所以 a[2][3] 通过 {1,2,3,4,5,6} 被初始化为：

a[0] = {1, 2, 3}

a[1] = {4, 5, 6}

接下来给出操作二维数组存储单元的方法。

● 访问：数组名[层级 1 索引][层级 2 索引]。

首先按照层级 1 索引找到元素（即数组），再按照层级 2 索引找到层级 1 数组的元素。我们同样可以借助图 6.5 来理解，图中->边上的数字代表索引。例如 a[0][1],层级 1 索引是 0，因此找到数组 a 的第一个元素（即为 q），之后层级 2 索引是 1，因此找到 q 的第二个元素。

对于遍历，我们同样按照不同层级元素的所属关系来访问。将在例 6.3 中说明遍历二维数组的方法。

● 修改：数组名[层级 1 索引][层级 2 索引]=数据。

首先按照两个索引找到对应的存储单元，之后修改数据，例如 a[0][1]=2，此时 q 的第二个存储单元中存储的数据被修改为 2。

例 6.3 展示了二维数组的简单应用。

【例 6.3】有一表格如下所示，请用合适的结构存储表格数据，并修改表格第二行第三列的数据为 55。

1	2	3
4	5	6
7	8	9

解题步骤：

我们需要按下列顺序实现 3 个目标：

（1）转换表格为二维数组的结构。

（2）找到表格第二行第三列的数据在数组中的位置。

（3）修改该位置存储的数据。

编程解析：

要解答这个题目，首先要找到合适的结构来存储表格数据，因此我们需要分析表格的结构。我们按照行来审视它，所以它是由多行组成的，而行是由多个单元格组成的。于是我们得出结论：表格是一个二维的结构，层级 1 是行，层级 2 是单元格。

其次，我们需要遍历二维数组来存储数据。那么如何遍历二维数组呢？根据所属关系，我们知道二维数组在层级 1 有 3 个元素（3 行），按照遍历的要求先获取第一个元素（即第一行），之后对第一行进行遍历，那么获取到的元素是 1，此时第一次遍历就完成了（遍历停止的标志是到达最后一个层级，或者说获取到单个数据）。第二次遍历的结果是 2。第三次是 3，此时完成对层级 1 的第一个元素的遍历，我们开始遍历层级 1 的第二个元素，之后则同理类推，直到所有元素被遍历完成。

参考代码：

```
1    #include<stdio.h>
2
3    int main()
4    {
5      int sheet[3][3]={{1,2,3},{4,5,6},{7,8,9}};
6      int i,j;
7      for(i=0;i<3;i++)
8        for(j=0;j<3;j++)
9            printf("层级 1 索引：%d，层级 2 索引：%d，数据：%d\n",i,j,sheet[i][j]);
10     printf("========================================\n");
11     sheet[1][2]=55;
12     for(i=0;i<3;i++)
13     {
14       for(j=0;j<3;j++)
15           printf("%d ",sheet[i][j]);
16       printf("\n");
17     }
18     return 0;
19   }
```

运行结果：

```
层级 1 索引：0，层级 2 索引：0，数据：1
层级 1 索引：0，层级 2 索引：1，数据：2
层级 1 索引：0，层级 2 索引：2，数据：3
层级 1 索引：1，层级 2 索引：0，数据：4
层级 1 索引：1，层级 2 索引：1，数据：5
层级 1 索引：1，层级 2 索引：2，数据：6
层级 1 索引：2，层级 2 索引：0，数据：7
层级 1 索引：2，层级 2 索引：1，数据：8
层级 1 索引：2，层级 2 索引：2，数据：9
========================================
1 2 3
4 5 55
7 8 9
```

代码与结果分析：

运行结果由"===…==="划分为两个部分，从上到下分别完成了：

（1）输出二维数组的数据以及对应的两个层级索引。

（2）输出修改后的结果，并以表格的形式呈现。

通过与问题分析部分的目标对照，易得出 1 对应目标 1 和 2，2 对应目标 3。

接下来我们以"===…==="作为锚点来理解代码。代码中的第 8 行的作用是输出"===…==="，所以我们可以构建出目标、代码、结果的关系表，如表 6.15 所示。

表 6.15　目标、代码、结果的关系表

目　　标	代　　码	结　　果
1、2	5～9	1
3	11～17	2

我们分别分析这三段代码。

5~9 行这一段代码主要分为两部分：

- 第 5 行的代码定义一个二维数组并初始化，数据来自表格。其中层级 1 的元素是 3 个数组{1,2,3},{4,5,6},{7,8,9}，与表格中的 3 行数据相对应。
- 7~9 行代码通过嵌套循环遍历二维数组，其中外循环遍历层级 1 的元素，内循环遍历层级 2 的元素，并将遍历得到的数据和两个索引对应逐个输出。所以我们得到了结果 1。并且根据结果和表格的比对，我们得到目标 2 的答案——层级 1 索引是 1，层级 2 索引是 2。

11~17 行这一段代码也是分为两部分：

- 第 11 行代码中通过两个索引修改数据为 55。
- 12~17 行代码与 7~9 行代码类似，用遍历访问数组中的所有数据。但在这基础上，对显示的格式进行了调整。第 11~12 行代码将归属同一层级 1 数组的多个层级 2 数据在一行中输出。输出完毕后，13 行代码输出换行符。而层级 1 数组对应的是表格中的行，因此本段代码实现了每输出表格中的一行数据就换行。

例 6.4 展示了如何根据题意构造合适的二维数组结构。

【例 6.4】假设有 3 个学生，每个学生有 4 门课，输入每个学生每门课的成绩，输出每个学生的总分和每门课的平均成绩。

解题步骤：

我们按顺序完成下列 4 个目标：

（1）定义一个二维数组，层级 1 元素是学生，层级 2 元素是一个学生的各门课的成绩。

（2）通过输入函数将各门课的成绩存储到数组中。

（3）为每个层级 1 元素（即学生）遍历并累加层级 2 的元素（即各门课的成绩），得到总分。最后输出总分。

（4）为每个层级 2 元素（即一门课程的成绩）遍历并累加层级 1 的元素（即这门课程的所有学生）。最后输出平均分。

编程解析：

这个题目中有多个数据，所以需要找到合适的结构来管理这些数据。在现实生活中我们常用 Excel 表格来应对这样多数据的场景，那么我们先构建一个表格来管理这些数据，如表 6.16 所示。

表 6.16　成绩表

	第 1 门课的成绩	第 2 门课的成绩	第 3 门课的成绩	第 4 门课的成绩	总分
学生 a	成绩 a_1	成绩 a_2	成绩 a_3	成绩 a_4	
学生 b	成绩 b_1	成绩 b_2	成绩 b_3	成绩 b_4	
学生 c	成绩 c_1	成绩 c_2	成绩 c_3	成绩 c_4	
平均成绩					

现在，我们需要填写完整这张表格。不妨先分析填写过程中的行为。我们以学生 a 的总分为例，为了计算总分，需要将 4 门课的成绩加起来。那么加法过程是怎么推进的呢？按照下列顺序推进：

（1）成绩 a_1+成绩 a_2，假设结果为 r。

（2）r+成绩 a_3，假设结果为 re。

（3）re+成绩 a_4，结果为学生 a 的总分。

观察这个流程，我们能得出结论：加法过程本质上是遍历并累加一行的数据（即一个学生的全部成绩）。

对于一门课的平均分，推导过程类似，此处不赘述。

另外，对于表格，我们已经知道可以用二维数组来表示（例 6.3）。

参考代码：

```
1    #include<stdio.h>
2    #include<string.h>
3
4    int main()
5    {
6      int sheet[3][4];
7      int i, j, sum;
8      float avg;
9      for(i=0;i<3;i++)
10       for(j=0;j<4;j++)
11       {
12           printf("学生：%d, 课程：%d, 成绩：",i+1,j+1);
13           scanf("%d",&sheet[i][j]);
14       }
15       printf("======================================\n");
16       printf("学生姓名\t 第 1 门课成绩\t 第 2 门课成绩\t 第 3 门课成绩\ t
         第 4 门课成绩\n");
17       for(i=0;i<3;i++)
18       {
19           printf("学生%d",i+1);
20           for(j=0;j<4;j++)
21           {
22               printf(" \t\t%d",sheet[i][j]);
23           }
24           printf("\n");
25       }
26       printf("======================================\n");
27       for(i=0;i<3;i++)
28       {
29           sum=0;
30           for(j=0;j<3;j++)
31               sum+=sheet[i][j];
32           printf("第%d 个学生的总分：%d\n",i+1,sum);
33       }
34       printf("======================================\n");
35       for(j=0;j<3;j++)
36       {
37           avg=0.0;
38           for(i=0;i<3;i++)
39               avg+=sheet[i][j];
40           printf(" 第%d 门课程的平均分：%.2f\n",j+1,avg/3);
```

```
41          }
42     return 0;
43  }
```

运行结果：

学生：1，课程：1，成绩：80
学生：1，课程：2，成绩：100
学生：1，课程：3，成绩：90
学生：1，课程：4，成绩：70
学生：2，课程：1，成绩：50
学生：2，课程：2，成绩：10
学生：2，课程：3，成绩：60
学生：2，课程：4，成绩：40
学生：3，课程：1，成绩：30
学生：3，课程：2，成绩：20
学生：3，课程：3，成绩：80
学生：3，课程：4，成绩：70
======================================
学生姓名　第1门课的成绩　第2门课的成绩　第3门课的成绩　第4门课的成绩
学生1　　　80　　　　　　100　　　　　　90　　　　　　　70
学生2　　　50　　　　　　10　　　　　　　60　　　　　　　40
学生3　　　30　　　　　　20　　　　　　　80　　　　　　　70
======================================
第1个学生的总分：340
第2个学生的总分：160
第3个学生的总分：200
======================================
第1门课程的平均分：53.33
第2门课程的平均分：43.33
第3门课程的平均分：76.67
第4门课程的平均分：60.00

代码与结果分析：

运行结果由===…===行划分为 4 部分，从上到下分别完成了：

（1）定义二维数组并通过输入存储全部成绩。

（2）以表格的形式呈现全部数据。

（3）计算并输出各学生的总分。

（4）计算并输出各门课的平均分。

通过与问题分析部分的目标对照，易得出（1）对应目标（1）和目标（2），（2）对应目标（3）。

接下来我们以===…===行作为锚点来理解代码。代码中第 8 行的作用是输出===…===行，可以构建目标、代码、结果的关系表，如表 6.17 所示。

表 6.17　目标、代码、结果的关系表

目　标	代　码	结　果
（1）、（2）	6～14	（1）
（3）	27～33	（3）
（4）	35～41	（4）

我们分别分析这三段代码。

- 6～14 行这一段代码，我们主要介绍第 13 行代码，遍历循环的原理与例 6.3 相同。

第 13 行代码通过取地址符&和两个索引获取二维数组各个存储单元的地址，从而通过 scanf()函数在存储单元中存入数据。

- 27～33 行这一段代码在逻辑设计上按照先后顺序可以分为 3 部分。

（1）第 29 行代码：sum 的作用是作为累加的结果。对于每位学生，需要让 sum 重置为 0，从而为之后的累加过程做准备。如果不重置，上一轮外循环得到的结果（即上一个学生的总分）将被保留，最后得到的结果就是全部成绩的总和，而不是某个学生的成绩总和。

（2）30～31 行：j 作为层级 2 索引，可以遍历第 i 个学生的全部成绩。将每次获取的数据累加到 sum 变量中，在遍历结束时即可得到第 i 个学生的成绩总和。

（3）第 32 行代码：最后输出总和。

- 35～41 行这一段代码与 27～33 行类似，但是遍历的是学生而不再是课程。

（1）第 37 行代码：avg 的作用是作为平均分的计算结果。对于每门课，需要让 avg 重置为 0。如果不重置，上一轮外循环得到的结果（即上一门课的平均分）将被保留，并在第 39 行代码中参与累加过程。

（2）第 38、39 行：i 作为层级 2 索引，可以遍历第 j 门课程的全部学生成绩。将每次获取的数据累加到 sum 变量中，在遍历结束时即可得到第 j 门课程全部学生的成绩总和。

（3）第 40 行代码：最后输出第 j 门课程的平均分。

拓展探索

问题：尝试修改例 6.4 的代码，使得表格完整，并在表格中显示总分和平均分。

6.3.5 总结

本节主要关注数组的基本应用，按照下列顺序完成了介绍过程。

（1）数组的基本操作方法：介绍了数组的定义、访问、修改的格式，探讨了数组越界的问题。最后对维度的概念进行了一定程度的拓展。

（2）维度的概念：在介绍具体数组实例之前，我们先接触了维度的概念，通过构建表格对维度进行了说明。

（3）一维数组的概念及应用：结合维度和数组的概念，对一维数组的概念的理解水到渠成。并且通过一些例子，我们掌握了如何分析和解决一维数组相关的编程问题。

（4）二维数组的概念及应用：在维度和数组的概念基础上，我们更加深入地理解了层级的概念。并且在数组的基本操作方法的基础上，我们学习了二维数组的操作方法。最后是在例子中体会了如何分析和解决二维数组相关的编程问题。

本节的内容通过构建数组的基本概念与操作，为学生的学习打下了坚实的基础，同时也强调了独立思考和深入理解的精神。学习基础知识的每一步，都为后续的深度理解和能力提升提供了坚实的支持。这种从概念到应用的递进过程，体现了"从实际出发、踏实走好每一步"的学习态度。我们不仅要学习数组的基本知识与技能，更要在实际编程的过程中独立思考和灵活运用，培养了分析问题和解决问题的能力。这不仅推动了我们的知识积累，也为未来在技术和思维层面的成长提供了指导。

6.4 字符串与字符数组

本节主要讨论以下问题：
（1）字符串是什么？如何操作字符串？
（2）字符数组是什么？有什么用？和字符串的关系是什么？
（3）字符串的处理函数有哪些？如何应用这些函数？

6.4.1 字符串的概念和操作

字符串（string）是编程中用于表示文本数据的基本数据类型，由多个字符数据（如字母、数字、符号）组成。或者说，字符串是一种一维结构。

字符串的操作方法分为定义、访问、输出、输入，注意字符串无法被修改。

1. 定义字符串

字符串的定义格式是：

"数据列表"

即由一对英文双引号包围一个数据列表，数据列表指的是由多个字符数据组成的一个序列，用来表示文本内容。例如，"abc"能够定义一个字符串，表示文本 abc。

注意：'\0'会被自动添加到数据列表的结尾。

2. 访问字符串

字符串的访问是基于索引的，格式为：

字符串数据[索引]

例如，"abc"[0]可以获取数据'a'。

3. 输出字符串

字符串对应的输出格式占位符是 s，例如，"printf("%s\n","abc");"可以输出文本内容 abc。

4. 输入字符串

字符串对应的输入格式占位符同样是 s，与其他变量不同的是，字符串常用数组和指针来表示（后续章节将会介绍），而数组和指针的数据是地址，因此不再需要取地址符&来获取存储单元的地址。

例如，有一数组 a，"scanf("%s",a);"即可将字符串通过输入存储到数组 a 中。

5. 修改字符串

字符串类型数据是以常量的形式存储的，一旦定义，则不可修改。因此，我们常称它为字符串常量。

例 6.5 展示了字符串数据的一些简单应用。

【例 6.5】 有一文本：Hello World。要求逐个输出文本中的每个字符。最后输出整个文本。

解题步骤：

我们主要实现两个目标：（1）遍历并输出字符串的所有数据；（2）输出整个字符串。

编程解析：

可以用字符串表示这个文本。因为字符串是一维结构。通过索引可以获取单个字符，所以逐个输出文本中的全部数据可以通过索引遍历字符串来实现。

输出整个字符串需要使用格式符%s。

参考代码：

```
1    #include<stdio.h>
2    int main()
3    {
4      int i;
5      for(i=0;i<11;i++)
6        printf("第%d 个字符: %c\n",i+1,"Hello World"[i]);
7      printf("文本: %s\n","Hello World");
8      return 0;
9    }
```

运行结果：

```
第 1 个字符: H
第 2 个字符: e
第 3 个字符: l
第 4 个字符: l
第 5 个字符: o
第 6 个字符:
第 7 个字符: W
第 8 个字符: o
第 9 个字符: r
第 10 个字符: l
第 11 个字符: d
文本: Hello World
```

代码与结果分析：

4~6 行这一段代码完成了目标（1）。它通过索引和循环来遍历字符串"Hello World"，并输出获取的字符数据，所以在结果中我们依次得到了文本中的所有字符。

第 7 行代码完成了目标（2）。它使用 s 作为输出格式占位符，输出"Hello World"，所以在结果中我们得到了整个文本。

拓展探索

尝试修改访问到的字符数据，看看是否能够成功。

解题步骤:

按照下列顺序完成解题。

（1）首先，需要看看原字符串的元素分别是什么。

（2）然后，对字符串元素进行修改。

（3）最后，验证字符串是否被成功修改。

编程解析:

通过遍历输出原先字符串的元素即可完成第一步。然后通过索引修改字符串中的数据。最后，再通过遍历输出修改后的字符串的元素，并和第一步的结果做比对，即可知道是否修改成功。

6.4.2　字符串数组的概念和操作

在上一小节的学习中，我们知道字符串是一维结构，同时一维数组也是一种一维结构，那么是否可以用数组来存储字符串中的数据呢？本节会回答这个问题。

字符串数组是表示字符串的一种方式，是以字符类型数据作为元素的一维数组。对于字符串数组的操作方法与我们之前介绍过的一维数组相同。

拓展探索

修改字符数组的元素，回答为何能够修改成功。（提示：字符串常量不可被修改）

6.4.3　字符串相关函数

本小节主要讨论如何应用字符串相关函数处理字符串数据。

函数按照功能，可分为下列几种:

（1）strlen(字符串):

- 该函数用于统计字符串中字符的个数。
- 字符串常量、字符数组都可以作为参数。
- 统计过程以'\0'作为结束符，并且'\0'不会被统计。

（2）strcpy(字符串 dest,字符串 src):

- 该函数将字符串 src 复制到字符串 dest 中。如果 dest 中有字符数据，则修改为 src 的数据。
- 字符串常量、字符数组都可以作为参数 src，但是字符串常量不能作为参数 dest。
- 复制过程结束于 src 中'\0'被复制到 dest 的时候。

（3）strcat(字符串 dest,字符串 src):

- 该函数将字符串 src 追加到字符串 dest 的末尾。追加过程开始于 dest 中'\0'的位置，结束于 src 中'\0'被追加到 dest 的时候。
- 字符串常量、字符数组都可以作为参数 src，但是字符串常量不能作为参数 dest。

（4）strcmp(字符串 1,字符串 2):

- 该函数将根据 ASCII，按照索引逐个比较字符串 1 和字符串 2 对应位置上的元素。我们称字符串 1 为 a,字符串 2 为 b,当前索引为 index,那么函数的工作流程如图 6.5

所示。

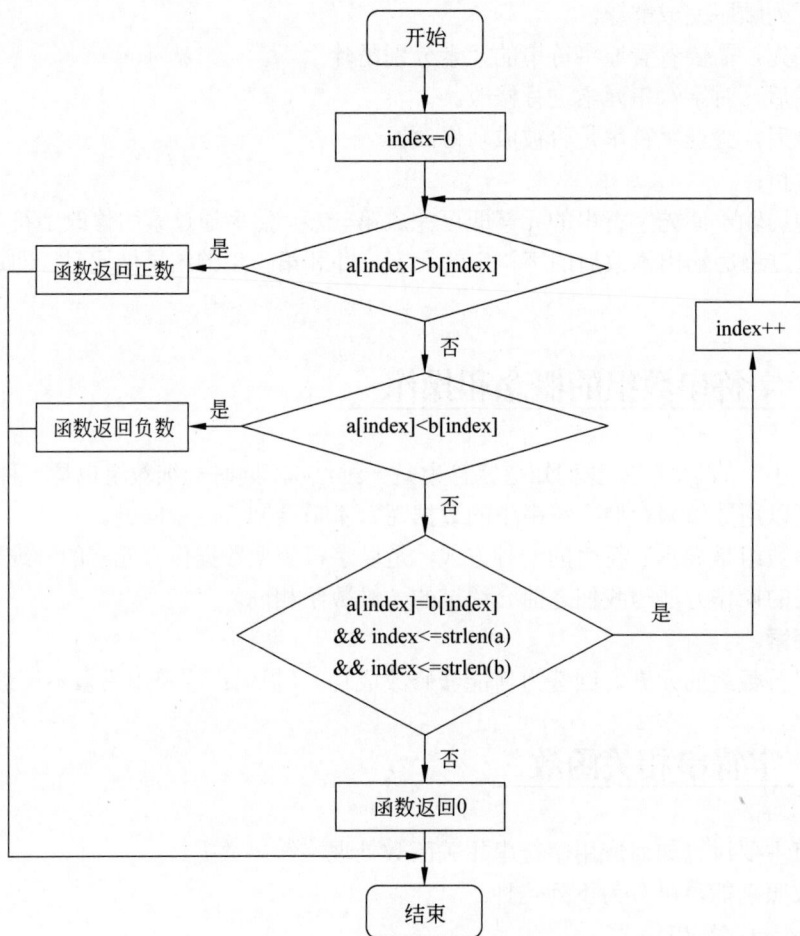

图 6.5 strcmp 工作流程图

- 以下是对图 6.5 的总结：

（1）'\0'也会参与到比较过程，并且'\0'被比较后结束整个流程。

（2）如果 a[index]大于 b[index]，则返回正值，表示 a 大于 b。

（3）如果 a[index]小于 b[index]，则返回负值，表示 a 小于 b。

（4）如果 a[index]等于 b[index]，并且'\0'未曾被比较，则当前索引加 1，否则函数返回 0，代表 a 和 b 相等。

- 字符串常量、字符数组都可以作为参数。

6.4.4 总结

本节主要关注字符串和数组的关系，以及一些相关函数的用法。

（1）字符串的概念和操作：主要回答了字符串是什么的问题，并且介绍了字符串类型数据的操作格式。

（2）字符串数组的概念和操作：探讨了字符串和数组的关系，说明了如何用字符数组表示字符串，通过实例介绍了字符数组的一些应用方法。

（3）字符串相关函数：主要介绍了 4 种函数，分别用于获取字符串的长度、字符串复制、字符串连接、字符串比较。

学习字符串和字符数组的基础概念为我们打下了扎实的技术基础。在学习字符串和字符数组时，我们深刻体会到基础知识的积累是实现更高层次应用的关键。就如同我们的学习旅程一样，每一点知识的积累和每一步的努力，都是"聚沙成塔"的过程。通过不断地探索和实践，我们逐渐从基础走向深入，突破技术瓶颈，并在实际问题中找到有效的解决方案。

在学习字符串和字符数组及其处理函数的过程中，我们不仅是积累了编程技能，更在这个过程中学会了独立思考、关注细节、团队协作以及从错误中成长。这激励我们在技术学习的同时，树立正确的价值观，勇于创新，追求卓越，最终实现个人与集体的共同成长。这一过程不仅是技术的提升，更是个人综合素养的全面发展。

6.5 数组与函数

本节主要讨论以下问题：

数组有哪些函数相关的应用？如何应用？

在有关函数的章节的学习中，我们知道函数的应用主要包括函数定义和函数调用，函数的概念主要由几个概念组成：参数传递（形参和实参）、返回值和接收变量、函数体。本节将立足函数的 3 个概念，协调函数的两个应用，以此对数组在函数中的用法做出说明。

6.5.1 数组作为函数参数

函数参数由形参和实参组成，并且两个参数的数据类型需要一致。当数组作为函数参数时，同样需要考虑参数的这个特点。

我们主要介绍一维数组和二维数组作为函数参数的做法。

1. 一维数组作为函数参数

- 实参是一个数据，因此数组作为函数实参时，只需要数组名即可（回忆：与数组不同，数组名是一个数据）。
- 形参类似数据的定义，而数组作为函数形参时，需要省略数组大小。

例 6.6 展示了一维数组作为参数的用法，我们先忽略 array_element 函数中的函数体和第二个参数 1，仅仅观察数组 a 作为实参和形参的用法。

【例 6.6】用函数遍历一个一维数组。

解题步骤：

我们主要实现两个目标：

（1）定义一个函数用于遍历一维数组。

（2）在主函数中调用函数。

编程解析：

本题对于数组的内容没有限定，说明我们设计的函数需要具备遍历任意数组的能力，因此形式参数是数组。由于 C 语言的形式参数数据类型不可变动，因此我们以整型为例完成设计。

当数组作为参数时，需要注意形参与实参的数据类型一致。这里是整型数组。

数组作为参数时，通常需要另一个参数用来传递数组的大小。

参考代码：

```
1    #include<stdio.h>
2    void array_element(int a[],int l)
3    {
4        int i=0;
5        for(i=0;i<l;i++)
6          printf("%d\n",a[i]);
7    }
8    int main()
9    {
10       int a[3]={1,2,3};
11       array_element(a,3);
12       return 0;
13   }
```

运行结果：

1
2
3

2. 二维数组作为函数参数

我们回顾二维数组的定义格式：

数据类型 数组名 [层级 1 的元素个数] [层级 2 的元素个数]

二维数组作为形式参数需要忽略层级 1 的元素个数，但需要写出层级 2 的元素个数。

我们在例 6.7 中体会二维数组作为参数的用法。

【例 6.7】 用函数遍历一个二维数组。

解题步骤：

我们主要实现两个目标：

（1）定义一个函数用于遍历二维数组。

（2）在主函数中调用函数。

编程解析：

解析过程与例 6.6 类似，此处略。

参考代码：

```
1    #include<stdio.h>
2    void array_element(int b[][2],int l)
3    {
```

```
4        int i,j;
5        for(i=0;i<1;i++)
6         for(j=0;j<2;j++)
7             printf("%d\n",b[i][j]);
8    }
9    int main()
10   {
11       int a[3][2]={{1,2},{3,4},{5,6}};
12       array_element(a,3);
13       return 0;
14   }
```

运行结果:

1
2
3
4
5
6

6.5.2　数组在函数体中的用法

函数体中的数据来自两个方面:(1)函数内定义;(2)函数外传递。数组在函数体中的使用同样可以分为这样两个方面。

1. 数组在函数内定义

此时数组的用法和 6.3 节中介绍的方法相同,通过数组的几种基本操作方法来使用数组。例 6.8 和例 6.9 展示了一维数组和二维数组在函数内定义的用法,易得出上述结论。

【例 6.8】 用函数定义并初始化一个数组,并输出数组中的所有数据。

解题步骤:

我们主要实现两个目标:

(1)定义一个函数,在函数体中定义并初始化一个一维数组。

(2)在函数中遍历输出数组的所有数据。

编程解析:

如上文所言,操作函数体中定义的数组时,操作方式与在主函数中的并无不同。所以只需要按照主函数的写法完成设计,再将函数名、参数、返回值等修改为函数定义即可。最后,重新编写一个主函数调用该函数。

参考代码:

```
1    #include<stdio.h>
2    void array_create()
3    {
4        int a[3]={1,2,3};
5        int i=0;
6        for(i=0;i<3;i++)
```

```
7        printf("%d\n",a[i]);
8    }
9    int main()
10   {
11       array_create();
12       return 0;
13   }
```

运行结果：

```
1
2
3
```

【例 6.9】 用函数定义并初始化一个二维数组，并输出数组中的所有数据。

解题步骤：

我们主要实现两个目标：

（1）定义一个函数，在函数体中定义并初始化一个二维数组。

（2）在函数中遍历输出数组的所有数据。

编程解析：

解析过程与例 6.8 类似，此处略。

参考代码：

```
1    #include<stdio.h>
2    void array_create()
3    {
4        int a[3][2]={{1,2},{3,4},{5,6}};
5        int i,j;
6        for(i=0;i<3;i++)
7          for(j=0;j<2;j++)
8             printf("%d\n",a[i][j]);
9    }
10   int main()
11   {
12       array_create();
13       return 0;
14   }
```

运行结果：

```
1
2
3
4
5
6
```

2. 数组在函数外定义

数组在函数外定义后，被传递给函数。

此时函数获取的数据是数组名，之后可以通过索引对数组进行访问、修改等操作。需要注意的是，与单个变量不同，函数获取的这个数组（即形参）和函数外定义的数组（即实参）是同一个数组。换句话说，函数内的数组操作会对函数外的数组产生同等的影响。

例 6.10 展示了一维数组被传递给函数后在函数体中的用法。

【例 6.10】定义并初始化一个一维数组，通过函数将该数组的每个元素增加 1。最后输出数组中的所有数据。

解题步骤：

我们主要实现 3 个目标：

（1）在主函数中定义并初始化一个数组。

（2）定义一个函数，在函数体中对数组的每一个元素加 1。

（3）输出数组的所有数据。

编程解析：

（1）我们需要操作数组的每个元素，所以可以用循环来遍历数组。

（2）数组来自函数外，所以需要用参数传递将数组发送给函数。

（3）需要另一个参数传递数组大小，方便函数内遍历数组。

参考代码：

```
1    #include<stdio.h>
2    void array_modify(int b[],int l)
3    {
4        int i=0;
5        for(i=0;i<l;i++)
6          b[i]=b[i]+1;
7    }
8    int main()
9    {
10       int i=0;
11       int a[3]={1,2,3};
12       array_modify(a,3);
13       for(i=0;i<3;i++)
14         printf("%d\n",a[i]);
15       return 0;
16   }
```

运行结果：

2
3
4

代码和结果分析：

我们可以构建分析、代码的关系表，如表 6.18 所示。

表 6.18　分析、代码的关系表

分　　析	代　　码
1	4～6
2	2、11～12

我们分别分析这两部分代码：

（1）第 2 行代码中，array_modify 函数有两个参数，分别是整型数组 b 和整型变量 l。由第 11～12 行代码可知，b 的数据是数组名 a，而 l 的数据是 3，也就是数组的长度。

（2）4～6 行代码以 b 的数据作为数组名，用循环遍历数组 b 并让获取的数据加 1。另外，索引 i 的最大值被限制为 l-1，因为数组 b 的大小与数组 a 相同，即为 l。

由结果可以证实，数组 a 与数组 b 是同一个数组，即便没有操作数组 a 的数据，对数组 b 的操作在 a 中产生了同等作用。究其根本，数组作为参数传递时是以指针的形式传递的，这将在以后的学习中展开深入的讨论。

例 6.11 展示了二维数组被传递给函数后在函数体中的用法。

【例 6.11】定义并初始化一个二维数组，通过函数将该数组的每个元素增加 2。最后输出数组中的所有数据。

解题步骤：

我们主要实现 3 个目标：

（1）在主函数中定义并初始化一个二维数组。

（2）定义一个函数，在函数体中对数组的每一个元素加 2。

（3）输出数组的所有数据。

编程解析：

（1）我们需要操作数组的每个元素，因此可以用循环来遍历数组。注意二维数组需要嵌套循环来遍历。

（2）数组来自函数外，所以需要用参数传递将数组发送给函数。

（3）需要另一个参数传递数组大小，方便函数内遍历数组，此时这个参数代表层级 1 的元素个数。

参考代码：

```
1   #include<stdio.h>
2   void array_modify(int b[][2],int l)
3   {
4       int i,j;
5       for(i=0;i<l;i++)
6         for(j=0;j<2;j++)
7           b[i][j]+=2;
8   }
9   int main()
10  {
11      int a[3][2]={{1,2},{3,4},{5,6}};
12      int i,j;
13      array_modify(a,3);
14      for(i=0;i<3;i++)
15        for(j=0;j<2;j++)
16          printf("%d\n",a[i][j]);
17      return 0;
18  }
```

运行结果：

```
3
4
5
6
7
8
```

6.5.3　数组与算法

本小节主要介绍 3 种常用的排序算法：冒泡排序、选择排序、插入排序，以及两种查找算法：顺序查找、二分查找。

排序首先明确以何种规则排序（升序或降序，本书均默认采用了升序排列）。

1. 冒泡排序（bubble sort）

算法思想：一组待排序列中，每次从第一个数（当前索引为 0）开始将其和其后的一个数进行比较，如果前者大，则交换两数，交换后当前索引加 1 继续比较。每次将最大数交换至相对靠后的位置上，往复比较直到这组数的倒数第一个和倒数第二个数比较，交换结束，至此第一轮结束，我们将最大的数已经放在了最后的位置上。

接下来是第二轮，还是从第一个数开始两两比较、交换位置，不过这次的比较次数比第一轮会少一次，因为这一轮中最后的一个数已经排序完成，所以索引最大值减 1。

同理，再进行第三轮（这一轮又会比第二轮少比较一次，因为这一轮中最后两个数已经排序完成，不必让它们参与比较），以此类推。

例如，769381 的排序过程如下所示。

第一轮：初始序列为 769381。

第 1 次比较：7>6，交换得到 679381。

第 2 次比较：9>7，不必交换。

第 3 次比较：9>3，交换得到 673981。

第 4 次比较：9>8，交换得到 673891。

第 5 次比较：9>1，交换得到 673819。

第二轮：初始序列为 673819。

第 1 次比较：7>6，不必交换。

第 2 次比较：7>3，交换得到 637819。

第 3 次比较：8>7，不必交换。

第 4 次比较：8>1，交换得到 637189。

第三轮：初始序列为 637189。

第 1 次比较：6>3，交换得到 367189。

第 2 次比较：7>6，不必交换。

第 3 次比较：7>1，交换得到 361789。

第四轮：初始序列为 361789。

第 1 次比较：6>3，不必交换。

第 2 次比较：6>1，交换得到 316789。

第五轮：初始序列为 316789。

第 1 次比较：3>1，交换得到 136789。

算法结束。

例 6.5.7 展示了冒泡排序的做法。

【例 6.12】 在函数中通过冒泡排序使序列 769381 按升序排列。最后在主函数中输出排序结果。

解题步骤：

我们主要实现 3 个目标：

（1）在主函数中定义一个一维数组存储序列 769381。

（2）定义一个函数，在函数体中对数组执行冒泡排序。

（3）输出排序后数组的所有数据。

编程解析：

对于序列，可以通过数组存储，之后令数组作参数传递给函数。

参考代码：

```
1    #include<stdio.h>
2
3    void bubble_sort(int a[],int l)
4    {
5        int i,j,temp;
6        for(i=1;i<=l-1;i++)
7            for(j=0;j<l-i;j++)
8                if(a[j]>a[j+1])
9                {
10                   temp=a[j];
11                   a[j]=a[j+1];
12                   a[j+1]=temp;
13               }
14   }
15
16   int main()
17   {
18       int a[]={7,6,9,3,8,1};
19       int i;
20       bubble_sort(a,6);
21       for(i=0;i<6;i++)
22           printf("%d ",a[i]);
23       printf("\n");
24       return 0;
25   }
```

运行结果：

```
1 3 6 7 8 9
```

代码和结果分析：

我们可以构建分析、代码的关系表，如表 6.19 所示。

表 6.19 分析、代码的关系表

分　　析	代　　码
1	3～14
2	21～22
3	18、20、3

第 3～14 行代码实现了冒泡排序。核心代码是第 6 行开始的嵌套循环。因为每一轮比较都会导致需要比较的元素个数减少 1 个，而只剩下一个元素时停止比较，所以总轮次为元素总数-1。外循环的 i 代表轮次，那么 i 的最大值就是元素总个数 l-1。内循环的 j 代表当前轮次的当前索引，而索引的最大值是当前需要比较的元素个数-1，所以 j 的最大值小于当前需要比较的元素个数 l-i。

第 8～12 行代码用于比较当前元素和下一个元素，当下一个元素较小时，将它与上一个元素存储的位置互换，从而实现升序排列。

2．选择排序（selection sort）

算法思想：在一组数中找出最小的数排在第一个位置，然后在剩下的数中找最小的数排在第二位，再找剩下元素中的最小数，以此类推。例如，769381 的排序过程如下所示。

初始序列为 769381。

第 1 轮查找：最小值为 1，与第一个位置交换，得到 169387。

第 2 轮查找：最小值为 3，与第二个位置交换，得到 139687。

第 3 轮查找：最小值为 6，与第三个位置交换，得到 136987。

第 4 轮查找：最小值为 7，与第四个位置交换，得到 136789。

第 5 轮查找：最小值为 8，不需要交换。

算法结束。

听起来很简单，用计算机实现其实还略微有点不同。我们要在原来的位置上交换，而非重新创建一个数组。

首先，从头遍历整个数组，必然能从中找出最小的数（相同的找到第一个最小的数就行），然后将其和原来第一个位置上的数进行交换，重新遍历数组。

这次从第二个位置上开始遍历（因为第一个位置上已经排序完成，第二个数之前都是有序区，其后是无序区），再找出最小数，将其和第二个位置上的数交换。再重新从第三个数开始遍历，以此类推。

直到我们将要从倒数第一个数遍历时，排序也就结束了。

根据这段分析，我们可以得到选择排序的代码，如例 6.13 所示。

【例 6.13】 在函数中通过选择排序使序列 769381 升序。最后在主函数中输出排序结果。

解题步骤：

该例子与例 6.12 大同小异，分析略。

编程解析：

该例子与例 6.12 大同小异，分析略。

参考代码：

```
1    #include<stdio.h>
2
3
4    void selection_sort(int a[],int l)
5    {
6        int i,j,temp,min;
7        for(j=0;j<l-1;j++)
8        {
9            min=j;
10           for(i=j;i<l;i++)
11               if(a[min]>a[i])
12                   min=i;
13           temp=a[j];
14           a[j]=a[min];
15           a[min]=temp;
16       }
17   }
18
19   int main()
20   {
21       int a[]={7,6,9,3,8,1};
22       int i;
23       selection_sort(a,6);
24       for(i=0;i<6;i++)
25           printf("%d ",a[i]);
26       printf("\n");
27       return 0;
28   }
```

运行结果：

```
1 3 6 7 8 9
```

代码和结果分析：

第 6～16 行代码实现了选择排序。

核心代码是第 7 行开始的嵌套循环。外循环代表对数组的多次遍历，当要从倒数第一个数遍历时排序也就结束了，而每次遍历都会导致遍历的起点往后推移一位，所以遍历次数为 l-1。内循环用于寻找当次遍历中的最值，所以同样需要遍历数组。遍历的起点（i 的初值）通过 j 控制，因为 j 代表遍历的次数，它与遍历的起点位置刚好相等。

第 11、12 行通过比较找到较小的值，并用 min 记录对应的索引。当遍历结束时就找到了当次遍历中的最小值。

13～15 行将最小值与遍历的起点的值互换。

3. 插入排序（insertion sort）

算法思想：将原来待排序的数组划分成两个区域，即无序区和有序区。有序区开始只包含第一个元素，其右侧剩下的元素均处于无序区。每次对无序区的第一个元素进行排序，即将无序区的第一个元素和有序区的最后一个元素比较（由后向前比较），如果比较过程中出现二者比较后需要交换位置，则交换其位置，然后向前移一位继续两两比较，直到前面没有可以比较的元素则停止，排序结束；或者出现某次比较后无须交换，则此时停止比较，排序结束。以上是一轮排序结束，每一轮结束都可以将无序区中的第一个元素排好序，然后无序区减少一个元素，有序区增加了一个元素，接着只需要用同样的方法将无序区中的全部元素都排序即可。

例如，3 -2 6 5 1 5 的排序过程如图 6.6 所示。

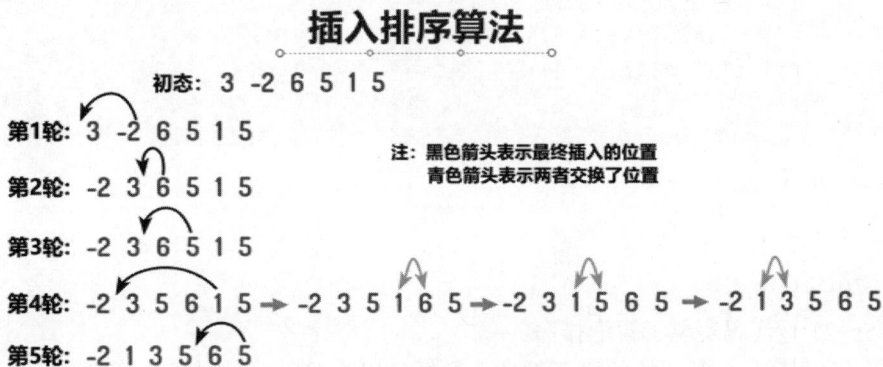

插入排序算法

初态: 3 -2 6 5 1 5

第1轮: 3 -2 6 5 1 5　注: 黑色箭头表示最终插入的位置
青色箭头表示两者交换了位置

第2轮: -2 3 6 5 1 5

第3轮: -2 3 6 5 1 5

第4轮: -2 3 5 6 1 5 → -2 3 5 1 6 5 → -2 3 1 5 6 5 → -2 1 3 5 6 5

第5轮: -2 1 3 5 6 5

图 6.6 插入排序算法的例子

例 6.14 展示了插入排序的做法。

【例 6.14】 在函数中通过插入排序使序列 769381 升序。最后在主函数中输出排序结果。

解题步骤：

该例子与例 6.12 大同小异，分析略。

编程解析：

该例子与例 6.12 大同小异，分析略。

参考代码：

```
1   #include<stdio.h>
2
3   void insertion_sort(int a[],int l)
4   {
5       int i,j,k,temp,index;
6       for(i=1;i<l;i++)
7       {
8           index=i;
9           for(j=i-1;j>=0;j--)
10          {
11              if(a[j]>a[index])
12              {
13                  temp=a[j];
14                  a[j]=a[index];
15                  a[index]=temp;
16                  index=j;
17              }
18              else
```

```
19                break;
20            }
21        }
22  }
23  int main()
24  {
25      int a[]={7,6,9,3,8,1};
26      int i;
27      insertion_sort(a,6);
28      for(i=0;i<6;i++)
29          printf("%d ",a[i]);
30      printf("\n");
31      return 0;
32  }
```

运行结果：

```
1 3 6 7 8 9
```

代码和结果分析：

第 5～21 行代码实现了冒泡排序。

核心代码是第 6 行开始的嵌套循环。外循环用于遍历无序区（从第二个元素开始）。内循环用于遍历有序区，为无序区的元素寻找合适的插入位置，遍历方法为从无序区的上一个元素（即有序区的最后一个元素，i 代表当前无序区的第一个元素，所以 j=i-1）开始倒序遍历，直到有序区的第一个元素。

11～17 行代码用于比较，如果出现无序区元素小的情况，则交换位置。交换后 index 记录无序区元素交换后的位置（注意：插入排序的每次查找都是为了给当前无序区的第一个元素在有序区中找到合适的位置，所以比较的操作数永远是无序区的元素。），用于在下一轮内循环中和有序区的上一个元素比较。当无序区元素大时，说明找到了合适的位置（注意，有序区有序，无序区元素大说明当前比较的有序区元素以及更小索引对应的有序区元素皆小于无序区元素），通过 break 结束内循环。

4. 顺序查找（sequential search）

算法思想：顺序查找（也称为线性查找）是一种基本的查找算法，适用于任何类型的数据集，尤其是未排序的数据集。其核心思想是从数据集的起始位置开始，逐个检查每个元素，直到找到首次出现的目标元素或遍历完整个数据集。

（1）从头开始遍历：从数据集的第一个元素开始，逐个访问每个元素。

（2）比较目标：对于每个访问到的元素，将其与目标元素进行比较。

（3）查找成功：如果当前元素等于目标元素，则查找成功，返回当前元素的索引。

（4）查找失败：如果遍历完整个数据集仍未找到目标元素，则查找失败，返回一个特殊的标识（通常为-1）表示未找到。

例 6.15 展示了顺序查找的做法。

【例 6.15】 输入一个数字，通过函数在序列 123456 中查找。

解题步骤：

（1）定义一个数组存储序列 123456。

（2）输入一个数字。

（3）定义一个函数执行顺序查找。

编程解析：

在函数中遍历数组，并且比对输入的数字是否和遍历结果相等，如果相等，则返回查找成功。如果遍历结束依旧没有匹配，则返回查找失败。

参考代码：

```
1    #include<stdio.h>
2
3    int sequential_search(int a[],int l,int num)
4    {
5        int i;
6        for(i=0;i<l;i++)
7            if(a[i]==num)
8                return 1;
9        return -1;
10   }
11
12   int main()
13   {
14       int a[]={1,2,3,4,5,6};
15       int n,r;
16       scanf("%d",&n);
17       r=sequential_search(a,6,n);
18       if(r==1)
19           printf("查找成功\n");
20       else if(r==-1)
21           printf("查找失败\n");
22       return 0;
23   }
```

运行结果：

2
查找成功

代码和结果分析：

核心代码是 6～9 行，利用 return 结束函数流程的特点实现匹配成功后即刻返回。

5. 二分查找（binary search）

算法思想：二分查找是一种高效的搜索算法，通常用于在有序数据集中查找目标元素。其核心思想是通过将数据集划分为两半并与目标进行比较，逐步缩小搜索范围，直到找到目标元素或确定目标不存在。

（1）选择中间元素：在有序数据集中，选择数组的中间元素。

（2）比较目标：将中间元素与目标元素进行比较。

（3）查找成功：如果中间元素等于目标元素，则查找成功，返回中间元素的索引。

（4）缩小搜索范围：对于一个升序的数据集，如果中间元素大于目标元素，说明目标可能在左半部分；如果中间元素小于目标元素，说明目标可能在右半部分。根据比较的结果，将搜索范围缩小到一半，继续查找。

（5）重复步骤：重复上述步骤，不断将搜索范围缩小，直到找到目标元素或搜索范围为空。

例 6.16 展示了二分查找的做法。

【例 6.16】 通过函数在序列 1 3 5 7 9 11 13 15 中查找 9 的索引。

解题步骤：

（1）定义一个数组存储序列 1 3 5 7 9 11 13 15。

（2）定义一个函数执行二分查找。

编程解析：

二分查找的核心是对两个半边的选择，所以在代码中需要注意条件的设置。何时选择左半边，何时选择右半边（通过索引体现），需要遵循上文介绍的理论。

参考代码：

```
1    #include<stdio.h>
2
3    int binarySearch(int arr[], int size, int target)
4    {
5        int left = 0;           // 初始化左边界
6        int right = size - 1;   // 初始化右边界
7        while (left <= right)
8        {
9            // 计算中间索引
10           // int mid = (left + right) / 2;    // 可能导致的整数溢出
11           int mid = left + (right - left) / 2;
12
13           // 如果中间元素等于目标元素，则返回中间元素的索引
14           if (arr[mid] == target)
15           {
16               return mid;
17           }
18
19           // 如果中间元素大于目标元素，则在左半部分继续查找
20           if (arr[mid] > target)
21           {
22               right = mid - 1;
23           }
24           // 如果中间元素小于目标元素，则在右半部分继续查找
25           else
26           {
27               left = mid + 1;
28           }
29       }
30       return -1;       // 未找到目标元素，返回标识
31   }
```

```
1    int main()
```

```
2    {
3        int i;
4        int result;
5        // 定义一个示例有序数组
6        int arr[] = {1, 3, 5, 7, 9, 11, 13, 15};
7
8        // 计算数组的大小
9        int size = sizeof(arr) / sizeof(arr[0]);
10
11       // 定义要查找的目标元素
12       int target = 9;
13
14       // 输出有序数组
15       printf("有序数组: ");
16       for (i = 0; i < size; i++)
17       {
18           printf("%d ", arr[i]);
19       }
20       printf("\n");
21
22       // 调用二分查找函数
23       result = binarySearch(arr, size, target);
24
25       // 根据查找结果输出相应的信息
26       if (result != -1)
27       {
28           printf("元素 %d 找到，索引为 %d\n", target, result);
29       }
30       else
31       {
32           printf("元素 %d 未找到\n", target);
33       }
34
35       return 0;
36   }
```

运行结果：

有序数组: 1 3 5 7 9 11 13 15
元素 9 找到，索引为 4

代码和结果分析：
参见代码中的注释。

6.5.4　总结

本节主要讨论了数组在函数中的用法。

（1）数组作为参数：通过例子说明了一维数组和二维数组作为形式参数和实际参数的详细做法。

（2）数组在函数体中的用法：数组定义的位置分为函数内和函数外，我们按照这两个方面分别介绍了数组是如何在函数体中使用的。并且我们给出了一个重要性质——在参数传递中数组是以指针的形式传递的。

（3）数组作为返回值：对于返回值，我们需要注意相关的 3 个类型。并以数组是以指针的形式被传递这个特点为突破口得到了 3 个类型的写法。

在本节的学习中，可以发现预习对于学习的效果至关重要，数组、指针、函数等知识点相互交织，每个概念的理解都离不开其他知识的铺垫。如果没有做好预习，当我们遇到复杂的程序结构和算法时，很容易迷失在细节中，无法顺利解决问题。因此，我们要在课前做好充分的准备，通过预习了解关键的概念和方法，使得在课堂上能够更加专注于知识的深度和应用。

预习并不意味着把每个细节都完全掌握，而是要有一个基本的框架和理解，这样在课堂上就能更加高效地吸收新知识，并能够在实践中灵活运用。这种提前规划、主动学习的态度，正是我们提高自学能力和思考深度的关键。

6.6　上机实训

6.6.1　实训目的

（1）掌握数组的基本操作方法，学会使用数组构建合适的数据结构。
（2）掌握字符串与数组的操作方法，学会使用字符数组表示文本数据。
（3）掌握字符串相关函数的用法，能够运用这些函数的功能分析题目。
（4）掌握数组在函数中的用法，能够利用数组的传递过程构建程序。
（5）结合程序掌握一些简单的算法，进一步学习程序调试。

6.6.2　实训内容

1. 程序改错：阅读实训 6-1.c，找出其中存在的错误并更正。注明为什么错误。

```
//实训 6-1.c（有错误的程序）
1   #include<stdio.h>
2   #include<string.h>
3
4   int main()
5   {
6       char str1[5]={'H','e','l','l','o'};
7       char str2[6]="Hello";
8       printf("%d\n",strlen(str1));
9       printf("%d\n",strcmp(str1,str2));
10      printf("%s\n",strcat(str1,str2));
11      return 0;
12  }
```

2. 程序改错：阅读实训 6-2.c，这个程序的目标是在数组中存储 5 个自然数，每个数增加 1 后输出。找出其中存在的错误并更正。注明为什么错误。

```
//实训 6-2.c（有错误的程序）
1    #include<stdio.h>
2    int main()
3    {
4        int arr[5],i;
5        for(i = 1; i <= 5; i++)
6        {
7            arr[i] = i + 1;
8        }
9        for(i = 0; i <= 5; i++)
10       {
11           printf("%d ", arr[i]);
12       }
13       return 0;
14   }
```

3. 程序改错：阅读实训 6-3.c，这个程序的目标是通过冒泡排序将数组 arr 按降序排序。找出其中存在的错误并更正。注明为什么错误。

```
//实训 6-3.c（有错误的程序）
1    #include<stdio.h>
2
3    void bubble_sort(int a[],int l)
4    {
5        int i,j,temp;
6        for(i=0;i<=l-1;i++)
7            for(j=0;j<l-i;j++)
8                if(a[j]>a[j+1])
9                {
10                   a[j]=temp;
11                   a[j+1]=a[j];
12                   temp=a[j+1];
13               }
14   }
15
16   int main()
17   {
18       int a[]={7,6,9,3,8,1};
19       int i;
20       bubble(a,6);
21       for(i=0;i<6;i++)
22           printf("%d ",a[i]);
23       printf("\n");
24       return 0;
25   }
```

4. 程序修改：将实训 6-4.c 的第 12 行代码改写为 "re=compare(str1,str2);" 后，完成 compare 函数的设计。

- 提示：参考 strcmp()函数的工作原理。
- 注意：不可在函数中使用 strcmp()函数。

```
//实训 6-4.c （程序修改）
1    #include<stdio.h>
2    #include<string.h>
3
4    int main()
5    {
6        int re;
7        char str1[100];
8        char str2[100];
9        printf("输入第一个序列，按回车结束输入：");
10       scanf("%s",str1);
11       printf("输入第二个序列，按回车结束输入：");
12       scanf("%s",str2);
13       re=strcmp(str1,str2);
14       if(re>0)
15           printf("第一个序列大\n");
16       else if(re<0)
17           printf("第二个序列大\n");
18       else
19           printf("两个序列相等\n");
20       return 0;
21   }
```

5. 程序填空：阅读实训 6-5.c 并填空，功能是打印以下图形。

```
*****
 *****
  *****
   *****
    *****。
```

```
//实训 6-5.c（将【?】替换为正确的代码）
1    #include<stdio.h>
2
3    int main()
4    {
5        char a[5][9]={" "};
6        int i,j;
7        for (i=0;i<5;i++)
8    /***********SPACE***********/
9            for(j=i; 【?】;j++)
10               a[i][j]='*';
11   /***********SPACE***********/
12       for(【?】;i<5;i++)
13       {
14           for(j=0;j<9;j++)
15   /***********SPACE***********/
16               printf("%c", 【?】);
```

```
17     /***********SPACE***********/
18           【?】;
19        }
20        return 0;
21   }
```

6. 程序填空：阅读实训 6-6.c 并填空，功能为：数组名作为函数参数，求平均成绩。

```
//实训 6-6.c（将【?】替换为正确的代码）
1    #include<stdio.h>
2    float aver(float a[ ])  /*定义求平均值函数,形参为一浮点型数组名*/
3    {
4        int i;
5        float av,s=a[0];
6        for(i=1;i<5;i++)
7    /***********SPACE***********/
8            s+=【?】[i];
9        av=s/5;
10   /***********SPACE***********/
11       return 【?】;
12   }
13
14   int main()
15   {
16       float sco[5],av;
17       int i;
18       printf("\ninput 5 scores:\n");
19       for(i=0;i<5;i++)
20   /***********SPACE***********/
21           scanf("%f",【?】);
22   /***********SPACE***********/
23       av=aver(【?】);
24       printf("average score is %5.2f\n",av);
25       return 0;
26   }
```

7. 程序设计：

题目描述：

输入两个十进制非负整数 a 和 b，以十进制的形式输出 a+b 的结果。

要求：

- 除了 stdio.h 外不得使用任何库文件。
- 算术运算符只能在进制转换的计算中使用，注意，不得在进制转换的过程中进行任何 a+b 的等效行为，例如 a 个 1 和 b 个 1 相加，例如 a 个空格和 b 个空格的个数统计。
- 自增自减运算符 "++" "--" 只可以用于循环的迭代。注意，迭代变量不得参与任何 a+b 的等效行为。
- 使用课上学过的知识完成，严禁使用位运算符。

附加题：a 或 b 可以为负数，重新设计上述程序。

本题是对计算机加法在电路信号层面的模拟，以下 3 点可供参考：

（1）扩展阅读。
（2）关系运算符。
（3）进制转换。

6.7　本章小结

6.7.1　知识梳理

Donald Knuth 曾断言："算法与数据结构是编程的两大支柱，巧妙的算法依赖于合适的数据结构。"

在当前数据驱动的时代，数组作为基础的数据结构，发挥着至关重要的作用。数组通过统一的索引方式，存储并管理多个同类型的数据，简化了数据的操作与处理。在 C 语言中，数组具有极为重要的地位。C 语言的设计理念强调程序员对内存的直接控制，通过数组，C 语言程序员可以有效地管理和操作大规模的数据，这为许多复杂问题的求解提供了基础工具。因此，无论是在数据存储、分析，还是在大数据、人工智能等技术的应用中，数组都是不可或缺的工具。

在使用数组时，我们不仅要关注其基本的定义、初始化、遍历等操作，还要知其所以然。数组与函数、指针、字符串等核心概念密切相关。通过深入理解数组，我们才能得心应手地与这些概念联动。我们可以更高效地管理内存、提高程序性能，并优化数据处理方式。

但是数组也有其弊端，在调试和优化程序时，程序员必须注意数组的内存管理，避免数组越界等常见错误。

总之，数组不仅是计算机科学的基础工具之一，也是现代数据时代中的核心组成部分。它在数据的存储、处理与分析中具有重要的意义，掌握数组将为程序员在不断变化的技术环境中提供坚实的基础。

6.7.2　常见上机问题及解决方法

（1）问题：希望通过 scanf()函数输入数组大小，实现灵活大小的数组时程序报错。例如

```
int a[size]; scanf("%d",&size);
```

解释：C 语言的执行遵循顺序结构，所以 size 是未定义的变量，不可作为数组定义的索引。同样，即便预先定义了 size，一样无法实现这个设计。scanf()函数的执行在数组定义之后，所以 size 的值无法确定，也就不能作为数组定义的索引。

解决方法：使用值确定的变量作为索引，例如，"int size=10; int a[size];"。

（2）问题：遍历数组时缺少数据或者出现错误的数据。

解释：

● 循环变量的初始值可能不是 0，注意索引从 0 开始。

- 循环结束条件可能导致索引达到或者超过了数组大小。

拓展（涉及指针的理念）：

- C 语言不检查索引边界值，所以即便索引达到甚至超过了数组大小，C 语言只会获取索引对应的存储单元内的数据。
- 这里我们需要进一步深入理解计算机的内存分配：存储单元并不是无中生有的，在数组定义之前，计算机已经在内存中完成了存储单元的划分，数组定义时，将向计算机发起分配存储单元的请求，好比我们考试时向监考老师请求草稿纸。
- 而索引的功能，是以某个存储单元为起点，寻找该单元后面的存储单元。我们知道数组名代表了数组的第一个元素。假设索引为 n，该元素的存储单元标识为 0，索引就以这个元素的存储单元为起点寻找标识为 n（0+n）的存储单元。

解决方法：人工检查索引的边界值。

（3）问题：数组作为函数返回值时，主函数获取了奇怪的数据。

解释：回顾数组与函数章节中关于 static 的说明。

解决方法：在函数内定义数组时加上 static 关键字。

（4）问题：对字符数组使用字符串相关函数时得到了意想不到的结果。

解释：注意空字符'\0'的位置，字符串相关函数都以空字符作为终止符。

解决方法：修改数组元素，保证'\0'所在位置合理。一般来说，'\0'是数组的最后一个元素。

（5）问题：使用字符串相关函数时报错。

解释：注意参数的可用类型，回顾字符与数组章节。

解决方法：为函数选择合适的参数。

（6）问题：使用二维数组存储多个一维数组时报错。

解释：

- 可能用了数组名作为二维数组元素，回顾一维数组章节关于数组名和数组的区分。
- 可能使用了大小不一的一维数组作为元素。

解决方法：

- 不得使用数组名作为二维数组元素。
- 一维数组的大小需要与二维数组定义中的层级 2 元素的个数一致。

（7）问题：修改数组元素后数组没有变化。

解释：可能修改了数组之外的存储单元。

解决方法：检查访问，是否索引超出了边界值。

（8）问题：将数组赋值给另一个数组时报错。

解释：注意数组名并不是数组，回顾一维数组章节关于数组名和数组的区分。

拓展（涉及指针的理念）：数组定义时，系统会分配多个存储单元，而数组名代表了第一个存储单元，所以不能简单地将数组名赋值给另一个数组。举个例子，小明是一个队伍（我们称它为 a）的队长，队名叫做小明的队伍。此时另一个队伍（我们称它为 b）让小明去当队长，那么小明的队伍指的是队伍 b，还是队伍 a 呢？同理，如果将数组名赋值给另一个数组，两个数组的引用就会发生混乱。

解决方法：先定义数组，再通过遍历将数组的元素逐个存储到该数组中。

扩展阅读：算术运算的本质——逻辑门与二进制

1. 从数学开始

我们先从数学的视角考量算术运算，数学中的加减乘除都是建立在加法上面的。

减法：A − B = A + (−B)

乘法：A * B = B 个 A 相加

除法：A / B = A 可以减去多少个 B，又因为减法就是加法。

所以，得出结论，只要加法，就会减法、乘法、除法。

2. 逻辑门与二进制

在进入学习计算机算术运算的大门之前，我们需要一些储备知识——逻辑门。逻辑门（Logic Gate）是数字电路中的基本构件，用于执行基本的布尔运算。每个逻辑门接收一个或多个输入，并产生一个输出，这个输出是基于输入的布尔运算结果。当输入相同时，根据不同的计算逻辑，不同的逻辑门将产生不同的输出值。

逻辑门可分为与门（AND Gate）、或门（OR Gate）、非门（NOT Gate）、异或门（XOR Gate）等。图 6.7 将给出各个逻辑门的计算规则，我们称它为真值表，其中 A 和 B 代表输入，Y 代表输出，并且我们将给出逻辑门在电路中的图像表示。

<table>
<tr><th>逻辑</th><th>真值表</th><th>MIL逻辑符号</th><th>逻辑</th><th>真值表</th><th>MIL逻辑符号</th></tr>
<tr><td>与</td><td>A B Y
0 0 0
0 1 0
1 0 0
1 1 1</td><td>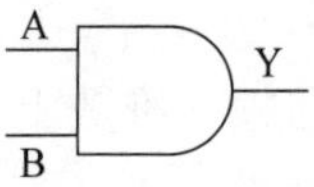</td><td>与非</td><td>A B Y
0 0 1
0 1 1
1 0 1
1 1 0</td><td>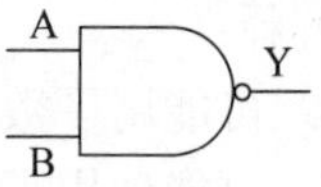</td></tr>
<tr><td>或</td><td>A B Y
0 0 0
0 1 1
1 0 1
1 1 1</td><td>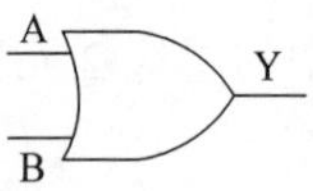</td><td>或非</td><td>A B Y
0 0 1
0 1 0
1 0 0
1 1 0</td><td>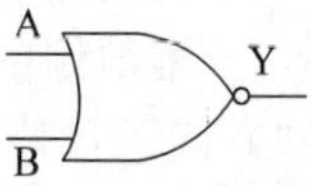</td></tr>
<tr><td>异或</td><td>A B Y
0 0 0
0 1 1
1 0 1
1 1 0</td><td>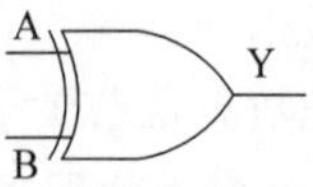</td><td>异或非</td><td>A B Y
0 0 1
0 1 0
1 0 0
1 1 1</td><td>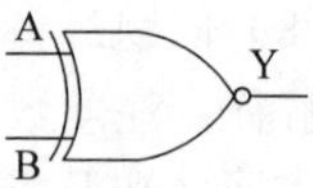</td></tr>
<tr><td>非</td><td>A Y
0 1
1 0</td><td>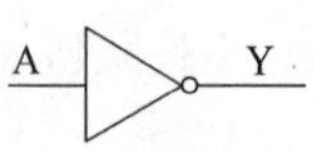</td><td></td><td></td><td></td></tr>
</table>

图 6.7 逻辑门

3. 计算机的算术运算

下面来查看计算机是如何进行算术运算的。计算机通过电路信号实现加法，并以加法为基础实现了其他的算术运算。

加法的电路设计如图 6.8 所示，它由一个异或门和一个与门组成。A 和 B 是两个逻辑门的输入信号，S 是异或门的输出信号，C 是与门的输出信号。

图 6.9 中的加法器并没有考虑上一位的进位问题，因此被称为半加器。我们以图 6.9 表示它。

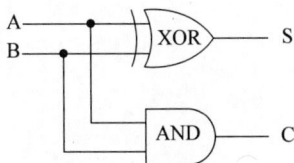

图 6.8　加法器

图 6.9　半加器

接下来我们考虑进位，把进位也作为输入信号。对于加法器而言，输入与输出都是以二进制的形式表示。二进制加法采取的是按位相加，因此我们设置一个或门来计算是否进位，进位输出将作为下一位计算的进位输入。例如，1+1 需要进位，进位输出就是 1，对于下一位计算时进位输入就是 1，那么对于计算过程就会产生影响。于是我们得到了加法器，如图 6.10 所示，我们称它为全加器。

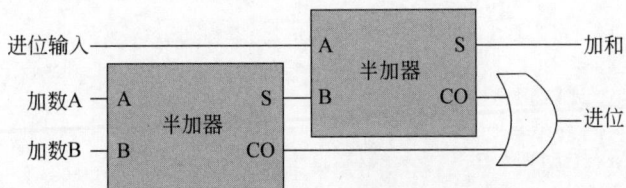

图 6.10　全加器

那么如何使用这个全加器完成加法呢？我们按照下列顺序模拟 10+10 的计算过程：

（1）10 对应的二进制是 01010，3 对应的二进制是 01011。

（2）1010 作为加数 A，0011 作为加数 B。按照信号传递的流程，我们称第一个半加器为 a，第二个半加器为 b。我们可以得到表 6.20 所示表格。

表 6.20　全加器计算演示

二进制的位	A	B	进位输入	S_a	C_a	S_b	C_b	进位输出
0	0	0	0	0	0	0	0	0
1	1	1	0	0	1	0	0	0
2	0	0	1	0	0	1	0	0
3	1	1	0	0	1	0	0	1
4	0	0	1	0	0	1	0	0

（3）对表 6.20 的说明：

● 二进制加法采取的是按位相加，在表格中每一行代表一位的计算。例如第一行，二进制的位是 0，代表第 0 位，01010 和 0011 的 0 位分别是 0 和 1。

- 每一行的进位输出将作为下一行的进位输入，对应进位逻辑中的下一位是否进位由上一位的计算决定。进位输入初始值为 0，代表第 0 位不进位。
- 将 S_b 逆序排列即可得到最终结果，本例的结果是 10100，对应十进制数字 20。

4. 数组与二进制

二进制可以看作一个由数字 0 和 1 组成的序列，因此二进制是一个一维结构的数据，那么数组可以用来表示二进制。

例 6.17 是数组表示二进制的简单应用。

【例 6.17】 用数组表示 0101。

解题步骤：

（1）定义一个数组。

（2）通过循环遍历序列，按位存储在数组中。

编程解析：

10 的二进制是 1010，可以看作一个序列，所以可以用数组存储序列的方法存储二进制——即按照序列的顺序将每一位上的数据存储到数组的一个存储单元中。

参考代码：

```
扩展 6-1.c
1   #include<stdio.h>
2
3   int main()
4   {
5       int arr1[4] = {0, 1, 0, 1};
6   //========================================================
7       int arr2[4];
8       int i;
9       for(i=0;i<4;i++)
10          arr2[i]="0101"[i]-'0';
11  //========================================================
12      for(i = 0; i < 4; i++)
13      {
14          printf("%d ", arr2[i]);
15      }
16      return 0;
17  }
```

代码分析：

代码由===…===行划分为 3 部分，从上到下分别完成了：

（1）通过初始化存储二进制。

（2）遍历字符串并转换为整型存储在数组中，所以数组表示二进制。

（3）输出数组的全部数据。

拓展探索

（1）尝试将进制转换与数组结合起来，实现用数组存储 10 的二进制。

（2）尝试实现用数组存储-10 的二进制。

提示：原码、反码、补码的概念。

解题步骤：

（1）将十进制数转换为二进制。

（2）在转换过程中将计算得到的每一位二进制存储在数组中。

编程解析：

注意十进制转换为二进制的最后要将结果逆序排列，所以存储的过程也应该是逆序。

参考代码：

```
//扩展 6-2.c
1    #include <stdio.h>
2
3    int main()
4    {
5        int num,size=0;
6        int i;
7        int binary[32]={0};
8        scanf("%d",&num);
9    //========================================================
10       for(i=31;i>0;i--)
11       {
12           binary[i]=num%2;
13           num/=2;
14       }
15   //========================================================
16       for(i = 0; i < 32; i++)
17       {
18           printf("%d ", binary[i]);
19       }
20
21       return 0;
22   }
```

运行结果：

```
10
0 0 0 0 0 0 0 0 0 0 0 0 0 0 0 0 0 0 0 0 0 0 0 0 0 0 0 0 1 0 1 0
```

代码与结果分析：

代码由===…===行划分为 3 部分，从上到下分别完成了：

（1）输入十进制数据 10 以及初始化数组数据全部为 0。其中数组大小 32 代表最大二进制位数为 32。

（2）通过连续求余的方法将十进制转换为二进制，每次求余的结果对应二进制的一位数据，我们用数组的一个存储单元存储它（即代码第 11 行）。最后将结果逆序存储到数组中（第 10 行代码）。

（3）输出数组的全部数据，此时从结果可知 10 的二进制是 1010。

习题

一、选择题

1. 有以下程序：

```
#include<stdio.h>
int main()
{
    int  i, s=0, t[]={1,2,3,4,5,6,7,8,9};
    for(i=0;i<9;i+=2)
        s+=*(t+i);
    printf("%d\n",s);
    return 0;
}
```

程序执行后的输出结果是（　　）。

　A. 20　　　　　　B. 25　　　　　　C. 45　　　　　　D. 36

2. 以下对二维数组进行正确初始化的是（　　）。

　A. int a[2][3]={{1,2},{3,4},{5,6}};　　B. int a[2][3]={{1,2},{},{4,5}};

　C. int a[2][]={{1,2},{3,4}};　　D. int a[][3]={1,2,3,4,5,6};

3. 有以下程序：

```
#include<stdio.h>
int f(int x[], int n)
{  if (n>1)
      return f(x, n-1)+ x[n-1]*10;
   else
      return x[0];
}

int main()
{
    int  a[6] = {1,2,3,4}, y;
    y=f(a,4);
    printf("%d", y);
    return 0;
}
```

程序执行后的输出结果是（　　）。

　A. 91　　　　　　B. 4321　　　　　　C. 1234　　　　　　D. 10

4. 有下列程序：

```
#include<stdio.h>
int main()
{   int i,j=0;
    char a[]="ab123c4d56ef7gh89",b[100];
```

```
    for (i=0; a[i]; i++)
        if (!(a[i] >= 'a' && a[i] <= 'z'))
            b[j++] = a[i];
    for (i=0; a[i]; i++)
        if (!(a[i] >= '0' && a[i] <= '9'))
            b[j++] = a[i];
    b[j] = '\0';
    printf("%s",b);
    return 0;
}
```

程序执行后的输出结果是（　　　）。

    A．123456789abcdefgh   B．abcdefgh123456789

    C．abcdefgh56789   D．123456789efgh

5. 设有如下程序段：

```
int  a[1] = {0};
int  b[] = {9};
char  c[3] = {"A", "B"};
char  d = "12";
```

以下叙述正确的是（　　　）。

    A．a, b 的定义合法，c, d 的定义不合法

    B．a,b,c,d 的定义都是合法的

    C．a,b,c 的定义是合法的，d 的定义不合法

    D．只有 a 的定义是合法的

6. 有以下程序：

```
#include<stdio.h>
#include<string.h>
int main()
{
    char  s[]="Beijing";
    printf("%d\n", strlen(strcpy( s,"China")));
    return 0;
}
```

程序运行后的输出结果是（　　　）。

    A．5   B．7   C．12   D．14

7. 下列数组声明中，正确的是（　　　）。

    A．int array[][4];   B．int array[][];

    C．int array[][][5];   D．int array[3][];

8. 有以下程序：

```
#include<stdio.h>
#define   N   4
void fun(int   a[][N], int   b[])
{
    int   i;
```

```
    for(i=0;i<N;i++)
        b[i] = a[i][i];
}
int main()
{
    int   x[][N]={{1,2,3},{4},{5,6,7,8},{9,10}}, y[N], i;
    fun(x, y);
    for (i=0;i<N; i++)
        printf("%d,", y[i]);
    printf("\n");
    return 0;
}
```

程序的运行结果是(　　)。

　　A．1,0,7,0,　　　　B．1,2,3,4,　　　　C．1,4,5,9,　　　　D．3,4,8,10,

9. 若有定义语句："int x[][3]={1,2,3,4,5,6};"，则以下选项中与该语句等价的是(　　)。

　　A．int x[][3]={{1,2,3},{4,5},{6}};　　　B．int x[][3]={{1,2},{3,4},{5,6}};

　　C．int x[][3]={{1},{2,3},{4,5,6}};　　　D．int x[][3]={{1,2,3},{4,5,6}};

10. 有以下程序：

```
#include<stdio.h>
int main()
{
    char   s[]="012xy\08s34f4w2";
    int   i, n=0;
    for (i=0; s[i]!=0; i++)
        if(s[i] >= '0' && s[i] <= '9')
            n++;
    printf("%d\n",n);
    return 0;
}
```

程序运行后的输出结果是(　　)。

　　A．0　　　　　　　B．3　　　　　　　C．7　　　　　　　D．8

二、程序改错

1. 修改习题 6-1.c，程序功能：将 s2 字符串连接到 s1 字符串的末尾，形成一个新的字符串。

```
//习题 6-1.c（将/***********FOUND***********/的下一行修改为正确的代码）
1    #include<stdio.h>
2    int main()
3    {
4        char s1[200],s2[100];
5        int i,j;
6        printf("输入第一个字符串:");
7        gets(s1);
8        printf("输入第二个字符串:");
9        gets(s2);
```

```
10        i=0;
11        while (s1[i]!='\0')
12 /***********FOUND**********/
13            i+1;
14        j=0;
15        while(s2[j]!='\0')
16        {
17 /***********FOUND**********/
18            s1[i]=s2[j];
19            j++;
20        }
21        s1[i+j]='\0';
22        printf("\n 新字符串是:");
23 /***********FOUND**********/
24        puts(s2);
25        return 0;
26 }
```

2. 修改习题 6-2.c，程序功能：在一个已按升序排列的数组中插入一个数，插入后，数组元素仍按升序排列。

```
//习题 6-2.c（将/***********FOUND**********/的下一行修改为正确的代码）
1   #include<stdio.h>
2   #define N 11
3   int main()
4   {
5       int i,number,a[N]={1,2,4,6,8,9,12,15,149,156};
6       printf("please enter an integer to insert in the array:\n");
7       /*********FOUND*********/
8       scanf("%d",&number)
9       printf("The original array:\n");
10      for(i=0;i<N-1;i++)
11          printf("%5d",a[i]);
12 printf("\n");
13 /***********FOUND**********/
14 for(i=N-1;i>=0;i--)  /*只修改错的地方，其他不要改写，否则不得分*/
15     if(number<=a[i])
16 /***********FOUND**********/
17          a[i]=a[i-1];
18      else
19      {
20          a[i+1]=number;
21 /***********FOUND**********/
22          exit;
23      }
24 if(number<a[0]) a[0]=number;
25 printf("The result array:\n");
26 for(i=0;i<N;i++)
27    printf("%5d",a[i]);
28 printf("\n");
29 return 0;
```

```
30    }
```

3. 修改习题 6-3.c，程序功能：打印出杨辉三角形（要求打印出 10 行）。

```
//习题 6-3.c（将/***********FOUND***********/的下一行修改为正确的代码）
1    #include<stdio.h>
2    int main()
3    {
4     int i,j;
5     int a[10][10];
6     printf("\n");
7     /**********FOUND**********/
8     for(i=1;i<10;i++)
9     {
10       a[i][0]=1;
11       a[i][i]=1;
12    }
13    /**********FOUND**********/
14    for(i=1;i<10;i++)
15       for(j=1;j<i;j++)
16    /**********FOUND**********/
17       a[i][i]=a[i-1][j-1]+a[i-1][j];
18    for(i=0;i<10;i++)
19    {
20      for(j=0;j<=i;j++)
21         printf("%5d",a[i][j]);
22      printf("\n");
23    }
24    return 0;
25    }
```

三、程序阅读

1. 阅读程序习题 6-4.c，写出程序运行结果。

```
//习题 6-4.c（阅读程序得到结果）
1    #include<stdio.h>
2
3    void modifyArray(int arr[], int n)
4    {
5      for (int i = 0; i < n; i++)
6      {
7        arr[i] = arr[i] * 2;
8      }
9    }
10
11   int main()
12   {
13     int arr[5] = {1, 2, 3, 4, 5};
14     modifyArray(arr, 5);
15     for (int i = 0; i < 5; i++)
16     {
```

```
17          printf("%d ", arr[i]);
18      }
19      printf("\n");
20      return 0;
21  }
```

2. 阅读程序习题 6-5.c，写出程序运行结果。

```
//习题 6-5.c（阅读程序得到结果）
1   #include<stdio.h>
2
3   void concatStrings(char str1[], char str2[])
4   {
5     int i = 0, j = 0;
6     while (str1[i] != '\0')
7     {
8        i++;
9     }
10    while (str2[j] != '\0')
11    {
12       str1[i++] = str2[j++];
13    }
14    str1[i] = '\0';
15  }
16
17  int main()
18  {
19    char str1[100] = "Hello ";
20    char str2[] = "World!";
21    concatStrings(str1, str2);
22    printf("%s\n", str1);
23    return 0;
24  }
```

四、程序设计

1. 编写一个程序，输入一个长度为 N 的整数数组，反转该数组，然后输出数组的全部数据。

2. 编写一个程序，输入一个整数数组，找出该数组中的最大值和最小值，并输出。

3. 编写一个程序，输入一个整数数组和一个整数 x，判断 x 是否在数组中出现，并输出其下标（如果存在的话）。

4. 编写一个程序，输入一个包含重复元素的整数数组，输出去重后的数组。

5. 编写一个程序，输入一个整数数组和一个整数 k，将数组中的元素向右旋转 k 次，并输出旋转后的数组。

上机实训解析及参考代码

习题参考答案及解析

第7章 指　针

学习导读

定义变量时，编译系统会为程序中定义的变量分配一定大小的内存存储空间，程序员可以通过"&变量名"访问变量的存储空间。为了让程序的效率和灵活性更高，C 语言发明了一种访问变量存储空间的方式，这就是指针。

指针是 C 语言中广泛使用的一种数据类型。运用指针编程是 C 语言最主要的风格之一。利用指针可以使程序简洁、紧凑、高效；利用指针变量可以表示各种数据结构；利用指针能方便地操作数组和字符串，并能像汇编语言一样处理内存地址，从而编写出精练而高效的程序。总之，指针极大地丰富了 C 语言的功能。学习指针是学习 C 语言中最重要的一环，能否正确理解和使用指针是我们是否掌握 C 语言的一个标志。

内容导学

（1）指针的概念、引用与初始化。
（2）指针的基本运算与多级指针。
（3）指针与数组、字符串之间的联系。
（4）带指针型参数和返回指针的函数的定义方法。
（5）用指针描述程序中用到的数据。

教学目标

知识目标：

（1）了解指针的概念及作用。
（2）掌握指针变量的声明和定义。
（3）能够使用指针访问变量及变量的地址。
（4）熟练掌握指针与数组的关系。
（5）掌握通过指针处理字符数组与字符串的方法。
（6）能够通过指针实现函数参数的传递，掌握指针与函数的关系。

能力目标：

（1）能用指针描述程序中用到的数据。
（2）能通过逻辑思维理解和掌握指针的使用方法。

育人目标

指针是程序设计语言的精髓，用好了指针就能灵活地编程，并提高程序的效率，但指针操作不当可能导致程序崩溃、数据泄露等安全问题，因此要树立正确的安全意识，自觉遵守安全规范，形成良好的编程习惯可以避免很多错误（初始化指针、避免野指针）。学习指针时，不仅要做认真的学习者，还要做机智的程序管理者，学会合理地使用指针。

7.1 指针的基础知识

7.1.1 指针与指针变量的概念

在计算机中，所有的数据都是存放在存储器中的，存储器是具有"记忆"功能的设备，它用两种稳定状态的物理器件表示二进制数码0和1，这种器件称为记忆元件或记忆单位。若干记忆单位组成一个存储单位，大量的存储单元的集合组成一个存储体。为了区分存储体内的存储单元，必须将它们逐一进行编号，这个编号称为地址。为了便于管理，将每个存储单元设一个相应的编号，这就是内存地址，地址与存储单元之间一一对应，且是存储单元的唯一标志。一般把存储器中的一个字节称为一个内存单元，不同的数据类型所占用的内存单元数不等，如整型变量占4个单元，字符变量占1个单元。

当对一个变量进行赋值时，实际上就是对它的内存空间所分配的单元进行赋值，变量的地址实际上就是编译系统在内存中给变量所分配的空间地址。一个内存区相当于一栋教学楼，里面的每个教室相当于内存单元，学生相当于内存中存放的数据，教学楼中的教室号相当于内存中的地址编号。如图7.1所示，这里内存单元的地址就是所说的指针。

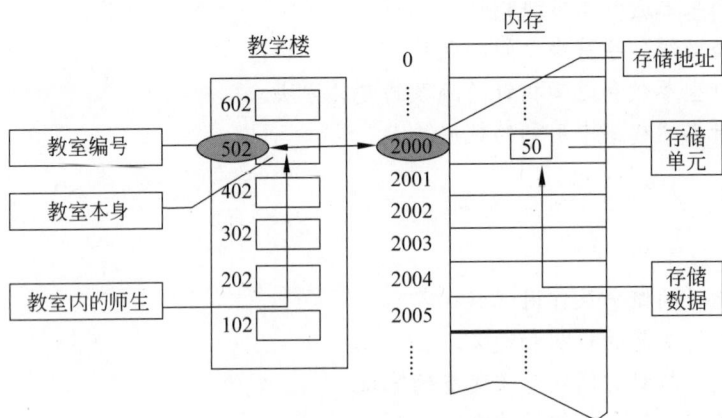

图 7.1 变量地址和内存的对应关系

变量的指针就是变量的地址。存放变量地址的变量是指针变量，在 C 语言中，允许用一个变量存放指针，这种变量称为指针变量。指针变量专门用来存放变量的空间地址，因此，一个指针变量的值就是某个内存单元的地址，或称为某内存单元的指针，如图7.2所示。

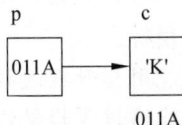

图 7.2 指针与变量空间的对应关系

图 7.2 中，设有字符变量 c，其内容为 'K'（ASCII 码为十进制数 75），c 占用了 011A 号单元(地址用十六进制数表示)。设有指针变量 p，内容为 011A，这种情况我们称为 p 指向变量 c，或说 p 是指向变量 c 的指针。

需要注意的是，一个指针是一个地址，是一个常量。而一个指针变量却可以被赋予不同的指针值，是变量。但常把指针变量简称为指针。为了避免混淆，我们约定："指针"是指地址，是常量，"指针变量"是指取值为地址的变量。定义指针变量的目的是为了通过指针访问内存单元。

既然指针变量的值是一个地址，那么这个地址不仅可以是变量的地址，也可以是其他数据结构的地址。在一个指针变量中存放一个数组或一个函数的首地址有何意义呢？ 因为数组或函数都是连续存放的。通过访问指针变量取得了数组或函数的首地址，也就找到了该数组或函数。这样一来，凡是出现数组、函数的地方都可以用一个指针变量来表示，只要该指针变量中赋予数组或函数的首地址即可。这样做，将会使程序的概念十分清楚，程序本身也精练、高效。在 C 语言中，一种数据类型或数据结构往往都占有一组连续的内存单元。用"地址"这个概念并不能很好地描述一种数据类型或数据结构，而"指针"虽然实际上也是一个地址，但它却是一个数据结构的首地址，它是"指向"一个数据结构的，因而概念更为清楚，表示更为明确。这也是引入"指针"概念的一个重要原因。

7.1.2　指针变量的定义与引用

1. 指针变量的定义

对指针变量的定义包括 3 个内容：
（1）指针类型说明，即定义变量为一个指针变量；
（2）指针变量名；
（3）指针变量所指向的变量的数据类型。
其一般形式为：

类型说明符　*变量名；

其中，*表示这是一个指针变量，变量名即为定义的指针变量名，类型说明符表示本指针变量所指向的变量的数据类型。

例如，"int *p1;"表示 p1 是一个指针变量，它的值是某个整型变量的地址。或者说 p1 指向一个整型变量。至于 p1 究竟指向哪一个整型变量，应由向 p1 赋予的地址来决定。
再如：

```
int *p2;     /*p2 是指向整型变量的指针变量*/
float *p3;   /*p3 是指向浮点变量的指针变量*/
char *p4;    /*p4 是指向字符变量的指针变量*/
```

应该注意的是，一个指针变量只能指向同类型的变量，例如，p3 只能指向浮点变量，不能时而指向一个浮点变量，时而又指向一个字符变量。

2. 指针变量的引用

指针变量和普通变量一样，使用之前不仅要定义说明，而且必须赋予具体的值。未经赋值的指针变量不能使用，否则将造成系统混乱，甚至死机。指针变量的赋值只能赋予地址，不能赋予任何其他数据，否则将引起错误。在 C 语言中，变量的地址是由编译系统分配的，对用户完全透明，用户不需要知道变量的具体地址。

两个有关的运算符如下。

（1）&：取地址运算符。

（2）*：指针运算符。

C 语言中提供了地址运算符&来表示变量的地址。其一般形式为：

&变量名；

例如，&a 表示变量 a 的地址，&b 表示变量 b 的地址。变量本身必须预先说明。

指针变量在使用之前需要进行初始化，初始化有两种方法，一种方法是在定义指针变量时对指针变量进行初始化，初始化格式为：

基类型*指针变量名=变量的地址；

例如：

```
int a;
int *p=&a;
```

另一种方法是先定义指针变量，然后对指针变量进行初始化。例如：

```
int a;
int *p;
p=&a;
```

不允许将一个数赋予指针变量，因此下面的赋值是错误的。

```
int *p;
p=1000;
```

被赋值的指针变量前不能再加*说明符，例如，写为*p=&a 也是错误的。

假设：

```
int i=200, x;
int *ip;
```

我们定义了两个整型变量 i、x，还定义了一个指向整型数的指针变量 ip。i、x 中可存放整数，而 ip 中只能存放整型变量的地址。可以把 i 的地址赋给 ip：

```
ip=&i;
```

此时指针变量 ip 指向整型变量 i，假设变量 i 的地址为 1800，这个赋值可理解为如图 7.3 所示的关系。

以后便可以通过指针变量 ip 间接访问变量 i，例如：

```
x=*ip;
```

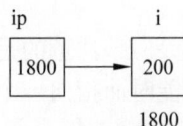

图 7.3 指针变量的赋值

运算符*访问以 ip 为地址的存储区域，而 ip 中存放的是变量 i 的地址，因此，*ip 访问的是地址为 1800 的存储区域（因为是整数，实际上是从 1800 开始的 2 字节）中的内容，它就是 i 所占用的存储区域，所以上面的赋值表达式等价于

```
x=i;
```

另外，指针变量和一般变量一样，存放在它们之中的值是可以改变的，也就是说可以改变它们的指向，假设

```
int i,j,*p1,*p2;
i='a';
j='b';
p1=&i;
p2=&j;
```

则建立如图 7.4 所示的联系。

这时执行赋值语句：

```
p2=p1;
```

就使 p2 与 p1 指向同一对象 i，此时*p2 也就等价于 i，而不是 j 了，如图 7.5 所示。

如果执行如下表达式：

```
*p2=*p1;
```

则表示把 p1 指向的内容赋给 p2 所指的区域，此时就变成图 7.6 所示。

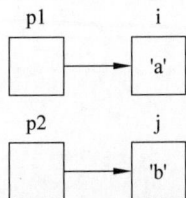

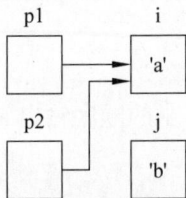

图 7.4　指针的指向　　　图 7.5　改变指向后的指针　　　图 7.6　指针之间的赋值并不改变指针的指向

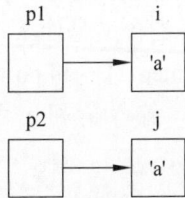

指针变量可出现在表达式中，例如：

```
int x,y, *px=&x;
```

指针变量 px 指向整数 x，则*px 可出现在 x 能出现的任何地方。例如：

```
y=*px+5; /* 表示把 x 与 5 的和赋给 y */
y=++*px; /* px 所指向的内容加 1 之后赋给 y，++*px 相当于++(*px) */
y=*px++; /* 相当于 y=*px; px++ */
```

【例 7.1】　用指针的方法实现两个数的输出。

```
1    #include<stdio.h>
2    int main()
3    {   int a,b;
4        int *pointer_1, *pointer_2;
5        a=100; b=10;
6        pointer_1=&a;
7        pointer_2=&b;
```

```
8       printf("%d,%d\n",a,b);
9       printf("%d,%d\n",*pointer_1, *pointer_2);
10      return 0;
11  }
```

运行结果：

```
100,10
100,10
```

程序分析：

（1）在程序的第 4 行定义了两个指针变量 pointer_1 和 pointer_2，但它们并未指向任何一个整型变量。只是提供两个指针变量，规定它们可以指向整型变量。程序第 6、7 行的作用就是使 pointer_1 指向 a，pointer_2 指向 b，如图 7.7 所示。

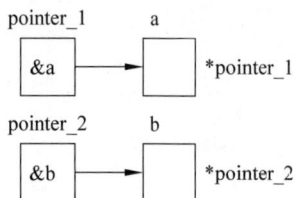

图 7.7　程序的说明图

（2）程序的第 9 行*pointer_1 和*pointer_2 就是变量 a 和 b。最后两个 printf 函数作用是相同的。

（3）程序中有两处出现*pointer_1 和*pointer_2，请区分它们的不同含义。

（4）程序第 6、7 行的"pointer_1=&a"和"pointer_2=&b"不能写成"*pointer_1=&a"和"*pointer_2=&b"。

请对下面的关于&和*的问题进行思考。

（1）如果已经执行了"pointer_1=&a;"语句，则"&*pointer_1"是什么含义？

（2）*&a 的含义是什么？

（3）(pointer_1)++和 pointer_1++的区别是什么？

【例 7.2】　输入 a 和 b 两个整数，按先大后小的顺序输出 a 和 b。

```
1   #include<stdio.h>
2   int main()
3   {   int *p1, *p2, *p,a,b;
4       scanf("%d%d",&a,&b);
5       p1=&a;p2=&b;
6       if(a<b)
7       {p=p1;p1=p2;p2=p;}
8       printf("a=%d,b=%d\n",a,b);
9       printf("max=%d,min=%d\n",*p1, *p2);
10      return 0;
11  }
```

运行结果：

```
3 5
a=3,b=5
max=5,min=3
```

程序分析：程序的第 3 行，定义了 3 个指针变量，分别为 p1，p2，p；程序的第 5 行使指针 p1 指向变量 a，指针 p2 指向变量 b；程序的第 7 行交换指针的指向。

7.1.3　指针的基本运算

指针实质上就是一个表示内存地址的特殊长整型数，因此指针与指针、指针变量与指针变量之间也可以进行运算，但由于其和普通变量不同，C 语言为指针提供的运算符有*、&、+、-、++、--、+=、-=、sizeof()及关系运算符。

1. *、&运算

*、&两种运算符都可用于指针变量，它们是单目运算符，优先级相同，结合性为右结合。*只能放在指针变量前，表示取到所指向的存储单元中存放的值；&只能放在变量前，表示取到变量的存储单元地址。它们之间的操作是互逆的。

若有定义"int i=100;int * pi=&i;"，则 &i、&*pi 和 pi 是等价的，i、*pi 和*&i 也是等价的。

2. 算术运算

- 运算的右操作数可以是与左操作数类型相同的指针，结果为两指针之间相差的元素个数，+ 运算代表指针变量可以和整型数进行加法运算，整型数表明指针下移的元素个数。++和--运算表示指针下移或上移一个存储单元。

指针的+=、-=运算实质就是特殊的算术运算，这些运算的特点在于运算的左操作数只能是指针变量，右操作数只能是一个整型数或整型表达式，绝不能是指针变量。

【例 7.3】　指针运算示例。

```
1    #include<stdio.h>
2    int main()
3    {   int a=10,b=20,s,t,*pa,*pb;    /*说明 pa,pb 为整型指针变量*/
4        pa=&a;                        /*给指针变量 pa 赋值，pa 指向变量 a*/
5        pb=&b;                        /*给指针变量 pb 赋值，pb 指向变量 b*/
6        s=*pa+*pb;                    /*求 a+b 之和，*pa 就是 a，*pb 就是 b*/
7        t=*pa**pb;                    /*本行是求 a*b 之积*/
8        printf("a=%d,b=%d,a+b=%d,a*b=%d\n",a,b,a+b,a*b);
9        printf("s=%d,t=%d\n",s,t);
10       return 0;
11   }
```

运行结果：

```
a=10,b=20,a+b=30,a*b=200
s=30,t=200
```

程序分析：以上程序的主要功能是计算两个整数 a 和 b 的和与积，并通过指针操作实现这些计算。

第 4 行代码将指针 pa 指向变量 a 的地址，即 pa 现在存储的是 a 的地址。

第 5 行代码将指针 pb 指向变量 b 的地址，即 pb 现在存储的是 b 的地址。

3. 关系运算

指针变量的关系运算符有>、<、>=、<=、==，用于比较两个指针所指向的存储单元的前后关系或是否是同一个存储单元。

【例 7.4】 指针的关系运算。

```
1   #include<stdio.h>
2   int main()
3   {   int arr[5] = {1, 2, 3, 4, 5};
4       int *ptr1 = &arr[0];
5       int *ptr2 = &arr[3];
6       if (ptr1 == ptr2)
7       {   printf("ptr1 and ptr2 are equal\n"); }
8       else if (ptr1 < ptr2)
9       {   printf("ptr1 is less than ptr2\n"); }
10      else if (ptr1 > ptr2)
11      {   printf("ptr1 is greater than ptr2\n"); }
12      return 0;
13  }
```

程序分析：在这个例子中，先定义了一个整数数组 arr，并将其初始化为{1, 2, 3, 4, 5}。然后，定义了两个指向整数的指针 ptr1 和 ptr2，并分别将它们初始化为 arr[0]和 arr[3]的地址。然后可以通过指针之间的关系运算来比较它们之间的大小关系。

指针的关系运算实际上是指针之间的地址值的比较。本题中 ptr1 < ptr2 就是 true，表示 ptr1 的地址值小于 ptr2 的地址值。

7.1.4 指向指针的指针

如果一个指针变量存放的是另一个指针变量的地址，则称这个指针变量为指向指针的指针变量。

在前面已经介绍过，通过指针访问变量称为间接访问。由于指针变量直接指向变量，因此称为"单级间址"。而如果通过指向指针的指针变量来访问变量则构成"二级间址"，如图 7.8 所示。

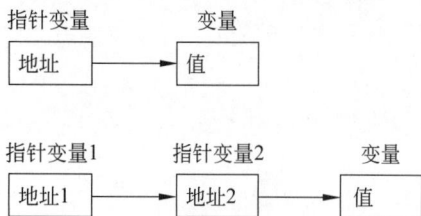

图 7.8 二级指针

定义一个指向指针型数据的指针变量，如下所示。

```
char **p;
```

p 前面有两个*号，相当于*(*p)。显然*p 是指针变量的定义形式，如果没有最前面的*，则是定义了一个指向字符数据的指针变量。现在它前面又有一个*号，表示指针变量 p 是指向一个字符指针型变量。

【例 7.5】 指向变量的指针变量访问。

```
1   #include<stdio.h>
2   int main()
```

```
3    {    int x,*p1, **p2;        /*定义指针变量,一级指针 p1 和二级指针 p2*/
4         printf("请输入一个整型数据: ");
5         scanf(" %d",&x);
6         p1 = &x;                 /*给 p1 指针赋值为整型变量 x 的地址*/
7         p2 = &p1;                /*给 p2 指针赋值为指针变量 p1 的地址*/
8         printf("通过二级指针访问%d", **p2);     /*通过 p2 指针访问 x 变量*/
9         printf("\n");
10        return 0;
11   }
```

程序运行结果如下。

请输入一个整型数据: 32
通过二级指针访问 32

程序分析: 本程序的主要功能是通过一级指针和二级指针访问和操作一个整型变量 x。程序的执行流程如下:

(1) 用户输入一个整型数据, 存储到变量 x 中。

(2) 一级指针 p1 指向 x 的地址。

(3) 二级指针 p2 指向 p1 的地址。

(4) 通过 **p2 访问 x 的值并输出。

7.2　指针和数组

定义变量后, 系统将给变量分配相应的存储单元, 存储单元有对应的存储地址, 然后定义指向变量的指针变量, 通过使用指针变量, 灵活方便地读写变量。其实, 定义数组后, 系统也会给数组分配一段连续的存储单元, 这段存储单元也有起始地址。通过这个起始地址可以访问数组中的其他元素。因此, 在处理数组时, 也可以定义一个指针变量指向这个数组。然后, 通过这个指针变量实现对数组元素的处理。下面介绍数组的指针和指向数组的指针变量。

7.2.1　数组的指针和指向数组元素的指针变量

一个数组是由连续的一块内存单元存储的。数组名就是这块连续内存单元的首地址。一个数组也是由各个数组元素(下标变量)组成的。每个数组元素按其类型不同占有几个连续的内存单元。一个数组元素的首地址也是指它所占有的几个内存单元的首地址。

定义一个指向数组元素的指针变量的方法, 与以前介绍的指针变量相同。例如:

```
int a[10];   /* 定义 a 为包含 10 个整型数据的数组 */
int *p;      /* 定义 p 为指向整型变量的指针 */
```

应当注意, 因为数组为 int 型, 所以指针变量也应是指向 int 型的指针变量。下面是对指针变量赋值:

```
p=&a[0];
```

把 a[0]元素的地址赋给指针变量 p。也就是说，p 指向 a 数组的第 0 号元素，如图 7.9 所示。

C 语言规定，数组名代表数组的首地址，也就是第 0 号元素的地址。因此，下面两个语句等价：

```
p=&a[0];
p=a;
```

在定义指针变量时就可以给指针变量赋初值：

```
int *p=&a[0];
```

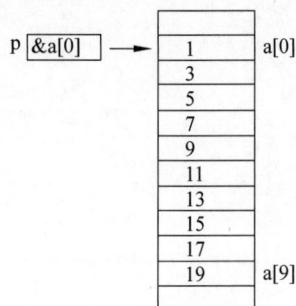

图 7.9　指针和数组的关系

它等效于：

```
int *p;
p=&a[0];
```

当然定义时也可以写成：

```
int *p=a;
```

从图 7.9 中我们可以看出有以下关系：

p、a、&a[0]均指向同一单元，它们是数组 a 的首地址，也是 0 号元素 a[0]的首地址。应该说明的是 p 是变量，而 a、&a[0]都是常量。在编程时应予以注意。

数组指针变量说明的一般形式为：

类型说明符 *指针变量名；

其中类型说明符表示所指数组的类型。从一般形式可以看出，指向数组的指针变量和指向普通变量的指针变量的说明方式是相同的。

C 语言规定：如果指针变量 p 已指向数组中的一个元素，则 p+1 指向同一数组中的下一个元素。引入指针变量后，就可以用两种方法访问数组元素了。

如果 p 的初值为&a[0]，则：

（1）p+i 和 a+i 就是 a[i]的地址，或者说它们指向 a 数组的第 i 个元素，如图 7.10 所示。

（2）*(p+i)或*(a+i)就是 p+i 或 a+i 所指向的数组元素，即 a[i]。例如，*(p+5)或*(a+5)就是 a[5]。

（3）指向数组的指针变量也可以带下标，如，p[i]与*(p+i)等价。

根据以上叙述，引用一个数组元素可以用：

（1）下标法，即用 a[i]形式访问数组元素。在前面介绍数组时都是采用这种方法。

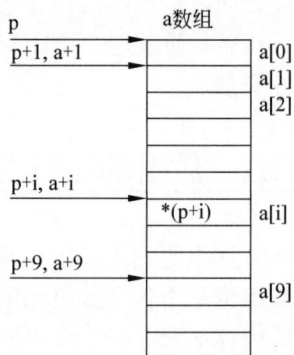

图 7.10　指针和数组元素的对应关系

（2）指针法，即采用*(a+i)或*(p+i)形式，用间接访问的方法访问数组元素，其中，a 是数组名，p 是指向数组的指针变量，其初值 p=a。

【例 7.6】 输出数组中的全部元素。（下标法）

```
1    #include<stdio.h>
2    int main()
3    {    int a[10],i;
```

```
4       for(i=0;i<10;i++)
5           a[i]=i;
6       for(i=0;i<10;i++)
7           printf("a[%d]=%d,",i,a[i]);
8       return 0;
9   }
```

运行结果：

a[0]=0, a[1]=1, a[2]=2, a[3]=3, a[4]=4, a[5]=5, a[6]=6, a[7]=7, a[8]=8,
a[9]=9,

【例 7.7】 输出数组中的全部元素。（通过数组名计算元素的地址，找出元素的值）

```
1   #include<stdio.h>
2   int main()
3   {   int a[10],i;
4       for(i=0;i<10;i++)
5       *(a+i)=i;
6       for(i=0;i<10;i++)
7           printf("a[%d]=%d,",i,*(a+1));
8       return 0;
9   }
```

【例 7.8】 输出数组中的全部元素。（用指针变量指向数组元素）

```
1   #include<stdio.h>
2   int main()
3   {   int a[10],i, *p;
4       p=a;
5       for(i=0;i<10;i++)
6           *(p+i)=i;
7       for(i=0;i<10;i++)
8   printf("a[%d]=%d,",i,*(p+i));
9       return 0;
10  }
```

【例 7.9】 直接用指针的方法输出数组中的元素。

```
1   #include<stdio.h>
2   int main()
3   {   int a[10],i, *p=a;
4       for(i=0;i<10;)
5       {
6           *p++=i;
7           p=a;
8       for(i=0;i<10;i++)
9           printf("a[%d]=%d,",i, *p++);
10      }
11      return 0;
12  }
```

程序分析：例 7.7、例 7.8 和例 7.9 的运行结果与例 7.6 的运行结果是相同的。
下面是几个需要注意的问题。

（1）指针变量可以实现本身的值的改变。例如 p++是合法的，而 a++是错误的。因为 a 是数组名，它是数组的首地址，是常量，常量不能进行++运算。

（2）注意例 7.9 第 6 行中的*p++，应该是先*p，然后再把 p 所指的元素地址+1。

（3）要注意指针变量的当前值。

【例 7.10】 找出下面程序的错误。

```
1    #include<stdio.h>
2    int main()
3    {    int *p,i,a[10];
4         p=a;
5         for(i=0;i<10;i++)
6             *p++=i;
7         for(i=0;i<10;i++)
8             printf("a[%d]=%d,",i,*p++);
9         return 0;
10   }
```

本例的错误在于第 6 行后未对 p 进行复位操作，此时 p 指向数组 a 的最后一个元素的下一个存储单元。

（1）从例 7.10 可以看出，虽然定义数组时指定它包含 10 个元素，但指针变量可以指向数组以后的存储单元，系统并不认为这是非法的。然而由于这些单元并没有初始化，因此这些存储单元中的值是随机值，由此导致例 7.10 中的输出是不规则的整数值。需要注意的是，当使用数组名下标法访问数组元素时，程序不会对越界的元素访问报告数组越界访问错误。因此需要小心使用指针访问数组元素，这需要程序编写人员自己检查是否访问越界。

改正后的程序：

```
1    #include<stdio.h>
2    int main()
3    {    int *p,i,a[10];
4         p=a;
5         for(i=0;i<10;i++)
6             *p++=i;
7          p=a;
8         for(i=0;i<10;i++)
9             printf("a[%d]=%d,",i,*p++);
10        return 0;
11   }
```

（2）*p++，由于++和*同优先级，结合方向自右向左，等价于*(p++)。此处，通过上文的描述，我们知道该语句先运行*p，再对 p 指针进行+1 运算。这看似与*(p++)不符，实则是相通的，重点在于理解 p++操作，p++的含义表示先对 p 变量执行某种操作，再将 p+1。例如：

```
int a=3,b=4;a=b++;
```

此时 a 的值为 4，而 b 的值为 5。这里的 b++，表示先将 b 进行某种操作，此处的操作就是将 b 的值赋给 a，所以 a 等于 4，然后 b 再执行+1 操作，所以 b 等于 5。

（3）延续上一条解析，*(p++)与*(++p)作用不同。若 p 的初值为 a，则*(p++)等价 a[0]，之后 p 指向 a[1]，*(++p)等价 a[1]，之后 p 指向 a[1]。

【例 7.11】 从键盘上输入 10 个整数，用选择法将其按由小到大的顺序排列并输出。

算法分析：

（1）从第 0 个位置到第 9 个位置中选择出最小的一个与第 0 个位置的数交换。

（2）从第 1 个位置到第 9 个位置中选择出最小的一个与第 1 个位置的数交换。

（3）以此类推，直到从第 8 个位置到第 9 个位置中选择出最小的一个与第 8 个位置的数交换。

源程序：

```
1    #include<stdio.h>
2    int main()
3    {int t,a[10];
4    int *p1, *p2;
5    for(p1=a;p1<10+a;p1++) scanf("%d",p1);
6    for(p1=a;p1<a+9;p1++)
7    for(p2=p1+1;p2<a+10;p2++)
8    if(*p1>*p2)
9    {t=*p1; *p1=*p2; *p2=t;}
10   printf("\n");
11   for(p1=a;p1<10+a;p1++) printf("%6d",*p1);
12   return 0;
13   }
```

程序分析：主要功能是对一个包含 10 个整数的数组进行排序（从小到大），并输出排序后的结果。程序使用了指针来操作数组元素。下面是对程序关键语句的分析。

第 5 行中的 for 循环用于从用户输入中读取 10 个整数，并存储到数组 a 中。"p1 = a;"将指针 p1 指向数组 a 的首地址，"p1 < 10 + a;"循环条件是 p1 指向的地址小于"a + 10"（即数组 a 的末尾地址），"p1++;"每次循环后，p1 指向下一个数组元素。

第 6 行中的 for 循环用于实现排序算法（选择排序）。"p1 = a;"将指针 p1 指向数组 a 的首地址，"p1 < a + 9;"循环条件是 p1 指向的地址小于"a + 9"（即数组 a 的倒数第二个元素），"p1++"每次循环后，p1 指向下一个数组元素。

第 7 行 for(p2 = p1 + 1; p2 < a + 10; p2++)，这个嵌套的 for 循环用于比较和交换数组元素。

第 8 行中，如果 p1 所指向的元素大于 p2 所指向的元素，则执行交换操作。

假设用户输入以下 10 个整数：

5 3 8 1 9 4 7 2 6 0

程序的输出结果为：

　　0　 1　 2　 3　 4　 5　 6　 7　 8　 9

程序的核心逻辑是通过指针操作实现选择排序算法。

7.2.2 指向多维数组的指针和指针变量

本小节以二维数组为例介绍指向多维数组的指针变量。

1. 多维数组的地址

设有整型二维数组 a[3][4]如下：

```
0 1 2 3
4 5 6 7
8 9 10 11
```

它的定义为：

```
int a[3][4]={{0,1,2,3},{4,5,6,7},{8,9,10,11}};
```

设数组 a 的首地址为 1000，各下标变量的首地址及其值如图 7.11 所示。

前面介绍过，C 语言允许把一个二维数组分解为多个一维数组来处理。因此数组 a 可分解为 3 个一维数组，即 a[0]、a[1]、a[2]。每个一维数组又包含 4 个元素，如图 7.12 所示。

1000 0	1002 1	1004 2	1006 3
1008 4	1010 5	1012 6	1014 7
1016 8	1018 9	1020 11	1022 12

图 7.11 数组的地址与值的对应图

a → a[0]	=	1000 0	1002 1	1004 2	1006 3
a[1]	=	1008 4	1010 5	1012 6	1014 7
a[2]	=	1016 8	1018 9	1020 11	1022 12

图 7.12 二维数组的分解

例如 a[0]数组，包含 a[0][0]、a[0][1]、a[0][2]、a[0][3] 4 个元素。

数组及数组元素的地址表示如下。

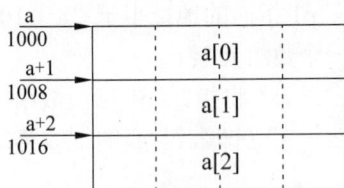

a 1000 a+1 1008 a+2 1016	a[0]
	a[1]
	a[2]

图 7.13 二维数组的首地址

从二维数组的角度看，a 是二维数组名，a 代表整个二维数组的首地址，也是二维数组 0 行的首地址，等于 1000。a+1 代表第一行的首地址，等于 1008，如图 7.13 所示。

a[0]是第一个一维数组的数组名和首地址，因此也是 1000。*(a+0)或*a 是与 a[0]等效的，它表示一维数组 a[0]的 0 号元素的首地址，也为 1000。&a[0][0]是二维数组 a 的 0 行 0 列元素的首地址，同样是 1000。因此，a，a[0]，*(a+0)，*a，&a[0][0]是相等的。

同理，a+1 是二维数组第 1 行的首地址，等于 1008。a[1]是第二个一维数组的数组名和首地址，因此也为 1008。&a[1][0]是二维数组 a 的 1 行 0 列的元素地址，也是 1008。因此 a+1、a[1]、*(a+1)、&a[1][0]是等同的。

由此可得出，a+i、a[i]、*(a+i)、&a[i][0]是等同的。

此外，&a[i]和 a[i]也是等同的。因为在二维数组中不能把&a[i]理解为元素 a[i]的地址，不存在元素 a[i]。C 语言规定，它是一种地址计算方法，表示数组 a 第 i 行的首地址。由此，我们得出 a[i]、&a[i]、*(a+i)和 a+i 也都是等同的。

另外，a[0]也可以看成 a[0]+0，是一维数组 a[0]的 0 号元素的首地址，而 a[0]+1 则是
a[0]的 1 号元素首地址，由此可得出 a[i]+j 则是一维
数组 a[i]的 j 号元素首地址，它等于&a[i][j]，如图 7.14
所示。

由 a[i]=*(a+i)得 a[i]+j=*(a+i)+j。由于*(a+i)+j 是
二维数组 a 的 i 行 j 列元素的首地址，所以，该元素
的值等于*(*(a+i)+j)。

【例 7.12】 输出二维数组中每行的首地址及部分
元素的地址、值。

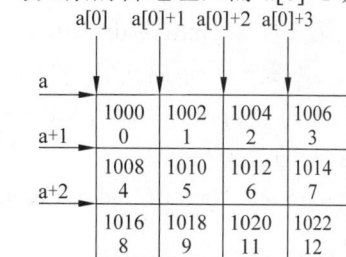

图 7.14　二维数组中每个元素的地址

```
1    #include<stdio.h>
2    int main()
3    {   int a[3][4]={0,1,2,3,4,5,6,7,8,9,10,11};
4        printf("%d,",a);
5        printf("%d,",*a);
6        printf("%d,",a[0]);
7        printf("%d,",&a[0]);
8        printf("%d\n",&a[0][0]);
9        printf("%d,",a+1);
10       printf("%d,",*(a+1));
11       printf("%d,",a[1]);
12       printf("%d,",&a[1]);
13       printf("%d\n",&a[1][0]);
14       printf("%d,",a+2);
15       printf("%d,",*(a+2));
16       printf("%d,",a[2]);
17       printf("%d,",&a[2]);
18       printf("%d\n",&a[2][0]);
19       printf("%d,",a[1]+1);
20       printf("%d\n",*(a+1)+1);
21       printf("%d,%d\n",*(a[1]+1),*(*(a+1)+1));
22   return 0;
23   }
```

运行结果（VC 环境下）：

```
1245008, 1245008, 1245008, 1245008
1245024, 1245024, 1245024, 1245024
1245040, 1245040, 1245040, 1245040
1245028, 1245028
5,5
```

程序分析：程序的主要功能是展示二维数组 a[3][4]的地址和值的相关操作。通过
printf 输出数组名、指针、数组元素等的地址和值，帮助理解二维数组在内存中的存储方
式以及指针的操作。下面是对程序的关键代码分析：

第 4 行 "printf("%d,", a);" 输出数组名 a 的值，即二维数组 a 的首地址（a[0][0]的地
址）。a 是一个指向数组第一行的指针。

第 5 行 "printf("%d,", *a);" 输出 *a 的值，即数组第一行 a[0] 的首地址（a[0][0]的地

址）。*a 等价于 a[0]。

第 6 行 "printf("%d,", a[0]);" 输出 a[0]的值，即数组第一行 a[0]的首地址（a[0][0]的地址）。a[0]是一个指向 a[0][0]的指针。

第 7 行 "printf("%d,", &a[0]);" 输出&a[0]的值，即数组第一行 a[0]的地址。&a[0]的类型与 a 的类型相同。

第 8 行 "printf("%d\n", &a[0][0]);" 输出&a[0][0]的值，即数组第一个元素 a[0][0]的地址。

第 9 行 "printf("%d,", a + 1);" 输出 a + 1 的值，即数组第二行 a[1]的地址。

第 10 行 "printf("%d,", *(a + 1));" 输出*(a + 1) 的值，即数组第二行 a[1]的首地址（a[1][0]的地址）。*(a + 1) 等价于 a[1]。

第 11 行 "printf("%d,", a[1]);" 输出 a[1]的值，即数组第二行 a[1]的首地址（a[1][0]的地址）。

第 12 行 "printf("%d,", &a[1]);" 输出&a[1]的值，即数组第二行 a[1]的地址。

第 13 行 "printf("%d\n", &a[1][0]);" 输出&a[1][0]的值，即数组第二行第一个元素 a[1][0]的地址。

第 14 行 "printf("%d,", a + 2);" 输出 a + 2 的值，即数组第三行 a[2]的地址。

第 15 行 "printf("%d,", *(a + 2));" 输出*(a + 2)的值，即数组第三行 a[2]的首地址（a[2][0]的地址）。

第 16 行 "printf("%d,", a[2]);" 输出 a[2]的值，即数组第三行 a[2] 的首地址（a[2][0]的地址）。

第 17 行 "printf("%d,", &a[2]);" 输出 &a[2]的值，即数组第三行 a[2]的地址。

第 18 行 "printf("%d\n", &a[2][0]);" 输出&a[2][0]的值，即数组第三行第一个元素 a[2][0]的地址。

第 19 行 "printf("%d,", a[1] + 1);" 输出 a[1] + 1 的值，即数组第二行第二个元素 a[1][1]的地址。

第 20 行 "printf("%d\n", *(a + 1) + 1);" 输出 *(a + 1) + 1 的值，即数组第二行第二个元素 a[1][1]的地址。

第 21 行 "printf("%d,%d\n", *(a[1] + 1), *(*(a + 1) + 1));" 输出 *(a[1] + 1)和*(*(a + 1) + 1)的值，即数组第二行第二个元素 a[1][1]的值。*(a[1] + 1)和 *(*(a + 1) + 1)都等价于 a[1][1]，值为 5。

这个程序展示了二维数组的地址和值的相关操作。通过指针和数组名的操作，可以访问二维数组的行地址、列地址以及具体元素的值。

2. 指向多维数组的指针变量

把二维数组 a 分解为一维数组 a[0]、a[1]、a[2]后，设 p 为指向二维数组的指针变量。可定义为：

```
int (*p)[4];
```

它表示 p 是一个指针变量，它指向包含 4 个元素的一维数组。若指向第一个一维数组 a[0]，其值等于 a、a[0]或&a[0][0]等。而 p+i 则指向一维数组 a[i]。从前面的分析可得出*(p+i)+j 是二维数组 i 行 j 列的元素的地址，而*(*(p+i)+j)则是 i 行 j 列元素的值。

二维数组指针变量说明的一般形式为：

类型说明符 (*指针变量名) [长度]；

其中类型说明符是所指数组的数据类型。*表示其后的变量是指针类型。长度表示二维数组分解为多个一维数组时一维数组的长度，也就是二维数组的列数。应注意"(*指针变量名)"两边的括号不可少，若缺少括号则表示是指针数组（本章后面介绍），意义就完全不同了。

【例 7.13】 指向二维数组的指针变量示例。

```
1   #include<stdio.h>
2   int main()
3   { int a[3][4]={0,1,2,3,4,5,6,7,8,9,10,11};
4    int(*p)[4];
5    int i,j;
6    p=a;
7    for(i=0;i<3;i++)
8    {for(j=0;j<4;j++) printf("%2d ",*(*(p+i)+j));
9    printf("\n");}
10   return 0;
11  }
```

运行结果：

```
0   1    2    3
4   5    6    7
8   9    10   11
```

程序分析：这个程序的主要功能是通过指针访问二维数组 a[3][4]的元素，并输出数组的内容。下面是对程序关键行的分析。

第 4 行"int (*p)[4];"定义一个指向一维数组的指针 p，该一维数组包含 4 个整型元素。p 的类型为 int (*)[4]，表示 p 可以指向一个包含 4 个整型元素的一维数组。

第 6 行 "p = a;"将指针 p 指向二维数组 a 的首地址。a 是一个指向数组第一行的指针，与 p 的类型匹配。

第 7 行外层循环 for (i = 0; i < 3; i++)遍历二维数组 a 的每一行。

第 8 行内层循环 " { for (j = 0; j < 4; j++) printf("%2d ", *(*(p + i) + j));"遍历当前行的每一列。*(*(p + i) + j)的含义是 p + i 指向第 i 行的指针，*(p + i)取第 i 行的首地址。

【例 7.14】 若有二维数组 a[3][4]={{1,2,3,4},{5,6,7,8},{12,9,10,8}}，请用指针形式输出二维数组，并将数组中的最大元素及所在行列号输出。（用行指针变量输出二维数组）

```
1   #include<stdio.h>
2   int main()
3   {int a[3][4]={{1,2,3,4},{5,6,7,8},{12,9,10,8}};
4   int max,i,j,n=0,m=0;
5   int (*p)[4];
6   p=a;max=**p;
7   for(i = 0; i < 3; i++)
```

```
8    {printf("\n");
9    for(j = 0; j < 4; j++)
10   {printf("%5d",*(*(p+i)+j));
11   if(*(*(p+i)+j) > max)
12   {max = *(*(p+i)+j);
13   m=i;n=j;}}}
14   printf("\na[%d][%d]=%d\n",m,n,max);
15   return 0;
16   }
```

运行结果：

```
1    2    3    4
5    6    7    8
12   9    10   8
a[2][0]=12
```

程序分析：

（1）二维数组初始化：

"int a[3][4] = {{1, 2, 3, 4}, {5, 6, 7, 8}, {12, 9, 10, 8}};"是一个3行4列的二维数组，存储了12个整数。

（2）指针初始化：

"int (*p)[4];"中，p是一个指向包含4个整数的数组的指针。"p = a;"将p指向二维数组a的第一行。

（3）最大值初始化：

"max = **p;"将max初始化为二维数组的第一个元素的值（即a[0][0]）。

（4）遍历二维数组：

使用双重循环遍历二维数组：

外层循环 for (i = 0; i < 3; i++)遍历行。

内层循环 for (j = 0; j < 4; j++)遍历列。

((p + i) + j) 等价于 a[i][j]，用于访问数组元素。

（5）输出数组元素：

"printf("%5d", *(*(p + i) + j));"格式化输出每个元素。

（6）更新最大值及其位置：

如果当前元素 *(*(p + i) + j)大于 max，则更新 max 的值，并记录其位置(m, n)。

7.2.3　指针数组

一个数组的元素值为指针则是指针数组。指针数组是一组有序的指针的集合。指针数组的所有元素都必须是具有相同存储类型和指向相同数据类型的指针变量。

指针数组说明的一般形式为：

类型说明符 *数组名[数组长度]；

其中，类型说明符为指针值所指向的变量的类型。

例如：

```
int *pa[3]
```

表示 pa 是一个指针数组，它有 3 个数组元素，每个元素值都是一个指针，指向整型变量。

【例 7.15】 通常可用一个指针数组指向一个二维数组。指针数组中的每个元素被赋予二维数组每一行的首地址，因此也可理解为指向一个一维数组。

```
1    #include<stdio.h>
2    int main()
3    {    int a[3][3]={1,2,3,4,5,6,7,8,9};
4         int *pa[3]={a[0],a[1],a[2]};
5         int *p=a[0];
6         int i;
7         for(i=0;i<3;i++)
8         printf("%d,%d,%d\n",a[i][2-i],*a[i],*(*(a+i)+i));
9         for(i=0;i<3;i++)
10        printf("%d,%d,%d\n",*pa[i],p[i],*(p+i));
11        return 0;
12   }
```

运行结果：

```
3,1,1
5,4,5
7,7,9
1,1,1
4,2,2
7,3,3
```

程序分析：本例程序中，pa 是一个指针数组，3 个元素分别指向二维数组 a 的各行。然后用循环语句输出指定的数组元素。其中，*a[i]表示 i 行 0 列的元素值；*(*(a+i)+i)表示 i 行 i 列的元素值；*pa[i]表示 i 行 0 列的元素值；由于 p 与 a[0]相同，故 p[i]表示 0 行 i 列的值；*(p+i)表示 0 行 i 列的值。读者可仔细领会元素值的各种不同的表示方法。

应该注意指针数组和二维数组指针变量的区别。这二者虽然都可用来表示二维数组，但是其表示方法和意义是不同的。

二维数组指针变量是单个的变量，其一般形式中"(*指针变量名)"两边的括号不可少。而指针数组类型表示的是多个指针（一组有序指针）。在一般形式中，"*指针数组名"两边不能有括号。

例如：

```
int (*p)[3];
```

表示一个指向二维数组的指针变量。该二维数组的列数为 3，或分解为一维数组的长度为 3。

```
int *p[3];
```

表示 p 是一个指针数组，有 3 个下标变量，p[0]、p[1]、p[2]均为指针变量。

指针数组也常用来表示一组字符串，这时指针数组的每个元素被赋予一个字符串的首地址。指向字符串的指针数组的初始化更为简单。

7.3　字符串的指针及指向字符串的指针变量

　　字符数组是一种基类型为字符型的数组。在处理字符数组时也可以使用指针变量。字符数组的指针就是存放字符串的连续空间的首地址，也是字符数组第 0 个元素的地址。存放字符数组首地址的指针变量即指向字符数组的指针变量。由于字符串常量可以使用字符数组存放，因此，有了指向字符数组的指针变量后，在处理字符串时将变得更加灵活和方便，尤其是在处理多个字符串时，指针变量的优势更加明显和突出。下面将介绍字符数组的指针和指向字符数组的指针变量。

7.3.1　字符串的表示形式

　　在 C 语言中，可以用两种方法访问一个字符串。

1. 字符数组

　　用字符数组存放一个字符串，然后输出该字符串。

　　【例 7.16】 字符数组示例。

```
1    #include<stdio.h>
2    int main()
3    {   char string[]="I love China! ";
4        printf("%s\n",string);
5        return 0;
6    }
```

　　程序分析：和前面介绍的数组属性一样，string 是数组名，它代表字符数组的首地址，如图 7.15 所示。

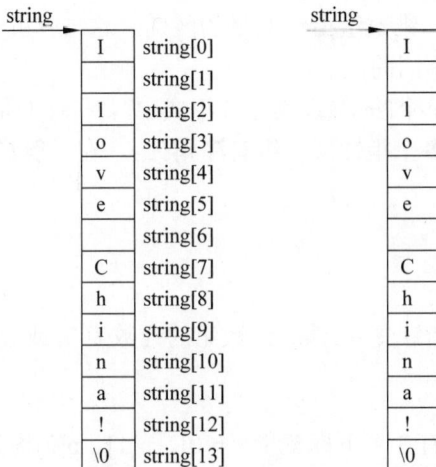

图 7.15　字符串数组

2. 字符串指针

用字符串指针指向一个字符串。

【例 7.17】 字符串指针示例。

```
1   #include<stdio.h>
2   int main()
3   {   char *string="I love China! ";
4       printf("%s\n",string);
5       return 0;
6   }
```

运行结果:

```
I love China!
```

程序分析:字符串指针变量的定义说明与指向字符变量的指针变量说明是相同的。只能按对指针变量的赋值不同来区别。对指向字符变量的指针变量应赋予该字符变量的地址。如:

```
char c, *p=&c;
```

表示 p 是一个指向字符变量 c 的指针变量。而:

```
char *s="C Language";
```

则表示 s 是一个指向字符串的指针变量。把字符串的首地址赋予 s。

上例中,首先定义 string 是一个字符指针变量,然后把字符串的首地址赋予 string(应写出整个字符串,以便编译系统把该串装入连续的一块内存单元,并把首地址送入 string)。程序中

```
char *ps="C Language";
```

等效于:

```
char *ps;
ps="C Language";
```

【例 7.18】 输出字符串中 n 个字符后的所有字符。

```
1   #include<stdio.h>
2   int main()
3   { char *ps="this is a book";
4     int n=10;
5     ps=ps+n;
6     printf("%s\n",ps);
7     return 0;
8   }
```

运行结果为:

```
Book
```

程序分析:在程序中对 ps 初始化时,即把字符串首地址赋予 ps。当 ps= ps+10 之后,

ps 指向字符'b'，因此输出为"book"。

【例 7.19】 在输入的字符串中查找有无'k'字符。

```
1    #include<stdio.h>
2    int main()
3    { char st[20], *ps;
4      int i;
5      printf("input a string:\n");
6      ps=st;
7      scanf("%s",ps);
8      for(i=0;ps[i]!='\0';i++)
9      if(ps[i]=='k'){
10         printf("there is a 'k' in the string\n");
11         break;
12     }
13     if(ps[i]=='\0') printf("There is no 'k' in the string\n");
14     return 0;
15   }
```

运行结果：

```
input a string:
abcdefghijkl
there is a 'k' in the string
```

程序分析：

（1）字符数组和指针：

"char st[20], *ps;"中，st 是一个长度为 20 的字符数组，用于存储输入的字符串。ps 是一个字符指针，指向字符数组 st。

（2）遍历字符串：

for (i = 0; ps[i] != '\0'; i++)使用循环遍历字符串中的每个字符，直到遇到字符串结束符 '\0'。

（3）检查字符 k：

if (ps[i] == 'k')，如果当前字符是 k，则输出提示信息 "There is a 'k' in the string"，并使用 break 跳出循环。

（4）未找到字符 k：

if (ps[i] == '\0')，如果循环结束后仍未找到字符 k，则输出提示信息"There is no 'k' in the string"。

7.3.2　使用字符串指针变量与字符数组的区别

用字符数组和字符指针变量都可实现字符串的存储和运算。但是两者是有区别的。在使用时应注意以下几个问题。

（1）字符串指针变量本身是一个变量，用于存放字符串的首地址。而字符串本身是存放在以该首地址为首的一块连续的内存空间中并以'\0'作为串的结束。字符数组是由若干个数组元素组成的，它可用来存放整个字符串。

（2）对字符串指针定义和赋值方式

```
char *ps="C Language";
```

可以写为：

```
char *ps;
ps="C Language";
```

而数组方式

```
static char st[]={"C Language"};
```

不能写为：

```
char st[20];
st={"C Language"};
```

而只能对字符数组的各元素逐个赋值。

从以上几点可以看出字符串指针变量与字符数组在使用时的区别，同时也可看出使用指针变量更加方便。

前面说过，当一个指针变量在未取得确定地址前使用是危险的，容易引起错误。但是对指针变量直接赋值是可以的。因为 C 系统对指针变量赋值时要给确定的地址。因此，

```
char *ps="C Language";
```

或者

```
char *ps;
ps="C Language";
```

都是合法的。

7.4 指针和函数

前面讨论了变量的指针和指向变量的指针变量、数组的指针和指向数组的指针变量。其实，对于函数而言，当被执行时，系统也会为函数分配一段存储单元，函数名代表这段存储单元的起始地址。根据指针变量的本质，也可以定义一个指向函数的指针变量。除此之外，函数定义时有形参，函数调用时有实参，这些参数也可以使用指针变量。下面详细介绍指针作为函数参数时，形参与实参之间是如何传递值，以及指向函数的指针变量如何定义和使用。除此之外，介绍函数如何返回一个指针变量作为其返回值。

7.4.1 指针作为函数的参数

C 语言中，函数的参数有形参和实参两种。当函数被调用时，参数间进行传送。通过第 6 章的学习可知，参数间传送信息的方式有两种，分别是值传递和地址传递。值传递是指把实参的值传递给形参，形参在被调用函数中的变化对实参不会产生任何影响；地址传

递是实参把所指向的存储单元地址传递给形参，因此，形参在被调用函数中的变化直接影响实参。要实现参数的地址传递，形参就将定义为指针类型或数组类型。此时，调用函数的实参对应的是变量的地址或数组。

1. 指针变量作为函数的参数

函数的参数不仅可以是整型、实型、字符型等数据，还可以是指针类型。它的作用是将一个变量的地址传送到另一个函数中。

【例 7.20】 输入两个整数，按大小顺序输出。用函数处理，而且用指针类型的数据作为函数的参数。

程序如下：

```
1    #include<stdio.h>
2    swap(int *p1,int *p2)
3    { int temp;
4     temp=*p1;
5     *p1=*p2;
6     *p2=temp;
7    }
8    int main()
9    { int a,b;
10    int *pointer_1,*pointer_2;
11    scanf("%d%d",&a,&b);
12    pointer_1=&a;
13    pointer_2=&b;
14    if(a<b)
15    swap(pointer_1,pointer_2);
16    printf("%d,%d\n",a,b);
17    return 0;
18   }
```

运行结果：

```
3 5
5,3
```

程序分析：

swap 是用户自定义的函数，它的作用是交换两个变量 a 和 b 的值。swap 函数的形参 p1、p2 是指针变量。程序运行时，先执行 main 函数，输入 a 和 b 的值。然后将 a 和 b 的地址分别赋给指针变量 pointer_1 和 pointer_2，使 pointer_1 指向 a，pointer_2 指向 b，如图 7.16 所示。

接着执行 if 语句，由于 a<b，因此调用 swap()函数。注意实参 pointer_1 和 pointer_2 是指针变量，在函数调用时，将实参变量的值传递给形参变量。采取的是"地址传递"方式。因此，虚实结合后形参 p1 的值为&a，p2 的值为&b。这时 p1 和 pointer_1 指向变量 a，p2 和 pointer_2 指向变量 b，如图 7.17 所示。

接着执行 swap()函数使*p1 和*p2 的值互换，也就是使 a 和 b 的值互换，如图 7.18 所示。

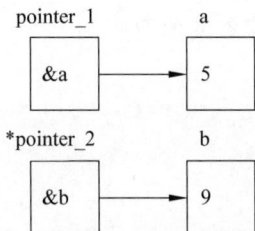

图 7.16　程序为指针变量赋值

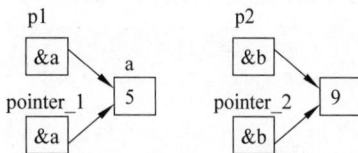

图 7.17　指针变量作为函数的参数

函数调用结束后，p1 和 p2 不复存在（已释放），如图 7.19 所示。

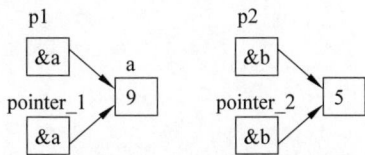

图 7.18　a 和 b 的值互换

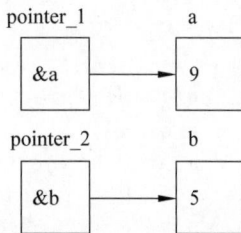

图 7.19　函数执行结束后形参指针被释放

最后在 main()函数中输出的 a 和 b 的值是已经交换的值。

请注意交换*p1 和*p2 的值是如何实现的。请找出下列程序段的错误：

```
1    swap(int *p1,int *p2)
2    { int *temp;
3     *temp=*p1;
4     *p1=*p2;
5     *p2=*temp;
6    }
```

请考虑下面的函数能否实现 a 和 b 互换。

```
1    swap(int x,int y)
2    { int temp;
3     temp=x;
4     x=y;
5     y=temp;
6    }
```

如果在 main()函数中用"swap(a,b)；"调用 swap 函数，会有什么结果呢？结果如图 7.20
所示。

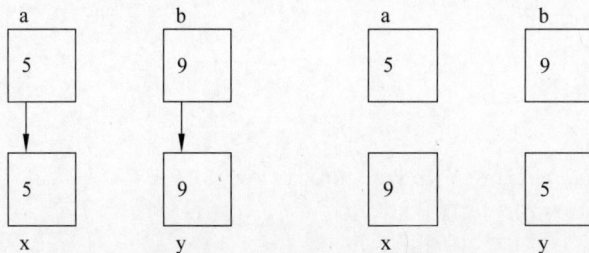

图 7.20　值传递结果的示意图

请注意，不能试图通过改变指针形参的值而使指针实参的值改变。

【例 7.21】 题目同例 7.20。

```
1    #include<stdio.h>
2    swap(int *p1,int *p2)
3    { int *p;
4      p=p1;
5      p1=p2;
6      p2=p;
7    }
8    int main()
9    { int a,b;
10     int *pointer_1, *pointer_2;
11     scanf("%d%d",&a,&b);
12     pointer_1=&a;
13     pointer_2=&b;
14     if(a<b) swap(pointer_1,pointer_2);
15     printf("%d,%d\n",*pointer_1, *pointer_2);
16     return 0;
17   }
```

运行结果：

3 5
3,5

其中的问题在于不能实现如图 7.21 所示的第四步（见图 7.21（d））。

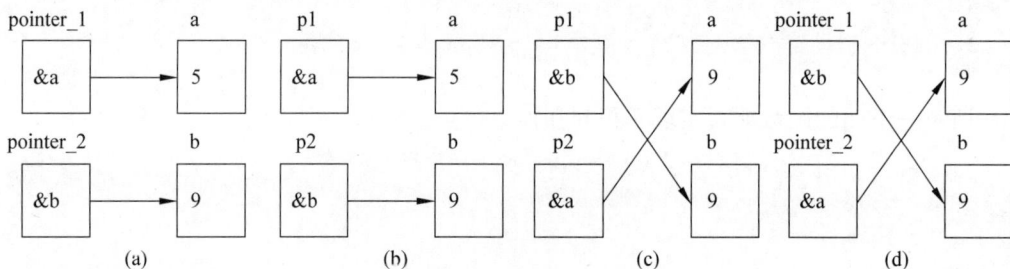

图 7.21 指针运算比较

【例 7.22】 输入 a、b、c 三个整数，按大小顺序输出。

```
1    #include<stdio.h>
2    void swap(int *pt1,int *pt2)
3    {   int temp;
4        temp=*pt1;
5        *pt1=*pt2;
6        *pt2=temp;
7    }
8    void exchange(int *q1,int *q2,int *q3)
9    {   if(*q1<*q2)swap(q1,q2);
10       if(*q1<*q3)swap(q1,q3);
11       if(*q2<*q3)swap(q2,q3);
12   }
```

```
13    int main()
14    {    int a,b,c,*p1,*p2,*p3;
15         scanf("%d%d%d",&a,&b,&c);
16         p1=&a;
17         p2=&b;
18         p3=&c;
19         exchange(p1,p2,p3);
20         printf("\n%d,%d,%d \n",a,b,c);
21         return 0;
22    }
```

运行结果：

```
5 3 8
8,5,3
```

程序分析：

（1）swap 函数：

功能：交换两个整数的值。参数：int *pt1 和 int *pt2，分别指向两个整数的指针。实现：通过临时变量 temp 交换*pt1 和*pt2 的值。

（2）exchange 函数：

功能：将 3 个整数按从大到小的顺序排序。参数：int *q1、int *q2 和 int *q3 分别指向 3 个整数的指针。实现：首先比较 *q1 和 *q2，如果 *q1＜*q2，则调用 swap 交换它们的值。然后比较*q1 和*q3，如果 *q1 ＜ *q3，则调用 swap()函数交换它们的值。最后比较*q2 和*q3，如果*q2＜*q3，则调用 swap()函数交换它们的值。

2. 数组名作函数参数

数组名可以作函数的实参和形参。如：

```
main()
{int array[10];
⋮
f(array,10);
⋮
}
f(int arr[],int n)
{
⋮
}
```

array 为实参数组名，arr 为形参数组名。在学习指针变量之后就更容易理解这个问题了。数组名就是数组的首地址，实参向形参传送数组名实际上就是传送数组的地址，形参得到该地址后也指向同一数组。这就好像同一件物品有两个不同的名称一样，如图 7.22 所示。

同样，指针变量的值也是地址，数组指针变量的值即为数组的首地址，当然也可作为函数的参数使用。

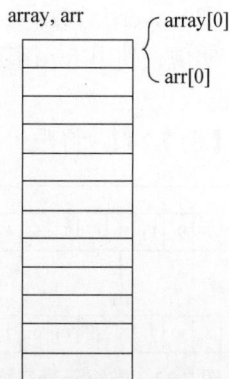

图 7.22 数组名作为函数的参数

【例 7.23】 求 5 门课程的平均值。

```
1    #include<stdio.h>
2    int main()
3    {   float aver(float *pa);
4        float sco[5],av,*sp;
5        int i;
6        sp=sco;
7        printf("input 5 scores:\n");
8        for(i=0;i<5;i++)
9            scanf("%f",&sco[i]);
10       av=aver(sp);
11       printf("average score is %5.2f\n",av);
12       return 0;
13   }
14   float aver(float *pa)
15   {   int i;
16       float av,s-0;
17       for(i=0;i<5;i++)
18           s=s+*pa++;
19       av=s/5;
20       return av;
21   }
```

运行结果：

```
input 5 scores:
75 78 80 88 95
average score is 83.20
```

程序分析：

（1）函数声明：

"float aver(float *pa);" 在 main 函数之前声明 aver 函数，以便编译器知道它的存在。

（2）main()函数：

定义数组 sco[5]用于存储 5 个分数，指针 sp 指向数组 sco，使用 for 循环从用户输入中读取 5 个分数，并存储到数组 sco 中。调用 aver 函数计算平均分，并将结果赋值给变量 av。使用 printf()函数输出平均分，格式化为保留两位小数。

（3）aver()函数：

实现：使用 for 循环遍历数组，累加 5 个分数到变量 s。计算平均值 av = s / 5，并返回结果。

【例 7.24】 将数组 a 中的 n 个整数按相反顺序存放。

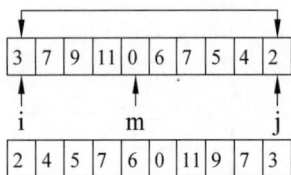

图 7.23 数组元素交换

算法为：将 a[0]与 a[n-1]对换，再将 a[1]与 a[n-2]对换，然后 a[2]与 a[n-3] 对换，以此类推。用循环处理此问题，设两个 "位置指示变量" i 和 j，i 的初值为 0，j 的初值为 n-1。将 a[i]与 a[j]交换，然后使 i 的值加 1，j 的值减 1，再将 a[i]与 a[j]交换，直到 i=(n-1)/2 为止，如图 7.23 所示。

程序如下：

```
1    #include<stdio.h>
2    void inv(int x[],int n)  /*形参 x 是数组名*/
3    { int temp,i,j,m=(n-1)/2;
4      for(i=0;i<=m;i++)
5      { j=n-1-i;
6        temp=x[i];x[i]=x[j];x[j]=temp;
7      }
8    }
9    int main()
10   { int i,a[10]={3,7,9,11,0,6,7,5,4,2};
11     printf("The original array:\n");
12     for(i=0;i<10;i++)
13       printf("%d,",a[i]);
14     printf("\n");
15     inv(a,10);
16     printf("The array has been inverted:\n");
17     for(i=0;i<10;i++)
18       printf("%d,",a[i]);
19     printf("\n");
20     return 0;
21   }
```

运行结果：

```
The original array:
3,7,9,11,0,6,7,5,4,2,
The array has been inverted:
2,4,5,7,6,0,11,9,7,3,
```

程序分析：

（1）inv 函数：

实现：计算数组的中间位置 m = (n−1) / 2。使用 for 循环遍历数组的前半部分，交换 x[i]和 x[j]，其中，j = n−1− i。

（2）main()函数：

定义数组 a[10]并初始化。使用 for 循环输出原始数组。调用 inv()函数反转数组。使用 for 循环输出反转后的数组。

归纳起来，如果有一个实参数组，想在函数中改变此数组的元素的值，实参与形参的对应关系有以下 4 种。

● 形参和实参都是数组名。

```
main()
{int a[10];
   ⋮
   f(a,10)
   ⋮
}
f(int x[],int n)
{
   ⋮
```

```
}
```

a 和 x 指的是同一组数组。

- 实参使用数组，形参用指针变量。

```
main()
{int a[10];
    ⋮
    f(a,10)
    ⋮
}
f(int *x,int n)
{
    ⋮
}
```

- 实参、形参都用指针变量。
- 实参为指针变量，形参为数组名。

【例 7.25】 用实参指针变量改写例 7.24，将 n 个整数按相反顺序存放。

```
1   #include<stdio.h>
2   void inv(int *x,int n)
3   { int *p,m,temp, *i, *j;
4     m=(n-1)/2;
5     i=x;j=x+n-1;p=x+m;
6     for(;i<=p;i++,j--)
7     {temp=*i; *i=*j; *j=temp;}
8     return;
9   }
10  int main()
11  { int i,arr[10]={3,7,9,11,0,6,7,5,4,2},*p;
12    p=arr;
13    printf("The original array:\n");
14    for(i=0;i<10;i++,p++)
15    printf("%d,", *p);
16    printf("\n");
17    p=arr;
18    inv(p,10);
19    printf("The array has been inverted:\n");
20    for(p=arr;p<arr+10;p++)
21    printf("%d,", *p);
22    printf("\n");
23    return 0;
24  }
```

运行结果：

```
The original array:
3,7,9,11,0,6,7,5,4,2,
The array has been inverted:
2,4,5,7,6,0,11,9,7,3,
```

程序分析：

（1）inv 函数：

实现：计算数组的中间位置 $m = (n - 1) / 2$。使用指针 i 和 j 分别指向数组的开头和结尾。使用 for 循环交换 i 和 j 指向的元素，直到 i 超过中间位置 p。

（2）main() 函数：

定义数组 arr[10] 并初始化。定义指针 p 指向数组 arr。使用 for 循环输出原始数组。调用 inv 函数反转数组。使用 for 循环输出反转后的数组。

注意：main() 函数中的指针变量 p 是有确定值的。即如果用指针变量作为实参，必须先使指针变量有确定值，指向一个已定义的数组。

7.4.2　函数指针变量

在 C 语言中，一个函数总是占用一段连续的内存区，而函数名就是该函数所占内存区的首地址。可以把函数的这个首地址（或称入口地址）赋予一个指针变量，使该指针变量指向该函数。然后通过指针变量就可以找到并调用这个函数。我们把这种指向函数的指针变量称为"函数指针变量"。

函数指针变量定义的一般形式为：

类型说明符　(*指针变量名)([形参类型],…,[形参类型]);

其中，类型说明符表示被指函数的返回值的类型。(* 指针变量名)表示*后面的变量是定义的指针变量。最后的括号表示指针变量所指的是一个函数，形参类型是指函数指针所指向的函数的形参数据类型。如果函数有形参，则定义时带上形参类型；如果没有形参，则定义时可省略。例如：

```
int (*pf)();
```

表示 pf 是一个指向函数入口的指针变量，该函数的返回值(函数值)是整型。

【例 7.26】 用指针形式实现对函数调用。

```
1    #include<stdio.h>
2    int max(int a,int b)
3    { if(a>b) return a;
4      else return b;
5    }
6    int main()
7    { int max(int a,int b);
8      int (*pmax)(int,int);
9      int x,y,z;
10     pmax=max;
11     printf("input two numbers:\n");
12     scanf("%d%d",&x,&y);
13     z=(*pmax)(x,y);
14     printf("max=%d\n",z);
15     return 0;
16   }
```

运行结果：

```
input two numbers:
3 5
max=5
```

程序分析：从上述程序可以看出，用函数指针变量形式调用函数的步骤如下。

（1）先定义函数指针变量，如程序中第 8 行"int (*pmax)(int,int);"定义 pmax 为函数指针变量。

（2）把被调函数的入口地址(函数名)赋予该函数指针变量，如程序中第 9 行"pmax=max;"。

（3）用函数指针变量形式调用函数，如程序第 13 行"z=(*pmax)(x,y);"。

（4）调用函数的一般形式为：

(*指针变量名) (实参表)；

使用函数指针变量还应注意以下两点：

- 函数指针变量不能进行算术运算，这是与数组指针变量不同的。数组指针变量加减一个整数可使指针移动指向后面或前面的数组元素，而函数指针的移动是毫无意义的。
- 函数调用中"(*指针变量名)"两边的括号不可少，其中的*不应该理解为求值运算，在此处它只是一种表示符号。

7.4.3　指针型函数

前面介绍过，所谓函数类型是指函数返回值的类型。在 C 语言中允许一个函数的返回值是一个指针（即地址），这种返回指针值的函数称为指针型函数。

定义指针型函数的一般形式为：

类型说明符 *函数名(形参表)

```
{
    ⋮  /*函数体*/
}
```

其中函数名之前加了*号表明这是一个指针型函数，即返回值是一个指针。类型说明符表示返回的指针值所指向的数据类型。

如：

int *ap(int x,int y)

```
{
    ⋮  /*函数体*/
}
```

表示 ap 是一个返回指针值的指针型函数，它返回的指针指向一个整型变量。

【例 7.27】 通过指针函数输入一个 1～7 的整数，输出对应的星期名。

第 7 章　指针　259

```
1    #include<stdio.h>
2    #include<stdlib.h>
3    int main()
4    {   int i;
5        char *day_name(int n);
6        printf("input Day No:\n");
7        scanf("%d",&i);
8        if(i<0) exit(1);
9        printf("Day No:%2d-->%s\n",i,day_name(i));
10       return 0;
11   }
12   char *day_name(int n)
13   {   static char *name[]={"Illegal day", "Monday", "Tuesday", "Wednesday",
14       "Thursday", "Friday", "Saturday", "Sunday"};
15       return((n<1||n>7) ? name[0] : name[n]);
16}
```

运行结果:

```
input Day No:
5
Day No: 5--> Friday
```

　　程序分析: 本例中定义了一个指针型函数 day_name, 它的返回值指向字符型数据。该函数中定义了一个静态指针数组 name。name 数组初始化赋值为 8 个字符串, 分别表示各个星期名及出错提示。形参 n 表示与星期名所对应的整数。在主函数中, 把输入的整数 i 作为实参, 在 printf 语句中调用 day_name 函数并把 i 值传送给形参 n。day_name 函数中的 return 语句包含一个条件表达式, n 值若大于 7 或小于 1, 则把 name[0]指针返回主函数输出出错提示字符串 "Illegal day"。否则返回主函数输出对应的星期名。主函数中的第 8 行是一个条件语句, 其语义是, 如输入为负数 (i<0), 则中止程序运行, 退出程序。exit() 是一个库函数, exit(1)表示发生错误后退出程序, exit(0)表示正常退出。

　　应该特别注意的是, 函数指针变量和指针型函数这二者在写法和意义上的区别。例如 int(*p)()和 int *p()是两个完全不同的量。

　　int (*p)()是一个变量说明, 说明 p 是一个指向函数入口的指针变量, 该函数的返回值是整型量, (*p)两边的括号不能少。

　　int *p()则不是变量说明而是函数说明, 说明 p 是一个指针型函数, 其返回值是一个指向整型量的指针, *p 两边没有括号。作为函数说明, 在括号内最好写入形式参数, 这样便于与变量说明区别。

　　对于指针型函数定义, int *p()只是函数头部分, 一般还应该有函数体部分。

7.4.4　main 函数的参数

　　前面介绍的 main()函数都是不带参数的, 因此 main 后的括号都是空括号。实际上, main()函数可以带参数, 这个参数可以认为是 main()函数的形式参数。C 语言规定 main() 函数的参数只能有两个, 习惯上这两个参数写为 argc 和 argv。因此, main()函数的函数头可写为：

```
main(argc,argv)
```

C 语言还规定 argc 必须是整型变量，argv 必须是指向字符串的指针数组。加上形参说明后，main()函数的函数头应写为：

```
main(int argc,char *argv[])
```

由于 main()函数不能被其他函数调用，因此不可能在程序内部取得实际值。那么，在何处把实参值赋予 main()函数的形参呢？实际上，main()函数的参数值是从操作系统命令行上获得的。当我们要运行一个可执行文件时，在 DOS 提示符下键入文件名，再输入实际参数即可把这些实参传送到 main()函数的形参中去。

DOS 提示符下命令行的一般形式为：

C:\>可执行文件名 参数 参数……;

但是应该特别注意的是，main()的两个形参和命令行中的参数在位置上不是一一对应的。因为 main()的形参只有两个，而命令行中的参数个数原则上未加限制。argc 参数表示命令行中参数的个数（注意，文件名本身也算一个参数），argc 的值是在输入命令行时由系统按实际参数的个数自动赋予的。

例如，有命令行：

```
C:\>E24 BASIC foxpro FORTRAN
```

由于文件名 E24 本身也算一个参数，因此共有 4 个参数，argc 取得的值为 4。argv 参数是字符串指针数组，其各元素值为命令行中的各字符串(参数均按字符串处理)的首地址。指针数组的长度即为参数个数。数组元素的初值由系统自动赋予。其表示如图 7.24 所示。

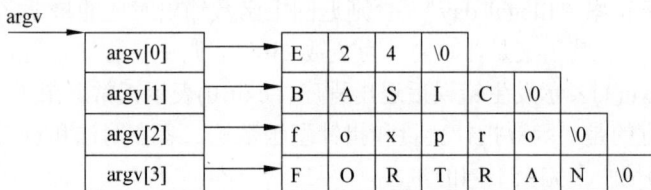

图 7.24 main 函数参数

【例 7.28】 main()函数参数示例。

```
1    #include<stdio.h>
2    int main(int argc,char *argv)
3    {    while(argc-->1)
4         printf("%s\n",*++argv);
5         return 0;
6    }
```

程序分析：上述程序显示命令行中输入的参数。如果可执行文件名为 e24.exe，则存放在 E 驱动器上。因此输入的命令行为：

```
C:\>e:e24 BASIC foxpro FORTRAN
```

则运行结果为：

```
BASIC
foxpro
FORTRAN
```

该行共有 4 个参数，执行 main()时，argc 的初值是 4。argv 的 4 个元素分别是 4 个字符串的首地址。执行 while 语句，每循环一次 argv 值减 1，当 argv 等于 1 时停止循环，共循环 3 次，因此共输出 3 个参数。在 printf() 函数中，由于打印项*++argv 是先加 1 再打印，故第一次打印的是 argv[1]所指的字符串 BASIC。第二、三次循环分别打印后两个字符串。而参数 e24 是文件名，不必输出。

7.5 上机实训

7.5.1 实训目的

1. 掌握指针变量的定义和使用，指针与地址运算符；
2. 掌握变量、数组、字符串、函数、结构体的指针，以及指向变量、数组、字符串、函数的指针变量；
3. 掌握指针作函数参数的使用方法；
4. 掌握指针数组、指向指针的指针；
5. main()函数的命令行参数；
6. 能使用指针进行一般程序的编写。

7.5.2 实训内容

1. 阅读并运行下面的程序，分析运行结果，理解指针与地址的概念。

```
1    #include<stdio.h>
2    int main()
3    { int a=5,b=8, *pa, *pb;
4    pa=&a;
5    pb=&b;
6    printf("\n pa=%d,pb=%d",pa,pb);
7    printf("\n pa=%x,pb=%x",pa,pb);
8    printf("\n a=%d,b=%d",a,b);
9    printf("\n *pa=%d, *pb=%d",*pa, *pb);
10   return 0;
11   }
```

要求：
（1）理解指针与指针变量的概念；
（2）理解指针即是地址的含义。
思考与扩展：
能否把"printf("\n a=%d,b=%d",a,b);"语句改为"printf("\n a=%d,b=%d",&a,&b);"？

修改过后的语句含义是什么？

2. 阅读并运行下面的程序，分析运行结果。

```
1    #include<stdio.h>
2    int main()
3    {    int *p,a,c=3;
4    float *q,b;
5    p=&a;
6    q=&b;
7    printf("Please Input the Value of a,b:");
8    scanf("%d,%f",p,q);
9    printf("Result:\n");
10   printf("%d,%f\n",a,b);
11   printf("%d,%f\n",*p,*q);
12   printf("The Address of a,b:%p,%p\n",&a,&b);
13   printf("The Address of a,b:%p,%p\n",p,q);
14   p=&c;
15   printf("c=%d\n",*p);
16   printf("The Address of c:%x,%x\n",p,&c);
17   return 0;
18   }
```

要求：

（1）熟悉指针的定义和通过指针间接访问变量的方法；

（2）掌握指针变量的输入输出。

3. 运行程序，理解指向一维数组的指针。

```
1    #include<stdio.h>
2    int main()
3    {int a[]={1,2,3};
4    int *p,i;
5    p=a;
6    for(i=0;i<3;i++)
7    printf("%d,%d,%d,%d\n",a[i],p[i],*(p+i),*(a+i));
8    return 0;
9    }
```

要求：

（1）掌握指向一维数组指针的含义；

（2）理解 a[i]、p[i]、*(p+i)、*(a+i)的含义，实质上它们指向的是同一元素。

思考与扩展：

理解语句"printf("%d,%d,%d,%d\n",a[i]+1,p[i]+1,*(p+i)+1,*(a+i)+1);"与"printf("%d, %d,%d,%d\n",a[i+1],p[i+1],*(p+i+1),*(a+i+1));"的区别。

4. 问题的简单描述：

（1）定义一个整型一维数组，任意输入数组的元素，其中包括奇数和偶数。

（2）定义一个函数，实现将数组元素奇数在左，偶数在右的排列。

（3）在上述定义的函数中，不允许再增加新的数组。

（4）从主函数中分别调用上述函数，打印输出结果。

```
1    #include<stdio.h>
2    #define N 10
3    void arrsort(  【1】  ,int n)
4    {   int *p,*q,temp;
5    p=a;
6    q=a+n-1;
7    while(p<q)
8    {          while(*p%2!=0)
9    p++;
10   while(*q%2==0)
11   q--;
12   if(p>q)
13    【2】 ;
14   temp=*p;
15   *p=*q;
16   *q=temp;
17   p++;
18   q--;
19   }
20   }
21   int main()
22   {   int a[N],i;
23   for(i=0;i<N;i++)
24   scanf("%d",&a[i]);
25   arrsort(a,N);
26   for(i=0;i<N;i++)
27   printf("%d ",a[i]);
28   return 0;
29   }
```

5. 编写一个函数，实现数组的冒泡排序。在主函数中输入 10 个数组元素，调用该函数进行排序，最后输出排序结果。

程序提示：需要排序的数组应作为实参传给函数的形参，但数组在传递时传的是数组首地址。

6. 编写一个函数，求一个字符串的长度，要求用字符指针实现。在主函数中输入字符串，调用该函数输出其长度。

程序提示：注意字符指针的移动，在指针移动的过程中实现字数的统计。

7. 用指针法编程，从键盘上输入多个字符串（每个串不超过 5 个字符且没有空格），用 "*****" 作为输入结束的标记。从所输入的若干字符串中找出一个最大的串，并输出该串。要求串的输入以及最大串的查找通过调用编写的函数实现。编程素材有 "printf("****Input strings****\n");" 和 "printf("max=%s\n",...);"，输入内容为 hello apple zone world *****。

8. 找出最长的字符串。输入 5 个字符串，输出其中最长的字符串。输入字符串调用函数 scanf("%s",str)。（若最长的字符串不止一个，则输出最先输入的字符串）（**请分别用一维数组、二维数组、指针数组、指向一维数组的指针变量、动态内存分配 5 种方法实现本程序**）。

输入输出示例：

```
Input 5 strings: red blue yellow green purple
The longest is: yellow
```

思考：若要求输出所有最长字符串，则应如何修改程序？

7.6　本章小结

7.6.1　知识梳理

1. 有关指针的数据类型的小结

有关指针的数据类型的小结见表 7.1。

表 7.1　有关指针的数据类型

定　　义	含　　义
int i;	定义整型变量 i
int *p	p 为指向整型数据的指针变量
int a[n];	定义整型数组 a，它有 n 个元素
int *p[n];	定义指针数组 p，它由 n 个指向整型数据的指针元素组成
int (*p)[n];	p 为指向含 n 个元素的一维数组的指针变量
int f();	f 为带回整型函数值的函数
int *p();	p 为带回一个指针的函数，该指针指向整型数据
int (*p)();	p 为指向函数的指针，该函数返回一个整型值
int **p;	p 是一个指针变量，它指向一个指向整型数据的指针变量

2. 指针运算的小结

全部指针运算列出如下。

（1）指针变量加（减）一个整数：

例如 p++、p--、p+i、p-i、p+=i、p-=i，一个指针变量加（减）一个整数并不是简单地将原值加（减）一个整数，而是将该指针变量的原值（是一个地址）和它指向的变量所占用的内存单元字节数加（减）。

（2）指针变量赋值：将一个变量的地址赋给一个指针变量。例如：

```
p=&a;           //将变量 a 的地址赋给 p
p=array;         //将数组 array 的首地址赋给 p
p=&array[i];     //将数组 array 第 i 个元素的地址赋给 p
p=max;           //max 为已定义的函数，将 max 的入口地址赋给 p
p1=p2;           //p1 和 p2 都是指针变量，将 p2 的值赋给 p1
```

注意，如下语句是错误的。

```
p=1000;
```

（3）指针变量可以有空值，即该指针变量不指向任何变量：

```
p=NULL;
```

（4）两个指针变量可以相减：如果两个指针变量指向同一个数组的元素，则两个指针变量值之差是两个指针之间的元素个数。

（5）两个指针变量比较：如果两个指针变量指向同一个数组的元素，则两个指针变量可以进行比较。指向前面的元素的指针变量"小于"指向后面的元素的指针变量。

3. 指针与数组

指针和数组有密切的关系，任何能由数组下标完成的操作也都可以用指针实现，但在程序中使用指针可以使代码更紧凑、更灵活。本章介绍了如何在 C 程序中定义及应用指向一维数组、二维数组及字符数组的指针变量。

4. 指针与函数

函数的指针为指向函数的指针变量，在程序运行时系统会给函数分配一定的内存，函数代码会占用这部分的存储空间，函数的指针就是指向函数的入口地址，函数名正是这个函数的入口地址，它是存储函数代码的内存单位的首地址。

7.6.2　常见上机问题及解决方法

1. 野指针

野指针是指指向无效内存地址的指针。使用野指针会导致程序崩溃或不可预测的行为。常见的野指针情况包括指针未初始化、指针指向的内存已被释放等。

解决方案：初始化指针为 NULL；在释放内存后，将指针置为 NULL；使用指针前检查其是否为 NULL。

2. 指针越界

指针越界是指指针访问了超出其分配范围的内存区域，可能导致程序崩溃或数据损坏。

解决方案：确保指针操作在合法范围内；使用数组时，注意数组边界。

3. 指针类型不匹配

指针类型不匹配是指指针的类型与其所指向的数据类型不一致，可能导致数据解析错误。

解决方案：确保指针类型与其所指向的数据类型一致；使用类型转换时，确保转换是安全的。

4. 指针数组的使用

例如：

```
int a[5],num[5];
```

```
for(i=0;i<5;i++)
num[i] = &a[i];
```

原因：这里应该定义一个指针数组，语句为"int *num[5];"。

扩展阅读：
中国"魂"——中国计算机操作系统发展的历程

1. 发展历程

中国计算机操作系统的发展历程经历了多个阶段，未来发展方向也呈现出多元化的趋势。

（1）早期阶段（20 世纪 50—70 年代）。

中国计算机操作系统的发展始于 20 世纪 50 年代，当时主要依赖苏联的技术支持。1958 年，中国成功研制出第一台电子管计算机"103 机"，标志着中国计算机技术的起步。

20 世纪 60—70 年代，中国开始自主研发计算机，如"109 乙机"和"150 机"。这些计算机的操作系统多为简单的批处理系统，功能较为基础。

（2）改革开放初期（20 世纪 80 年代）。

改革开放后，中国开始引进国外先进技术，操作系统也逐渐从批处理系统向分时系统发展。1983 年，中国成功研制出"银河-Ⅰ"巨型计算机，其操作系统为自主研发的分时系统。

同时，个人计算机（PC）开始进入中国市场，DOS 操作系统逐渐普及。

（3）快速发展阶段（20 世纪 90 年代）。

20 世纪 90 年代，随着 Windows 操作系统的全球普及，中国也开始广泛使用 Windows 系统。同时，国内开始出现一些基于 Linux 的开源操作系统，如红旗 Linux。

1999 年，中科院软件所推出了"麒麟操作系统"，这是中国首个自主研发的服务器操作系统。

（4）新世纪以来的发展（21 世纪初至今）。

进入 21 世纪，中国在操作系统领域的自主研发力度加大。2002 年，中科红旗推出了红旗 Linux 桌面版，成为中国首个广泛应用的国产桌面操作系统。

2010 年后，随着移动互联网的兴起，中国在移动操作系统领域也取得了显著进展。阿里巴巴推出了 YunOS，华为推出了鸿蒙操作系统（HarmonyOS），这些系统在智能手机、物联网设备等领域得到了广泛应用。

2. 未来发展方向

（1）自主可控。

未来，中国将继续加大在操作系统领域的自主研发力度，特别是在关键领域，如国防、金融、能源等，确保操作系统的自主可控，减少对国外技术的依赖。

（2）开源生态。

开源操作系统，如 Linux 将继续在中国得到广泛应用和发展。中国将积极参与国际开源社区，推动开源生态的建设和完善。

（3）人工智能与物联网。

随着人工智能和物联网技术的快速发展，操作系统将更加智能化、分布式化。未来，操作系统将更好地支持 AI 算法和物联网设备的互联互通。

（4）云计算与边缘计算。

云计算和边缘计算的兴起将推动操作系统向云端和边缘端延伸。未来，操作系统将更加注重在云端和边缘端的协同工作，提供更高效的计算和存储服务。

（5）安全与隐私保护。

随着网络安全威胁的不断增加，操作系统的安全性和隐私保护将成为未来发展的重要方向。中国将加强在操作系统安全领域的研究和应用，确保用户数据的安全和隐私。

（6）国际化合作。

中国将继续加强与国际社会的合作，推动操作系统技术的全球化发展。通过国际合作，中国将吸收先进技术和管理经验，提升自身操作系统的国际竞争力。

中国计算机操作系统的发展历程经历了从无到有、从依赖到自主的转变，未来将继续朝着自主可控、开源生态、智能化、云端化、安全化和国际化的方向发展。

习题

一、选择题

1. 变量的指针，其含义是指该变量的（　　　）。

    A. 值　　　　　　　B. 地址　　　　　　　C. 名　　　　　　　　　D. 一个标志

2. 已有定义"int k=2;int *ptr1,*ptr2;"且 ptr1 和 ptr2 均已指向变量 k，下面不能正确执行的赋值语句是（　　　）。

    A. k=*ptr1+*ptr2　　　　　　　　　　B. ptr2=k

    C. ptr1=ptr2　　　　　　　　　　　　D. k=*ptr1*(*ptr2)

3. 若有说明："int *p,m=5,n;"，以下程序段正确的是（　　　）。

    A. p=&n; scanf("%d",&p);　　　　　　B. p=&n;scanf("%d",*p);

    C. scanf("%d",&n); p=&n;　　　　　　D. *p=n;*p=m;

4. 已有变量定义和函数调用语句："int a=25;print_value(&a);"，下面函数的输出结果是（　　　）。

```
void print_value(int *x)
{ printf("%d\n",++*x); }
```

    A. 23　　　　　　　B. 24　　　　　　　　C. 25　　　　　　　　D. 26

5. 若有说明："int *p1,*p2,m=5,n;"，以下均是正确赋值语句的选项是（　　　）。

    A. p1=&m;p2=&p1;　　　　　　　　　B. p1=&m;p2=&n;*p1=*p2;

    C. p1=&m;p2=p1;　　　　　　　　　　D. p1=&m;*p1=*p2;

6. 若有语句："int *p,a=4; p=&a;"，下面均代表地址的一组选项是（　　　）。

    A. a,p,*&a　　　　B. &*a,&a,*p　　　　C. *&p,*p,&a　　　　D. &a,&*p,p

7. 下面判断正确的是（　　）。

　　A. char *a="China";等价于 char *a;*a="China";

　　B. char str[10]={"China"};等价于char str[10]; str[ ]={"China";}

　　C. char *s="China"; 等价于char *s; s="China";

　　D. char c[4]="abc",d[4]="abc"; 等价于char c[4]=d[4]="abc";

8. 下面程序段中，for 循环的执行次数是（　　）。

```
char *s="\tt\518gxq";
for(; *s!='\0';s++);
```

　　A. 9　　　　　　　　B. 5　　　　　　　　C. 6　　　　　　　　D. 7

9. 下面能正确进行字符串赋值操作的是（　　）。

　　A. char s[5]={"ABCDE"};　　　　　　B. char s[5]={'A','B','C','D','E'};

　　C. char *s;s="ABCDE";　　　　　　　D. char *s;scanf("%s",s);

10. 下面程序段的运行结果是（　　）。

```
char *s="abcde";
s+=2;
printf("%d",s);
```

　　A. ced　　　　　　B. 字符'c'　　　　　C. 字符'c'的地址　　　D. 无确定的输出结果

11. 设 p1 和 p2 是指向同一个字符串的指针变量，c 为字符变量，则以下不能正确执行的赋值语句是（　　）。

　　A. c=*p1+*p2　　B. p2=c　　　　　　C. p1=p2　　　　　　D. c=*p1*(*p2)

12. 设有程序段："char s[ ]="china";char *p;p=s;"，则下面叙述正确的是（　　）。

　　A. s 和 p 完全相同。

　　B. 数组 s 中的内容和指针变量 p 中的内容相等。

　　C. s 数组长度和 p 所指向的字符串长度相等。

　　D. *p 与 s[0]相等。

13. 以下与库函数 strcpy(char *p1,char *p2)功能不相等的程序段是（　　）。

　　A. strcpy1(char *p1,char *p2)

　　　{ while ((*p1++=*p2++)!="\0"); }

　　B. strcpy2(char *p1,char *p2)

　　　{ while ((*p1=*p2)!=" \0") { p1++; p2++ } }

　　C. strcpy3(char *p1,char *p2)

　　　{ while (*p1++=*p2++); }

　　D. strcpy4(char *p1,char *p2)

　　　{ while (*p2) *p1++=*p2++; }

14. 以下程序段的运行结果是（　　）。

```
char s[] = "mrgaotai",*p = s;
printf("%d\n",strlen(strcpy(p,"tarim")));
```

　　A. 2　　　　　　　B. 3　　　　　　　　C. 4　　　　　　　　D. 5

15. 下面程序段的运行结果是（　　）。

```
char a[ ]="language", *p;
  p=a;
  while (*p!='u') { printf("%c",*p-32); p++; }
```

    A. LANGUAGE   B. language

    C. LANG   D. langUAGE

16. 以下说明不正确的是（　　）。

    A. char a[10]="China";   B. char a[10],*p=a; p="China";

    C. char *a; a="China";   D. char a[10],*p; p=a="China";

17. 下面程序段的运行结果是（　　）。

```
char *p="%d,a=%d,b=%d\n";
int a=111,b=10,c;
c=a%b;
printf(p,c,a,b);
```

    A. 1,a=111,b=10   B. a=1,b=111

    C. a=111,b=10   D. 以上结果都不对

18. 设有说明语句："char a[]="It is mine";char *p="It is mine";"，则以下不正确的叙述是（　　）。

    A. a+1 表示的是字符 t 的地址。

    B. p 指向另外的字符串时，字符串的长度不受限制。

    C. p 变量中存放的地址值可以改变。

    D. a 中只能存放 10 个字符。

19. 若已定义 "char s[10];"，则在下面表达式中不表示 s[1]的地址是（　　）。

    A. s+1   B. s++   C. &s[0]+1   D. &s[1]

20. 若有定义："int a[5],*p=a;"，则对 a 数组元素的正确引用是（　　）。

    A. *&a[5]   B. a+2   C. *(p+5)   D. *(a+2)

21. 若有定义："int a[5],*p=a;"，则对 a 数组元素地址的正确引用是（　　）。

    A. p+5   B. *a+1   C. &a+1   D. &a[0]

22. 若有定义："int a[2][3];"，则对 a 数组的第 i 行第 j 列元素值的正确引用是（　　）。

    A. *(*(a+i)+j)   B. (a+i)[j]   C. *(a+i+j)   D. *(a+i)+j

23. 已有定义 "int (*p) ();"，指针 p 可以（　　）。

    A. 代表函数的返回值   B. 指向函数的入口地址

    C. 表示函数的类型   D. 表示函数返回值的类型

24. 若有定义："int a[3][4];"，下列哪项不能表示数组元素 a[1][1]（　　）。

    A. *(a[1]+1)   B. *(&a[1][1])   C. (*(a+1)[1])   D. *(a+5)

25. 与 "int *p[5];" 定义等价的是（　　）。

    A. int p[5];   B. int *p;   C. int *(p[5]);   D. int (*p)[5];

26. 以下与 "int *q[5];" 等价的定义语句是（　　）。

    A. int q[5]   B. int *q   C. int *(q[5])   D. int

27. 若有定义："int (*p)[4];"，则标识符 p（   ）。

    A. 是一个指向整型变量的指针。

    B. 是一个指针数组名。

    C. 是一个指针，它指向一个含有 4 个整型元素的一维数组。

    D. 定义不合法。

28. 以下正确的说明语句是（   ）。

    A. int *b[]={1,3,5,7,9};

    B. int a[5],*num[5]={&a[0],&a[1],&a[2],&a[3],&a[4]};

    C. int a[]={1,3,5,7,9}; int *num[5]={a[0],a[1],a[2],a[3],a[4]};

    D. int a[3][4],(*num)[4]; num[1]=&a[1][3];

29. 若有定义："int b[4][6],*p,*q[4];"且 0≤i<4，则不正确的赋值语句是（   ）。

    A. q[i]=b[i];   B. p=b;   C. p=b[i];   D. q[i]=&b[0][0]

30. 若要对 a 进行自增运算，则 a 应具有下面说明（   ）。

    A. int a[3][2];   B. char *a[ ]={"12","ab"};

    C. char (*a) [3]   D. int b[10], *a=b;

二、填空题

1. 若有定义："char ch;"，使指针 p 指向变量 ch 的定义语句是＿＿＿＿＿。

2. 若已定义"char *p;"，使指针 p 指向变量 ch 的赋值语句是＿＿＿＿＿。

3. 若有定义："char ch,*p=&ch;"，通过指针 p 用格式输出函数输出 ch 中字符的语句是＿＿＿＿＿。

4. 若有变量的定义"int i,*p=&i;"，则表达式 p==&i 的值是＿＿＿＿＿。

5. 将字符数组 s1 中的字符串拷贝到字符数组 s2 中，并输出 s2，请完善程序。

```
#include<stdio.h>
int main()
{char s1[80],s2[80],*p1,*p2;
    gets(s1);
 p1=s1;
 p2=s2;
    while(*p2++=*p1++);
 printf("s2=%s",_____);
 return 0;
}
```

6. 若有变量的定义"int j,*q=&j;"，则表达式 q==&j 的值是＿＿＿＿＿。

7. 以下函数的功能是，把两个整数指针所指的存储单元中的内容进行交换。请填空。

```
void exchange(int *x, int *y)
{    int t;
    _____;
}
```

8. 下面程序的运行结果为：＿＿＿＿＿。

```
#include<stdio.h>
```

```
4      return (p-s);
5    }
6    int main()
7    {    char *a="abcdef";
8    printf("%d\n",fun(a));
9    return 0;
10   }
```

3. 阅读程序，写出程序的功能是_____。

```
1    #include<stdio.h>
2    int main()
3    {char a[30],b[30], *p="abBcdDefgGh";
4    int i=0,j=0;
5    while (*p!='\0')
6    {if (*p>='a'&&*p<='z')
7    {a[i]=*p;
8    i++;
9    }
10   else
11   {b[j]=*p;
12   j++;
13   }
14   p++;
15   }
16   a[i]=b[j]='\0';
17   puts(a);
18   puts(b);
19   return 0;
20   }
```

4. 阅读程序，写出程序运行结果_____。

```
1    #include<stdio.h>
2    void sub(char *a,int t1,int t2)
3    {    char ch;
4        while (t1<t2) {
5            ch = *(a+t1); *(a+t1)=*(a+t2); *(a+t2)=ch;
6            t1++; t2--;
7        }
8    }
9    int main()
10   {    char s[12];
11       int i;
12       for (i=0; i<12; i++) s[i]='A'+i+32;
13       sub(s,7,11);
14       for (i=0; i<12; i++) printf("%c",s[i]);
15       printf("\n");
16   return 0;
17   }
```

5. 阅读程序，写出程序运行结果_____。

```
1    #include<stdio.h>
2    int main()
3    {    int a[]={2,4,6,8,10},*p;
4    for(p=&a[4];p>=a;p--)
5    printf("%d\t",*p);
6    return 0;
7    }
```

6. 当运行以下程序时，写出输入 6✓ 的程序运行结果_____。

```
1    #include<stdio.h>
2    void sub(char *a,char b)
3    {    while (*(a++)!='\0');
4    while (*(a-1)<b)
5    *(a--)=*(a-1);
6    *(a--)=b;
7    }
8    int main()
9    {    char s[]="97531",c;
10   c = getchar();
11   sub(s,c); puts(s);
12   return 0;
13   }
```

7. 阅读程序，写出程序运行结果_____。

```
1    #include<stdio.h>
2    #define SIZE 26
3    int main()
4    {
5    int a[3][3], *p,i;
6    p=&a[0][0];
7    for(i=0; i<9; i++)
8    p[i]=i+1;
9    printf("%d\n",a[2][0]);
10   return 0;
11   }
```

8. 阅读程序，写出程序运行结果_____。

```
1    #include<stdio.h>
2    int main()
3    {
4    char a[]="ABCD", *p;
5    for(p=a; p<a+4; p++)
6    printf("%s\t",p);
7    return 0;
8    }
```

9. 阅读程序，写出程序运行结果_____。

```
1    #include<stdio.h>
2    #define SIZE 26
3    void swap(char *p,int a,int b)
```

```
4    {    char ch;
5    while (a<b)
6    {    ch=*(p+a);
7    *(p+a)=*(p+b);
8    *(p+b)=ch;
9    a++;
10   b--;
11   }
12   }
13   int main()
14   {    char a[SIZE];
15   int i;
16   for (i=0;i<SIZE;i++)
17   a[i]='a'+i;
18   swap(a,0,SIZE-1);
19   for (i=0;i<SIZE;i++)
20   printf("%c",a[i]);
21   printf("\n");
22   return 0;
23   }
```

10. 阅读程序，写出程序运行结果_____。

```
1    #include<stdio.h>
2    int main()
3    {    char *a[]={"Pascal","C Language","dBase","Java"};
4    char (**p)[]; int j;
5    p = a + 3;
6    for (j=3; j>=0; j--)
7    printf("%s\n",*(p--));
8    return 0;
9    }
```

四、程序设计

1. 用指针方法编写一个程序，输入 3 个整数，将它们按由小到大的顺序输出。

2. 编程输入一行文字，找出其中的大写字母、小写字母、空格、数字以及其他字符的个数。

3. 写一个函数，将 3×3 矩阵转置。

4. 编程判断输入的一串字符是否为"回文"。所谓回文是指顺序和倒读都一样的字符串。如"tiannait"、"123321"。

5. 编写一个程序，用指针数组在主函数中输入 10 个等长的字符串。用另一函数对它们排序，然后在主函数中输出 10 个已排好序的字符串。

上机实训解析及参考代码

习题参考答案及解析

第8章 结构体及其他构造类型

学习导读

在 C 语言程序设计的学习旅程中，我们已逐步掌握了基础数据类型，如整型、浮点型、字符型等，这些数据类型在处理简单数据时发挥着重要作用。然而，当我们面对现实世界中更为复杂的数据关系和问题时，只有基础数据类型往往显得力不从心。例如，在处理学生信息的管理系统中，若仅用基础数据类型，需要分别定义多个变量来存储学生的学号、姓名、年龄、成绩等信息，这不仅使得代码结构松散，难以维护，而且在数据传递和处理时极易出错。

此时，结构体及其他构造类型便应运而生。结构体作为一种用户自定义的数据类型，能够将不同类型的数据组合在一起，形成一个有机的整体。就如同将学生的各种信息封装在一个结构体中，通过一个结构体变量就能轻松管理所有相关数据，大大提高了数据的组织性和代码的可读性。除了结构体，C 语言还提供了共用体、枚举类型等构造类型，它们各自具有独特的特性和应用场景，能够满足不同编程需求。本章将探索结构体及其他构造类型的奥秘，从结构体的声明、定义、初始化，到链表、共用体和枚举类型的运用，将逐步构建更加高效、灵活和健壮的 C 语言程序，为解决复杂的实际问题提供有力支持。

内容导学

（1）结构体的定义及使用。
（2）结构体指针。
（3）结构体数组。
（4）结构体与函数。
（5）链表的定义及使用。
（6）共用体。
（7）枚举类型。

教学目标

知识目标：
（1）掌握结构体变量的定义和使用。
（2）掌握结构体数组、指针及函数的使用方法。
（3）了解共用体、枚举和链表等之外的数据类型。

能力目标：

（1）能区分并选择合理的数据类型。

（2）能定义合理的数据类型变量，掌握处理数据的方法，解决生活中的问题。

育人目标

在科技飞速发展的当下，编程技术已成为推动社会进步的关键力量，而在编程学习过程中，不仅要掌握技术知识，更要培养科学精神、团队协作能力和创新思维等综合素养。以 C 语言中的共用体知识为例，它就像一把钥匙，不仅能开启高效编程的大门，还蕴含着深刻的思政内涵。

在航天工程中，卫星的控制系统需要处理大量的数据，而这些数据的类型和用途各不相同。卫星在不同的运行阶段，有的时刻需要监测温度、湿度等环境数据（这些数据可能是浮点型），有的时刻需要记录指令编号等信息（这些数据可能是整型）。就如同 C 语言中的共用体，在同一内存空间中，不同时刻存储不同类型的数据，高效利用有限的内存资源。这体现了在科研领域，像航天工作者一样，我们要追求高效利用资源的科学精神，不浪费一丝一毫的资源，以严谨的态度对待每一个数据处理环节。

8.1　结构体的定义及使用

在日常生活中，经常需要多种属性来描述一个对象，例如朋友要过生日了，那么生日就由年份、月份和日期这三种属性组成。或者说同学们期末考完最后出成绩了，那么成绩单上的总评就由同学们的平时分、作业、期末考组成。那么在 C 语言中，由不同类型的数据组成在一个模块中且作为一个整体来处理的数据类型称为结构体类型。

8.1.1　结构体的定义

在前面所见到的程序中，所用的变量大多数是互相独立、无内在联系的。如整型变量 a、b、c，它们是单独存在，且地址互不相干。但在实际生活中，有些数据是有内在联系、成组出现的。例如，一个人的生日有年份、月份、日期等项，是属于某个特定人的生日；学生的平时成绩、作业和期末成绩构成最终成绩，是属于特定学生的成绩。基于此，可以将一个对象的所属项数据放在一个结构中，汇聚成一个整体，使它们互相联系。

```
int year;                /*年份*/
int month;               /*月份*/
int day;                 /*日期*/
```

例如，对生日进行定义，首先是定义结构体变量生日为 struct date。其中包含 3 个信息，可进行如下定义。

```
struct date
    {int year;           /*年份*/
    int month;           /*月份*/
```

```
    int day;                /*日期*/
    };
```

同样的，学生的最终成绩可进行如下定义。

```
struct grade
    {int attendance;        /*平时成绩*/
    float assignment;       /*作业*/
    double exam;            /*期末成绩*/
    };
```

根据以上定义可以发现，结构体内部的 3 个变量是不同类型的，可以表示为图 8.1。

attendance	assignment	exam
92	86.4	80.673

图 8.1　结构体变量 grade

说明：在此定义中,使用关键字 struct 定义了一个结构体,结构体的类型名称为 grade。结构体名是由用户指定的,又称"结构体标记",用以区别其他的结构体类型。结构体内部包含了整型变量 attendance、单精度浮点型变量 assignment 和双精度浮点型变量 exam 3 个元素。

注意：（1）结构体类型并不是只有一种模式，还可以根据实际需要定义许多种结构体类型，例如 struct City、struct Class、struct School 等结构体类型，各自包含不同的成员。

（2）结构体类型的成员也可以是一个结构体。例如：

```
struct Class
    {char major[20];        /*专业名称*/
    int num;                /*人数*/
    char grade[10];         /*年级*/
    struct Student;         /*学生*/
    };
```

其中，struct Student 也是一个结构体，其定义如下：

```
struct Student
    {char name[20];         /*名字*/
    int age;                /*年龄*/
    char sex;               /*性别*/
    }s1,s2,s3;              /*定义了 3 个此类型的结构体变量 s1、s2 和 s3*/
```

本例中，声明了一个 struct Class 类型，类型名为班级。包含专业名称、人数、年级和学生等成员。其中，学生指定为 struct Student 类型，该类型的结构体变量有 3 个，每一个都包含姓名、性别和年龄 3 个成员。struct Class 结构如图 8.2 所示。

major	num	grade	Student		
			name	age	sex

图 8.2　结构示意图

8.1.2　结构体变量的初始化和使用

在了解结构体的基本概念与定义后，接下来深入探讨结构体变量的初始化。初始化结构体变量，即给其成员赋予初始值，这对保证程序中数据的准确性与完整性意义重大。结构体初始化的方式有以下 3 种。

1. 直接初始化

在定义结构体变量的同时进行初始化，依结构体成员顺序逐个提供初始值。例如，定义一个表示日期的结构体 Date 并初始化。

```
1    #include<stdio.h>
2    struct Date {          // 定义结构体
3    int year;
4    int month;
5    int day;
6    };
7    int main()             // 直接初始化结构体变量
8    {struct Date today = {2025, 2, 10};
9    printf("Today's date is %d-%d-%d\n", today.year, today.month, today.day);
10   return 0;}
```

上述代码中，today 是 Date 结构体类型的变量，借由{2025, 2, 10}分别对其 year、month 和 day 成员初始化，随后输出当前日期。

2. 部分初始化

仅需对部分成员初始化时，未初始化的成员会依据其数据类型赋予默认值。
以之前的 Date 结构体为例，若仅初始化年份：

```
1    #include<stdio.h>
2    struct Date {
3    int year;
4    int month;
5    int day;
6    };
7    int main()
8     {struct Date someDate = {2024};
9    printf("Year: %d, Month: %d, Day:%d\n",someDate.year, someDate.month,
someDate.day);
10    return 0;}
```

此例中，someDate 结构体变量仅初始化了 year 成员，month 和 day 成员会被初始化为 0（因为它们是整型）。

3. 使用赋值语句初始化

定义结构体变量后，也可运用赋值语句对成员逐个赋值。例如：

```
1    #include<stdio.h>
2    struct Date {
3    int year;
4    int month;
5    int day;
6    };
```

```
7    int main()
8    {struct Date tomorrow;
9    tomorrow.year = 2025;
10   tomorrow.month = 2;
11   tomorrow.day = 11;
12   printf("Tomorrow's date is %d-%d-%d\n", tomorrow.year, tomorrow.month,
tomorrow.day);
13   return 0;
14   }
```

这种方式灵活性更高，适用于程序运行期间依具体情况进行初始化的场景。

注意：

（1）初始化列表中的值必须与结构体成员的顺序和类型匹配，否则会引发编译错误。

（2）对于包含复杂数据类型（如数组、指针）的结构体成员，初始化时需要格外留意其初始化方式，确保数据正确初始化以及内存正确分配。

程序中使用结构体变量时，主要通过对变量的各个成员的引用来实现。所有的变量都属于同一个结构体类型时，各成员的名称是一样的，因此需要在成员名前面用结构体变量名进行限定，才能区分不同变量的成员。其一般形式为：

结构体变量名 . 成员名

一般把符号"."称为结构体成员运算符。

【例 8.1】　某位班主任想了解其班里王同学的两门课成绩，并与其学号相关联。

```
1    #include<stdio.h>
2    struct ex1
3    {
4    int num;
5    double s1;
6    double s2;
7    };
8    int main()
9    {
10   double ave = 0;
11   struct ex1 wang;
12   wang.num = 1000101;
13   wang.s1 = 89.5;
14   wang.s2 = 90;
15   ave = (wang.s1 + wang.s2) / 2;
16   printf(" number  score1 score2  average\n");
17   printf("%9d%9.1f%11.1f%11.1lf\n", wang.num, wang.s1, wang.s2, ave);
18   return 0;
19   }
```

程序运行情况如下：

```
number    score1  score2    average
1000101   89.5    90        89.75
```

程序分析：本例题的主要功能是记录王同学的学号以及两门课程的成绩，计算这两门课程的平均成绩，并将学号、两门课程成绩和平均成绩格式化输出，方便班主任查看王同学的学习情况。第一步定义了名为 ex1 的结构体,包含 3 个成员:int 类型的 num 用于存储学号,两个 double 类型的 s1 和 s2 分别用于存储两门课程的成绩。第二步在 main()函数中,声明了 double 类型的变量 ave 用于存储平均成绩,并初始化为 0;声明了 struct ex1 类型的变量 wang 来表示王同学的信息。并给 wang 的成员赋值,num 为 1000101,s1 为 89.5,s2 为 90。第三步计算平均成绩:通过(wang.s1 + wang.s2) / 2 计算平均成绩并赋值给 ave。最后使用 printf()函数先输出表头,再格式化输出王同学的学号、两门课程成绩和平均成绩。

8.2　结构体指针

8.2.1　结构体指针的定义

声明指针的格式为:指针指向的数据类型 *指针变量名称。那么,结构体指针声明格式为:结构体类型 *指针变量名称。例如:

```
struct sender_info *sender;
```

为结构体指针变量赋值可以使用以下两种方法。

方法 1:使用 malloc 函数给指针变量赋值。

格式为:

指针变量名=(指针类型)malloc(内存区大小(字节))

如下所示。

```
sender=(struct sender_info *)malloc(sizeof(struct sender_info));
```

方法 2:令指针指向一个结构体变量。格式为:

指针变量名=&结构体变量名

例如:

```
struct sender_info{
char * item;
int code;
}xiao_hua;
struct sender_info xiao_hua;
sender=&xiao_hua;          //sender 指向结构体变量 xiao_hua,此时 sender 的值是
                          //xiao_hua 的地址
```

上述为结构体指针变量赋值,而结构体指针给结构体成员赋值的格式为:

指针变量名称->成员名称=数据

例如:

```
sender -> item = "phone";
```

需要注意的是,区别于结构体变量,结构体指针通过"->"访问结构体成员。->的优先级在所有操作符中最高。

8.2.2 结构体指针应用

【例8.2】 快递信息包含物品名称、取件码、快递的当前位置和寄件人的性别等。利用结构体指针存储不同类型的快递信息。

```
1    #include<stdio.h>
2    #include<stdlib.h>
3    struct sender_info {
4    int * code;
5    char * item;
6    char * position;
7    char gender;
8    };
9    int main()
10   {
11   struct sender_info * sender;
12   struct sender_info xiao_hua;
13   sender = &xiao_hua;
14   sender->item = "pen";
15   sender->code = (int *)malloc(sizeof(int));
16   *sender->code = 973;
17   sender->position = " 飞霞南路";
18   sender->gender = 'M';
19   printf("取件码：%d\n", *sender->code);
20   printf("商品名称：%s\n", sender->item);
21   printf("当前快递所在的位置：%s\n", sender->position);
22   printf("寄件人的性别：%c\n", sender->gender);
23   return 0;
24   }
```

程序运行结果如下：

取件码：973
商品名称：pen
当前快递所在的位置：飞霞南路
寄件人的性别：M

程序分析：

本例题利用结构体指针存储和展示快递信息，这些信息涵盖物品名称、取件码、快递的当前位置以及寄件人的性别。程序通过定义结构体，利用指针操作结构体成员，完成快递信息的存储，并将其格式化输出。

程序的3~8行定义了sender_info结构体，int * code用于存储取件码。char * item用于存储物品名称。char * position用于存储快递的当前位置。char gender用于存储寄件人的性别。

程序的9~24行先声明了一个sender_info类型的指针sender和一个sender_info类型的变量xiao_hua。将sender指针指向xiao_hua变量，后续可通过sender指针操作xiao_hua的成员。随后给sender指针所指向的结构体成员赋值，"sender->item = "pen";"将物品名称设置为"pen"。"sender->code = (int *)malloc(sizeof(int));"使用 malloc 函数为取件码动态分配内存空间。"*sender->code = 973;"将取件码设置为 973。"sender->position = "飞霞南路";"将快递的当前位置设置为"飞霞南路"。"sender->gender = 'M';"将寄件人的性别设置为'M'（表示男性）。最后使用 printf()函数将快递信息格式化输出。

【例 8.3】 小明想要邮寄一些个人物品给小华，有手机、笔记本计算机、钢笔和橡皮。快递员通过计算机程序记录小明的寄件信息，并且为他分配一个订单号码，为小华分配一个取件码。然后，给这条快递信息打上标记。问程序如何编写？

```
1    #include<stdio.h>
2    #include<stdlib.h>
3    #include<time.h>
4    // 定义物品结构体
5    typedef struct {
6    char name[20];
7    } item;
8    // 定义快递信息结构体
9    typedef struct {
10   char sender[20];      // 寄件人姓名
11   char receiver[20];    // 收件人姓名
12   Item items[4];        // 物品数组
13   int itemCount;        // 物品数量
14   int orderNumber;      // 订单号码
15   int pickupCode;       // 取件码
16   char status[20];      // 快递状态标记
17   } ExpressInfo;
18   // 初始化快递信息
19   void initExpressInfo(ExpressInfo *info, char *sender, char *receiver) {
20   // 复制寄件人和收件人的姓名
21   snprintf(info->sender, sizeof(info->sender), "%s", sender);
22   snprintf(info->receiver, sizeof(info->receiver), "%s", receiver);
23   info->itemCount = 0;
24   // 生成随机订单号码
25   srand(time(NULL));
26   info->orderNumber = rand() % 10000 + 1;
27   // 生成随机取件码
28   info->pickupCode = rand() % 1000 + 1;
29   // 初始化快递状态
30   snprintf(info->status, sizeof(info->status), "In transit");
31   }
32   // 添加物品到快递信息中
33   void addItem(ExpressInfo *info, char *itemName) {
34   if (info->itemCount < 4) {
35   snprintf(info->items[info->itemCount].name, sizeof(info->items[info->itemCount].name), "%s", itemName);
36   info->itemCount++;
37   } else {
38   printf("Cannot add more items. Maximum limit reached.\n");    }
39   }
40   // 显示快递信息
41   void displayExpressInfo(ExpressInfo *info) {
42   printf("Sender: %s\n", info->sender);
```

```
43  printf("Receiver: %s\n", info->receiver);
44  printf("Items: ");
45  for (int i = 0; i < info->itemCount; i++) {
46  printf("%s", info->items[i].name);
47  if (i < info->itemCount - 1) {
48  printf(", ");          }
49  }
50  printf("\n");
51  printf("Order Number: %d\n", info->orderNumber);
52  printf("Pickup Code: %d\n", info->pickupCode);
53  printf("Status: %s\n", info->status);
54  }
55  int main()
56  {ExpressInfo express;
57  // 初始化快递信息，寄件人是小明，收件人是小华
58  initExpressInfo(&express, "小明", "小华");
59  // 添加物品
60  addItem(&express, " 手机");
61  addItem(&express, " 笔记本计算机");
62  addItem(&express, " 钢笔");
63  addItem(&express, " 橡皮");
64  // 显示快递信息
65  displayExpressInfo(&express);
66  return 0;
67  }
```

运行结果如下：

```
Sender: 小明
Receiver: 小华
Items: 手机, 笔记本计算机, 钢笔, 橡皮
Order Number: 7560
Pickup Code: 505
Status: In transit
```

程序分析：

针对小明向小华邮寄物品的需求，程序要记录寄件人和收件人信息、所寄物品的详情，为订单分配随机订单号和取件码，同时标记快递状态，最后将完整的快递信息输出展示。

（1）结构体定义。

item 结构体（第 5～7 行）：用于存储单个物品的名称，通过一个长度为 20 的字符数组 name 实现。

ExpressInfo 结构体（第 9～17 行）：整合了快递的综合信息，包含寄件人姓名 sender、收件人姓名 receiver、物品数组 items、物品数量 itemCount、订单号码 orderNumber、取件码 pickupCode 以及快递状态标记 status。

（2）初始化函数 initExpressInfo（第 19～31 行）。

功能：对 ExpressInfo 结构体变量进行初始化操作。

实现步骤：

利用 snprintf()函数将传入的寄件人和收件人的姓名复制到结构体的相应成员中。

把物品数量初始化为 0。

借助 srand(time(NULL))结合 rand()函数生成随机的订单号码（范围 1～10000）和取件码（范围 1～1000）。

将快递状态初始化为"In transit"。

（3）添加物品函数 addItem()（第 33～39 行）。

功能：在快递信息中添加物品。

实现步骤：

检查物品数量是否达到上限（4 个）。

若未达到上限，使用 snprintf()函数将物品名称添加到物品数组中，并增加物品数量。

若达到上限，输出提示信息。

（4）显示信息函数 displayExpressInfo（第 41～54 行）。

功能：将快递的详细信息进行格式化输出。

实现步骤：

依次输出寄件人、收件人的姓名。

遍历物品数组，输出物品名称，并用逗号分隔不同的物品。

输出订单号码、取件码和快递状态。

（5）main 函数（第 55～67 行）。

功能：程序的入口，负责调用上述函数完成快递信息的初始化、物品添加和信息显示。

实现步骤：

定义 ExpressInfo 类型的变量 express。

调用 initExpressInfo 函数初始化快递信息，指定寄件人是小明，收件人是小华。

调用 addItem 函数依次添加手机、笔记本计算机、钢笔和橡皮。

调用 displayExpressInfo 函数显示完整的快递信息。

8.3　结构体数组

一个结构体变量中可以存放一组有关联的数据（例如一个学生的名字、性别和学号等数据）。但是单个结构体变量在解决实际问题时作用不大。例如有 10 个学生的信息时，就需要用到数组，更加方便，也就是使用结构体数组。

8.3.1　结构体数组的定义

结构体数组是结构与数组的结合，与普通数组的区别在于每个数组元素都是一个结构体类型的数据，它们分别包含多个成员项。

1. 结构体数组的定义

结构体数组的定义和变量定义类似，其一般形式为以下两种。

（1）方式一：

struct 结构体名

{成员表列} 数组名[数组长度]；

例如：

```
struct Student
   {char name[20];          /*名字*/
    int num;                /*学号*/
    char sex;               /*性别*/
    }student[10];
```

（2）方式二：

结构体类型 数组名[数组长度]

即先定义一个结构体类型，再用此类型定义结构体数组。

例如：

```
struct Student
   {char name[20];          /*名字*/
    int num;                /*学号*/
    char sex; };            /*性别*/
struct Student student[10];
```

在内存中的存储结构如图 8.3 所示。

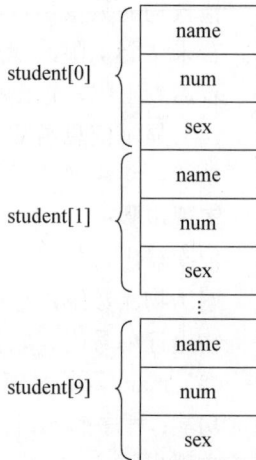

图 8.3 存储结构示意图

2. 结构体数组的初始化

结构体数组的初始化，一般是在定义数组的后面直接加上。例如：

```
struct Student student[10]={"小明",16, "男"}, {"小红", 20, "女"};
```

结构体数组初始化时，需要将每个数组元素值用一对花括号括起来，各元素之间用逗号隔开，第一个花括号的值赋给下标为 0 的元素，以此类推。

8.3.2 结构体数组的应用

【**例 8.4**】 假设我们需要管理一个班级学生的成绩信息，要求输出每个学生的学号、姓名和成绩这三项信息。运用结构体数组能够很好地实现这一需求。

```
1    #include<stdio.h>
2    #include<string.h>
3    struct Student {          // 定义学生结构体
4      int studentNumber;      // 学号
5      char name[20];          // 姓名
6      float score;            // 成绩
7    };
8    int main()                // 定义包含 3 个学生信息的结构体数组，并进行初始化
9    {struct Student students[3] = {
10    {20240101, "李华", 88.5},
```

```
11    {20240102, "王丽", 92.0},
12    {20240103, "张阳", 76.5}
13    };
14    for (int i = 0; i < 3; i++) { // 遍历结构体数组，输出每个学生的信息
15      printf("学号: %d\n", students[i].studentNumber);
16      printf("姓名: %s\n", students[i].name);
17      printf("成绩: %.2f\n\n", students[i].score);}
18    return 0;
19    }
```

运行情况如下：

学号：20240101
姓名：李华
成绩：88.50
学号：20240102
姓名：王丽
成绩：92.00
学号：20240103
姓名：张阳
成绩：76.50

程序分析：

首先，第 3～7 行定义了 Student 结构体，它包含 studentNumber（学号）、name（姓名）和 score（成绩）3 个成员。

然后，第 9～13 行定义了一个包含 3 个元素的结构体数组 students，并对每个元素进行了直接初始化。学号采用常见的入学年份+班级编号+个人序号的格式，姓名使用常见的中文姓名。

最后，通过 for 循环遍历结构体数组，输出每个学生的详细信息。

通过这个案例可以看到，结构体数组能够方便地管理一组具有相同结构的数据。在实际应用中，还可以根据需求对结构体数组进行排序、查找等操作。例如，如果要按照成绩对学生进行排序，可以使用 qsort 函数配合自定义的比较函数来实现；如果要查找某个特定学号的学生，可以通过遍历数组来实现。

注意：（1）结构体数组元素的下标应紧跟在数组名后，而不是跟在成员名后。

（2）结构体数组元素不能整体输入或输出，要通过对结构体数组元素的各个成员进行输入输出操作来实现。

8.4　结构体与函数

在实际编程中，常常需要处理大量复杂的数据，例如在学生信息管理系统里，不仅要存储和管理学生的各类信息，还需要对这些信息进行计算、分析和展示。单纯依靠结构体处理数据是不够的，我们还需要借助函数来完成各种操作。例如计算学生的平均成绩，根据成绩进行排名等。这就需要我们掌握结构体作为函数参数、结构体指针作为函数参数以及结构体作为函数返回值等相关知识，让结构体与函数相互配合，共同完成复杂的编程任务。

结构体与函数的关系主要是两种，一种是函数参数是结构体类型，另一种是函数返回值是结构体类型。

8.4.1 函数参数为结构体类型

1. 结构体作为函数参数

当需要在函数中处理结构体数据时，可以将结构体作为参数传递给函数，使得函数能够对结构体中的成员进行操作。例如，可以定义一个函数来计算学生的成绩等级。

```
1    #include<stdio.h>
2    #include<string.h>
3    struct Student {// 定义学生结构体
4     int studentNumber;
5     char name[20];
6     float score;};
7    char getGrade(float score) {// 函数声明，根据成绩返回等级
8    if (score >= 90) {return 'A';
9    } else if (score >= 80) {return 'B';
10   } else if (score >= 70) {return 'C';
11   } else if (score >= 60) {return 'D';
12   } else {return 'F';}
13   }
14   // 函数声明，打印学生信息及等级
15   void printStudentInfo(struct Student stu) {
16   printf("学号: %d\n", stu.studentNumber);
17   printf("姓名: %s\n", stu.name);
18   printf("成绩: %.2f\n", stu.score);
19   printf("等级: %c\n\n", getGrade(stu.score));
20   }
21   int main()
22   {struct Student stu = {20240101, "李华", 88.5};
23   printStudentInfo(stu);
24   return 0;}
```

运行情况：

学号：20240101
姓名：李华
成绩：88.50
等级：B

在这个例子中，printStudentInfo 函数接收一个 Student 结构体类型的参数 stu，函数内部可以访问并使用结构体的成员，同时调用 getGrade 函数以获取成绩等级并打印相关信息。

2. 结构体成员作为函数参数

有时我们仅需要对结构体中的某个或某几个成员进行处理，此时可以将结构体成员作为函数参数传递。例如，若要单独计算学生成绩的平方，代码如下。

```
1   #include<stdio.h>
2   struct Student {                    // 定义学生结构体
3       int studentNumber;
4       char name[20];
5       float score;
6   };
7   float squareScore(float score) {    // 函数声明，计算成绩的平方
8       return score * score;}
9   int main()
10      {struct Student stu = {20240101, "李华", 88.5};
11      float squaredScore = squareScore(stu.score);
12      printf("学生%s 的成绩的平方为：%.2f\n", stu.name, squaredScore);
13      return 0;}
```

运行程序：

学生李华的成绩的平方为：7832.25

在这个例子中，squareScore 函数接收 Student 结构体成员 score 作为参数，对其进行计算并返回结果。

3. 结构体指针作为函数参数

相比直接传递结构体，传递结构体指针可以提高效率，因为它避免了整个结构体的复制。例如，我们可以修改上述代码，使用结构体指针作为参数，修改后的代码如下所示。

```
1   #include<stdio.h>
2   #include<string.h>
3   struct Student {                    // 定义学生结构体
4     int studentNumber;
5     char name[20];
6     float score;};
7   char getGrade(float score) {        // 函数声明，根据成绩返回等级
8     if (score >= 90) {return 'A';
9     } else if (score >= 80) {return 'B';
10    } else if (score >= 70) {return 'C';
11    } else if (score >= 60) {return 'D';
12    } else {return 'F';}
13  }
14  // 函数声明，打印学生信息及等级，使用结构体指针
15  void printStudentInfo(struct Student *stu) {
16    printf("学号: %d\n", stu->studentNumber);
17    printf("姓名: %s\n", stu->name);
18    printf("成绩: %.2f\n", stu->score);
19    printf("等级: %c\n\n", getGrade(stu->score));
20  }
21  int main()
22    {struct Student stu = {20240101, "李华", 88.5};
23    printStudentInfo(&stu);
24    return 0;}
```

这里，printStudentInfo 函数接受一个 Student 结构体指针 stu，在函数中通过->操作符访问结构体成员。

8.4.2 结构体作为函数返回值

函数也可以返回一个结构体。例如，可以定义一个函数来创建一个新的学生结构体。

```
1   #include<stdio.h>
2   #include<string.h>
3   // 定义学生结构体
4   struct Student {
5    int studentNumber;
6    char name[20];
7    float score;
8   };
9   // 函数声明，创建并返回一个学生结构体
10  struct Student createStudent(int num, const char *n, float s) {
11   struct Student newStu;
12   newStu.studentNumber = num;
13   strcpy(newStu.name, n);
14   newStu.score = s;
15   return newStu;
16  }
17  int main()
18   {struct Student newStudent = createStudent(20240102, "王丽", 92.0);
19   printf("学号: %d\n", newStudent.studentNumber);
20   printf("姓名: %s\n", newStudent.name);
21   printf("成绩: %.2f\n", newStudent.score);
22   return 0;}
```

该示例的输出结果是：

```
学号: 20240102
姓名: 王丽
成绩: 92.00
```

在这个例子中，createStudent 函数接收学号、姓名和成绩作为参数，创建一个新的 Student 结构体并返回，在 main 函数中接收返回的结构体并打印其信息。

通过上述函数参数和返回值与结构体结合的方式，C 语言程序能够更灵活、高效地处理复杂数据。下面以一个案例进行综合应用。

【例 8.5】 快递员通过计算机程序记录 3 个寄件人的快递信息后，想要把 3 条快递信息按照寄件人的顺序显示到屏幕上（见图 8.4），然后按照寄件人的要求对快递信息作修改，比如修改收件地址。问程序如何编写？

寄件人	标记	订单号	取件码	物品1	物品2	物品3	物品4
小华	小华的地址	1	976	手机	笔记本计算机		
小明	小明的地址	2	555	钢笔	铅笔	笔袋	橡皮
小王	小王的地址	3	431	书本			

图 8.4 快递信息

　　程序分析：由问题中的"记录 3 个寄件人的快递信息"，可知我们需要定义结构体数组存储快递信息，每个数组元素代表一个寄件人。再由"把 3 条快递信息按照寄件人的顺序显示到屏幕上"，可知我们需要一个函数来打印所有的快递信息。接着输入需要修改的寄件人姓名，修改寄件人的信息，输入 1 修改寄件人的地址，输入 2 修改寄件人的订单号，输入 3 修改寄件人的取件码，输入 4 修改寄件人的物品信息。最后显示所有寄件人的信息。参考代码如下所示。

```
1    #include<stdio.h>
2    #include<string.h>
3    #define MAX_SENDER 3
4    #define MAX_NAME 20
5    #define MAX_ADDRESS 50
6    #define MAX_ITEMS 10
     // 定义快递结构体
7    typedef struct {
8        char *sender;
9        char *address;
10       int order_num;
11       int pick_code;
12       char *items[MAX_ITEMS];
13       int item_count;
14   } ExpressInfo;
     // 按照寄件人的顺序显示快递信息
15   void display_info(ExpressInfo *info, int count) {
16     for (int i = 0; i < count; i++) {
17       printf("寄件人：%s\n", info[i].sender);
18       printf("标记(收件地址)：%s\n", info[i].address);
19       printf("订单号：%d\n", info[i].order_num);
20       printf("取件码：%d\n", info[i].pick_code);
21       printf("物品：");
22       for (int j = 0; j < info[i].item_count; j++) {
23          printf("%s", info[i].items[j]);
24          if (j < info[i].item_count −1) {
25              printf(", ");
26          }
27       }
28       printf("\n");
29       printf("----------------------\n");
30     }
31   }
     // 修改收件地址的函数
32   void modify_address(ExpressInfo *info, int count, char *sender, char
     *new_address) {
33     for (int i = 0; i < count; i++) {
34       if (strcmp(info[i].sender, sender) == 0) {
35         info[i].address = new_address;
36         printf("已将%s 的收件地址修改为 %s\n", sender, new_address);
37         return;
38       }
39     }
```

```
40    printf("未找到寄件人 %s 的快递信息\n", sender);
41   }
      // 修改订单号的函数
42   void modify_order_num(ExpressInfo *info, int count, char *sender, int
     new_order_num) {
43     for (int i = 0; i < count; i++) {
44       if (strcmp(info[i].sender, sender) == 0) {
45         info[i].order_num = new_order_num;
46         printf("已将%s 的订单号修改为 %d\n", sender, new_order_num);
47         return;
48       }
49     }
50     printf("未找到寄件人%s 的快递信息\n", sender);
51   }
      // 修改取件码的函数
52   void modify_pick_code(ExpressInfo *info, int count, char *sender, int
     new_pick_code) {
53     for (int i = 0; i < count; i++) {
54       if (strcmp(info[i].sender, sender) == 0) {
55         info[i].pick_code = new_pick_code;
56         printf("已将%s 的取件码修改为 %d\n", sender, new_pick_code);
57         return;
58       }
59     }
60     printf("未找到寄件人%s 的快递信息\n", sender);
61   }
62   // 修改物品信息的函数
63   void modify_items(ExpressInfo *info, int count, char *sender, char
     **new_items, int new_item_count) {
64   for (int i = 0; i < count; i++) {
65       if (strcmp(info[i].sender, sender) == 0) {
66           info[i].item_count = new_item_count;
67           for (int j = 0; j < new_item_count; j++) {
68               info[i].items[j] = new_items[j];
69           }
70           printf("已将 %s 的物品信息修改\n", sender);
71           return;
72       }
73   }
74   printf("未找到寄件人%s 的快递信息\n", sender);
75   }
76   int main() {
77   char sender_names[MAX_SENDER][MAX_NAME] = {"小华", "小明", "小王"};
78   char addresses[MAX_SENDER][MAX_ADDRESS] = {"小华的地址", "小明的地址",
     "小王的地址"};
79   char *item_lists[MAX_SENDER][MAX_ITEMS] = {
80       {"手机", "笔记本计算机"},
81       {"钢笔", "铅笔", "笔袋", "橡皮"},
82       {"书本"}
83   };
84   int item_counts[MAX_SENDER] = {2, 4, 1};
```

```
85   ExpressInfo express_info[MAX_SENDER] = {
86       { sender_names[0], addresses[0], 1, 976,{ item_lists[0][0],
     item_lists[0][1] }, item_counts[0] },
87       { sender_names[1], addresses[1], 2, 555,{ item_lists[1][0],
     item_lists[1][1], item_lists[1][2], item_lists[1][3] }, item_counts[1] },
88       { sender_names[2], addresses[2], 3, 431,{ item_lists[2][0] },
     item_counts[2] }
89   };
90   char sender[MAX_NAME];
91   int choice;
92   char new_address[MAX_ADDRESS];
93   int new_order_num;
94   int new_pick_code;
95   char new_items[MAX_ITEMS][MAX_NAME];
96   int new_item_count;
97   display_info(express_info, MAX_SENDER);
98   int m_flag = 1;    //修改完毕的标志，为1时一直进行修改，为0时，退出修改；
99   while (m_flag) {
100      printf("请输入要修改信息的寄件人姓名：");
101      scanf("%s", sender);
102      printf("请选择要修改的信息:\n");
103      printf("1. 修改地址\n");
104      printf("2. 修改订单号\n");
105      printf("3. 修改取件码\n");
106      printf("4. 修改物品信息\n");
107      scanf("%d", &choice);
108      switch (choice) {
109  case 1:
110      printf("请输入新的地址：");
111      scanf("%s", new_address);
112      modify_address(express_info, MAX_SENDER, sender, new_address);
113      break;
114  case 2:
115      printf("请输入新的订单号：");
116      scanf("%d", &new_order_num);
117      modify_order_num(express_info, MAX_SENDER, sender, new_order_num);
118      break;
119  case 3:
120      printf("请输入新的取件码：");
121      scanf("%d", &new_pick_code);
122      modify_pick_code(express_info, MAX_SENDER, sender, new_pick_code);
123      break;
124  case 4:
125      printf("请输入新的物品数量：");
126      scanf("%d", &new_item_count);
127      printf("请依次输入新的物品名称:\n");
128      char *item_ptrs[MAX_ITEMS];        // 创建指针数组
129      for (int i = 0; i < new_item_count; i++) {
130          scanf("%s", new_items[i]);
131          item_ptrs[i] = new_items[i];   // 将每个物品名称的地址存入指针数组
132      }
```

```
133        modify_items(express_info, MAX_SENDER, sender, item_ptrs,
   new_item_count);
134        break;
135 default:
136        printf("无效的选择\n");
137 }
   // 显示修改后的快递信息
138     printf("\n 修改后的快递信息：\n");
139     display_info(express_info, MAX_SENDER);
140     printf("是否完成修改？输入 1 表示仍要继续修改，输入 0 表示退出修改\n");
141     scanf("%d", &m_flag);
142     }
143     printf("已完成修改。");
144     return 0;
145 }
```

8.5   链表的定义及使用

8.5.1   链表的概念

对大批量的同类型数据进行处理时，常借助数组进行处理。使用数组的优点是直观方便，但也存在明显的缺点，就是数组需要占用连续的内存空间。例如，定义数组"int a[20];"，该数组在 VS2022 环境下需要 80 个字节的连续存储空间。当前内存的使用情况如图 8.5 所示，其中有 3 块空闲的区域，大小分别是 30 字节、10 字节和 70 字节。虽然这三块内存的总和大于 80 字节，但是没有单独一块连续的内存超过 80 字节，因此，不能满足数组 a 的要求。

解决上述问题的方法之一就是使用链表。链表不要求所有的数据连续存放，可以更加灵活地利用内存空间。但是带来的问题是，链表数据散落在内存的各处，程序处理时如何找到下一个数据？

链表属于线性数据结构，由一系列的结点（Node）构成。每个结点（见图 8.6）主要包含两部分：数据域，用于存放各类数据；指针域，用来指向下一个结点。

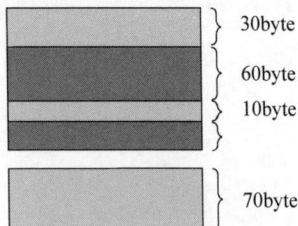

图 8.5   数组的存储结构

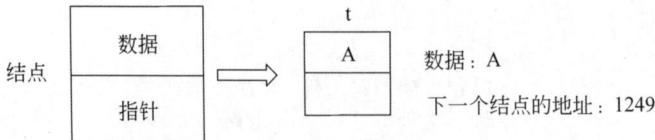

图 8.6   结点的示意图

链表是由一系列结点链接而成，动态地进行存储分配的一种结构。其示意图如图 8.7 所示。

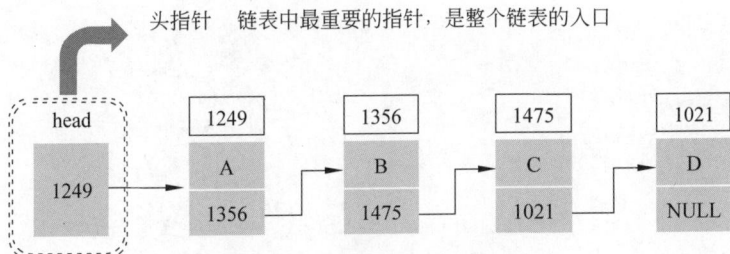

图 8.7　链表结构的示意图

　　链表中有一个"头指针"变量，图中以 head 表示，它存放一个地址，该地址指向该链表的第一个结点。这是链表中最重要的指针，是整个链表的入口。head 指向第 1 个元素，第 1 个元素又指向第 2 个元素……直到最后一个元素，该元素不再指向其他元素，它称为"表尾"。它的地址部分放一个"NULL"（表示"空地址"），链表到此结束。

　　链表的特点如下。

　　（1）各元素内存中的地址可以是不连续的。

　　（2）所有结点为相同的结构体类型。

　　（3）至少一个成员是指针，该指针的基类型与链表结点的类型相同。

8.5.2　链表的定义

　　根据链表的概念可以知道，链表由一个个结点构成，要定义链表就需要先定义结点。因结点中至少包含数据和地址等成员，我们可以用结构体变量定义结点，进而定义链表。一个结构体变量包含若干成员，这些成员可以是数值类型、字符类型、数组类型，也可以是指针类型。用指针类型成员存放下一个结点的地址。例如：

```
struct Student
{
    int num;
    float score;
    struct Student *next;  //next 是指针变量，指向结构体变量
};
```

假设有 3 个结点，分别赋值后，其存储示意图如图 8.8 所示。

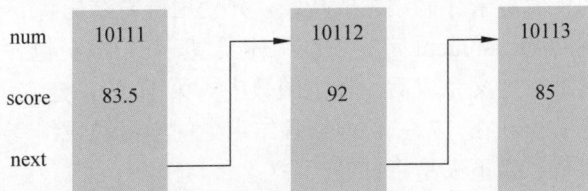

图 8.8　链表结构示意图

　　在上述定义中，成员 num 和 score 用来存放结点中的有用数据（用户需要用到的数据）。next 是指针类型的成员，它指向 struct Student 类型数据。下面通过案例说明，建立和输入链表。

　　【例 8.6】　某老师想要记录并显示 5 名学生的成绩，该如何输出学生信息呢？

```
1    #include<stdio.h>
2    struct student                              /* 定义结构体类型*/
3    {    int num;
4    float grade;
5    struct student *next;
6    };
7    void printLink(struct student *head)        /*定义输出函数*/
8    {
9    struct student *p = head;                    /* 使p 指向链表头*/
10   while (p != NULL) {
11   printf("%.1f", p->grade);                    /*输出成绩*/
12   printf("\n");
13        p = p->next; }                          /*指向下一个结点*/
14   }
15   int main(){
16   struct student* head;                        /*定义头结点*/
17   struct student t1 = {1,85,NULL};
18   struct student t2 = {2,80,NULL};
19   struct student t3 = {3,70,NULL};
20   struct student t4 = {4,88,NULL};
21   struct student t5 = {5,90,NULL};             /*对5个结点的 grade 和 num 赋值*/
22   head = &t1;                                  /*将 t1 的起始地址给头结点*/
23   t1.next = &t2;                               /*将 t2 的起始地址给 t1 的 next*/
24   t2.next = &t3;                               /*将 t3 的起始地址给 t2 的 next*/
25   t3.next = &t4;
26   t4.next = &t5;
27   printLink(head);                             /*调用函数输出成绩*/
28   return 0;}
```

程序运行结果如下：

```
85.0
80.0
70.0
88.0
90.0
```

程序分析：要输出 5 个学生的成绩，要对学生进行区别，必然要有姓名或者学号等，此例中可以构建结构体变量来存储学生的成绩，并使用链表结构将 5 个学生的成绩进行连接。故在第 2～6 行用 struct student 定义了结构体类型，其中成员包含一个指针变量，用于存放下一个结点的地址。定义完成后，在主函数中，第 16 行，建立了一个 student 结构体类型的变量，作为头结点。在 17～21 行给各结点中的学号和成绩变量进行赋值。此时，各数据域中已完成赋值。接下来是指针域。

根据链表的定义，程序第 22 行将第一个结点 t1 的地址赋给头结点 head，并将下一个结点 t2 的地址存放在上一个结点 t1 的指针域中，以此类推，使得当前结点的成员中的指针变量指向下一个结点，从而实现连接。

在对链表进行输出时，在第 27 行调用了 printLink(head)函数进行输出，并传递了头结点中的地址。程序的第 9 行将 p 作为链表头，程序的 10～14 行中，开始从 p（链表头）遍历至表尾为 NULL 时，循环结束。循环内输出每个结点的成绩 grade，然后使 p 指向下一结点。

8.5.3　链表的插入与删除

在实际编程中，无论是构建复杂的算法，还是实现高效的数据管理系统，对链表的操作都是必不可少的。而插入与删除操作，作为链表操作的核心部分，直接影响链表数据的更新与维护。通过插入操作，我们能够动态地向链表中添加新元素，满足数据不断增长的需求；删除操作则能帮助我们移除不再需要的数据，保证链表的高效性和准确性。因此，深入理解链表的插入与删除操作，是掌握链表数据结构的关键，也是提升编程能力、解决实际问题的重要一步。接下来，让我们详细探讨链表的插入与删除的知识点。

在链表中插入结点，意味着在链表的特定位置添加一个新结点，使链表结构发生改变以容纳新的数据。总结来说分为 3 步：创建新结点、明确插入点、插入链表中。

假设链表结点的定义如下：

```
struct Node {
    int data;
    struct Node *next;
    };
```

定义了 5 个结构体变量 t1、t2、t3、t4、t5，并对这些变量进行赋值以形成链表，若要在链表中插入结点，其示意图如下。

第一步：创建新结点，如图 8.9 所示。

第二步：明确插入点，如图 8.10 所示。

图 8.9　新结点

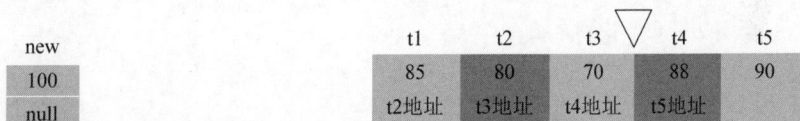

图 8.10　链表

第三步：地址连上链表，如图 8.11 所示。

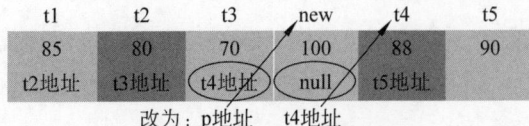

图 8.11　插入新结点后的链表

根据链表插入点的不同有不同的插入方法，如头部插入、尾部插入、指定结点插入等。

（1）头部插入。

原理：将新结点的成员指针指向当前头结点，然后把新结点设置为链表的头结点。这种方式简单直接，因为无论链表长度如何，只需要进行固定次数的指针操作。

案例：现有链表 t1 -> t2 -> t3 -> t4 -> t5，要求插入数据为 95 的新结点。

代码示例如下。

```
1    // 在链表头部插入新结点的函数
```

```
2    struct Node* insertAtHead(struct Node *head, int newData) {
3    // 为新结点分配内存空间，sizeof(struct Node) 计算结构体的大小，malloc 用于
     // 动态内存分配
4    struct Node *newNode = (struct Node*)malloc(sizeof(struct Node));
5    newNode->data = newData;      // 将新数据赋值给新结点的数据域
6    newNode->next = head;         // 让新结点的指针域指向原头结点
7    return newNode;               // 返回新的头结点，即新插入的结点
8    }
```

执行过程：创建新结点，赋值 95 到数据域；新结点的指针域指向原头结点 t1；新结点成为新头结点，链表变为：新结点(95) -> t1 -> t2 -> t3 -> t4 -> t5。

（2）尾部插入。

原理：遍历链表找到尾结点（指针域为 NULL 的结点），将新结点连接到尾结点之后。由于需要遍历链表以寻找尾结点，因此花费的时间较长。

案例：对于链表 t1 -> t2 -> t3 -> t4 -> t5，插入数据为 98 的新结点。

代码示例：

```
1    // 在链表尾部插入新结点的函数
2    struct Node* insertAtTail(struct Node *head, int newData) {
3    // 为新结点分配内存空间
4    struct Node *newNode = (struct Node*)malloc(sizeof(struct Node));
5    newNode->data = newData;      // 给新结点的数据域赋值
6    newNode->next = NULL;         // 新结点作为尾结点，其指针域设为 NULL
7    // 如果原链表为空，新结点就是头结点
8    if (head == NULL) {
9    return newNode;
10   }
11   struct Node *current = head;  // 定义指针 current 指向头结点，用于遍历链表
12   // 遍历链表，找到尾结点
13   while (current->next != NULL) {
14   current = current->next;
15   }
16   current->next = newNode;      // 将尾结点的指针域指向新结点
17   return head;                  // 返回原链表的头结点（链表的头结点未改变）
18   }
```

执行过程：创建新结点并赋值 98，指针域设为 NULL；遍历链表找到尾结点 t5；将 t5 的指针域指向新结点，链表变为 t1 -> t2 -> t3 -> t4 -> t5->新结点(98)。

（3）指定结点插入。

原理：先找到指定结点，在其之前或之后插入新结点（这里以之后插入为例）。需要遍历链表来定位指定结点，在最坏情况下需要遍历 n 个结点。

案例：在链表 t1 -> t2 -> t3 -> t4 -> t5 中，在值为 70 的 t3 结点之后插入数据为 75 的新结点。

代码示例：

```
1    // 在给定结点之后插入新结点的函数
2    struct Node* insertAfterGivenNode(struct Node *head, struct
     Node*givenNode, int newData) {
```

```
3     // 如果给定结点为空，直接返回原链表的头结点
4     if (givenNode == NULL) {
5     return head; }
6     // 为新结点分配内存空间
7     struct Node *newNode = (struct Node*)malloc(sizeof(struct Node));
      newNode->data = newData;          // 给新结点的数据域赋值
8     newNode->next = givenNode->next;   // 新结点的指针域指向给定结点的下一个结点
9     givenNode->next = newNode;         // 给定结点的指针域指向新结点
10    return head;                       // 返回原链表的头结点
11    }
```

执行过程：创建新结点，并赋值 75；找到 t3 结点；新结点指针域指向 t3 的原后续结点 t4；t3 的指针域指向新结点，链表变为 t1 -> t2 -> t3 ->新结点(75) -> t4 -> t5。

8.6　共用体

在 C 语言中，共用体（Union）是一种特殊的数据结构，它允许不同类型的变量共享同一块内存空间。这意味着在同一时刻，共用体变量只能存储其中一个成员的值，而不是同时存储所有成员的值。共用体为在单块存储区中管理不同类型的数据提供了一种有效的方式，与结构体有着明显的区别。结构体变量所占的内存长度是各成员占的内存长度之和，每个成员分别占有自己的内存单元；而共用体变量所占的内存长度等于最长的成员的长度。

8.6.1　共用体的定义

几种不同数据类型的变量共同占用一段内存的结构称作"共用体"类型结构，简称共用体。共用体又称为"联合体"。

其一般形式为：

union 共用体名

```
{
    数据类型 1 成员名 1;
    数据类型 2 成员名 2;
    ⋮
    数据类型 n 成员名 n;
}变量表列;
```

其中，"共用体名"是共用体类型的名字，"成员表"中包含若干成员，成员的一般形式为"数据类型 成员名"，成员名的命名需要符合 C 语言标识符的规定。例如：

```
union  Data
{
    int i;
    char ch;
    ⋮
```

```
    float f;
};
union Data a,b,c;
```

上述代码定义了一个名为 Data 的共用体类型，它包含一个整型成员 i、一个字符型成员 ch 和一个单精度浮点型成员 f，并用 union Date 定义 a、b、c 为共用体类型的变量。

此外，还可以给共用体取别名。例如：

typedef union 共用体名 别名；

例如，typedef union score score，这里的 union score 其实就简化为 score，在后续程序中出现的 score 就等同于 union score。

8.6.2　共用体的初始化及引用

1．共用体变量声明

共用体变量的声明方式和结构体变量类似，主要有以下三种。

（1）先定义共用体类型，再声明变量：在定义共用体后，声明一个 Data 类型的共用体变量 data1。可写为：

```
union Data {
int num;
char ch;
float f;
};
union Data data1;
```

（2）定义共用体类型的同时声明变量：定义共用体类型 Data，并同时声明一个该类型的变量 data2。可写为：

```
union Data {
int num;
char ch;
float f;
} data2;
```

（3）直接声明共用体变量：直接声明一个匿名共用体类型的变量 data3，该共用体包含 int、char 和 float 类型成员。

```
union {
int num;
char ch;
float f;
} data3;
```

共用体变量的初始化只能对其第一个成员进行初始化。例如，初始化共用体变量 data4，将其第一个成员 num 初始化为 10，可写为：

```
union Data data4 = {10};
```

2. 引用共用体变量

只有先定义了共用体变量，才能在后续的程序中引用它。不能直接引用共用体变量，而只能引用共用体变量中的成员。引用共用体成员的一般形式为：

共用体变量名.成员名

例如：

```
a.i      //引用共用体变量中的整型变量 i
a.ch     //引用共用体变量中的字符变量 ch
a.f      //引用共用体变量中的实型变量 f
```

在程序书写中，"printf("%d",a);"这种写法是错误的，它企图输出整个共用体变量，而正确的写法是"printf("%d",a.i);"。

注意：共用体在使用过程中有如下几个特点需要清楚。

（1）内存共享：共用体的所有成员共享同一块内存空间，其内存大小由最长的成员决定。例如，在上述 union Data 中，float 类型通常占 4 个字节（在多数系统中），而 int 和 char 类型一般占用的字节数小于 4，所以 union Data 类型的变量占用 4 个字节的内存。

（2）同一时刻只有一个成员有效：由于共用体成员共享内存，在任一时刻，只有最后一次被赋值的成员的值是有效的，之前被赋值的成员的值会被覆盖。例如：

```
1   // 声明一个 Data 类型的共用体变量 data
2   union Data data;
3   // 给 data 的 num 成员赋值为 10
4   data.num = 10;
5   // 给 data 的 ch 成员赋值为 'A'，此时 num 的值被覆盖
6   data.ch = 'A';
```

此时，data 中有效的成员是 ch，其值为'A'，num 的值已经被覆盖，不再是 10。

（3）共用体变量的地址和各成员的地址相同：这是因为它们共享同一块内存空间。例如：

```
1   // 声明一个 Data 类型的共用体变量 data
2   union Data data;
3   // 输出共用体变量 data 的地址
4   printf("%p\n", &data);
5   // 输出共用体成员 num 的地址
6   printf("%p\n", &data.num);
7   // 输出共用体成员 ch 的地址
8   printf("%p\n", &data.ch);
9   // 输出共用体成员 f 的地址
10  printf("%p\n", &data.f);
```

上述代码中，这 4 个地址的输出结果是相同的。

（4）不能对共用体变量整体赋值：只能对共用体变量中的成员进行赋值操作。例如，以下操作是错误的。

```
1   // 声明两个 Data 类型的共用体变量 data1 和 data2
2   union Data data1, data2;
```

```
3          // 试图对共用体变量进行整体赋值，这是错误的操作
4          data1 = data2;
```

（5）不能把共用体变量作为函数参数直接传递，但可以使用指向共用体变量的指针作为函数参数。例如：

```
1    // 定义一个函数 printData，用于打印共用体变量的成员值，参数为指向 Data 类型共用体
     的指针
2    void printData(union Data *d) {
3    printf("num: %d\n", d->num);        // 打印共用体成员 num 的值
4    printf("ch: %c\n", d->ch);          // 打印共用体成员 ch 的值
5    printf("f: %f\n", d->f);}           // 打印共用体成员 f 的值
6    union Data data;                     // 声明一个 Data 类型的共用体变量 data
7    printData(&data);                    // 调用 printData 函数，传递 data 的指针
```

8.6.3 共用体的应用

下面以一个案例来说明共用体的典型应用。

【例 8.7】 有若干个人员的数据，其中有学生和教师。学生的数据中包括姓名、号码、性别、职业、班级。教师的数据包括姓名、号码、性别、职业、职务。要求用同一个表格处理。

分析：从图 8.12 所示的数据表可以看出，学生和教师的数据的分类名称大多数是相同的，但有一项不同，现要求把他们放在同一表格中。如果 job 项为 s（学生），则第 5 项为 class（班）。即 Li 是 501 班的。如果 job 项是 t（教师），则第 5 项为 position（职务），Wang 是 prof（教授）。显然，对第 5 项可以用共用体处理（将 class 和 position 放在同一段存储单元中）。

num	name	sex	job	class(班) / position(职务)
101	Li	f	s	501
102	Wang	m	t	prof

图 8.12　数据表

输入数据时，由于数据类型不同，使用结构体类型存储不同类型的数据。故声明一个无名结构体类型，包含 5 个成员，整型变量 num，字符型数组 name，字符型变量 job，另外，使用一个含有整型变量 class 和字符型数组的共用体来处理不同的信息。为简化起见，对于结构体变量的设置只有两个人（一个学生、一个教师）。

```
1    struct                    //声明无名结构体类型
2    { int num;                //成员 num(编号)
3      char name[10];          //成员 name(姓名)
4      char sex;               //成员 sex(性别)
5      char job;               //成员 job(职业)
6      union                   //声明无名共用体类型
```

```
7     {  int class;                //成员 class(班级)
8        char position[10];        //成员 position(职务)
9      }category;                  //成员 category 是共用体变量
10    }person[2];
```

接着，可以使用循环对数据进行输入，输入一组数据后，判断其职业是学生还是教师。若是学生，则读入 class 中；若是教师，则读入 position 中。

在输出时，依旧使用循环遍历每一组数据，根据要输出的职业是学生，则找出对应存放班级的共用体进行输出；若输出职业是教师，则找出对应存放职务的共用体进行输出。

整体代码如下所示。

```
1   #include<stdio.h>
2   struct                         //声明无名结构体类型
3   {   int num;                   //成员 num(编号)
4       char name[10];             //成员 name(姓名)
5       char sex;                  //成员 sex(性别)
6       char job;                  //成员 job(职业)
7       union                      //声明无名共用体类型
8       {   int class;             //成员 class(班级)
9           char position[10];     //成员 position(职务)
10      }category;                 //成员 category 是共用体变量
11   }person[2];                   //定义结构体数组 person，有两个元素
12  int main()
13  {  int i;
14    for(i=0;i<2;i++)
15    { printf("please enter the data of person:\n");
16    scanf("%d %s %c %c",&person[i].num,person[i].name,&person[i].sex,
    &person[i].job);             //输入前 4 项
17    if(person[i].job=='s')
18      scanf("%d",&person[i].category.class);          //若是学生，输入班级
19    else if(person[i].job=='t')
20      scanf("%s",person[i].category.position);        //若是教师，输入职业
21    else
22      printf("Input error!"); //若 job 不是's'和't'，显示"输入错误"
23    }
24  printf("\n");
25  printf("No.name sex job class/position\n");
26  for(i=0;i<2;i++)
27  {   if (person[i].job=='s') //若是学生
28         printf("%-6d%-10s%-4c%-4c%-10d\n",person[i].num, person[i]
  .name, person[i].sex,person[i].job,person[i].category.class);
29    else //若是教师
30      printf("%-6d%-10s%-4c%-4c%-10s\n",person[i].num,person[i].name,
    person[i].sex,person[i].job,person[i].category.position);
31    }
32  return 0;
33  }
```

程序分析：

在程序运行过程中，需要输入数据。在输入前四项数据时类型一致。但输入第五项数

据时，学生应输入班级号整数，教师应输入职位字符串。程序应做分别处理。可以用 if 语句检查刚才输出的职业（job 成员），如果是 s，表示为学生，则第五项应输入一个整数，作为班级号，用输入格式符%d 把一个整数传到共用体数组元素中的成员 category.class 中；如果职业是 t，表示是教师，则输入第五项数据时，应用输入格式符%s 把一个字符串传到共用体数组元素中的成员 category.position 中。

在输出数据时的处理方法是类似的，如果是学生，第五项以整数形式输出班号；如果是教师，则第五项以字符串形式输出职位。

通过此例可以看到，如果善于利用共用体，会使程序的功能更加丰富灵活。

8.7　枚举类型

8.7.1　枚举的概念

枚举是 C 语言中的一种用户自定义数据类型，它用于定义一组具有相关性的命名整型常量。通过枚举，开发者可以为这些常量赋予有意义的名称，从而替代直接使用硬编码的整数值，使代码更具可读性和可维护性。枚举的核心作用是将一组有限的、相关的值组织在一起，并通过名称清晰地表达其含义。

8.7.2　枚举类型的定义

一周共有 7 天，可以用#define 定义周一到周日。如何用枚举声明一周的每一天？

```
1    #define SUN 0
2    #define MON 1
3    #define TUE 2
4    #define WED 3
5    #define THU 4
6    #define FRI 5
7    #define SAT 6
```

枚举类型的定义为：

enum 枚举名{枚举成员 1,枚举成员 2,……};

其中，枚举名是枚举类型的名称，花括号里面的成员称为枚举成员，其名字由编程者指定。例如

enum traffic{RED, GREEN, YELLOW};

系统默认从第一个枚举成员开始，分别代表 0，1，2……。如果要改变其数值，可以在定义时对枚举成员初始化。例如

enum traffic {RED=1, GREEN, YELLOW=5};

需要注意的是，枚举成员是常量而不是变量，枚举类型定义后，就不能对它们再赋值，

只能将它们的值赋给其他变量。

8.7.3 枚举型变量的定义

枚举型变量可以先定义枚举类型，再定义该类型的枚举变量；也可以定义枚举类型的同时定义该类型的枚举变量；可以省略枚举名，直接定义该类型的枚举变量。

（1）先定义枚举类型，再定义枚举变量。格式为：

enum 枚举名 变量名表列;

例如，一周中的每一天。

```
1    enum DAY
2    {MON=1, TUE, WED, THU, FRI, SAT, SUN};
3    enum DAY day1, day2;
```

（2）定义枚举类型的同时定义该类型的枚举变量。格式为：

enum 枚举名
{成员表列;
}变量名表列;

例如，一周中的每一天。

```
1    enum DAY
2    {MON=1, TUE, WED, THU, FRI, SAT, SUN
3    } day1, day2;
```

（3）省略枚举名，直接定义该类型的枚举变量。格式为：

enum
{成员表列;
}变量名表列;

例如，一周中的每一天。

```
enum
{MON=1, TUE, WED, THU, FRI, SAT, SUN
} day1, day2;
```

8.7.4 枚举型变量的赋值

枚举型变量的赋值可以采用以下 4 种方式。
（1）先声明枚举类型的变量，再对该变量赋值。例如：

```
enum DAY
{MON=1, TUE, WED, THU, FRI, SAT, SUN};
enum DAY yesterday, today, tomorrow;
yesterday = MON;
```

```
today = TUE;
tomorrow = WED;
```

（2）声明变量的同时赋初值。例如：

```
enum DAY
{MON=1, TUE, WED, THU, FRI, SAT, SUN};
enum DAY yesterday = MON,today = TUE, tomorrow = WED;
```

（3）定义类型的同时声明变量，然后对变量赋值。例如：

```
enum DAY
{MON=1, TUE, WED, THU, FRI, SAT, SUN
} yesterday, today, tomorrow;
yesterday = MON;
today = TUE;
tomorrow = WED;
```

（4）类型定义、变量声明、赋初值同时进行。例如：

```
enum DAY
{MON=1, TUE, WED, THU, FRI, SAT, SUN
}yesterday = MON, today = TUE, tomorrow = WED;
```

下面通过几个例子，学习理解枚举的使用。

【例 8.8】　确认今天是否休息。

```
1    #include<stdlib.h>
2    enum Day
3    {MONDAY, TUESDAY, WEDNESDAY, THURSDAY, FRIDAY, SATURDAY, SUNDAY};
4    int main()
5    {
6        enum Day today;
7        today = MONDAY;
8        if (today == SATURDAY || today == SUNDAY)
9        {  printf("今天休息\n");}
10       else
11       {   printf("今天上班\n");
12       }
13       return(0);}
```

程序运行结果如下：

今天上班

程序分析：本题主要是判断当天是否为休息日。可以通过枚举类型定义一周的 7 天，设定当天为某一天，然后根据当天是否为周六或周日来输出相应的信息，告知用户当天是休息还是上班。使用 if - else 条件语句判断 today 的值。如果 today 等于 SATURDAY 或者 SUNDAY，则输出"今天休息"；否则，输出"今天上班"。由于前面将 today 赋值为 MONDAY，因此程序会执行 else 分支，输出"今天上班"。

【例 8.9】　通过枚举变量，确认各种交通灯下能否通行。

```
1    #include<stdio.h>
```

```
2    enum traffic { RED, GREEN, YELLOW };
3    int main()
4    {enum traffic light;
5    printf("请输入交通灯颜色代码（0=红色，1=绿色，2=黄色）:");
6    scanf("%d", &light);
7    if (light == GREEN){
8    printf("可以通行!\n");}
9    else {
10   printf("不能通行!\n");}
11   return 0;}
```

程序运行结果如下：

```
0
不能通行
```

程序分析：

本题主要依据用户输入的交通灯颜色代码判断在该交通灯的状态下是否可以通行。程序借助枚举类型定义交通灯的颜色，让用户输入对应的代码，然后根据代码值输出能否通行的提示信息。程序先定义了一个名为 traffic 的枚举类型，它包含 3 个枚举常量：RED、GREEN 和 YELLOW。在 C 语言中，枚举常量默认从 0 开始依次递增赋值，所以 RED 的值为 0，GREEN 为 1，YELLOW 为 2。主函数中声明了一个 traffic 枚举类型的变量 light，用于存储用户输入的交通灯颜色代码。使用 scanf()函数读取用户输入的整数，并将其存储到 light 变量中。采用 if - else 条件语句对 light 的值进行判断。若 light 的值等于 GREEN（也就是 1），则输出"可以通行!"；反之，输出"不能通行!"。

【例 8.10】 判断今天是否是工作日。

```
1    #include<stdio.h>
2    #include<time.h>
3    enum Weekday
4    {
5        SUNDAY, MONDAY, TUESDAY, WEDNESDAY, THURSDAY, FRIDAY, SATURDAY
6    };
7    void printDay(enum Weekday day);
8    int main()
9    {
10       enum Weekday today;
11       time_t t = time(NULL);
12       struct tm *tm = localtime(&t);
13       today = (enum Weekday)tm->tm_wday;
14   printDay(today);
15       return 0;
16   }
17   void printDay(enum Weekday day) {
18       switch (day) {
19       case SUNDAY:
20           printf("今天是周日，可以休息。\n");
21           break;
22    case MONDAY:
23           printf("今天是周一，需要工作。\n");
```

```
24          break;
25      case TUESDAY:
26          printf("今天是周二，需要工作。\n");
27          break;
28      case WEDNESDAY:
29          printf("今天是周三，需要工作。\n");
30          break;
31      case THURSDAY:
32          printf("今天是周四，需要工作。\n");
33          break;
34      case FRIDAY:
35          printf("今天是周五，需要工作。\n");
36          break;
37      case SATURDAY:
38          printf("今天是周六，可以休息。\n");  break;
39      default:
40          printf("Invalid day.\n"); break;}
41  }
```

程序运行结果如下：

今天是周三，需要工作。

程序分析：

程序的主要目的是获取当前日期对应的星期，并根据不同的星期输出相应的提示信息，告知用户当天是休息还是需要工作。程序的 8～16 行声明了一个 Weekday 枚举类型的变量 today，用于存储当前的星期。用"time_t t = time(NULL);"调用 time 函数以获取当前的时间，以秒为单位。第 12 行调用 localtime 函数将时间转换为本地时间结构体 struct tm，该结构体包含了年、月、日、时、分、秒等信息。第 13 行从 struct tm 结构体中获取当前的星期（tm_wday），并将其强制转换为 Weekday 枚举类型，赋值给 today 变量来确定当前星期，最后输出。

8.8　上机实训

8.8.1　实训目的

（1）掌握结构体变量的基本使用方法。
（2）掌握结构体数组的基本使用方法。
（3）掌握结构体的简单嵌套应用。
（4）掌握结构体指针的概念，以及结构体指针作为函数参数的编程方法。

8.8.2　实训内容

在本地计算机的 E:\盘中新建一个文件夹，用于存放 C 程序，文件夹的名字要求是"学

号 姓名-实验序号”，如 21211155311 张三-13。启动 C-Free 等编译器，完成如下各题。

1. 程序改错：请找出并修正程序中的错误，使程序能够正确编译运行并输出。

输出结果为：

```
Student Info:
Name: Zhang San
Age: 18
Score: 90.5
```

```
1    #include<stdio.h>
2    #include<stdlib.h>
3    #include<string.h>
4    struct Student {
5    char name[20];
6    int age;
7    float score
8    };
9    int main()
10   {struct Student *stu1;
11   stu1->age = 18;
12   strcpy(stu1->name, "Zhang San");
13   stu1->score = 90.5;
14   printf("Student Info: \n");
15   printf("Name: %s\n", stu1.name);
16   printf("Age: %f\n", stu1->age);
17   printf("Score: %.1f\n", stu1->score);
18   free(stu1);
19   return 0;
20   }
```

2. 程序设计：编写程序，实现以下功能。

定义一个 Student 结构体，包含成员：姓名（字符串，最长 20 字符）、年龄（整数）和成绩（浮点数）。从键盘输入 n 个学生的信息，计算所有学生的平均成绩，找出成绩最高的学生并输出其完整信息。以下为输入输出示例

输入：

```
请输入学生数量：3
第 1 个学生信息：
姓名：Alice
年龄：19
成绩：88.5
第 2 个学生信息：
姓名：Bob
年龄：20
成绩：95
第 3 个学生信息：
姓名：Charlie
年龄：21
成绩：84.5
```

输出：

平均成绩：89.3
最高分学生：Bob (95.0)

3. 程序改错：在改错时，不得删除改错标志（如"/******1******/"等）。请在该改错标志下方的下一行，根据程序功能改错；调试运行程序，且不得加行、减行、加句、减句。 程序功能：(源程序 13_1.c) 输入 n，再输入 n 个点的平面坐标，则输出那些距离坐标原点不超过 5 的点的坐标值。源程序（有错误的程序）如下所示。

```
#include<stdio.h>
#include<math.h>
#include<stdlib.h>
void main()
   {  int i,n;
   struct axy {float x,y;};
   /*****  1  *****/
   struct axy a;
   /*****  2  *****/
   scanf("%d",n);
   a=(struct axy*) malloc(n*sizeof(struct axy));
   for(i=0;i<n;i++)
     scanf("%f%f",&a[i].x,&a[i].y);
     /*****  3  ******/
   for(i=0;i<=n;i++)
     if(sqrt(pow(a[i].x,2)+pow(a[i].y,2))<=5) {
     printf("%f,",a[i].x);
     /**************  4  **************/
     printf("%f\n",a+i->y);  }
}
```

4. 程序填空：在填空时，先删除填空标志（如"__1__"等），再根据程序功能填充；调试运行程序，且不得加行、减行、加句、减句。

程序功能：计算 4 位学生的平均成绩，保存在结构体中，然后列表输出这些学生的信息。

源程序（有待完善的程序）：

```
#include<stdio.h>
struct STUDENT
{
   char name[16];
   int math;
   int english;
   int computer;
   int average;
};
void GetAverage(struct STUDENT *pst)    /* 计算平均成绩 */
{
   int sum=0;
   sum = _____1_____;
   pst->average = sum/3;
}
```

```
void main()
{
    int i;
    struct STUDENT st[4]={{"Jessica",98,95,90},{"Mike",80,80,90},
                          {"Linda",87,76,70},{"Peter",90,100,99}};
    for(i=0;i<4;i++)
    {
        GetAverage(_____2_____);
    }
    printf("Name\tMath\tEnglish\tComputer\tAverage\n");
    for(i=0;i<4;i++)
    {
        printf("%s\t%d\t%d\t%d\t%d\n",st[i].name,st[i].math,st[i].english,
                            st[i].computer,st[i].average);
    }
}
```

5. 程序设计：输入 4 个整数 a1、a2、b1、b2，分别表示 2 个复数的实部与虚部。利用结构变量求解 2 个复数之积：（a1+a2i）×（b1+b2i）。乘积的实部为 a1×b1−a2×b2，虚部为 a1×b2+a2×b1。

输入输出示例：

```
输入 a1, a2, b1, b2：3  4  5  6
(3+4i)×(5+6i)=-9+38i
```

6. 程序设计：编写程序，从键盘输入 n（n<10）、本书的名称和定价并存入结构数组中，从中查找定价最高和最低的书的名称和定价，并输出。下面是一个输入输出示例。

```
输入 n：3
输入第 1 本书的名称和定价：C 程序设计  21.5
输入第 2 本书的名称和定价：VB 程序设计 18.5
输入第 3 本书的名称和定价：Delphi 程序设计 25.0
价格最高的书：Delphi 程序设计，价格：25.0
价格最低的书：VB 程序设计，价格：18.5
```

8.9　本章小结

8.9.1　知识梳理

本章主要讲解结构体、结构体数组、结构体指针、结构体与函数、链表、共用体和枚举等数据类型。需要明确数据结构，选择不同的数据类型，并熟悉其使用场景。

（1）结构体。

概念：自定义数据类型，整合不同类型的数据，如整合学生的姓名、年龄、成绩。

定义：用 struct 关键字，如 struct Student{...}。

变量声明与初始化：可先定义类型再声明变量，也可同时进行，按成员顺序赋值。

结构体与函数：结构体能做函数参数和返回值。

（2）结构体数组。

概念：相同的结构体类型元素组成的数组，用于存储多个同类型的结构体数据，如多名学生信息。

定义与初始化：类似普通数组，逐个元素初始化。

使用场景：批量处理同类型的结构体数据，如学生信息管理系统。

（3）结构体指针。

概念：指向结构体变量的指针，处理大型结构体或动态分配内存时更高效。

定义与使用：先定义结构体类型，再声明指针，用->运算符访问成员。

与结构体数组结合：用结构体指针遍历数组可提高访问效率。

（4）链表。

概念：动态数据结构，由包含数据和指向下一结点指针的结点组成，适合数据量不确定的情况。

单链表的定义与操作：结点包含数据域和指针域，常见的操作有创建、插入、删除、遍历结点。

链表与结构体的结合：结点可为结构体类型，存储更复杂的数据，如学生信息链表。

（5）共用体。

概念：特殊的数据结构，不同类型的变量共享同一块内存空间，同一时刻仅一个成员值有效。

定义与使用：用 union 关键字定义，初始化首个成员，后续赋值会覆盖之前的成员值。

使用场景：为节省内存，不同类型的数据不同时使用时适用，如存储图形的不同属性。

（6）枚举

概念：用户自定义数据类型，用标识符表示一组整型常量，使程序更易读、更易维护。

定义与使用：用 enum 关键字定义，默认常量从 0 赋值，也可显式指定。

使用场景：表示状态、选项等固定取值范围的情况，如文件操作类型。

8.9.2　常见的上机问题及解决方法

（1）结构体相关问题。

问题 1：结构体成员访问错误，例如使用了错误的运算符。例如，用“.”运算符访问结构体指针的成员，像 struct Student *pStu; pStu.name（应为 pStu->name）。

解决方法：牢记访问结构体变量成员用“.”运算符，访问结构体指针成员用“->”运算符。在编写代码时仔细检查。当使用指针时，确保使用正确的运算符。

问题 2：结构体初始化错误，如初始化列表中的值与结构体成员类型不匹配，或者数量不一致。例如，"struct Student stu = {"Tom", 85.5};"，缺少年龄成员的初始化。

解决方法：初始化结构体时，严格按照结构体成员的顺序和类型进行赋值，确保初始化列表中的每个值都与对应成员匹配。

（2）结构体数组的相关问题。

问题 1：越界访问结构体数组。例如，定义"struct Student students[3];"，却尝试访问 students[3]。

解决方法：在使用结构体数组时，时刻注意数组的下标范围，确保访问的下标在 0 到"数组长度−1"之间。可以在循环遍历数组时，使用合适的循环条件以避免越界。

问题 2：对结构体数组元素操作错误，比如在修改某个元素的成员时，写错数组下标。例如，"students[1].age = 25;"写成"students[0].age = 25;"。

解决方法：在对结构体数组元素进行操作时，仔细核对数组下标，确保操作的是期望的元素。可以在操作前先打印或检查数组下标。

（3）结构体指针的相关问题。

问题 1：野指针问题，指针未进行初始化就使用。例如，"struct Student *pStu; printf ("%s", pStu->name);"。

解决方法：在使用结构体指针前，先让它指向一个有效的结构体变量，或者为其分配内存（如果是动态分配内存的情况）。在定义指针后，养成立即初始化的习惯。

问题 2：内存泄漏，动态分配内存后未释放。例如，"struct Student *pStu = (struct Student*) malloc(sizeof(struct Student));"，之后没有使用"free(pStu);"释放内存。

解决方法：在动态分配内存后，一定要在不再需要这块内存时及时释放。可以在函数结束前或者在合适的位置添加释放内存的代码。

（4）链表的相关问题。

问题 1：链表遍历异常，如循环条件错误导致死循环或提前结束。例如，while (current.next!=NULL)（应为 while (current!=NULL)）。

解决方法：仔细检查链表遍历的循环条件，确保指针正确移动并且不会遗漏结点。在编写遍历代码时，清晰地理解链表结点的结构和指针的指向变化。

问题 2：链表插入和删除操作错误，导致链表结构损坏。例如，在插入结点时，指针指向关系设置错误。

解决方法：在进行链表插入和删除操作时，画草图理清指针的指向关系，按照正确的步骤操作。操作完成后，可以通过遍历链表来检查链表结构是否正确。

（5）共用体的相关问题。

问题 1：误解共用体的内存共享机制，试图同时访问多个成员的值。例如，"union Data data; data.num = 10; data.ch = 'A'; printf("%d %c", data.num, data.ch);"，期望同时输出两个成员的值。

解决方法：明确共用体同一时刻只有一个成员有效，在访问共用体成员时，确保访问的是最后一次赋值的成员。

问题 2：共用体初始化错误，比如对非第一个成员进行初始化。例如，"union Data data = {.ch = 'A'};"（应为"union Data data = {10};"初始化第一个成员）。

解决方法：遵循共用体的初始化规则，只能对第一个成员进行初始化。如果需要初始化其他成员，在定义后单独赋值。

（6）枚举的相关问题。

问题 1：对枚举常量的取值范围不清晰，导致在使用时出现逻辑错误。例如，在一个期望枚举常量在某个范围内的条件判断中使用了超出范围的值。

解决方法：在使用枚举常量前，明确其取值范围和含义。可以在代码中添加注释以说明枚举常量的用途和取值范围。

问题 2：枚举类型与其他类型的转换错误。例如，将枚举类型直接赋值给一个不兼容的类型，如"int num = Monday;"（应先进行显式类型转换，如"int num = (int)Monday;"）。

解决方法：在进行枚举类型与其他类型的转换时，确保转换是合理的，并根据需要进行显式类型转换，同时注意转换可能带来的精度损失或其他问题。

扩展阅读：高级应用

在学习 C 语言时，我们已经掌握了结构体、链表、共用体、枚举等重要知识点的基础应用。不过，技术的进步没有尽头，深入探究这些知识背后的原理和高级应用，能让我们在编程能力上更上一层楼。接下来的拓展阅读，会从内存管理、数据结构优化等方面，帮你解锁这些关键知识点的进阶内容，帮助你在 C 语言编程领域取得显著提升。

1. 链表数据结构的高级应用与优化策略

链表是动态数据结构，除单链表外，还有双链表、循环链表。双链表结点包含前驱和后继指针，双向遍历与删除更高效，如文本编辑器的撤销功能。循环链表尾结点指针指向头结点，形成环形，常用于实现循环队列，像操作系统进程调度就会用到。

优化链表操作可提升性能，如插入、删除时减少指针移动，遍历采用合适算法。数据结构与算法分析相关教材会深入讲解了链表的高级应用与优化技巧。

2. 共用体在硬件编程领域的应用实例与原理探究

在嵌入式系统等硬件编程中，共用体应用广泛。因硬件内存资源有限，共用体复用内存的特性很关键。例如与硬件寄存器交互时，寄存器的不同位组合含义不同，用共用体可方便操作。例如：

```
union RegisterValue {
    struct {
        unsigned char temperature;
        unsigned char voltage;
    } values;
    unsigned short registerValue;
};
```

借此可分别访问温度、电压值，也能对整个寄存器读写。想深入了解，可查阅嵌入式 C 语言相关教材。

习题

一、选择题

1. 以下对结构体类型变量 td1 的定义中，不正确的是（　　）。

A. #define AA struct aa AA { int n; float m; } td1;

B. struct { int n; float m; } td1;

C. typedef struct aa { int n; float m; } AA; AA td1;

D. struct { int n; float m; } aa; struct aa td1;

2. 当定义一个共用体变量时，系统分配给它的内存量是（　　）。

    A. 各成员所需内存量的总和

    B. 共用体变量中第一个成员所需的内存量

    C. 成员中占内存量最大的容量

    D. 共用体变量中最后一个成员所需的内存量

3. 若有定义 "union data {char ch;int x;} a;"，下列语句中（　　）是不正确的。

    A. a={'x',10}　　　B. a.x=10;a.x++;　　　C. a.ch='x';a.ch++;　　　D. a.x=10;a.ch='x';

4. 有如下结构体说明，以下叙述中错误的是（　　）。

```
struct stu {
 int a;
 float b;
} stutype;
```

    A. struct 是结构体类型的关键字

    B. struct stu 是用户定义的结构体类型

    C. stutype 是用户定义的结构体类型名

    D. a 和 b 都是结构体成员名

5. 链表中结点的个数称为（　　）。

    A. 链表的长度　　B. 链表的高度　　　C. 链表的宽度　　　D. 链表的容量

6. 如何遍历链表的所有结点?（　　）

    A. 使用 for 循环　　　　　　　　　B. 使用 while 循环

    C. 使用递归函数　　　　　　　　　D. 使用 if 语句

7. 若有定义:

```
 struct data { int i; char ch; double f; } b;
```

则结构变量 b 占用内存的字节数是（　　）。

    A. 1　　　　　　　B. 2　　　　　　　C. 8　　　　　　　D. 16

8. 设有如下定义:

```
struct sk {
 int a;
 float b;
 } data;
 int *p;
```

若要使 p 指向 data 中的 a，正确的赋值语句是（　　）。

    A. p=&a;　　　　　B. p=data.a;　　　　C. p=&data.a;　　　　D. *p=data.a;

二、程序填空题

1. 结构体变量成员的引用方式是使用_____运算符，结构体指针变量成员的引用方式是使用_____运算符。

2. 若有定义：

```
struct num {
 int a; int b; float f;
   } n = {1, 3, 5.0};
    struct num *pn = &n;
```

则表达式 pn->b/n.a*pn->b 的值是_____。表达式(*pn).a+pn->f 的值是_____。

3. 若有定义 "union {int b;char a[9];float x;} un;"，则 un 的内存空间是_____字节。

4. 若有定义 "enum en{a, b=3,c=4};"，则 a 的序值是_____。

5. C 语言允许用_____声明新的类型名来代替已有的类型名。

6. 写出下面程序执行后的运行结果_____。

```
#include<stdio.h>
#include<string.h>
typedef struct student {
 char name[10];
 long sno;
 float score;
} STU;
int main()
{
 STU a = {"zhangsan", 2001, 95}, b = {"Shangxian", 2002, 90},
  c = {"Anhua", 2003, 95}, d, *p = &d;
 d = a;
 if (strcmp(a.name, b.name) > 0)
  d = b;
 if (strcmp(c.name, d.name) > 0)
  d = c;
printf("%ld%s", d.sno, p->name);
return(0);}
```

三、判断题

1. 既可以不同的结构体间嵌套，也可以结构体嵌套自身。　　　　　　　　（　　）

2. C 语言中，执行表达式 "(*p)++" 后，p 的指向改变了。　　　　　　（　　）

3. int(*p)[4]，它表示 p 是一个指针数组，它包含 4 个指针变量元素。　（　　）

4. 结构体指针数组需要遍历数组来访问每个结构体的成员。　　　　　　（　　）

5. 函数可以不通过结构体直接修改成员的值。　　　　　　　　　　　　（　　）

6. 结构体指针不能作为函数返回值。　　　　　　　　　　　　　　　　（　　）

7. 结构体指针指向一个结构体类型变量。　　　　　　　　　　　　　　（　　）

8. 如果指针变量 p 已指向数组中的一个元素，则 "p+1" 指向同一数组中的下一个元素。　　　　　　　　　　　　　　　　　　　　　　　　　　　　　　（　　）

四、程序阅读

1. 写出下面程序执行后的运行结果_____。

```c
#include<stdio.h>
#include<string.h>
struct STU {
 char name[10];
 int num;
};
void f(char *name, int num)
{
 struct STU s[2] = {{"SunDan", 20044}, {"Penghua", 20045}};
 num = s[0].num;
 strcpy(name, s[0].name);
}
int main()
{
 struct STU s[2] = {{"YangSan", 20041}, {"LiSiGuo", 20042}}, *p;
 p = &s[1]; f(p->name, p->num);
 printf("%s%d", p->name, p->num);
 return(0);
}
```

2. 写出下面程序执行后的运行结果_____。

```c
#include<stdio.h>
struct w {char low; char high;};
union u {struct w byte; int word;} uu;
int main()
{
 uu.word = 0x1234;
 printf("%04x\n", uu.word);
 printf("%02x\n", uu.byte.high);
 printf("%02x\n", uu.byte.low);
 uu.byte.low = 0xff;
 printf("%04x\n", uu.word);
 return(0);
}
```

3. 下面程序的功能是使一个一维数组和一个二维数组同处一个共用型,将数据输入一维数组后,在二维数组中输出。请填空使程序完整、正确。

```c
#include<stdio.h>
int main()
{
 union data {
  int a[10];
  int ___;
 };
 union data ab;
```

```
int  i, j;
for (i = 0; i < 10; i++)
 scanf("%d", &ab.___);
for (i = 0; i < 2; i++)
 for (j = 0; j < 5; j++)
  printf("%d", ab.b[i][j]);
return(0);
}
```

4. 下面函数的功能是创建 n 个 student 类型结点的链表。请填空使程序完整、正确。

```
#include<stdio.h>
#include<stdlib.h>
student *create(int n)
{
 int i; student *h, *p1, *p2;
 p1 = h = (student *) malloc(sizeof(student));
 scanf("%s%d", h->name, &h->cj);
 for (i = 2; i <= n; i++)
 {
  p2 = (student *) malloc(sizeof(student));
  _____;
  p1->next = p2;
  _____;
 }
 p2->next = NULL;
 _____;
}
```

五、程序设计

1. 计算日期是当年的第几天。

定义一个结构体变量（包括年、月、日）。计算该日在本年中是第几天，注意闰年问题。

输入说明：

年 月 日

输出说明：

该日在本年中是第几天

输入示例：

2020 1 1

输出示例：

1/1 is the 1th day in 2020.

2. 带头结点的单向链表。

编写程序建立一个带有头结点的单向链表，链表结点中的数据是一个 Int 变量，通过键盘输入。当输入 0 时，表示结束(链表头结点的data域不放数据,表空条件是next==NULL)。

从尾结点开始倒序输出结点数据。

输入说明：

链表结点中的数据……结束

输出说明：

单向链表

输入示例：

```
1 2 3 4 5 0
```

输出示例：

```
5 4 3 2 1
```

3. 编写程序，输出成绩。

输入两个学生的学号、姓名和成绩，输出成绩较高的学生的学号、姓名和成绩，成绩保留两位小数。

输入说明：

两个学生的学号　姓名　成绩

输出说明：

成绩较高的学生的学号　姓名　成绩

输入示例：

```
123 A 100
234 B 99
```

输出示例：

```
123 A 100.00
```

4. 工资明细。

编写程序用结构体存放下表中的数据，然后输出每人的姓名和工资实发数（基本工资＋浮动工资−支出）。

姓名	基本工资	浮动工资	支出
zhao	240.00	420.00	45.00
qian	360.00	120.00	30.00
sun	560.00	0.0	180.00

输出说明：

zhao 的工资实发数：qian 的工资实发数：sun 的工资实发数：

输入示例：

无

输出示例：

Zhao: 615.00 qian: 450.00 sun: 380.00

上机实训解析及参考代码

习题参考答案及解析

第 9 章 文　　件

学习导读

在程序设计中，数据的持久化存储至关重要。本章将深入探讨 C 语言中的文件操作，帮助你将程序运行时的数据保存到外部存储设备中，实现数据的长期保留和灵活管理。通过学习文件的基本概念、操作方法和典型应用，你将掌握高效的文件读写方法，理解文本文件与二进制文件的区别，并能够利用文件处理解决实际问题。

内容导学

（1）文件的概念与分类。
（2）文件指针与缓冲区的工作原理。
（3）文件的打开与关闭。
（4）文件的顺序读写与随机读写。
（5）文本文件与二进制文件的操作区别。
（6）文件操作中的错误处理。

教学目标

知识目标：
（1）理解文件的基本概念及分类。
（2）掌握文件指针和缓冲区的原理。
（3）熟练使用文件操作函数实现文件的打开、读写和关闭。
（4）区分文本文件与二进制文件的存储方式及应用场景。

能力目标：
（1）能编写程序实现数据的文件存储与读取。
（2）能处理文件操作中的常见错误（如文件打开失败）。
（3）能结合实际问题选择文本或二进制文件进行数据管理。

育人目标

文件操作是程序与真实世界交互的重要桥梁。通过学习文件管理，培养系统化思维和严谨的工程习惯，理解数据持久化在科学研究、商业应用中的价值，为未来开发复杂系统奠定基础。

9.1　文件的概念

计算机程序是为了解决某些问题编写而成的有序指令的集合。程序中的数据通常都存储在变量或数组中。一旦程序结束运行，内存（见图 9.1）将被释放，变量中的数据将全部丢失。若要将程序运行时的相关数据或运行结果长期保存，就要将这些数据存储到外存储器（见图 9.2）中。在外存储器上，数据要以文件为存储单位进行存储。

所谓文件，就是存储在外存储器上的一组相关数据的数据流，这个数据流的名称称作文件名。每个文件都有一个文件名，不同的文件可以通过文件名相互区分。例如，音频、照片、视频以及 Word 文档等都可以称为"文件"（见图 9.3）。

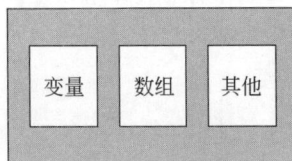

图 9.1　计算机内存　　　　图 9.2　计算机硬盘　　　　图 9.3　文件格式类型

9.1.1　文件类型

按照不同的划分方式，文件可以被划分为以下几种类型。

- 按存储介质划分：磁盘文件、磁带文件等。
- 按文件内容划分：源程序文件、数据文件等。
- 按组织形式划分：**文本文件、二进制文件**。

在本章中我们需要特别了解文本文件和二进制文件。

文本文件也称为 **ASCII 文件**。在文本文件中，所有数据都以 ASCII 码的形式存储。因此，程序中整型与实型的数据都将自动转换为字符形式，然后再写入文件中。

【例 9.1】 数值 432 以文本文件存储的结果。

文本文件存储的是对应的 ASCII 码，因此将整数 432 拆分为 3 个字符'4'、'3'、'2'，对应的 ASCII 码为 52、51、50。由此得到数值 432 以文本文件的存储结果为：

00110100	00110011	00110010

由于在文本文件中，所有类型的数据都是用字符形式表示的，因此文本文件可以用文本编辑器直接显示。但其占用的空间也相对较大。

在**二进制文件**中，所有类型的数据都是按照数据的内存形式表示。

【例 9.2】 数值 432 以二进制文件存储的结果。

二进制存储就是将数值 432 转换为二进制后，直接进行存储。由此得到数值 432 以二进制文件存储的结果为：

00000001	10110000

二进制文件不能用文本编辑软件直接显示，但是其所占用的存储空间相对较小。

9.1.2　文件结构体

数据在文件和内存之间传递的过程称为文件流。数据从文件复制到内存的过程，称为输入流。从内存保存到文件的过程，称为输出流。由于磁盘的速度慢，直接把数据写到磁盘的效率很低。因此在文件的输入输出过程中，系统会自动开辟一个**文件缓冲区**（缓冲文件系统），以此提高数据传输效率（见图 9.4）。

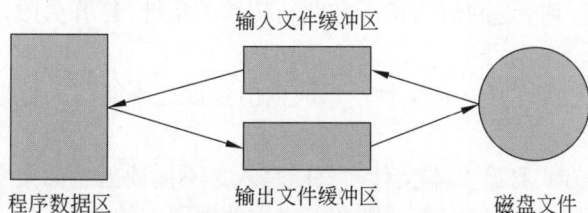

图 9.4　缓冲文件系统示意图

缓冲文件系统会为每个正在使用的文件在内存中开辟文件信息区。文件信息用系统定义的名为 FILE 的结构描述，称为**文件结构体**。FILE 结构体定义在 stdio.h 中。

9.1.3　文件指针

C 语言中文件的访问，就是通过 FILE 类型的指针变量对它所指向的文件进行操作。文件指针就是指向文件相关信息结构体变量的指针。

文件指针的定义格式：

```
FILE *fp;
```

- FILE 是一个由系统定义的结构体类型，因此必须大写。
- fp 为指针变量的名字，必须满足用户标识符的基本规则。

9.2　文件的打开与关闭

C 语言中文件的访问，就是通过 FILE 类型的指针变量对它所指向的文件进行操作。对文件的所有操作都是通过调用库函数完成的。这些库函数都包含在 stdio.h 中。

访问文件，其实就是对文件进行读取或写入。而在对文件进行读写操作之前，必须先打开文件，在读写完成之后，还要关闭文件（见图 9.5）。

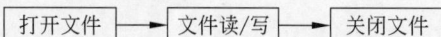

图 9.5　文件访问方式的示意图

9.2.1 文件的打开

通过程序打开文件需要调用文件打开函数 fopen()。函数原型如下：

FILE *fopen(char *name, char *mode)

参数含义如下。

- name：表示要打开的文件的文件名，该文件名中可以包含文件的绝对路径或相对路径。
- mode：用于指定文件的打开方式。

功能：按指定方式打开文件。

返回值：正常打开时，返回值为指向文件结构体的指针；打开失败，则返回值为 NULL。

常用的文件打开方式如下。

- **"r"**：用读的方式打开文本文件，只能读出数据，不能写入数据。且这种方式要求文件必须已经存在。
- **"w"**：用写的方式打开文本文件，只能写入，不能读出。如果文件不存在，则会创建文件；如果文件已经存在，则会清空文件中原来的内容。
- **"a"**：用追加方式打开文本文件，与写的方式类似。但如果文件已经存在，则会在原来的内容之后追加新的内容。

文件的打开方式根据文件的类型不同分为文本文件的打开与二进制文件的打开，参照表 9.1 和表 9.2。

表 9.1 文本文件的打开方式

文本文件的打开方式	含　义
r　（只读）	为输入打开一个已存在的文本文件
w　（只写）	为输出打开或建立一个文本文件
a　（追加）	向文本文件的尾部追加数据
r+　（读写）	为读/写打开一个文本文件
w+　（读写）	为读/写建立一个文本文件
a+　（读写）	为读/写打开一个文本文件

表 9.2 二进制文件的打开方式

二进制文件的打开方式	含　义
rb　（只读）	为输入打开一个二进制文件
wb　（只写）	为输出打开或建立一个二进制文件
ab　（追加）	向二进制文件的尾部追加数据
rb+　（读写）	为读/写打开一个二进制文件
wb+　（读写）	为读/写建立一个二进制文件
ab+　（读写）	为读/写打开一个二进制文件

文件打开函数的示例如图 9.6 所示。

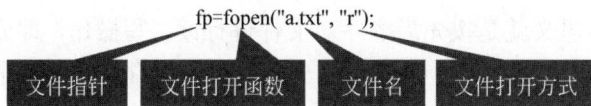

图 9.6　文件打开函数

9.2.2　文件的关闭

已被程序打开的文件在使用结束后需要关闭文件，若不关闭文件，可能会造成数据丢失。关闭文件需要用到文件关闭函数 fclose()，函数原型如下：

int fclose(FILE *fp)

参数含义：

- fp：文件打开时返回的文件类型指针。

功能：关闭 fp 指向的文件。

返回值：正常关闭，返回 0；出错时，返回非 0 值。

文件关闭函数的示例如图 9.7 所示。

图 9.7　文件关闭函数

【例 9.3】　在当前目录中，创建一个名为 a1.txt 的文本文件。

```
1    #include<stdio.h>
2    int main()
3    {
4        FILE *fp=NULL;            // 创建文件指针
5        fp=fopen("a.txt", "w");   // 用写方式打开文件"a.txt"
6        if(fp==NULL)
7        {                         // 判断文件是否正确打开
8            printf("文件打开失败\n");
9            exit(0);
10       }
11   fclose(fp);                   // 关闭文件
12   return 0;
13   }
```

程序解析：

- 由于此处需要创建一个原来不存在的文本文件，因此可以采用"w"方式打开文件。
- 在打开文件时，不提供绝对路径，只提供文件名，则会在源程序文件的目录中打开文件。

9.3　文件的顺序读写

在 C 语言中，"读"文件的意思是，从已建立的数据文件中将所要的数据输入内存；"写"文件的意思，则是将数据从内存输出到磁盘文件。结合上一节的知识，我们需要注意的是，在读/写文件之前，要先打开文件；在读/写文件结束后，需要关闭文件，以免造成数据丢失。文件的读写方式分为两种，分别是顺序读写和随机读写。

顺序读写，顾名思义就是按先后顺序对文件进行读、写操作，即先读取文件前面的数据，后读取文件后面的数据。在顺序写时，先写入的数据存放在文件前面，后写入的数据存放在文件后面的位置。

文件的顺序读写按照数据类型的不同，分为以下几种方式：

- 字符数据的读写；
- 字符串数据的读写；
- 数据的格式化读写；
- 数据块（二进制数据）的读写。

9.3.1 字符数据的读写

1. 字符写入函数 fputc()

字符写入函数的一般形式如下：

```
int fputc(char ch, FILE *fp);
```

参数含义如下。

- ch：要写入的字符类型数据。
- fp：文件指针。

功能：向 fp 指针指向的文件写入一个字符。每次使用此函数后，该位置指针会向后移动一个字节。

返回值：写入成功时，返回写入的字符；否则返回 EOF（字符常量，值为-1）。通常通过比较函数值是否等于 EOF 来判断是否写入字符成功。

2. 字符读取函数 fgetc()

字符读取函数的一般形式如下：

```
int fgetc(FILE *fp);
```

参数含义如下。

- fp：文件指针。

功能：从 fp 指针指向的文件读入一个字符。每次使用此函数后，该位置指针会向后移动一个字节。

返回值：读取成功时，返回读取到的字符；读取到文件末尾或读取失败时，则返回字符常量 EOF。

9.3.2 字符串数据的读写

1. 字符串写入函数 fputs()

字符串写入函数的一般形式如下：

```
int *fputs(char *str, FILE *fp);
```

参数含义如下。

- str：要写入的字符串内存地址。
- fp：文件指针。

功能：将 str 指向的字符串写入 fp 指向的文件中。

返回值：写入成功时，返回非负数；失败，则返回 EOF。

【例 9.4】 将"Let's study the C language."输出到文本文件 a.txt 中。

```
1    #include<stdio.h>
2    int main()
3    {
4        FILE *fp=NULL;
5        char a[80] = "Let's study the C language.";
6        fp=fopen("a.txt", "w");
7        fputs(a,fp);
8        fclose(fp);
9        return 0;
10   }
```

程序解析如下。

- 文件指针的声明与初始化：声明一个文件指针 fp，并将其初始化为 NULL。文件指针用于指向文件的结构体，后续通过该指针进行文件操作。
- 打开文件：使用 fopen()函数以写入模式 ("w") 打开文件 a.txt。如果文件不存在，fopen 会创建一个新文件；如果文件已存在，fopen()会清空文件内容。
- 将字符串写入文件：使用 fputs()函数将字符串 a 写入文件指针 fp 所指向的文件中。fputs()函数会将字符串写入文件，直到遇到字符串结束符 '\0'。
- 关闭文件：使用 fclose()函数关闭文件指针 fp 所指向的文件。关闭文件后，所有缓冲区中的数据会被写入磁盘，并释放文件资源。

2. 字符串读取函数 fgets()

字符串读取函数的一般形式如下：

```
char *fgets(char *str, int n, FILE *fp);
```

参数含义如下。

- str：要读取的字符串内存地址。
- n：读取字符数量的相关参数。
- fp：文件指针。

功能：从 fp 指针指向的文件中读取 n−1 个字符，并把它们存放到由 str 指针指向的字符数组中，最后加上字符串结束符 '\0'。

返回值：读取成功时，返回字符串的内存首地址，即 str 的值；如果产生异常，则返回 NULL。此时应当用 feof()或 ferror()函数判断是读取到文件末尾了还是发生了错误。

【例 9.5】 读取文本文件 a.txt 中的数据，并显示在屏幕上。

```
1    #include<stdio.h>
2    int main()
3    {
4        FILE *fp=NULL;
5        char a[80] = "";
6        fp=fopen("a.txt", "r");
7        fgets(a, 80, fp);
8        fclose(fp);
9        puts(a);
10       return 0;
11   }
```

程序解析：

- 文件操作的基本流程：文件操作通常遵循"打开文件 -> 读写文件 -> 关闭文件"的基本流程。程序首先需要打开文件，然后进行读取或写入操作，最后关闭文件以释放资源。

- 打开文件：程序使用 fopen()函数以只读模式 ("r") 打开文件 a.txt。如果文件不存在或无法打开，fopen()函数会返回 NULL，此时程序应进行错误处理（虽然本例中没有显式处理错误，但在实际编程中应添加错误处理逻辑）。

- 读取文件内容：程序使用 fgets()函数从文件中读取一行数据。fgets()函数会读取最多 $n-1$ 个字符（n 为指定的缓冲区大小），并在读取的字符串末尾自动添加 '\0' 作为字符串结束符。如果遇到换行符 '\n' 或文件末尾，fgets 会停止读取。

- 关闭文件：文件操作完成后，程序使用 fclose()函数关闭文件。关闭文件后，所有与文件相关的资源会被释放，确保数据写入磁盘并避免资源泄漏。

9.3.3　数据的格式化读写

1. 格式化写入函数 fprintf()

格式化写入函数的一般形式如下：

int fprintf(FILE *fp, char *format, arg_list);

参数含义如下。

- fp：文件指针。
- format：要写入数据的格式化控制。
- list：要写入数据的变量列表。

功能：将变量列表 arg_list 中的数据，按照 format 指定的格式写入由 fp 指定的文件。

fprintf()函数与 printf()函数的功能相同，只是 printf()函数是将数据写入屏幕文件，而 fprintf()函数是将输入写入磁盘文件。

【例 9.6】 输入若干学生的成绩(整型)，用-1 结束。调用 fprintf()函数，按格式将学生的成绩写入 d:\b.txt 中。

```
1    #include<stdio.h>
2    int main()
```

```
3   {
4       FILE *fp=NULL;
5       int a=0;
6       fp=fopen("D:\\b.txt", "w");
7       if(fp==NULL)
8       {
9           printf("Can't open file!\n");
10          exit(0);
11      }
12      scanf("%d", &a);
13      while(a!=-1)
14      {
15          fprintf(fp, "%4d", a);
16          scanf("%d", &a);
17      }
18      fclose(fp);
19      return 0;
20  }
```

程序解析如下。

- 文件打开与错误处理：程序使用 fopen()函数以写入模式 ("w") 打开文件 D:\\b.txt。
  如果文件打开失败，程序会输出错误信息并终止执行。
- 输入与写入循环：程序通过 scanf()从键盘输入学生的成绩，并使用 while 循环不
  断读取输入，直到输入 –1 为止。每次输入的成绩通过 fprintf()函数按格式写入文
  件中。fprintf()函数与 printf()类似，但它是将数据写入文件而不是屏幕。
- 文件关闭：输入结束后，程序使用 fclose()函数关闭文件，确保所有数据写入磁盘
  并释放资源。

2. 格式化读取函数 fscanf()

格式化读取函数的一般形式如下：

```
int fscanf(FILE *fp, char *format, arg_list);
```

参数含义如下。
- fp：文件指针。
- format：要读取数据的格式化控制。
- list：要读取数据的变量列表。

功能：从文件指针 fp 指向的文件中，将能够匹配 format 格式的字符连续读取到参数
列表 arg_list 中对应的变量中。

fscanf()函数的用法也和 scanf()函数相同，只不过 scanf()函数是从计算机输入设备中读
取数据，而 fscanf()函数是从磁盘文件中读取数据。

【例 9.7】 调用 fscanf()函数，按格式读取示例文件 d:\b.txt 中的学生成绩，并在终端屏
幕上输出最高成绩。

```
1   #include<stdio.h>
2   int main()
```

```
3   {
4       FILE *fp=NULL;
5       int a=0, max=0;
6       fp=fopen("D:\\b.txt", "r");
7       if(fp==NULL)
8       {
9           printf("Can't open file!\n");
10          exit(0);
11      }
12      while(feof(fp)==0)
13      {
14          fscanf(fp, "%d", &a);
15          printf("%4d", a);
16          if(max<a)
17              max=a;
18      }
19      printf("\n");
20      printf("max=%d\n", max);
21      fclose(fp);
22      return 0;
23  }
```

程序解析如下。

- 文件打开与错误处理：程序使用 fopen()函数以只读模式 ("r") 打开文件 D:\\b.txt。如果文件打开失败，程序会输出错误信息并终止执行。
- 读取文件内容并查找最高成绩：程序通过 fscanf()函数从文件中按格式读取学生成绩，并使用 while 循环逐行读取文件内容，直到文件末尾。在读取过程中，程序通过比较当前读取的成绩与之前的最高成绩，更新最高成绩的值。
- 输出最高成绩：读取结束后，程序输出找到的最高成绩。
- 文件关闭：程序使用 fclose()函数关闭文件，确保资源释放。
- feof()函数：

函数 feof()可以用来判断文件是否结束，如以上代码中的第 12 行。

```
while(feof(fp)==0){ ...}
```

若 feof()的值为 1，则表明数据读取到文件尾部了；若 feof()的值为 0，则表示没有到文件尾。

9.3.4　数据块（二进制数据）的读写

1. 数据块写入函数 fwrite()

数据块写入函数的一般形式如下：

int fwrite(void *buffer, unsigned size, unsigned count, FILE *fp);

参数含义如下。

- buffer：写入数据存放地址。

- size：数据块的大小。
- count：一次写入数据块的数量。
- fp：文件指针。

功能：按二进制形式，将由 buffer 指定的数据区域中的 size*count 个数据，写入 fp 指向的文件中。

返回值：正常返回 count 值；异常返回 0。

2. 数据块读取函数 fread()

数据块读取函数的一般形式如下：

```
int fread(void *buffer, unsigned size, unsigned count, FILE *fp);
```

参数含义：

- buffer：读取数据存放地址。
- size：数据块的大小。
- count：一次读取数据块的数量。
- fp：文件指针。

功能：从 fp 指针指向的文件中，按二进制形式将 size*count 个数据，读取到由 buffer 指定的区域。

返回值：正常返回 count 值；异常返回 0。

9.4 文件的随机读写

顺序读写，是按先后顺序对文件进行读、写操作。此读写方法只能从头开始，依次进行读写。如何跳过文件的部分数据，从指定的位置对数据进行读写呢？此时，可以使用随机读写的方式解决此问题。随机读写，就是通过移动文件内部的位置指针，对任意位置上的数据进行访问。这种方法也称为文件的定位。

随机读写主要使用以下两个函数：

- rewind()函数；
- fseek()函数。

9.4.1 rewind()函数

rewind()函数的一般形式如下：

```
void rewind(FILE *fp);
```

参数含义如下：

- fp：文件指针。

功能：将 fp 所指向的文件的内部位置指针移动到文件的开头。

9.4.2　fseek()函数

fseek()函数的一般形式如下：

```
int fseek(FILE *fp, long offset, int begin);
```

参数含义如下：
- fp：文件指针。
- offset：指针移动偏移量。
- begin：指针移动的起始位置，可用 3 种常量表示。
  - SEEK_SET：起始位置为文件头，代表数字 0
  - SEEK_CUR：起始位置为文件当前位置，代表数字 1
  - SEEK_END：起始位置为文件尾，代表数字 2

功能：将 fp 所指向的二进制文件的内部位置指针，从 begin 位置开始，按 offset 的偏移量大小进行移动。

例如，把位置指针移动到距离文件开头 150 个字节处：

```
fseek(fp, 150, SEEK_SET);
```

9.4.3　文件的出错检测

在对文件的操作过程中，可能会遇到文件操作结束或者操作出错等情况。C 语言中提供了以下几个文件检测函数：
- 文件结束检测　feof()函数；
- 文件出错检测　ferror()函数；
- 文件出错和文件结束标志　clearerr()函数。

1. 文件结束检测 feof()函数

文件结束检测函数的一般形式如下：

```
int feof(FILE *fp);
```

功能：用来检测 fp 所指向的文件中的位置指针，是否读取到了文件的末尾。
返回值：若已经读到文件末尾，则返回非 0 值；若还没有读到文件末尾，则返回 0。

2. 文件出错检测 ferror()函数

文件出错检测函数的一般形式如下：

```
int ferror(FILE *fp);
```

功能：用来检测文件流是否出错。例如文件不存在、权限不足或磁盘已满等情况。
返回值：当文件流出错时，返回一个非 0 值；如果没有出错，则返回 0。

3. 文件出错和文件结束标志 clearerr()函数

文件出错和文件结束标志函数的一般形式如下：

void clearerr(FILE *fp);

功能：将 fp 所指向的文件错误标志和文件结束标志设置为 0，使文件恢复正常。通常与 ferror()函数配合使用。

【例 9.8】将以下 5 名学生的信息保存到文件 "w.txt" 中，然后读取第三个学生的信息（见表 9.3）。

表 9.3 学生信息表

姓名	学号	年龄
Jia	1001	19
Yi	1002	19
Bin	1003	18
Ding	1004	20
Wu	1005	18

```
1   #include<stdio.h>
2   #include<stdlib.h>
3   struct student        // 定义一个学生结构体
4   {
5       char name[10];   // 姓名
6       int num;         // 学号
7       int age;         // 年龄
8   };
9   int main()
10  {
11      // 声明一个结构体变量和结构体数组，并将学生信息保存在结构体数组中
12      struct student stu, stus[5]={ {"Jia", 1001, 19}, {"Yi", 1002, 19},
13          {"Bin", 1003, 18}, {"Ding", 1004, 20}, {"Wu", 1005, 18}};
14      int i=0;
15      FILE *fp=NULL;               // 创建文件指针
16      fp=fopen("w.txt", "wb+");    // 用读/写方式打开二进制文件
17      if(fp==NULL)                 // 判断文件是否成功打开
18      {
19          printf("Can't open file!\n");
20          exit(0);
21      }
22      fwrite(stus+i, sizeof(struct student), 5, fp);  // 将结构体数组中的
                                                         // 5组学生写入文件
23      fseek(fp, 2*sizeof(struct student), SEEK_SET);  // 移动位置指针
24      fread(&stu, sizeof(struct student), 1, fp); // 读取一条学生信息，
                                                     //保存在结构体 stu 中
25      printf("读取第三个学生的信息为："); // 输出第三个学生的信息
26      printf("%s %d %d\n", stu.name, stu.num, stu.age);
27      fclose(fp);          // 关闭文件
28      return 0;
29  }
```

程序运行的输出结果如下：

读取第三个学生的信息为：Bin 1003 18

程序解析如下。

- 定义学生结构体：程序定义了一个结构体 student，用于存储学生的姓名、学号和年龄信息。

- 初始化学生信息：程序初始化了一个包含 5 名学生信息的结构体数组 stus，并将这些信息写入文件 w.txt 中。
- 文件打开与写入：程序使用 fopen 函数以二进制读写模式 ("wb+") 打开文件 w.txt，并将结构体数组中的学生信息通过 fwrite 函数写入文件。
- 文件随机读取：程序使用 fseek 函数将文件指针移动到第三个学生信息的位置，然后通过 fread 函数读取该学生的信息，并存储在结构体变量 stu 中。
- 输出读取的学生信息：程序输出第三个学生的姓名、学号和年龄信息。
- 文件关闭：程序使用 fclose 函数关闭文件，确保资源释放。

9.5 文件处理程序设计的典型应用

本节主要讨论以下问题：

（1）使用 C 语言程序处理文件如何进行？

（2）如何使用随机读写的方式处理文件？

使用 C 语言程序处理文件需要按照打开文件、处理文件、关闭文件的顺序依次执行。随机读写的方式可以跳过文件的部分数据，从指定的位置对数据进行读写，从而实现高效率的文件读写。

【例 9.9】 读取文件 d:\stu01.txt，并修改最后一个学生的信息。

```
1    #include<stdio.h>
2    #define N 50
3    struct aaa
4    {
5        char num[10];
6        int s;
7    };
8    int main()
9    {
10       int i=0, n=0;
11       struct aaa stu[N]={0};
12       FILE *fp=NULL;
13       fp=fopen("stu01.txt", "r"); // 为"读"打开文件
14       if(fp==NULL)
15       {
16           printf("Can't open file!\n");
17           exit(0);
18       }
19       while(feof(fp)==0)
20       {
21           fscanf(fp, "%s%d\n", stu[n].num, &stu[n].s);
22           printf("%10s%4d\n", stu[n].num, stu[n].s);
23           n++;
24       }
25       fclose(fp);
26       printf("Input data:");
```

```
27          scanf("%s%d", stu[n-1].num, &stu[n-1].s;
28          fp=fopen("stu01.txt", "w");
29          for(i=0;i<n;i++)
30          {
31              fprintf(fp, "%10s%4d\n", stu[i].num, stu[i].s);
32          }
33          fclose(fp);
34          return 0;
35     }
```

程序解析:

- 定义学生结构体: 程序定义了一个结构体 aaa, 用于存储学生的学号和成绩信息。
- 文件打开与读取: 程序使用 fopen 函数以只读模式 ("r") 打开文件 stu01.txt, 并通过 fscanf 函数逐行读取文件中的学生信息, 存储到结构体数组 stu 中。
- 修改最后一个学生的信息: 程序从键盘输入新的学生信息, 替换结构体数组中最后一个学生的信息。
- 文件重新打开与写入: 程序再次使用 fopen 函数以写入模式 ("w") 打开文件 stu01.txt, 并通过 fprintf 函数将修改后的学生信息写回文件中。
- 文件关闭: 程序使用 fclose 函数关闭文件, 确保所有数据写入磁盘并释放资源。

9.6　上机实训

9.6.1　实训目的

1. 掌握 C 语言中的文件、缓冲文件系统、文件指针的概念。
2. 掌握文件的打开与关闭操作。
3. 掌握文本文件与二进制文件的读/写操作。
4. 掌握文件的随机读写操作。
5. 掌握文件操作中的错误情况处理。

9.6.2　实训内容

1. 程序改错题: 从键盘输入一行字符, 写到文件 a.txt 中。程序运行时从键盘输入 "Welcome"。程序运行后, 打开文本文件 a.txt, 检查写入文件中的数据是否正确。

```
//实训 9-1.c (有错误的程序)
1    #include<stdio.h>
2    int main()
3    {
4        char ch;
5        FILE  fp;
6        if((fp=fopen("a.txt", "w"))!= NULL)
7        {
```

```
8              printf("Can't Open File!");
9              exit(0);
10      }
11      while((ch=getchar()))!='\n')
12          fputc(ch, fp);
13      fclose(fp);
14      return 0;
15  }
```

2. 程序设计题：分别统计一个文本文件中字母、数字及其他字符的个数。

要求：通过先写（将文本先写到文件 b.txt 中），再读文件的方式统计。

输入输出示例：

输入文本：abcd hgh s1&&&
字母:8,数字:1,其他字符:5

3. 程序设计题：从键盘输入若干实数（以特殊数值-1 结束），写到文本文件 c.txt 中。

4. 程序设计题：从键盘输入以下 5 个学生的学号、姓名，以及数学、语文和英语成绩，写到文本文件 d.txt 中；再从文件中取出数据，计算每个学生的总成绩和平均分，并将结果显示在屏幕上。程序运行后，打开文本文件 d.txt，检查写入文件中的数据是否正确。

学号	姓名	数学	语文	英语	总成绩	平均分
30508001	令狐冲	81	75	82	238	79
30508002	林平之	87	68	85	240	80
30508003	岳灵珊	73	84	80	237	79
30508004	郑盈盈	76	81	74	231	77
30508005	田伯光	83	75	71	229	76

5. 程序设计题：编写一个程序，比较 2 个文本文件的内容是否相同，并输出 2 个文件中第一次出现不同字符内容的行号及列值。

6. 程序设计题：读取一个指定的文本文件，显示在屏幕上。如果有大写字母，则改成小写字母再输出，并统计行数。根据回车符统计文件的行数，要处理的文件名通过键盘输入字符串来指定。

9.7 本章小结

9.7.1 知识梳理

- 文件是数据持久化的核心载体，通过'FILE'指针操作。
- 文本文件易读但占用空间大，二进制文件高效但需要特定程序解析。
- 文件操作后必须关闭，避免数据的丢失或泄漏。
- 文件操作的基本函数：fopen()、fclose()、fputc()、fgetc()、fputs()、fgets()、fwrite()、fread()、fprintf()、fscanf()。
- 文件随机读写的函数：rewind()、fseek()。
- 文件出错检测操作函数：feof()、ferror()、clearerr()。

9.7.2 常见的上机问题及解决方法

1. 未检查文件是否打开成功，导致后续操作崩溃。

执行 fopen()函数打开文件后，使用如下 if 语句来判断文件是否正确打开：

```
if(fp==NULL){
    printf("文件打开失败\n");
    exit(0);
}
```

2. 混淆打开模式，如用"r"模式尝试写入。

执行打开文件时，参考表 9.1、表 9.2 检查打开方式的参数是否使用正确。

3. 未关闭文件，可能造成数据丢失。

执行完文件读写操作之后，检查是否使用 fclose()函数关闭文件。

扩展阅读：文件系统与数据库系统

数据库系统与文件系统的主要区别可以归纳为以下几方面。

首先，我们来探讨数据结构化的差异。在文件系统中，虽然记录内部具有一定的结构，但整体上缺乏统一的结构化设计。这意味着，文件系统中的数据是以记录为最小单位进行存储和管理的。而数据库系统则完全不同，它实现了数据的全局结构化，这是文件系统与数据库系统之间最根本的区别。在数据库系统中，数据的最小存取单位是数据项，这使得数据的组织和管理更为高效和有序。

接下来，我们讨论共享性方面的不同。文件系统通常是面向特定应用而设计的，它支持的是小范围内的数据共享。如果不同的应用需要共享部分数据，往往需要创建新的文件，这导致了数据共享性较差，同时带来了较高的数据冗余度。相对而言，数据库系统是面向整个组织的，它支持整个范围内的数据共享，因此具有更高的共享性和更低的数据冗余度。

在独立性方面，文件系统是由文件系统管理数据文件，程序与数据之间虽然有一定的物理独立性，但应用程序需要自己控制数据，这导致了数据的逻辑独立性较差。而数据库系统则由专门的数据处理软件 DBMS 管理和控制数据，这大大提高了程序与数据的独立性，使得数据管理更为高效。

在数据管理能力方面，文件系统主要关注文件的存储、检索、更新，并提供文件共享和保护手段。而数据库系统不仅存储数据，还存储了数据的说明信息，也就是元数据。这使得数据库系统能够提供数据安全性、完整性、并发控制和恢复能力，从而在数据管理方面具有更强大的功能。

从用户视角来看，文件系统要求用户需要直接了解文件的存储结构和存取方法等细节，这增加了用户使用文件系统的复杂性。而数据库系统则提供了数据的抽象概念表示，用户只需要引用数据的抽象概念，数据库管理系统负责处理具体细节，这极大地简化了用户的操作，提高了用户的工作效率。

最后，我们来看事务支持方面的差异。文件系统对事务的支持相对较弱，通常只保证元数据的一致性。而数据库系统对事务的支持则非常强大，它具有不同级别的一致性，并且可以使用 REDO 和 UNDO 日志处理复杂和长时间的事务，确保数据的准确性和一致性。

　　综上所述，数据库系统与文件系统在数据结构化、共享性、独立性、数据管理能力、用户视角以及事务支持等方面存在显著差异。这些区别使得数据库系统更适用于需要高效数据管理和复杂数据操作的应用场景，能够更好地满足现代信息处理的需求。

习题

一、选择题

1. 不仅可将 C 源程序存在磁盘上，还可将数据按数据类型分别以什么形式存在磁盘上（　　）。

　　A. 内存　　　　　　B. 缓冲区　　　　　　C. 文件　　　　　　D. 寄存器

2. 若要打开 A 盘上 user 子目录下名为 abc.txt 的文本文件进行读、写操作，下面符合此要求的函数调用是（　　）。

　　A. fopen("A:\user\abc.txt","r")　　　　　B. fopen("A:\\user\\abc.txt","r+")

　　C. fopen("A:\user\abc.txt","rb")　　　　D. fopen("A:\\user\\abc.txt","w")

3. 函数 fgetc()的功能是从指定文件中读入一个字符，以下与其功能完全相同的函数是（　　）。

　　A. fread　　　　　　B. fscanf　　　　　　C. fgets　　　　　　D. getc

4. 函数 rewind(fp)的作用是（　　）。

　　A. 函数 rewind(fp)的作用是使文件读写指针指向文件的开始位置

　　B. 使文件位置指针指向文件的末尾

　　C. 使文件位置指针移至前一个字符的位置

　　D. 使文件位置指针移至下一个字符的位置

5. 函数 fseek()的作用是（　　）。

　　A. 使位置指针重新返回文件的开头

　　B. 将位置指针指向文件中所要求的特定位置

　　C. 使位置指针指向文件的末尾

　　D. 使位置指针从指定位置开始按给定的偏移量大小进行移动

6. 设文件指针 fp 已定义，执行语句"fp=fopen("file","w");"后，以下针对文本文件 file 操作叙述的选项中正确的是（　　）。

　　A. 只能写不能读　　　　　　　　B. 写操作结束后可以从头开始读

　　C. 可以在原有内容后追加写　　　D. 可以随意读和写

7. 以下叙述中正确的是（　　）。

　　A. 当对文件的读（写）操作完成之后，必须将它关闭，否则可能导致数据丢失

　　B. 打开一个已存在的文件并进行了写操作后，原有文件中的全部数据必定被覆盖

　　C. 在一个程序中当对文件进行了写操作后，必须先关闭该文件然后再打开，才能读到第 1 个数据

D. C 语言中的文件是流式文件，因此只能顺序存取数据

8. 读取二进制文件的函数调用形式为："fread(buffer,size,count,fp);"，其中 buffer 代表的是（　　）。

A. 一个内存块的字节数

B. 一个整型变量,代表待读取的数据的字节数

C. 一个文件指针,指向待读取的文件

D. 一个内存块的首地址,代表读入数据存放的地址

9. 若 fp 已正确定义并指向某个文件，当未遇到该文件结束标志时，函数 feof(fp)的值为（　　）。

A. 0   B. 1   C. −1   D. 一个非 0 值

10. 下面关于"EOF"的叙述，正确的是（　　）。

A. EOF 的值等于 0

B. EOF 是在库函数文件中定义的符号常量

C. 文本文件和二进制文件都可以用 EOF 作为文件结束标志

D. 对于文本文件，fgetc 函数读入最后一个字符时，返回值是 EOF

二、判断题

1. 用"fopen("file","r+");"打开的文件"file"可以进行修改。   （　　）

2. C 语言中的文件操作主要包括二进制文件和文本文件。   （　　）

3. 打开文件时,如果以"r"模式打开文件,意味着打开后可以写入数据到该文件。（　　）

4. 使用 fopen 函数打开文件失败时，会返回一个空指针 NULL。   （　　）

5. fgets 函数用于将字符串写入文件。   （　　）

6. 文件指针在文件打开时创建，在文件关闭时销毁。   （　　）

7. 在 C 语言中，文件的随机读写可以通过 fseek 函数实现。   （　　）

8. fprintf 函数用于向标准输出（屏幕）打印格式化的数据。   （　　）

9. C 语言中的文件操作不需要频繁地使用文件指针。   （　　）

10. 在 C 语言中，文件的读写操作完成后，必须关闭文件以释放资源。   （　　）

三、填空题

1. 在 C 语言中，打开文件通常使用_____函数。

2. 当需要关闭一个已经打开的文件时，应使用_____函数。

3. fgetc()函数的作用_____。

4. 在 C 语言中,文件的打开模式"r"代表_____,"w"代表_____,"a"代表_____。

5. 检查文件是否成功打开,可以使用_____函数,并检查其返回值是否为_____。

上机实训解析及参考代码

习题参考答案及解析

第 10 章 位 运 算

学习导读

从之前的学习中，我们已经对 C 语言有了比较深入的了解。除了拥有高级语言的特点外，C 语言也有着一些低级语言的功能，因此也被广泛地应用于开发系统软件、嵌入式系统、图像处理和加密算法中。低级语言的功能有哪些呢？通过低级语言，计算机能够对数据的各二进制位直接进行运算，这被称为位运算，也就是说，C 语言也能够进行位运算。掌握位运算不仅能提升代码性能，还能加深对计算机底层工作原理的理解。

想象一下，你有一个电灯开关面板，上面有 4 个开关，分别控制客厅、卧室、厨房和浴室的灯。每个开关的状态可以用一个二进制位表示：1 表示开，0 表示关。那么，4 个开关的状态可以用一个 4 位的二进制数表示，例如，1010 表示客厅和厨房的灯是开的，卧室和浴室的灯是关的。通过位运算，我们可以快速地对这些开关状态进行操作。本章介绍了 C 语言位运算及其实际应用。

内容导学

（1）位的概念。
（2）二进制的转换。
（3）移位运算符。
（4）逻辑位运算符。
（5）硬件结合实际操作。

教学目标

知识目标：

（1）了解位的含义。
（2）掌握二进制与十进制的转换方法。
（3）掌握移位运算和逻辑位运算赋值操作。

能力目标：

（1）能熟练转换位制。
（2）能通过不同的运算符熟练进行赋值操作。

育人目标

分析位运算过程，如同拆解复杂钟表，梳理零件关联，需要多思考，这样能培养你的逻辑思维，让你面对问题时条理清晰。在实践环节，应该像勇于探索未知领域的探险家，去大胆尝试新算法，挖掘位运算的"新大陆"，激发自己的创新精神与批判性思维。另外，参与团队合作项目也很好，就像钟表匠协作完成大型时钟制作，借此强化自己的沟通协作能力，领悟团队协作在计算机科学"精密机械"中的关键作用，为未来在计算机领域的长远发展筑牢根基。

10.1 位与进制转换

计算机科学中，数据都是以二进制形式表示，位就是指数据的二进制位，其数值可以是 0 或 1。同时，位也是计算机数据的最小单位。

二进制是以 2 为基数的计数体制，日常生活中最为常用的十进制则是以 10 为基数。在二进制计数规则中，当某一位计数满 2 时，遵循"逢二进一"原则，即本位数值清零，向高位进 1。二进制仅有 0 和 1 两个数码。

二进制在我国古代便有类似的应用，如《易经》中的太极思想，将事物分为阴阳两极，阴与阳可看成一种二进制的体现。提出二进制学说的数学家莱布尼茨，正是受到《易经》启发，进而将这一概念发展成如今广泛应用的二进制系统。

任何一个二进制数均可写成公式形式（如图 10.1 所示），其中，K_i 表示每一位的数码，取值仅为 0 或 1，2^i 则是该位的位权。

例如，现有二进制数 11001010，通过公式运算，20+21+20+21+20+20+21+21 得到十进制数为 202。

在数制转换中，将十进制数转换为二进制数，常采用除 2 取余倒记法（如图 10.2 所示）。具体步骤是：对于给定的十进制数，用 2 去除该数，记录所得的商与余数；再用 2 去除上一步得到的商，持续记录商与余数，直至商为 0 时停止运算。最后，将所有余数按倒序排列，即得到对应的二进制数。

$$(N)_B = \sum_{i=-\infty}^{\infty} K_i \times 2^i$$

图 10.1 二进制转换为十进制

```
2 | 30    ...余0    ↑
2 | 15    ...余1
2 | 7     ...余1
2 | 3     ...余1
2 | 1     ...余1
    0     ...商为0, 结束
```

图 10.2 除 2 取余倒记法

例如，十进制数 30 转换为二进制数，其转换过程如下：30 除以 2，商为 15，余数为 0；15 除以 2，商为 7，余数为 1；7 除以 2，商为 3，余数为 1；3 除以 2，商为 1，余数为 1；1 除以 2，商为 0，余数为 1。将这些余数从后往前依次排列，得到二进制数 11110。因此，十进制数 30 转换为二进制数是 11110。

10.2　移位运算

本节主要讨论以下问题：

（1）移位运算符有哪些？概念分别是什么？

（2）移位运算符的基本运算规则是什么？如何进行正确的移位运算？

（3）移位运算符的使用场景有什么？如何合理地使用？

在 C 语言中，移位运算符包含左移运算符"<<"和右移运算符">>"两种。在优先级体系中，左移运算符"<<"和右移运算符">>"具有相同的优先级，它们的优先级低于算术运算符（如+、−、*、/），高于关系运算符（如>、<）和逻辑运算符（如逻辑与"&&"、逻辑或"||"）。

左移运算使用"<< " 符号，指将二进制位的操作数按照指定的移动位数向左移动。例如，对于操作数 a，执行 a << n，即把 a 对应的二进制位向左移动 n 位，此时左边移出的位直接丢弃，右边空出的 n 个位置补 0。

右移运算使用">>" 符号，是将二进制位的操作数按指定移动位数向右移动。以操作数 b 为例，执行 b >> m，会把 b 对应的二进制位向右移动 m 位，移出的 m 位直接丢弃。对于无符号数，左边空出的 m 个位置一律补 0；而对于有符号数，在某些机器中，左边空出的位置会补符号位（正数补 0，负数补 1），具体的补位方式取决于机器的实现方式。

以十进制数 5 为例，分析其在 C 语言中的移位运算结果。首先，将 5 转换为 8 位二进制数，即一个字节，通过除 2 取余倒记法可得二进制值为 00000101。

对于左移运算，若将该二进制值左移一位，即按照左移运算符的规则，各位依次向左移动一位。此时，最左边的 0 移出被丢弃，最右边空出一位补 0，得到二进制数 00001010。将其转换为十进制数，计算可得 10。由此可见，左移一位后，数值从 5 变为 10，等同于原数 5 乘以 2。按照此规律，继续左移一位，再次将各位向左移动一位，移出的位丢弃，右边补 0，得到二进制数 00010100，转换为十进制数为 20，同样是前一次结果 10 乘以 2（如图 10.3 所示）。因此，在 C 语言中，对于一个整数，左移一位相当于将其乘以 2。

在清楚左移运算的原理后，对十进制数 5 的右移运算展开分析。十进制数 5 对应的 8 位二进制表示为 00000101。当执行右移一位操作时，依据右移运算符的运算规则，最右侧的二进制位 1 被移出该数据位序列并予以舍弃，同时在左侧空出的最高位补 0，进而得到新的 8 位二进制数 00000010（如图 10.4 所示）。经转换，此二进制数对应的十进制数值为 2。

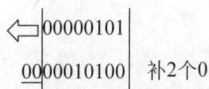

图 10.3　左移运算　　　　　　　　　　　　　　　图 10.4　右移运算

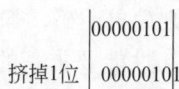

已知在 C 语言中，左移一位操作等效于将原数乘以 2；相对应地，右移一位操作的结果即为原数除以 2 所得的商，而被移出丢弃的二进制位则可视为除法运算中的余数。通过对十进制数 5 的移位运算过程剖析，能够精准把握 C 语言中移位运算符的基础运用规则，

这对于后续深入开展编程学习与实践活动，具有不可或缺的重要意义。

在清楚左移运算和右移运算的原理后，下面通过具体的 C 语言编程案例，来深入理解这两种移位运算。

【例 10.1】 将十进制数 35 左移 3 位，结果是多少？

```
1    #include<stdio.h>
2    int main()
3    {   int num = 35;
4        int shifted_num;
5        shifted_num = num << 3;
6        printf("十进制数%d 左移 3 位后的结果是：%d\n", num, shifted_num);
7        return 0;
8    }
```

运行结果：

十进制数 35 左移 3 位后的结果是：280

【例 10.2】 将十进制数 35 右移 5 位，结果是多少？

```
1    #include<stdio.h>
2    int main()
3    {   int num = 35;
4        int shifted_num;
5        shifted_num = num >> 5;
6        printf("十进制数%d 右移 5 位后的结果是：%d\n", num, shifted_num);
7        return 0;
8    }
```

运行结果：

十进制数 35 右移 5 位后的结果是：1

10.3 逻辑位运算

本节主要讨论以下问题：

（1）有哪些逻辑位运算符？规则分别是什么？

（2）与移位运算符协同使用时，二者有什么区别？

逻辑位运算在 C 语言中具有独特优势。它直接操作二进制位，不依赖数据数值或其他形式，运算规则简单明确，像按位与、按位或、按位异或、按位取反都有固定规则，易于理解和运用。在性能要求高的场景下，因其直接对二进制位操作，硬件执行快，效率高。它与数据类型紧密相关，不同类型的运算行为有别。多个逻辑位运算符还可组合，构建复杂逻辑，满足多样编程需求，在数据加密、图形处理、硬件驱动开发、通信协议处理等领域广泛应用。

在上一节中已接触到位运算的相关知识。位运算主要包含按位与、按位或、按位异或、按位取反、移位以及位运算赋值操作。其中，关于移位运算符和移位赋值运算符，已进行了系统且深入的学习，相信对其概念、运算规则和实际应用都有了较为清晰的认识。

而在本次课程中，学习重点将转向另外几种位运算符（如表 10.1 所示），以进一步拓展在二进制层面进行数据处理和逻辑运算的能力。希望能积极思考、认真实践，深入理解和掌握这些新的知识内容。

表 10.1　位运算符

位 运 算 符	含 义	位 运 算 符	含 义
&	按位与	&=	位与赋值
|	按位或	|=	位或赋值
^	按位异或	^=	位异或赋值
~	按位取反		
<<	左移	<<=	左移赋值
>>	右移	>>=	右移赋值

10.3.1　按位与运算

按位与运算符的运算规则可概括为"有零为零，全一为一"。具体而言，当对两个 1 位二进制操作数进行按位与运算时，仅当这两个操作数均为 1 时，运算结果才为 1；若其中任何一个操作数为 0，结果即为 0。

表 10.2 展示了 1 位二进制数按位与运算的所有可能情况。

下面以十进制数 15 与 58 的按位与运算为例，解析其运算过程与结果。首先，依据除 2 取余倒记法，将十进制数 15 转换为 8 位二进制数，即 $15_{(10)}=00001111_{(2)}$；同样地，把十进制数 58 转换为 8 位二进制数，$58_{(10)}=00111010_{(2)}$。

随后，对这两个 8 位二进制数进行按位与运算（如图 10.5 所示）。

表 10.2　按位与运算表

数值		位运算符	结果
0	0		0
0	1	&	0
1	0		0
1	1		1

```
   00001111
& 00111010
-----------
   00001010
```

图 10.5　按位与运算举例

通过进制转换得到的最终结果为 10。

【例 10.3】 若用按位与运算符来实现，则程序如下。

```
1  #include<stdio.h>
2  void printBinary(unsigned int num)
3  {
4      int i;
5      printf("(");
6      for (i = sizeof(unsigned int) * 8 - 1; i >= 0; i--)
7      {
8          printf("%d", (num >> i) & 1);
9      }
```

```
10        printf(")\n");
11    }
12    int main()
13    {
14        unsigned int num1 = 15;
15        unsigned int num2 = 58;
16        unsigned int bitwiseAnd = num1 & num2;
17        printf("按位与结果: %u (二进制: ", bitwiseAnd);
18        printBinary(bitwiseAnd);
19        return 0;
20    }
```

除了基本的按位与运算得到结果外，也可以采用位与赋值运算来获得相应的结果。位与赋值运算符以"&="表示。其含义可通过表达式"a &= b"说明，此表达式等价于先将变量 a 与变量 b 进行按位与运算，再把运算结果重新赋予变量 a。

【例 10.4】 若用位与赋值运算来实现，则程序如下。

```
1    #include<stdio.h>
2    int main()
3    {   int a = 15;
4        int b = 58;
5        printf("变量 a 初始的值是十进制的 %d\n", a);
6        printf("变量 b 初始的值是十进制的 %d\n", b);
7        a &= b;
8        printf("执行 a &= b 之后，变量 a 的值变成十进制的 %d\n", a);
9        return 0;
10   }
```

运行结果为：

变量 a 初始的值是十进制的 15
变量 b 初始的值是十进制的 58

执行 a &= b 之后，变量 a 的值变成十进制的 10。

其中，代码中的 a &= b 其实就是 a = a & b 的简写形式，也就是将 a 和 b 按位与运算后的结果重新赋值给 a。

10.3.2　按位或运算

按位或运算符的运算规则可概括为"有 1 出 1，全 0 为 0"。具体而言，在对两个 1 位二进制操作数进行按位或运算时，仅当这两个操作数均为 0 时，运算结果才为 0；只要其中有一个操作数为 1，结果即为 1。

表 10.3 直观呈现了 1 位二进制数按位或运算的所有情形。

下面以 15 和 58 这两个十进制数为例，深入剖析按位或运算的过程。

首先，要将十进制数转换为二进制形式。运用除 2 取余倒序排列法，15 转换为 8 位二进制是 00001111，58 则是 00111010。接着进行按位或运算，其规则是对应位只要有一个为 1，结果位就是 1，只有对应位全为 0 时，结果位才是 0。像这两个数按位或时，从最高位开始，0 和 0 相或得 0，0 和 0 相或为 0，0 和 1 相或为 1，以此类推，最终得到 8 位二进制结果 00111111（如图 10.6 所示）。再将这个二进制数转换为十进制，通过从右往左用二进制位数字乘以 2 的相应幂次（幂次从 0 起）并求和的方法，得出结果是 63。

表 10.3　按位或运算表

数值		位运算符	结果
0	0		0
0	1	|	1
1	0		1
1	1		1

```
  00001111
| 00111010
----------
  00111111
```

图 10.6　按位或运算

从上述运算过程中，能总结出重要规律。在按位或运算中，当某一位与 0 进行运算，该位数值保持不变，因为 0 和任何数相或，结果都是那个数本身。而若想让某一位结果固定为 1，也就是不保留原数值，就让其与 1 按位相或，因为 1 和任何数相或的结果都为 1。掌握这些规律，对灵活运用按位或运算至关重要。

【例 10.5】 若用按位或运算符来实现，则程序如下。

```
1    #include<stdio.h>
2    void printBinary(unsigned int num)
3    {
4        int i;
5        for (i = 7; i >= 0; i--)
6        {
7            printf("%d", (num >> i) & 1);
8        }
9    }
10   int main()
11   {
12       unsigned int num1 = 15;
13       unsigned int num2 = 58;
14       unsigned int bitwiseOr = num1 | num2;
15       printf("按位或结果: %u (二进制: ", bitwiseOr);
16       printBinary(bitwiseOr);
17       putchar('\n');
18       return 0;
19   }
```

在 C 语言中，位或赋值运算是一种较为常用的复合赋值运算符。其符号采用"|="的形式，由一个竖线"|"与一个等号"="组合而成。

【例 10.6】 若用位或赋值运算来实现，则程序如下。

```
1    #include<stdio.h>
2    void printBinary(unsigned int num)
3    {
4        for (int i = 7; i >= 0; i--)
5        {
6            printf("%d", (num >> i) & 1);
7        }
8        printf("\n");
9    }
```

```
10   int main()
11   {
12       unsigned int a = 3;
13       unsigned int b = 5;
14       printf("变量 a 的初始值：%u (二进制：", a);
15       printBinary(a);
16       printf("变量 b 的初始值：%u (二进制：", b);
17       printBinary(b);
18       a |= b;
19       printf("执行 a |= b 后，变量 a 的值：%u (二进制：", a);
20       printBinary(a);
21       return 0;
22   }
```

运行结果为：

变量 a 的初始值：3
变量 b 的初始值：5
执行 a |= b 后,变量 a 的值：7

其中，代码中的 a|= b 其实就是 a = a|b 的简写形式，也就是把 a 和 b 按位或运算后的结果重新赋值给 a。

10.3.3　按位异或运算

接下来，我们一同探讨第三种按位逻辑运算——按位异或运算，其运算规则与之前所学的有所不同。按位异或运算的规则可以概括为"不同为 1，相同为 0"。具体而言，在对两个 1 位二进制操作数进行按位异或运算时，若这两个操作数不同，运算结果则为 1；若两个操作数相同，结果则为 0。

为了更清晰地理解这一规则，我们通过表 10.4 呈现 1 位二进制数按位异或运算的所有情况。

为了进一步理解按位异或运算，我们以十进制数 15 和 58 为例，深入剖析其运算过程。首先，需要将这两个十进制数转换为二进制形式，15 转换为 8 位二进制是 00001111，58 转换为 8 位二进制则是 00111010。

接下来，依据按位异或运算"不同为 1，相同为 0"的规则，对这两个二进制数进行逐位运算（如图 10.7 所示）。

表 10.4　按位异或运算表

数	值	位运算符	结果
0	0		0
0	1		1
1	0	^	1
1	1		0

```
    00001111
^   00111010
    00110101
```

图 10.7　按位异或运算

经过上述运算，得到的 8 位二进制结果为 00110101。再将这个二进制结果转换为十进制，运用二进制转换十进制的方法，即从右至左用二进制位上的数字乘以 2 的相应幂次

（幂次从 0 开始），然后将各项结果相加，可得十进制值为 53。

从此次运算中，我们可以总结出在多位二进制数进行按位异或运算时的规律：当某一位与 0 进行异或运算时，该位数值保持不变；当某一位与 1 进行异或运算时，该位数据取反。掌握这一规律，对于快速准确地进行按位异或运算以及理解其在实际编程中的应用具有重要意义。

【例 10.7】　若用按位异或运算符来实现，则程序如下。

```
1    #include<stdio.h>
2    void printBinary(unsigned int num)
3    {
4        int i;
5        for (i = 7; i >= 0; i--)
6        {
7            printf("%d", (num >> i) & 1);
8        }
9    }
10   int main()
11   {
12       unsigned int num1 = 15;
13       unsigned int num2 = 58;
14       printf("参与按位异或运算的第一个数 num1：%u\n", num1);
15       printf("参与按位异或运算的第二个数 num2：%u\n", num2);
16       int bitwiseXor = num1 ^ num2;
17       printf("按位异或结果：%u 二进制：", bitwiseXor);
18       printBinary(bitwiseXor);
19       putchar('\n');
20       return 0;
21   }
```

在 C 语言中，位异或赋值运算是一种复合赋值运算符，其符号为 ^=。表达式 a ^= b 等价于 a = a ^ b，意思是先对 a 和 b 进行按位异或运算，然后将运算结果再赋值给 a。

【例 10.8】　如何通过用位或赋值运算来实现交换两个变量的值，但不使用临时变量来交换两个整数的值。

程序如下：

```
1    #include<stdio.h>
2    int main()
3    {   int x = 10;
4        int y = 20;
5        printf("交换前：x = %d, y = %d\n", x, y);
6        x ^= y;
7        y ^= x;
8        x ^= y;
9        printf("交换后：x = %d, y = %d\n", x, y);
10       return 0;
11   }
```

程序结果为：

交换前：x = 10, y = 20
交换后：x = 20, y = 10

10.3.4　按位取反运算

现在介绍第四种按位逻辑运算——按位取反运算。按位取反运算符是一种单目运算符，这意味着它只需要一个操作数。它的作用是对一个整数的每一位二进制位进行取反操作。

按位取反运算的规则是：将每一位上的 0 变为 1，1 变为 0。下面通过表 10.5 来直观呈现。

表 10.5　按位取反运算表

数　　值	位运算符	结　　果
0	~	1
1		0

【例 10.9】　十进制数 15 进行按位取反运算，结果是多少？

```
1    #include<stdio.h>
2    void printBinary(unsigned int num)
3    {
4        int i;
5        for (i = 7; i >= 0; i--)
6        {
7            printf("%d", (num >> i) & 1);
8        }
9    }
10   int main()
11   {
12       unsigned int num1 = 15;
13       printf("原始的 num1 的值: %u 二进制: ", num1);
14       printBinary(num1);
15       putchar('\n');
16       unsigned int bitwiseNot = ~num1 & 0xFF;
17       printf("按位取反结果: %u 二进制: ", bitwiseNot);
18       printBinary(bitwiseNot);
19       putchar('\n');
20       return 0;
21   }
```

运行结果：

原始的 num1 的值: 15 二进制: 00001111
按位取反结果: 240 二进制: 11110000

10.4　位运算在硬件中的应用

本节主要讨论以下问题：
（1）移位运算如何与硬件相结合？
（2）逻辑位运算如何与硬件相结合？

10.4.1 移位运算在硬件中的应用

在计算机科学的知识体系里，位运算堪称是一项基础且关键的底层操作，它与硬件之间存在着千丝万缕、紧密无间的联系。透彻理解位运算，不仅能帮助我们编写出更加高效、简洁的代码，更能为我们打开一扇深入探索计算机硬件工作原理的大门。

在计算机日常处理的各类任务中，数学运算是极为常见的，而乘法运算更是其中的"常客"，在众多应用场景中都扮演着不可或缺的角色。当同学们在编写程序时使用乘法操作，是否会好奇计算机内部究竟是采用何种机制，如此迅速且精准地完成乘法运算的呢？实际上，在硬件层面，存在着一种精巧且高效的方法来实现乘法，这便是借助我们刚刚学过的移位运算。

89C51 是一款经典的单片机（见图 10.8），它的 P1 口有 8 个引脚（P1.0～P1.7），常被用于连接外部设备，例如发光二极管（LED）。在这个应用场景中，LED 的亮灭由 P1 口引脚的电平状态决定，当引脚输出低电平（逻辑 0）时，连接的 LED 就会点亮；当输出高电平（逻辑 1）时，LED 就会熄灭。

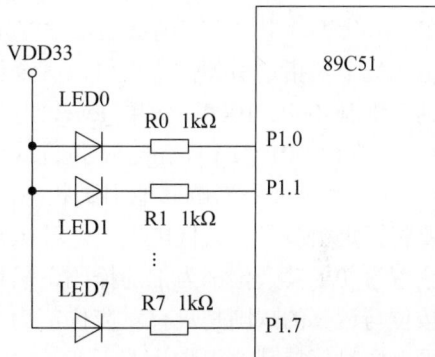

图 10.8 89C51 单片机

【例 10.10】如何通过移位运算设置 P1 口指定引脚的电平？

```
1   #include <reg51.h>
2   void delay()
3   {   unsigned int i;
4       for (i = 0; i < 50000; i++);
5   }
6   void setPinLevel(unsigned char pin, unsigned char level)
7   {   unsigned char temp;
8       temp = 1 << pin;
9       if (level == 1)
10      {   P1 = P1 | temp;
11      } else
12      {   temp = ~temp;
13          P1 = P1 & temp;
14      }
15  }
16  int main()
17  {   while (1)
18      {   setPinLevel(7, 1);
19          delay();
20          setPinLevel(7, 0);
21          delay();
22      }
23  }
```

代码分析：

第一行中包含了<reg51.h> 头文件，这是因为该头文件中定义了 89C51 单片机的特殊功能寄存器，为后续对 P1 口的操作提供了必要的支持。

接着是 delay 函数，它是一个简单的延时函数。其内部通过一个 for 循环，循环变量 i 从 0 递增到 50000。由于这个 for 循环体为空，它主要起到消耗时间的作用，从而实现延时效果。通过调整循环次数，可以控制延时的长短，进而控制连接在 P1 口引脚上的 LED 灯亮灭的时间间隔。

setPinLevel 函数是实现引脚电平设置的核心部分。它接收两个参数，pin 表示要操作的 P1 口引脚编号，范围是 0～7，对应 P1.0～P1.7；level 表示要设置的电平，1 代表高电平，0 代表低电平。在函数内部，首先使用 "temp = 1 << pin;" 语句，利用左移运算符 << 生成一个仅指定引脚位置为 1，其余位都为 0 的掩码。例如，当 pin 为 3 时，1 << 3 得到二进制 0000 1000。如果 level 为 1，要将指定引脚设置为高电平，就使用按位或运算符 |，执行 "P1 = P1 | temp;"。按位或运算的规则是只要对应位中有一个为 1，结果位就为 1，这样就能在不影响其他引脚状态的情况下将指定引脚置为高电平。如果 level 为 0，要将指定引脚设置为低电平，先对 temp 取反，即 "temp = ~temp;"，得到一个仅指定引脚位置为 0，其余位都为 1 的掩码，然后使用按位与运算符 &，执行 "P1 = P1 & temp;"。按位与运算的规则是只有对应位都为 1 时，结果位才为 1，这样就能将指定引脚置为低电平，同时保持其他引脚状态不变。

最后是 main() 函数，它使用 while (1) 构建了一个无限循环，让程序持续运行。在循环中，先调用 "setPinLevel(7, 1);" 将 P1.7 引脚设置为高电平，使连接在该引脚上的 LED 灯熄灭，接着调用 delay() 函数进行延时；然后调用 "setPinLevel(7, 0);" 将 P1.7 引脚设置为低电平，使 LED 灯点亮，再次调用 delay 函数进行延时。通过这样不断循环，实现了 P1.7 引脚上连接的 LED 灯闪烁的效果。

10.4.2　逻辑位运算在硬件中的应用

在前面的内容里，我们已经深入了解了如何运用移位运算符对 89C51 单片机 P1 口的引脚电平进行控制。大家不妨思考一下，当数据在计算机系统或者不同硬件设备之间进行传输时，怎样才能确保接收到的数据和发送出去的数据是完全一致的呢？毕竟在传输过程中，数据可能会因为各种干扰而出现错误。接下来，我们就要引入一种简单却非常实用的数据校验方法——奇偶校验，同时会探讨逻辑位运算在奇偶校验中发挥的关键作用。

奇偶校验是一种广泛应用于数据传输领域的简单校验方法，其核心目的是检测数据在传输过程中是否发生了错误。奇偶校验主要分为奇校验和偶校验这两种类型。奇校验要求数据位和校验位中 1 的总数为奇数；而偶校验则要求数据位和校验位中 1 的总数为偶数。

为了让大家更直观地理解奇偶校验的原理，我们来看一个简单的例子。假如我们要传输的数据是 8 位二进制数 10101010，在进行偶校验时，我们需要统计数据位中 1 的个数。在这个例子中，数据位中 1 的个数是 4，为偶数。那么校验位就可以设置为 0，这样数据位和校验位中 1 的总数依然是偶数。当接收方接收到数据和校验位后，同样统计 1 的总数，如果总数不是偶数，就说明数据在传输过程中可能出现了错误。

在奇偶校验的实现过程中，逻辑位运算中的按位异或（^）运算起到了至关重要的作用。按位异或运算的规则是：当两个对应位不同时，结果位为 1；相同时，结果位为 0。可以利用按位异或运算的这个特性来统计数据位中 1 的个数的奇偶性。

【例 10.11】　如何通过异或运算实现偶校验？

```
1   #include<stdio.h>
2   // 计算一个字节数据的偶校验位
3   unsigned char calculateEvenParity(unsigned char data)
4   {
5       unsigned char parity = 0;
6       int i; // 将变量 i 的声明移到 for 循环外部
7       for (i = 0; i < 8; i++)
8       {
9           // 通过右移操作逐位检查数据中的 1
10          parity ^= (data >> i) & 1;
11      }
12      return parity;
13  }
14  int main()
15  {
16      unsigned char data = 0b10101010;  // 要传输的数据
17      unsigned char parityBit = calculateEvenParity(data);//计算偶校验位
18      printf("要传输的数据: %u\n", data);
19      printf("偶校验位: %d\n", parityBit);
20      return 0;
21  }
```

代码解释：

在 calculateEvenParity()函数中，通过一个 for 循环遍历数据的每一位。(data >> i) & 1 表达式的作用是提取数据的第 i 位。data >> i 是将数据右移 i 位，使得第 i 位移动到最低位，然后与 1 进行按位与 "&" 运算，这样就可以得到第 i 位的值。接着，使用按位异或 "^" 运算将每一位的值累加到 parity 中。由于按位异或运算的特性，当数据位中 1 的个数为偶数时，最终 parity 的值为 0；当 1 的个数为奇数时，parity 的值为 1。这样，parity 就可以作为偶校验位。

10.5　上机实训

10.5.1　实训目的

1. 熟练掌握移位运算符、按位与、按位或、按位异或运算符和按位取反运算符的意义及使用方法。

2. 掌握应用位运算与数组、函数和控制结构结合编写和调试程序。

3. 熟练掌握 C 程序的调试方法。

4. 结合程序掌握一些简单的算法，进一步学习程序调试。

10.5.2 实训内容

1. 程序改错题

在改错时，不得删除改错标志（如"/***1***/"等）。请在该改错标志下方的下一行，根据程序功能改错；调试运行程序，且不得加行、减行、加句、减句。

程序功能：

将一个 char 型数的高 4 位和低 4 位分离并分别输出，如 22（二进制：00010110）输出为 1 和 6。

```
//实训10-1.c（有错误的程序）
1    #include<stdio.h>
2    int main()
3    {   char a,b1,b2,c;
4        scanf("%d",&a);
5        /****** 1 ******/
6        b1=a<<4;                        /*b1 存放高 4 位*/
7        c=~(~0<<4);
8        /****** 2 ******/
9        b2=a|c;                         /*b2 存放低 4 位*/
10       printf("%d,%d",b1,b2);
11   }
```

运行结果（改正后程序的运行结果）

```
22       (备注：22 为从键盘上输入的数据)
1,6      (备注：1,6 为从键盘上输入数据 22 后运行后的结果)
```

提示：

（1）要注意输入格式说明符与变量类型的匹配。

（2）通过注释理解怎样操作可以达到目的。

2. 程序改错题

在改错时，不得删除改错标志（如"/***1***/"等）。请在该改错标志下方的下一行，根据程序功能改错；调试运行程序，且不得加行、减行、加句、减句。

程序功能：

将十进制的整数以十六进制的形式输出。

```
//实训10-2.c（有错误的程序）
1    #include<stdio.h>
2    /********** 1 *********/
3    int DtoH(int n)
4    {   int k=n & 0xf;
5        if(n>>4!=0) DtoH(n>>4);
6     /********** 2 *********/
7        if(k<=10)
8            putchar(k+'0');
9        else
10    /********** 3 *********/
11           putchar(k-10+a);
```

```
12   }
13   int main()
14   {  int a[4]={28,31,255,378},i;
15      for(i=0;i<4;i++) {
16          printf("%d-->",a[i]);
17   /******** 4 ********/
18          printf("%s",DtoH(a[i]));
19          putchar('\n');
20      }
21   }
```

运行结果（改正后程序的运行结果）

```
28-->1c
31-->1f
255-->ff
378-->17a
```

提示：

（1）需要熟练掌握进制转换的内容。

（2）对于函数内容需要理解透彻。

3. 程序改错题

在改错时，不得删除改错标志（如"/***1***/"等）。请在该改错标志下方的下一行，根据程序功能改错；调试运行程序，且不得加行、减行、加句、减句。

程序功能：

（1）输入一个整数 mm 作为密码，将字符串中的每个字符与 mm 做一次按位异或操作，进行加密，输出被加密后的字符串（密文）。

（2）再将密文中的每个字符与 mm 做一次按位异或操作，输出解密后的字符串（明文）。

```
//实训 10-3.c（有错误的程序）
1    #include <stdio.h>
2    int main()
3    {  char a[]="a2汉字";
4       int mm,i;
5    /******** 1 *******/
6       printf("请输入密码:");
7    /******** 2 *******/
8       scanf("%d",mm);
9       for(i=0;a[i]!='\0';i++)         /*各字符与mm作一次按位异或*/
10          a[i]=a[i]^mm;
11          puts(a);
12   /*** 各字符与mm再作一次按位异或 ***/
13   /******** 3 *******/
14       for( ;a[i]!='\0';i++)
15   /****** 4 ******/
16          a[i]=a[i]^mm^mm;
17          puts(a);
18   }
```

运行结果（改正后程序的运行结果）

请输入密码：3　　　　　　（备注：3 为从键盘上输入的数据）
b1 构哉　　　　　　　　　（备注：输入 3 后对应的运行结果）
a2 汉字

提示：

（1）如何正确传递变量的地址？

（2）理解按位异或运算。

4. 程序改错题

在改错时，不得删除改错标志（如"/***1***/"等）。请在该改错标志下方的下一行，根据程序功能改错；调试运行程序，且不得加行、减行、加句、减句。

程序功能：

逐个显示字符串中各字符的机内码。提示：英文字符字母的机内码首位为 0，汉字的每个字节首位为 1。

```
//实训 10-4.c（有错误的程序）
1    #include<stdio.h>
2    int main()
3    { /******** 1 *******/
4        char a[7]='a2 汉字';
5        int i,j,k;
6      /******** 2 *******/
7        for(i=0;i<strlen(a);i++) {
8            printf("a[%d]的机内码为：",i);
9        for(j=1;j<=8;j++) {
10           k=a[i]&0x80;
11           if(k!=0) putchar('1');
12     /****** 3 *****/
13           else putchar(0);
14     /****** 4 *****/
15               a[i]=a[i]>>1;
16           }
17           printf("\n");
18   }
```

运行结果（改正后程序的运行结果）：

a[0]的机内码为：01100001
a[1]的机内码为：00110010
a[2]的机内码为：10111010
a[3]的机内码为：10111010
a[4]的机内码为：11010111
a[5]的机内码为：11010110

提示：

（1）如何正确使用字符串？

（2）明确字符输出修改问题。

5. 程序填空题

在填空时，先删除填空标志（如"__1__"等），再根据程序功能填充；调试运行程序，且不得加行、减行、加句、减句。

程序功能：

输入 4 个整数，通过函数 Dec2Bin()的处理，返回字符串，显示每个整数的机内码（二进制，补码）。

实训 10-5.c（有待完善的程序）：

```
1    #include<stdio.h>
2    void Dec2Bin(long m,char *s)
3    {   int i,k;
4        for(i=0;i<32;i++) {
5            k=m & 0x80000000;
6            if(k!=0) s[i]='1'; else ___1___;
7                ___2___;  /* m 左移 1 位 */
8            }
9    }
10   int main()
11   {   char a[33]=""; long n; int i;
12       for(i=1;i<=4;i++) {
13           scanf("%ld",&n);
14               ___3___;
15               ___4___;
16       }
17   }
```

运行结果（完善程序后的运行结果）

```
22                                      （备注：22 为从键盘上输入的数据）
00000000000000000000000000010110        （备注：输入 22 后对应的运行结果）
-1                                      （备注：-1 为从键盘上输入的数据）
11111111111111111111111111111111        （备注：输入-1 后对应的运行结果）
6                                       （备注：6 为从键盘上输入的数据）
00000000000000000000000000000110        （备注：输入 6 后对应的运行结果）
18                                      （备注：18 为从键盘上输入的数据）
00000000000000000000000000010010        （备注：输入 18 后对应的运行结果）
```

提示：

（1）二进制表示中 0 和 1 的对应字符表示；

（2）函数的正确调用；

（3）字符串的应用。

6. 程序设计题

编写一个程序，输入两个整数。在不使用临时变量的情况下，使用位运算交换这两个整数的值，然后输出交换后的结果。

输入要求：输入两个整数，用空格分隔。

输出要求：输出交换后的两个整数，用空格分隔。

运行结果：

请输入两个整数，用空格分隔：3 5

5 3

提示：使用异或运算。

7. 程序设计题

编写一个程序，输入一个整数和一个位置（从 0 开始计数），使用位运算提取该整数在指定位置上的二进制位的值，并输出结果。

输入要求：输入一个整数和一个位置，用空格分隔。

输出要求：输出该整数在指定位置上的二进制位的值（0 或 1）。

运行结果：

```
请输入一个整数和一个位置，用空格分隔：7 1
输出：1
请输入一个整数和一个位置，用空格分隔：7 3
输出：0
```

提示：使用按位与运算&和移位运算<<来提取指定位置的二进制位。

10.6　本章小结

10.6.1　知识梳理

在计算机编程领域，位运算是直接对二进制位进行操作的一类运算，是计算机底层操作的核心技术之一。计算机内部的数据都是以二进制形式存储和处理的，位运算提供了一种高效且直接的方式来处理这些二进制数据。与常见的算术运算（如加、减、乘、除）不同，位运算不涉及数值的整体计算，而是聚焦于每个二进制位的状态和变化。位运算在优化代码性能、控制硬件设备以及实现特定算法等方面具有不可替代的作用。

本章讲述了有关移位运算和逻辑位运算的概念以及其应用方式。移位运算符包括左移"<<"和右移">>"。左移是将二进制数的所有位向左移动，右边空出位补 0，左移 n 位相当于原数乘以 n，在硬件中可用移位寄存器实现，能简化乘法电路。右移则将二进制位右移，无符号数右移时右边移出位舍弃、左边补 0；有符号数通常是算术右移，左边补符号位。无符号数右移 n 位相当于原数除以 n 并向下取整，可简化除法电路。在优先级上，移位运算符低于算术运算符，高于关系和逻辑运算符。

逻辑位运算符主要有按位与"&"、按位或"|"、按位异或"^"和按位取反"~"。按位与在对应位都为 1 时结果才为 1，可用于位屏蔽；按位或只要对应位有一个为 1，结果就为 1，能设置特定位；按位异或对应位不同时结果为 1，可用于翻转位和奇偶校验；按位取反将每一位取反。在优先级方面，按位取反优先级最高，其次是按位与，然后是按位异或，按位或优先级最低。这些运算符能直接操作二进制位，在优化代码、硬件控制、提高运行效率等方面发挥重要作用。

10.6.2　常见的上机问题及解决方法

1. 移位运算导致数据溢出

首先在进行移位操作前，检查移位的位数是否合理。对于一个 n 位的数据类型，移位位数应该小于 n。例如，对于 8 位无符号整数，移位位数应小于 8。

其次，如果需要处理较大的数值或进行更多的移位操作，可以选择更大的数据类型，如 16 位或 32 位整数。

2. 性能与资源占用问题

在编写代码时，要根据实际需求合理选择使用位运算。对于简单的算术运算，优先使用常规的运算符，只有在需要对二进制位进行精细控制或优化性能时才考虑位运算。

在资源受限的系统中，对代码进行性能分析和资源评估，尽量减少不必要的位运算操作，优化代码结构，降低资源占用。

3. 逻辑复杂导致的错误

在编写复杂的位运算代码时，先将逻辑拆分成多个简单的步骤，逐步实现每个功能，并进行单独的测试。例如，先分别实现位的设置、清除和检查函数，然后再将它们组合起来。

使用调试工具和打印语句，输出中间结果，帮助定位逻辑错误。在代码中添加适当的注释，解释每个步骤的目的和作用，提高代码的可读性和可调试性。

扩展阅读：位运算的高级应用

在 C 语言编程的世界里，位运算犹如一把隐藏的钥匙，虽看似简单，却能开启诸多复杂而精妙的应用大门。基础的位运算知识为我们搭建了基石，然而其潜力远不止于此。当我们深入探索，会发现位运算在高级技巧、数据压缩、密码学以及硬件控制和嵌入式系统等领域都有着令人惊叹的表现。它以独特的方式优化算法、节省资源、保障安全，为程序开发带来了更高的效率和更多的可能性。

1. 高级位运算技巧拓展

位运算有诸多高级应用技巧。位掩码方面，在多状态标志管理中，一个整数可作为多个布尔标志集合，像游戏里角色的无敌、隐身、加速等状态可用字节位代表；权限管理系统里，用位掩码表示用户对资源的读、写、执行等权限，方便判断与修改。在乘法和除法运算中，乘以或除以 2 的幂次方时，可用左移、右移运算替代。复杂乘法可将乘数分解为 2 的幂次方之和，再用左移和加法组合实现，不过右移处理负数时需要特别调整。

2. 位运算在数据压缩中的应用

位运算在数据压缩领域有重要作用。简单的位图压缩中，位图用每个位代表布尔状态，行程编码通过记录连续相同位数量来减少存储，位运算能高效读写编码信息。哈夫曼编码中，构建哈夫曼树时可利用位运算处理节点合并与排序，编码和解码时，位运算能将变长二进制编码紧凑存储并准确还原数据。

3. 位运算在密码学中的应用

位运算在密码学中用途广泛。简单加密算法，如异或加密，将明文与密钥按位异或得密文，再异或可还原明文，常用于低安全要求场景；加密算法还会使用位的置换和替换操作以增加复杂性。哈希函数中，许多算法大量运用按位异或、循环移位等位运算，以保证哈希值均匀分布和抗碰撞性，像 MD5、SHA-1、SHA-256 等常见的哈希算法都有体现。

习题

一、程序填空题

1. 若 a = 1010，执行 a << 2 后，a 的值为二进制的_____。
2. 已知 x = 1100，y = 1010，则 x & y 的结果用二进制表示为_____。
3. 设 num = 0101，对其进行按位取反操作后，结果用二进制表示是_____。
4. 若 b = 0011，b ^ 1100 的结果用二进制表示为_____。
5. 有一个 8 位二进制数 c = 10010110，若要将其低 4 位清零，应执行的操作是 c = c & _____（用二进制表示）。

二、单选题

1. 以下哪个运算符是按位异或运算符（　　　）。
   A. &　　　　　　　B. |　　　　　　　C. ^　　　　　　　D. ~
2. 若 m = 0010，执行 m >> 1 后，m 的十进制值为（　　　）。
   A. 0　　　　　　　B. 1　　　　　　　C. 2　　　　　　　D. 4
3. 已知 p = 1111，q = 0001，p | q 的结果用十进制表示是（　　　）。
   A. 1　　　　　　　B. 15　　　　　　C. 16　　　　　　D. 0
4. 对于 8 位二进制数，将其最高位置 1，其余位不变，应使用的操作是（　　　）。
   A. x = x | 10000000　　　　　　　B. x = x & 10000000
   C. x = x ^ 10000000　　　　　　　D. x = x << 7
5. 若 n = 0110，要将其第 2 位（从右往左数，最低位为第 0 位）清零，应执行（　　　）。
   A. n = n & 1101　　B. n = n | 1101　　C. n = n ^ 1101　　D. n = n << 2

三、多选题

1. 以下哪些操作可以改变一个二进制数的某一位的值（　　　）。
   A. 按位与　　　　B. 按位或　　　　C. 按位异或　　　　D. 左移
2. 对于 8 位二进制数 r，若要提取其高 4 位，可使用的操作有（　　　）。
   A. r = r & 11110000　　　　　　　B. r = r >> 4

  C. r = r | 11110000   D. r = r ^ 11110000

3. 以下关于位运算的说法正确的有（　　）。

  A. 按位与运算可用于清零某些位 B. 按位或运算可用于设置某些位

  C. 按位异或运算可用于翻转某些位 D. 左移运算相当于乘以 2 的幂次方

4. 若 s = 1010，以下哪些操作会改变 s 的值（　　）。

  A. s = s & 1111 B. s = s | 0001   C. s = s ^ 1111   D. s = s << 0

5. 在位运算中，可用于实现奇偶校验的运算符有（　　）。

  A. 按位与   B. 按位或   C. 按位异或   D. 按位取反

四、判断题

1. 左移运算时，右边空出的位用符号位填充。   （　　）

2. 按位或运算中，只要对应位中有一个为 1，结果位就为 1。 （　　）

3. 对一个二进制数进行按位取反操作，再进行一次按位取反操作，结果不变。（　　）

4. 右移运算一定相当于将原数除以 2 的幂次方。   （　　）

5. 按位异或运算不满足交换律。   （　　）

五、程序阅读题

1. 阅读程序，写出程序运行结果，并解释 num & 00001111 这一操作的含义。

```c
#include<stdio.h>
int main() {
    unsigned char num = 10101010;
    unsigned char result = num & 00001111;
    printf("result 的值是: %d\n", result);
    return 0;
}
```

2. 阅读程序，回答程序输出结果的二进制表示是什么？a | b 这一按位或操作是如何得出结果的？

```c
#include<stdio.h>
int main() {
    unsigned int num = 00000000000000000000000000001010;
    num = num << 3;
    printf("左移后的 num 值是: %d\n", num);
    return 0;
}
```

六、程序设计

1. 编写一个程序，实现对一个 8 位无符号整数进行循环左移和循环右移操作。循环左移是将最左边的位移动到最右边，循环右移是将最右边的位移动到最左边。程序需要包含两个函数，rotate_left 用于循环左移，rotate_right 用于循环右移。输入为一个 8 位无符号整数和要移动的位数，输出为移动后的整数。

2. 编写一个函数，判断一个给定的正整数是否为 2 的幂次方。例如，2、4、8 是 2

的幂次方，而 3、5、6 不是。要求使用位运算实现该功能。

上机实训解析及参考代码

习题参考答案及解析

附录 A　C 语言常用资料

A.1　编译常见错误中英文对照表

A.2　ASCII 码对照表

A.3　C 语言运算符的优先级和结合性一览表

A.4　常见的 C 语言库函数

A.5　ANSI C89 标准中 C 语言的保留字

参考文献

[1]　李红豫，李青，鞠慧敏，等. C 程序设计教程[M]. 5 版. 北京：清华大学出版社，2018.

[2]　徐新爱，朱莹婷，卢昕，等. C 语言程序设计面向"新工科"人才培养（微课视频版）[M]. 北京：清华大学出版社，2023.

[3]　何钦铭，颜晖. C 语言程序设计[M]. 北京：高等教育出版社，2015.

[4]　谭浩强. C 语言程序设计[M]. 5 版. 北京：清华大学出版社，2024.

[5]　廖雪峰. C 程序设计实验指导与实用应试教程[M]. 2 版. 北京：清华大学出版社，2024.

[6]　倪志平，李爱超，黄秋勇. C 语言程序设计（微课版）[M]. 哈尔滨：哈尔滨工程大学出版社，2024.

[7]　邓小亚，黎伟强，崔亚楠. C 语言程序设计上机指导与习题讲解[M]. 哈尔滨：哈尔滨工程大学出版社，2024.

[8]　信仰圣光吧！. 计算机 CPU 加，减，乘，除的原理[EB/OL]. （2021-12-10）[2025-03-05] https://blog.csdn.net/qq_39226410/article/details/121861271.

[9]　apdx. 计算机进行加减乘除的原理——万物皆加法[EB/OL]. （2020-07-29）[2025-03-05] https://blog.csdn.net/apdxx/article/details/107665046.

[10]　Z 小旋. 基本逻辑运算与逻辑门电路[EB/OL]. （2020-03-10）[2025-03-05] https://blog.csdn.net/as480133937/article/details/ 104554160.

[11]　陈叶芳，钱江波，董一鸣，等. C 语言程序设计·在线实践·微课视频[M]. 北京：清华大学出版社，2021.

[12]　鱼肉. 十大经典排序算法【算法思想+图解+代码】【数据结构与算法笔记】[EB/OL]. （2024-01-09）[2025-03-05] https://blog.csdn.net/weixin_64811333/ article/details/128702619.

[13]　Thanks_ks.09 查找算法：顺序查找与二分查找（算法原理、算法实现、时间和空间复杂度分析）[EB/OL]. （2024-10-18）[2025-03-05]. https://blog.csdn.net/qq_53139964/article/details/143025438.

[14]　吴刚，朱彩蝶. C 语言程序设计[M]. 2 版. 北京：北京邮电大学出版社，2023.

[15]　张著. C 语言程序设计实验教程[M]. 2 版. 北京：北京邮电大学出版社，2023.

图书资源支持

感谢您一直以来对清华版图书的支持和爱护。为了配合本书的使用,本书提供配套的资源,有需求的读者请扫描下方的"书圈"微信公众号二维码,在图书专区下载,也可以拨打电话或发送电子邮件咨询。

如果您在使用本书的过程中遇到了什么问题,或者有相关图书出版计划,也请您发邮件告诉我们,以便我们更好地为您服务。

我们的联系方式:

清华大学出版社计算机与信息分社网站: https://www.shuimushuhui.com/

地　　址:北京市海淀区双清路学研大厦 A 座 714

邮　　编:100084

电　　话:010-83470236　010-83470237

客服邮箱: 2301891038@qq.com

QQ: 2301891038 (请写明您的单位和姓名)

资源下载:关注公众号"书圈"下载配套资源。

资源下载、样书申请

图书案例

书圈　　　　　清华计算机学堂　　　　　观看课程直播